非公開化の法務・税務

《編著》
明石 一秀（隼あすか法律事務所）
Kazuhide Akashi

大塚 和成（二重橋法律事務所）
Kazumasa Otsuka

松嶋 隆弘（日本大学法学部教授）
Takahiro Matsushima

吉見 聡（KPMG税理士法人）
Satoshi Yoshimi

税務経理協会

はしがき

　本書は，現在実務において盛んに行われている非公開化（ゴーイング・プライベート）に関し，最近の知見を元に，その法務，税務上の諸問題を網羅的に検討する実務書である。

　非公開化は，単に上場会社がその上場を廃止するに留まらず，廃止を契機に企業体質の抜本的変革に取り組むための手段にすぎない。したがって，非公開化に携わる者には，それ自体複雑な非公開化のための諸手続について正確な理解が求められるだけでなく，事業再生等企業のリストラクチャリングのための種々のスキームに通暁していることも必要とされる。加えて，変転著しい立法や最新裁判例の動向にも目配りを怠ってはならない。

　本書は，このような困難な状況にある実務家の利便に供すべく，非公開化のための「ワンストップ」な実務「体系」書として編まれたものである。

　ここで本書の内容について鳥瞰するに，まず第Ⅰ部では，非公開化の意義，その得失につき明らかにすべく，事業再生実務と比較することにした。その上で，来る会社法改正においてどのような影響が加わるかについても予測することにした。

　第Ⅱ部は，本書の要ともいうべき部分である。非公開化の手続とそれに伴う法務・税務上の諸問題について網羅的に解説がなされている。これらの目次をみるだけでも，そもそも会社法制定時にコントロバーシャルであった「締め出し」が，非公開化の文脈の中で徐々にではあるが市民権を獲得し，その代償措置として，締め出される株主に対する救済が「公正な価格」の算定問題としてクローズアップされている過程をみてとることができる。

　第Ⅲ部では，非公開化に必然的に伴うMBOについての法的課題について網羅的に解説されている。

本書の概要は以上のとおりである。「今そこにある現実」に取り組む必要がある実務家の便宜を考慮し，必ずしも評価が定まっていない事項であってもやや踏み込んだ解説を加えてある。そしてかかる本書の性格にかんがみ，この分野に長けた実務家だけでなく，比較法的研究に熱心に取り組む新進気鋭の若手研究者にも執筆に加わっていただいた。

　本書の刊行には，非公開化という変転著しい分野を取り扱うものであるところから，種々の困難を乗り越えなければならなかった。担当編集者の小林規明さんは，時としてくじけそうになる我々執筆者を，粘り強く叱咤激励し，刊行への道筋をつけて下さった。執筆者を代表して感謝申し上げる次第である。本書が，この分野に携わる実務家にいささかでも役立つとすれば，望外の喜びである。

編者一同

目次 contents

第Ⅰ部 総論

第1章 非公開化の意義 　3

Ⅰ 非公開化のメリット及びリスク 　3
1 非公開化の意義とそのメリット及びリスク……………………………3
2 二段階買収………………………………………………………………4
3 少数株式の締め出し……………………………………………………5
4 MBOに伴う「利益相反」問題…………………………………………5

Ⅱ ケースによる検討 　7

Ⅲ 株式非公開化のスキーム 　12
1 総説………………………………………………………………………12
2 一段階目の株式取得手続………………………………………………14
3 二段階目の締め出し手続………………………………………………17

第2章 事業再生との対比－DESを例としつつ－ 　21

Ⅰ 非公開化と事業再生との接点 　21
1 実質的には事業再生ともいいうる事案か……………………………21
2 新スポンサーの獲得と旧スポンサーの粛清…………………………22

Ⅱ 新旧スポンサー間のせめぎ合い 　23
1 DESに際しての既存株主の利益………………………………………23
2 新旧スポンサー間のせめぎ合いの例…………………………………26

第3章 会社法改正による非公開化への影響 　33

Ⅰ 非公開化に関連する会社法改正の内容 　33
1 非公開化に関連する会社法改正の概要………………………………33
2 特別支配株主による株式等売渡請求の制度の創設…………………34

	3	全部取得条項付種類株式に関する制度の整備	45
	4	株式併合に関する制度の整備	51
	5	キャッシュ・アウト総会の決議取消訴訟の原告適格の整備	53

Ⅱ 改正による非公開化への影響　56

1	株主等売渡請求の制度の創設による他の方法によるキャッシュ・アウトへの影響	56
2	株主等売渡請求の制度の普及	58
3	トップ・アップ・オプションの利用の可否	60

第Ⅱ部　上場廃止とそれに伴う法的問題

第1章　上場廃止の意義とその具体的手続：概論　65

Ⅰ　非公開化に向けた手続　65

1	上場廃止とは何か？　なぜ上場廃止を選択するのか？	65
2	特殊決議による定款変更に向けた手続	66

Ⅱ　金融商品取引所における手続　71

1	上場廃止基準の検討	71
2	上場廃止基準の運用	76

第2章　公開買付規制　77

Ⅰ　金融商品取引法における公開買付規制　77

1	公開買付規制とは	78
2	「TOB」の必要性	78
3	情報開示	80
4	株主に対する公正・平等な取扱い	82
5	エンフォースメント－違反に対する責任－	83
	Column　外国における公開買付規制	85
	Column　ライブドア対ニッポン放送事件	86

Ⅱ　二段階買収の具体的スキーム　89

1	第一段階－TOBの実施－	89
2	第二段階－少数株主の締め出し－	95

Ⅲ　TOBにおける税務上の取扱い　95

1	第三者TOBの税務上の取扱い	96

2　自社株TOBの税務上の取扱い……………………………………………… 98

第3章　締め出しの意義　　　　　　　　　　　　　　　　　　　105

Ⅰ　少数株主の締め出し　　　　　　　　　　　　　　　　　　　105
　1　少数株主の締め出しによる支配株主メリット…………………………… 105
　2　少数株主の締め出しの問題点……………………………………………… 106

Ⅱ　各種締め出しの相互比較　　　　　　　　　　　　　　　　　110
　1　各種締め出しの手法……………………………………………………… 110
　2　全部取得条項付種類株式の利用………………………………………… 110
　3　現金交付型の株式交換…………………………………………………… 112
　4　現金交付型の合併………………………………………………………… 114
　5　株式併合…………………………………………………………………… 116
　6　各手法の比較……………………………………………………………… 117

Ⅲ　売渡請求　　　　　　　　　　　　　　　　　　　　　　　　118
　1　株式等売渡請求の通知を承認する際の取締役（会）における留意点…… 118
　2　株式等売渡請求の撤回が認められる場合……………………………… 120
　3　種類株主総会の開催の要否……………………………………………… 122
　4　株式等売渡請求の無効原因……………………………………………… 123
　5　金融商品取引所が定める「支配株主との重要な取引等に係る遵守事項」との関係…… 124

Ⅳ　少数株主が取りうる手段　　　　　　　　　　　　　　　　　125
　1　総　　論…………………………………………………………………… 125
　2　全部取得条項付種類株式を用いた非公開化の場合…………………… 126
　3　現金交付型の株式交換・合併を用いた非公開化の場合……………… 136
　4　株式の併合を用いた非公開化の場合…………………………………… 137

Ⅴ　各種締め出しの手法ごとの税務上の取扱い　　　　　　　　137
　1　全部取得条項付種類株式による締め出し……………………………… 139
　2　現金交付型株式交換による締め出し…………………………………… 143
　3　現金交付型合併による締め出し………………………………………… 146
　4　株式併合による締め出し………………………………………………… 150

第4章　全部取得条項付種類株式への変更　　　　　　　　　　151

Ⅰ　手続の概要　　　　　　　　　　　　　　　　　　　　　　　151
　1　概　　説…………………………………………………………………… 151

2	種類株式の設計	151
3	株主総会決議	155
4	全部取得条項付種類株式の取得	166
5	税　　務	167

Ⅱ　極端な比率に関わる諸問題　　170

1	極端な比率が生じる場面	170
2	極端な比率に関連する裁判例	171
3	極端な比率に関わる諸問題における株主の救済	178

第5章　反対株主の株式買取請求権　　183

Ⅰ　意　　義　　183

Ⅱ　株式の非公開化との関連　　185

Ⅲ　具体的事例　　187

1	事　　実	187
2	決定要旨	189
3	検　　討	191

Ⅳ　株式買取請求権行使時の税務上の取扱い　　198

1	全部取得条項付種類株式方式による締め出し	199
2	現金交付型株式交換による締め出し	201
3	現金交付型合併による締め出し	203

第6章　公正な価格　　205

Ⅰ　概　　説　　205

1	「公正な価格」の趣旨	205
2	「公正な価格」に関する決定例	206
3	規範的判断	214

Ⅱ　シナジーが生じない場合と「ナカリセバ価格」の算定　　215

1	概　　説	215
2	最決平成23年4月19日民集65巻3号1311頁 （楽天対TBS株式買取価格決定申立事件最高裁決定）	216

目　次

　　3　最決平成23年4月26日民集236号519頁
　　　　（インテリジェンス株式買取価格決定申立事件最高裁決定）‥‥‥‥‥‥‥‥‥221
　　4　最決平成24年2月29日民集66巻3号1784頁
　　　　（テクモ株式買取価格決定申立事件許可抗告審決定）‥‥‥‥‥‥‥‥‥‥‥‥223
　　5　上記3つの最決の検討‥‥‥‥‥‥‥‥‥‥‥‥‥‥‥‥‥‥‥‥‥‥‥‥‥‥226

Ⅲ　シナジーが生じる場合における公正な価格①：時価　　　　　227

　　1　は じ め に‥‥‥‥‥‥‥‥‥‥‥‥‥‥‥‥‥‥‥‥‥‥‥‥‥‥‥‥‥‥‥227
　　2　事案の概要‥‥‥‥‥‥‥‥‥‥‥‥‥‥‥‥‥‥‥‥‥‥‥‥‥‥‥‥‥‥‥228
　　3　判　　　旨‥‥‥‥‥‥‥‥‥‥‥‥‥‥‥‥‥‥‥‥‥‥‥‥‥‥‥‥‥‥‥230
　　4　原々決定（第一審）‥‥‥‥‥‥‥‥‥‥‥‥‥‥‥‥‥‥‥‥‥‥‥‥‥‥‥235
　　5　原　決　定（原審）‥‥‥‥‥‥‥‥‥‥‥‥‥‥‥‥‥‥‥‥‥‥‥‥‥‥‥237
　　6　検　　　討‥‥‥‥‥‥‥‥‥‥‥‥‥‥‥‥‥‥‥‥‥‥‥‥‥‥‥‥‥‥‥237

Ⅳ　シナジーが生じる場合における公正な価格②　　　　　　　　239

　　1　は じ め に‥‥‥‥‥‥‥‥‥‥‥‥‥‥‥‥‥‥‥‥‥‥‥‥‥‥‥‥‥‥‥239
　　2　事案の概要‥‥‥‥‥‥‥‥‥‥‥‥‥‥‥‥‥‥‥‥‥‥‥‥‥‥‥‥‥‥‥240
　　3　本決定の要旨‥‥‥‥‥‥‥‥‥‥‥‥‥‥‥‥‥‥‥‥‥‥‥‥‥‥‥‥‥‥242
　　4　MBOに関する問題状況の整理と本決定‥‥‥‥‥‥‥‥‥‥‥‥‥‥‥‥‥‥245
　　5　取得価格決定制度‥‥‥‥‥‥‥‥‥‥‥‥‥‥‥‥‥‥‥‥‥‥‥‥‥‥‥‥247
　　6　本事案の具体的事実関係の検討‥‥‥‥‥‥‥‥‥‥‥‥‥‥‥‥‥‥‥‥‥‥250

第Ⅲ部　MBO

第1章　MBOの意義と留意点　　　　　　　　　　　　　　　257

Ⅰ　MBOの意義　　　　　　　　　　　　　　　　　　　　　　257

　　1　MBOの増加とタイプ別分類‥‥‥‥‥‥‥‥‥‥‥‥‥‥‥‥‥‥‥‥‥‥‥257
　　2　MBOの定義と意義－経済産業省企業価値研究会のMBO指針と実務－‥‥‥‥259
　　3　MBOの手法‥‥‥‥‥‥‥‥‥‥‥‥‥‥‥‥‥‥‥‥‥‥‥‥‥‥‥‥‥‥265
　　4　MBOのスキーム‥‥‥‥‥‥‥‥‥‥‥‥‥‥‥‥‥‥‥‥‥‥‥‥‥‥‥‥266
　　5　MBOとシナジー効果‥‥‥‥‥‥‥‥‥‥‥‥‥‥‥‥‥‥‥‥‥‥‥‥‥‥267
　　6　MBOの問題点と検討‥‥‥‥‥‥‥‥‥‥‥‥‥‥‥‥‥‥‥‥‥‥‥‥‥‥269
　　7　非公開化目的型MBOの問題点－類型別にみた考察－‥‥‥‥‥‥‥‥‥‥‥‥274

Ⅱ　MBOスキーム－過去のバイアウトの事例を参考に－　　　277

　　1　MBOスキームの概要‥‥‥‥‥‥‥‥‥‥‥‥‥‥‥‥‥‥‥‥‥‥‥‥‥‥277
　　2　過去のMBO事例－レックス・ホールディングス事件－‥‥‥‥‥‥‥‥‥‥‥280

Ⅲ　MBOに伴う利益相反とその解消措置　　285

1　MBOにおける利益相反関係　285
2　MBO指針　285
3　金融商品取引法及び取引所規制による開示規制　286
4　利益相反状況の強弱　289
5　利益相反回避措置が不十分だった場合のリスク　290
6　具体的な利益相反回避措置ごとの検討　297

Ⅳ　税務上の留意事項　　303

1　SPCを利用したMBOスキームの税務上の取扱いの概要　303
2　適格組織再編が行われた場合の繰越欠損金及び含み損失の利用制限　307
3　欠損等法人の繰越欠損金及び含み損失の利用制限　308

Ⅴ　MBOによる非公開化のスケジュール　　310

第2章　MBOと企業価値算定　　321

Ⅰ　MBOとデュー・デリジェンス　　321

1　MBO並びにM＆Aの分析　321
2　デュー・デリジェンス　323
3　M＆Aによるシナジー効果　324
4　M＆Aの対象になる企業　325
5　財務デュー・デリジェンス　326
6　社会的責任投資（SRI），包括利益などの新たな会計評価基準　333
7　事業再生における企業評価とデュー・デリジェンス　334

Ⅱ　株式の評価による企業価値の算定とシナジー　　336

1　MBOと株式の評価方法－公開会社の場合－　336
2　非上場会社の場合　341
3　MBOの企業評価の特殊性－資金調達による資本構成の変化と調整現在価値方式－　343
4　MBOの公正価格の特殊性－各アプローチと一般株主からみた公正価格－　345

Ⅲ　MBOにおける裁判例で示された「プレミアム」の考え方　　350

1　レックス・ホールディングス事件地裁決定（2007／12／19）　350
2　レックス・ホールディングス事件高裁決定（2008／9／12）　351
3　レックス・ホールディングス事件最高裁決定（田原睦夫裁判官補足意見）
　　（2009／5／29）　351
4　サンスター事件地裁決定（2008／9／11）　352
5　サンスター事件高裁決定（2009／9／1）　352

目　次

　　6　サイバード・ホールディングス事件地裁決定（2009／9／18）……………354
　　7　サイバード・ホールディングス事件高裁決定（2010／10／27）……………355
　　8　オープンループ事件地裁決定（2010／4／28）……………………………356
　　9　カルチュア・コンビニエンス・クラブ事件地裁決定（2012／4／13）………356

Ⅳ　裁判例にあらわれた規範の検討　　357
　　1　レックス・ホールディングス事件最高裁決定…………………………………358
　　2　サンスター事件高裁決定…………………………………………………………360
　　3　サイバード・ホールディングス事件高裁決定…………………………………361

第3章　MBOで必要とされるドキュメンテーション　　367

Ⅰ　基本合意書　　367
　　1　基本合意書を締結する必要性……………………………………………………367
　　2　基本合意書の内容…………………………………………………………………367
　　3　基本合意書の法的拘束力…………………………………………………………369
　　4　買収者と大株主の間の基本合意書………………………………………………370

Ⅱ　ファイナンス関連　　370
　　1　自己資金による調達………………………………………………………………370
　　2　第三者と共同で資金を提供する場合……………………………………………371
　　3　借入により買収資金を調達する場合……………………………………………372
　　4　MBOファイナンスにおける留意点………………………………………………376

Ⅲ　TOBが行われる場合のドキュメンテーション　　376
　　1　TOBの実施に際して必要とされる開示書類……………………………………376
　　2　TOBに付随する各種契約…………………………………………………………386

Ⅳ　事業の移転に関する契約　　389
　　1　合　併　契　約……………………………………………………………………389
　　2　会社分割契約………………………………………………………………………390
　　3　事業譲渡契約………………………………………………………………………391
　　4　株式譲渡契約………………………………………………………………………392

第4章　MBOと株主保護　　393

Ⅰ　TOBの条件設定にあたっての留意点　　393
　　1　買付条件等について………………………………………………………………393
　　2　全部買付義務・全部勧誘義務……………………………………………………396

7

	3	別途買付けの禁止	398

Ⅱ　株主に対する説明責任　　400

	1	公開買付届出書における開示	400
	2	業績予想の下方修正の公表とMBOのスケジュール	401
	3	株価の上昇をもたらす事実とMBOのスケジュール	402
	4	わかりやすい開示の実現	403

Ⅲ　MBOの場面における取締役の義務に関する裁判例　　403

	1	MBOの場面における取締役の善管注意義務の内容 －取締役は「レブロン義務」を負うか－	403
	2	取締役，善管注意義務ないし忠実義務の一環として， 株主の共同利益に配慮する義務を負うとされた事例	405
	3	MBOの実施に際して，MBOの公表時に株主でなかった者に対する取締役の 義務を示した事例	409

索　　引 … 411

――――〈　凡　例　〉――――

本書中で使用した略語は次の法令等を示します。

会社法……………………会社法
会社則……………………会社法施行規則
金商法……………………金融商品取引法
金商令……………………金融商品取引法施行令
証取法……………………証券取引法
民再………………………民事再生法
会更………………………会社更生法
他社株買付府令…………発行者以外の者による株券等の公開買付けの開示に関する
　　　　　　　　　　　　内閣府令
社振法……………………社債，株式等の振替に関する法律
東証上場規程……………東京証券取引所有価証券上場規程
東証上場規程施行規則……東京証券取引所有価証券上場規程施行規則
民法………………………民法
所法………………………所得税法
所令………………………所得税法施行令
法法………………………法人税法
法令………………………法人税法施行令
法規………………………法人税法施行規則
措法………………………租税特別措置法

第Ⅰ部 総　　論

　第Ⅰ部は，非公開化の概要を明らかにすることを主眼としている。まず第1章では，非公開化につきそのメリット及びデメリットを整理した上，モデル・ケースにより，それを具体的に明らかにする。その上で第2章では，デット・エクイティ・スワップ等事業再生実務との接点につき考察する。さらに第3章では，現在検討中の会社法改正が非公開化実務にいかなる影響を与えるかについて検討する。

第1章 非公開化の意義

I 非公開化のメリット及びリスク

1 非公開化の意義とそのメリット及びリスク

　近時，上場企業が株式を非公開化（ゴーイング・プライベート：Going Private）する動きが目立っている。MBO（マネジメント・バイアウト：Management Buyout）1）による場合や上場子会社を完全子会社化する場合に，非公開化がなされることが多いようであるが，なかには非公開化を「究極の敵対的買収への防衛策」として，敵対的買収防衛の文脈に位置付ける向きもあるようである。

　ここでは，非公開会社の法務につき取り扱う本書の位置付けにかんがみ，「非公開化」を，MBO等一定の戦略的な目的のため，特定の者が上場会社の株式の全部を取得し，その会社を非上場会社化することと捉え，その法務につき説明していきたい。具体的には，上場会社であるA株式会社につき，その経営者Bが，TOB（公開買付け：Tender Offer Bid）を行い，一定数の株式を取得した後，上場を廃止し，残株式につき，「締め出し（スクイーズ・アウト：Squeeze Out）」をして，その完全子会社化を図ることを念頭に置く。

　さて，非公開化のメリットとしては，一般に2），

① 所有と経営の分離に伴うエージェンシー問題の解決
② 長期的視野に立った事業改革の実行

---

1) 「企業価値の向上及び公正な手続確保のための経営者による企業買収（MBO）に関する指針」（平成19年9月4日，経済産業省）によると，MBOとは，現在の経営者が資金を出資し，事業の継続を前提として対象会社の株式を購入することをいう。
2) 詳しくは，水野信次＝西本強『ゴーイング・プライベート（非公開化）のすべて』5頁以下（商事法務，2010）。

③ 上場コストの削減
④ 税務上のメリット

など様々な点が挙げられているが，逆に，後述のごとく，

⑤ 締め出しに伴うリーガルリスク
⑥ 経営者がMBOにより株式を取得するところから生ずる利益相反

といった，無視できないリスクをはらむ。ここでは，非公開化のためのスキームは，大きく分けて，TOB＋締め出しに区別することができるという前提の下，法的論点として，(1)一定数の株式を取得するための二段階買収，(2)残株式の「締め出し」のためのスキーム，(3)利益相反問題につきそれぞれ簡単にコメントする（詳しくは本書の該当部分で取り扱われる）。

2 二段階買収

前述のごとく，非公開化は，第一段階としてTOBが行われた後，第二段階で残株主を排除すべく，締め出しが用いられるところ，かかる買収方法を二段階買収（Two-tier Tender Offer）という。ここに二段階買収とは，第一段階である程度（過半数とか3分の2とか）の会社株式をTOB等の方法を用い，プレミアム付の価額で取得し，第二段階で残余の株式を無償同然の対価で取得する買収である。第二段階では，交付金合併（株式交換）や株式併合等を用い，残存株主に低額の現金を対価として渡し，会社から締め出す。これにより，対象会社の株主は，第二段階に至るまでの間に買収に応じなければ，事実上会社から締め出されるので，第一段階の買収へ応じるよう強制される。二段階買収は，協調行動をとれない株主の間に「囚人のジレンマ」を作り出すもので，その手法において強圧的（Coercive）であるといえる。

SPJによるソトーとユシロ化学工業に対するTOBにおいては，TOB後における上場廃止が宣言されていた。TOBに応じない株主の株式売却が困難になるので，これも二段階買収の一種といえる。

二段階買収に対しては，金融商品取引法上の強制的公開買付制度が，ある程度歯止めとして機能するはずであるが（金商法27の2以下），わが国では一定数

以上の株式取得後における株式買付けについて，全部買付けを完全に要求しているわけではない。

3 少数株式の締め出し

一部の株主（少数株主，一般株主）に対して現金などの対価を渡すことで，その者から株主たる地位を奪うことを「締め出し」という。締め出しは，企業再編・企業再生等の一環として実施されることが多い。会社法においては，全部取得条項付種類株式，株式併合等締め出しに利用できるいくつかのスキームが用意されている。

「締め出し」については，まだ十分な裁判例・学説の集積がないため，確たる指針を示すことができず，いくつかの近似の裁判例を紹介することに留まらざるを得ない。しかし，学説は，総じて安易な締め出しスキームの利用には批判的であるので，十分に依拠できる司法判断が存在しない現在，「法律に制限されると書いていないからできる」として安易に計画するのはリスクを伴うことに留意されるべきである。

4 MBOに伴う「利益相反」問題

MBOは，本来，企業価値の向上を通じて株主の利益を代表すべき取締役が，自ら株主から対象会社の株式を取得することとなり，必然的に取締役についての利益相反的構造が生じる。そして，取締役は対象会社に関する正確かつ豊富な情報を有していることから，MBOの場合には，株式の買付者側である取締役と売却者側である株主との間に，大きな情報の非対称性も存在することとなる。そこで，株主の立場から，MBOが有する意義から逸脱して不合理な取引が行われ，又は価格が不当に低く設定され，取締役が不当に利益を享受しているのではないかといった懸念が指摘されている。

ただ，MBOにおいては，取締役自らが株式を取得するという取引の構造上，必然的に利益相反状態が生じることになり，当該構造自体を解消することはできず，次善の策として，構造的な利益相反状態に起因して株主が感じる不透明

感[3]に対し、一定の是正措置を講じることで、歯止めをかけるしかない。

第一原則： 企業価値の向上	望ましいMBOか否かは、企業価値を向上させるか否かを基準に判断されるべきである。
第二原則： 公正な手続を通じた株主利益への配慮	MBOは取締役と株主との間の取引であるため、株主にとって公正な手続を通じて行われ、株主が受けるべき利益が損なわれることのないように配慮されるべきである。

このような観点から、「企業価値の向上及び公正な手続確保のための経営者による企業買収（MBO）に関する指針」（平成19年9月4日、経済産業省）は、望ましいMBOか否かは、企業価値を向上させるか否かを基準に判断されるべきであるとした上（第一原則）、公正な手続を通じた株主利益への配慮を要求し（第二原則）、実際に判断を行う株主によるインフォームド・ジャッジメントの機会を確保する観点から、下記の3つを要求する。

① 株主の適切な判断機会の確保	MBOにおいて、各株主が納得して適切に判断し、その意思を表明できることが重要なポイントとなることにかんがみ、各株主の背景や属性等も十分に考慮して、株主の判断に資するための充実した説明を行い、かつ、株主が当該説明を踏まえた適切な判断を行える機会を確保する必要がある。
② 意思決定過程における恣意性の排除	MBOには、構造上の利益相反の問題が存在することにかんがみ、不当に恣意的な判断がなされないように、例えば、社外役員等の意見を求めた上で株主が判断するようにするなど、意思決定のプロセスにおける工夫を行う必要がある。
③ 価格の適正性を担保する客観的状況の確保	MBOは、構造上の利益相反の問題に起因する不透明感が強いことにかんがみ、価格の適正性に関し、対抗買付けの機会を確保する等の客観的な状況により担保がなされる必要がある。

---

3) 「企業価値の向上及び公正な手続確保のための経営者による企業買収（MBO）に関する指針」（平成19年9月4日、経済産業省）は、前記「不透明感」を、(1)会社にとってMBOを行う合理性がないにもかかわらず、MBOを行っているのではないかという懸念、(2)MBO価格が不当に低いことにより、株主が受けるべき利益まで、取締役が享受しているのではないかという懸念に整理する。

Ⅱ ケースによる検討

上記の説明を具体例で考えてみよう。

ケース1

甲は，フランチャイズシステムによる飲食店の事業等を目的とする株式会社であり，その株式を金融商品取引市場に上場している。乙は，その経営者（代表取締役）であり，甲の株式の14％を保有しているほか，その実質的に支配する会社を通じて甲株式の16％を保有している。甲は，乙の強力な主導の下，積極的かつ急激に事業を拡大したが，収益が鈍化する等の経営上の問題を抱えるに至った。

そこで乙は，ファンドである丙と協議した上，甲の支配権を丙に移転するいわゆるMBOを実施することにした。具体的には，次のような内容である（以下，「本件MBO」という）。

① 丙が甲の支配権を掌握するに必要な甲株式数につきTOB（1株につき20万円）を実施した上，甲がその上場を廃止する（非公開化）。

② 甲は，その後，定款等所定の手続を経た上で，その残存株式につき，「残存株式1株につき，新たな普通株式0.00005株を交付する」旨の全部取得条項を付し，かかる条項に基づき残存株主からその保有株式を取得する。

③ 乙は，上記TOB後，普通株式で甲の全議決権に占める割合として5％を出資する。

なお，当時甲の株価は15万円程度を推移していた。

また，本件MBO実施にあたって，買付価格の決定は，コンサルティング会社に甲の株主価値を評価し算定させた上で決定された。甲は，取締役会において，決定された上記価格につき，法律事務所の意見を参照した上で，妥当なものである旨決議し，その旨を各種資料とともに公表した。その際，乙は特別利害関係人として決議に加わらなかった。

甲は，本件MBOを実施し，その結果，残存株主は，その保有する株式を，上記②の交換比率により全部取得条項付種類株式に変更され，最終的には金銭をもって甲株を手放すこととなった。

　そこで，残存株主丁としては，取締役の義務につき次のように考える見地から，本件MBOによって，低廉な価格で手放すことを余儀なくされ，その取得価額との差額につき損害を被ったとして，乙に対しては会社法429条1項に基づき，甲に対しては，不法行為に基づき，損害賠償の請求を求めたいと考えている。

① 株式会社の取締役は，善管注意義務の一環として，株主の共同利益に配慮する義務を負っている。

② MBOにおいては，本来企業価値の向上を通じて株主の利益を代表すべき取締役が，自ら株主として対象会社の株式を取得することになり，必然的に取締役についての利益相反的構造が生じる上，対象会社に関する正確かつ豊富な情報を有する，株式買付者たる取締役と売却者たる株主との間には，大きな情報の非対称性が存在するから，このような状況の下，対象会社の取締役が自己の利益のみを図り，株主の共同の利益を損なうようなMBOを実施した場合には，株主の共同利益に配慮する義務に反し，ひいては善管注意義務に違反する。

　上記**ケース1**において，丁の請求は認められるだろうか。**ケース1**は，東京地判平成23年2月18日金判1363号48頁を素材としたものである。前掲東京地判平成23年2月18日は，平成19年9月1日に被告会社（当時の商号は株式会社AP8）に吸収合併された旧レックス・ホールディングス（旧レックス）の株主であった原告らが，AP8によるTOB及び旧レックスによる全部取得条項付株式の取得による本件MBOが実施されたことによって，その所有する旧レックスの株式を1株当たり23万円という低廉な価格で手放すことを余儀なくされ，適正な価格である33万6,966円との差額である1株当たり10万6,966円らの損害を被ったと主張して，旧レックスを承継した被告会社に対し，会社法350条又

は民法709条に基づき，旧レックスの代表取締役であった被告Y₂に対し，会社法429条1項又は民法709条に基づき，旧レックスの取締役又は監査役であったその余の被告らに対し，会社法429条1項に基づき，連帯して上記損害金等の支払を求める事案である。

　この事件の判旨は以下のとおりである。

　「取締役は，会社に対し，善良な管理者としての注意をもって職務を執行する義務を負うとともに（会社法330，民法644），法令・定款及び株主総会の決議を遵守し，会社のために忠実に職務を行う義務を負っている（会社法355）が，営利企業たる株式会社にあっては，企業価値の向上を通じて，株主の共同利益を図ることが一般的な目的となるから，株式会社の取締役は，上記義務の一環として，株主の共同利益に配慮する義務を負っている。MBOにおいて，本来企業価値の向上を通じて株主の利益を代表すべき取締役が，自ら株主として対象会社の株式を取得することになり，必然的に取締役についての利益相反的構造が生じる上，対象会社に関する正確かつ豊富な情報を有する，株式買付者たる取締役と売却者たる株主との間には，大きな情報の非対称性が存在するから，このような状況の下，対象会社の取締役が自己の利益のみを図り，株主の共同の利益を損なうようなMBOを実施した場合には，株主の共同利益に配慮する義務に反し，ひいては善管注意義務又は忠実義務に違反することになる。MBOが，取締役の株主の共同利益に配慮する義務に違反するかどうかは，当該MBOが企業価値の向上を目的とするものであったこと及びその当時の法令等に違反するものでないことはもとより，当該MBOの交渉における当該取締役の果たした役割の程度，利益相反関係の有無又はその程度，その利益相反関係を回避あるいは解消するためにどのような措置が取られているかなどを総合して判断するのが相当である。本件MBOは，中長期的視野に立った経営の再建策として実施されたものであり，企業価値の向上を目的とするものであったとともに，本件公開買付けにおいて取られた手続も，当時の証券取引法等の関係法令に違反するものではなかったと認められる。」

この事件は，非公開化に関しての取締役の義務違反の有無が争われた事例であり，MBOの場面において，株主の共同利益に配慮する義務が善管注意義務・忠実義務のコロラリーに含まれる旨明示した（おそらく）初めての裁判例である。本件においては，TOB後の残株式につき，全部取得条項付種類株式に変更した上，当該全部取得条項付種類株式「1株と引換えに，同日現在において発行済みの旧レックスの普通株式と同じ内容を有する新たな普通株式0.00004547株」という極端な交換比率を採用し，既存株主を締め出す一方，取締役であるY_2が，TOB後，普通株式で全議決権に占める割合として3％から5％を出資し，引き続き経営に携わるという，極めて利益相反性が高い事案である。

このような利益相反性を意識して，第一段階の買収たるTOBへの対応につき，「株主価値評価算定書」及び「意見書」，法律事務所の意見等が参照されるとともに，Y_2は特別利害関係人として決議に加わらず，これらの各事実は公表されていた。裁判所は，これらの措置は，「企業価値の向上及び公正な手続確保のための経営者による企業買収（MBO）に関する指針」（平成19年9月4日，経済産業省）等に記載されているレベルに及ぶものではないものの，一定の措置が取られていたとして，Y_2らの善管注意義務・忠実義務の違反を認めなかった。

ケース1は，見方を変えれば，「倒産手続や私的整理手続を利用せず，非公開化を活用した事業再生事案」ともいうべきものである。既存株主に対する締め出しは，倒産手続が活用されていれば，100％減資にほぼ相当するといえようし，現経営陣が引き続き経営に関わるのは，DIP型を想起させる（もともと全部取得条項付種類株式は，倒産時における100％減資を会社法に導入したものである）。事業再生という観点からすれば，社会的に意義ある事業を存続させるため，「器」（ビークル）たる事業体（本件ではSPC（特別目的会社：Special Purpose Company））の活用が図られるとともに，事業から，出資者たる株主，債権者を切り離し，粛清していく必要がある。前者（株主）の粛清については，100％減資などの法的構成が可能であるし，近時では，後者（債権者）の粛清について，組織再編の場面を念頭に，「詐害的新設分割」として論じられている（例

えば，最判平成24年10月12日民集66巻10号3311頁。なお，会社分割につき否認を認めるものとして，福岡地判平成22年9月30日金法1911号71頁，福岡地判平成21年11月27日金法1911号84頁)[4]。

　他方，「利益相反」問題は，事業再生の文脈では，DIP型事業再生に相当するものと思われるところ，近時では，会社更生においてもDIP型（会更67③参照）が導入されるに至っており，要は，手続の適正がどの程度担保されるかに関わってくるものと思われる。

　本件の場合，Y_2が既存株主を置き去りに，1人だけ新しい「ノアの方舟」に乗ったものとみるか，非公開化を活用したDIP型事業再生となるかは，悩ましいところで（おそらくその両者），利益相反についての，裁判所のやや煮え切らない態度はその辺りの事情を反映しているものと思われる。

　上記の事例をやや変えて，別の事例につき検討してみよう。

ケース2

　個人投資家である戊（本件に至るまで，戊は甲株式を保有したことはなかった）は，報道で本件MBOを聞き，甲株式1,000株につき金融商品取引市場を介して取得した。その後，甲内部で支配権をめぐる争いが起こり，乙は代表取締役を解職された上，取締役を解任されるに至った。そして，甲の取締役会は，本件MBOにつき，その公開買付価格の決定に際し，乙が，その価格を下げるようにコンサルティング会社等に対し圧力をかけていたと認定した上で（以下，「本件不正行為」という），その中止を決定した。か

---

[4] なお，近時，資産処分による弁済に加え，債権者にSPCに対する投資の機会を与えるスキームの私的整理につき，基本的なスキームに同意しながら特異な（債権者平等に反するなど）主張したり，手続（申込期間）を遵守しなかった債権者の投資機会（オプション）を失わせたケースにおいて，説明義務違反等はないとされた事案も登場するに至っており（東京地判平成22年9月30日判タ1342号167頁），私的整理においても公正な手続に従って処理される場合には，債権者の権利（投資機会）を喪失させることもできることを前提としており，今後の私的整理につき参考となろう。

かる一連の騒動の結果，甲の株価は，10万円まで下落した。

　そこで，戊としては，本件不正行為があらかじめ開示されていれば，甲株式を取得することがなかったとして，乙に対しては会社法429条1項に基づき，甲に対しては，不法行為に基づき，損害賠償の請求を求めたいと考えている。なお，戊も，ケース1における取締役の負うべき義務につき丁と同様に考えているものとする。

　ケース2において戊の各請求が認められるだろうか。**ケース2**は，前掲東京地判平成23年2月18日金判1363号48頁の上に，東京地判平成23年7月7日金判1373号56頁の主張を組み合わせたものである。前掲東京地判平成23年7月7日は，前掲東京地判平成23年2月18日の枠組みに依拠しつつも，東京地判平成23年2月18日と異なり，MBO実施時に株主でない一般投資家にとって，不正行為は，投資判断をするにあたっての重要な事実には該当しないとして，原告の請求を棄却した。

　MBOにあたって最大の争点である「利益相反」（本件不正行為も広義では利益相反に含まれよう）は，あくまでも当該取締役と株主との間のものに留まり，一般投資家に対する関係において重要であるとまではいえず，東京地判平成23年7月7日の結論は妥当といえよう。事案のスジとしても，本件MBOを聞きつけ，株式を取得し，TOBに応じることで利ざや稼ぎ（裁定取引）をしようとした者の投資の失敗を，裁判において保護する必要はない。

Ⅲ　株式非公開化のスキーム

1　総　　説

　一口に非公開化といっても，少数派株主が残存したままでの上場廃止であれば，削減できる上場コストはたかがしれている（次頁表）。むしろ，エージェンシー問題の解決や長期的視点に立った事業改革の断行，グループ外への利益流

	要件	コスト削減効果
上場廃止	申請による上場廃止	▶ 取引所対応が不要になる。 ▶ 金融商品取引法に基づく内部統制報告書の提出義務を免れる。 ▶ 金融商品取引法に基づく四半期報告書の開示義務を免れる。ただし，有価証券報告書と半期報告書の継続開示義務は残る。
会社法上の中小会社化	① 資本金5億円未満 ② 負債200億円未満 ③ 株主総会特別決議（減資決議）	▶ 会社法に基づく会計監査人の監査を免れる（期末までに①②の要件を満たせば，来年度から）。 ▶ 取締役会，監査役・監査役会や会計監査人の設置義務を免れる（期末までに①②の要件を満たせば，来年度から）。
金融商品取引法上の継続開示（有価証券報告書等の提出）義務免除	株券その他の有価証券の募集又は売出しに係る有価証券届出書を提出した会社のうち，上場会社以外の会社であって，当該事業年度を含む5事業年度の全ての末日における当該有価証券の所有者数が300名未満である場合において，内閣総理大臣の承認を得る。	▶ 金融商品取引法に基づく有価証券報告書・半期報告書又は四半期報告書，内部統制報告書の提出義務を免れる。 ▶ 金融商品取引法に基づく監査義務を免れる。
	株主数を25名未満にして，内閣総理大臣の承認を得る。	
他の一般株主の完全排除	株主総会特別決議（全部取得条項付種類株式の利用）	▶ 上記の他，株主総会を開催しなくてもよくなるなど株主管理コストがゼロになる。

失の防止といった非公開化一般にいわれるメリットは生じることなく，単に，少数派株主が残存することによる訴訟リスクが高まるだけともいえる。そこで，非公開化を行うのであれば，全ての株主から株式を買い集めて100％株主となることができるのでなければ，経済的にあまり意味がない。だから，最後は，残存株主の締め出しを行う。つまり，上場廃止が目的なのではなく，100％の株式を買い集めた結果としての上場廃止である。本書が念頭に置いている非公開化は，このような場合である。

　残存株主の締め出しを行うためには，いくつかの手法が考えられるが，いずれの手法によっても，株主総会における３分の２以上の議決権が必要である。そこで，非公開化を企図する者は，対象会社の３分の２以上の議決権を保有していない場合，まず，３分の２以上の議決権を取得することを目的として第一段階目の取引を行う。このように，非公開化においては，往々にして，二段階目の締め出し取引の前に一段階目の株式取得のための取引が行われる。このように二段階で行われる非公開化を，二段階買収という。

　以下では，各段階に分けて，考え得る手法を検討する。

2　一段階目の株式取得手続

　非公開化を企図する者が，第一段階目として，対象会社の３分の２以上の議決権に係る株式を取得するための取引としては，他の株主から株式の譲渡を受ける手法，なかでも発行者以外の者による株券等の公開買付け（金商法27の２）の手法（(1)）により行われるのが通常であるが，その他の手法（(2)）によって行われることもある。

(1)　発行会社以外の者によるTOB

　非公開化を企図する者が，他の株主から株式を買い集めることによって対象会社の３分の２以上の株式を取得しようとするとき，オークション市場で買い進める手法も考えられるが，大量保有報告書の提出義務（金商法25の23）もあるなかで，株価の高騰を招かずに買い進めることは至難の業である。また，浮

動株がどれだけあるかによって，市場で買い進めることができる範囲も限られる。時間外取引で3分の2を取得する手法も考えられるが，それは，大口の売り手がいる場合に限られる。時間外取引や相対取引と，オークション市場での取引を組み合わせて3分の2以上を取得するには，急速買付規制（金商法27の2①四・六）がある関係で時間がかかる。そこで，発行者以外の者による株券等の公開買付け（金商法27の2）が行われるのが通常である。

　この場合，公開買付者は，非公開化を企図する者（買収者）自身であるケースと，非公開化を企図する者（買収者）が出資して設立したSPCであるケースがある。後者のケースは，典型的にはMBOで，非公開化を企図する者（＝経営陣や投資ファンドといった新株主）がファイナンススキームを組んで借入金やメザニンによってレバレッジをかけることで，相対的に少ない自己資金で対象会社を買収するために行われる。このケースでは，二段階買収の完了後，対象会社の余剰資金や数年かけて対象会社の事業で稼いだキャッシュフローで借入金やメザニンローンを返済することで，非公開化を企図する者は完全に対象会社のオーナーとなることができる。そこで，借入金やメザニンローンの債務者は，当初はSPCであるが，最終的に対象会社が債務者となるよう，後述の二段階目の手続が完了した後にSPCと対象会社を合併することが予定される。これがLBO（Leveraged Buyout）である。このような買収のためのファイナンススキームを組む必要がない場合は，端的に前者のケースで行われる。事業会社が戦略的に他の事業会社を完全子会社化しようとする場合は，多く前者のケースである。

　また，買付けの対価は，通常は現金であるが，平成23年に成立した産業活力再生措置法の改正によって，株式（内国株式であることに限られない）を対価とすることも可能となった。

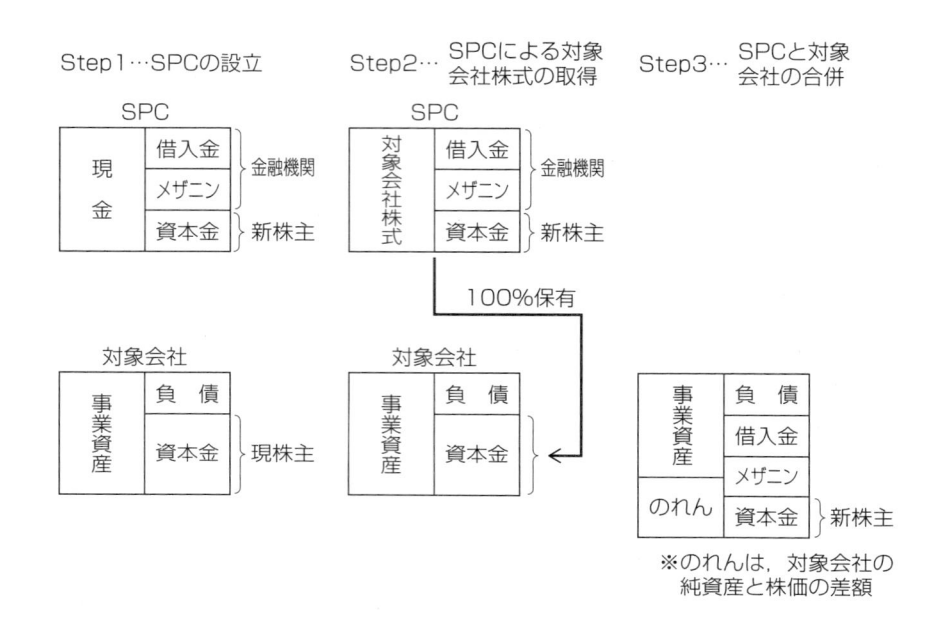

Step1…SPCの設立　　Step2… SPCによる対象会社株式の取得　　Step3… SPCと対象会社の合併

SPC	
現金	借入金 } 金融機関
	メザニン
	資本金 } 新株主

SPC	
対象会社株式	借入金 } 金融機関
	メザニン
	資本金 } 新株主

100％保有

対象会社	
事業資産	負債
	資本金 } 現株主

対象会社	
事業資産	負債
	資本金

事業資産	負債
	借入金
	メザニン
のれん	資本金 } 新株主

※のれんは，対象会社の純資産と株価の差額

(2) その他の手法

　その他の3分の2以上の総会議決権を取得するための手法としては，第三者割当増資がある。これが行われる場合は，上記(1)のTOBとの組み合わせで行われることが多い。これには，公開買付者に第三者割当増資をすることによって，より確実に3分の2以上の議決権を取得させることができるという取引成立の安定性を高めるメリットがあるが，他方で，その分強圧性が強まることによって法的安定性が低下するというデメリットがある。

　さらに，自己株式の取得，すなわち発行者による上場株券等の公開買付け（金商法27の22の2）により行われることもある。これは，非公開化を企図する者がもともと大株主である場合に，自己株式取得を行うことによって，相対的にその者の議決権割合を上げようとする手法である。会社資金を用いた買収なので，非公開化を企図する者にとっては自己資金を用いずに買収できるとのメリットがあるが，自己株式であるので議決権が停止してしまう（会社法308①），

さらにはTOBを行うのは対象会社であるため，対象会社役員にとっては，特定株主の利益を図る取引と見られて善管注意義務・忠実義務違反とならないようにするために，より慎重な判断が求められるというデメリットがある。

3　二段階目の締め出し手続

対象会社の3分の2以上の議決権を保有する者が，残存株主を強制的に締め出すための手法としては，現在の実務では，全部取得条項付種類株式を利用する手法（(1)）と，組織再編による手法（(2)）が多く用いられる。以下では，(1)(2)に加え，その他の手法（(3)）も紹介する。

(1)　全部取得条項付種類株式を利用した締め出し

現在の実務では，現金を対価として締め出しをする場合は，全部取得条項付種類株式の制度（会社法108①七）を用いるのがほとんどである。

もともと，全部取得条項付種類株式は，会社法の立案過程においては，当初の要綱試案の段階では，会社が債務超過の場合に既存株主の持株をゼロにするいわゆる「100％減資」として提案されていた（試案第四部・第三6(2)②）。しかし，要綱案の段階で，債務超過要件を不要とする，種類株式発行会社の制度とする等の変更が加えられ，かつ会社による「有償取得」も認められ[5]，そのまま，会社法として成立した。そこで，この制度は，株式取得による企業買収後に残存する少数株主の締め出しの手段として用いられるなど，既発行株式の内容を変更するための制度としての用途が広まった[6]。他方で，会社法は，組織再編対価を柔軟化し，現金対価の組織再編も認めたものの（会社法749①二，768①二等），平成18年に株式移転・交換税制が抜本改正されたことによって，税制非適格の株式移転・交換が行われた場合に完全子会社となる会社に時価評価

---

[5]　江頭憲治郎「『会社法制の現代化に関する要綱案』の解説〔Ⅳ〕」商事法務1724号9頁（2005）。

[6]　江頭憲治郎『株式会社法（第4版）』154頁（有斐閣，2011），相澤哲ら『論点解説　新・会社法』86頁（商事法務，2006）。

課税が行われることになった。そこで，現金を対価とした締め出しをする場合，会社法改正前は産業活力再生措置法による現金対価株式交換の手法が行われていたが，現在は，組織再編によることなく，全部取得条項付種類株式の制度を用いるのが主流となった[7]。

なお，連結納税制度を採用している会社が，全部取得条項付種類株式を用いて他の会社を完全子会社化しようとする場合，かつては，当該他の会社を連結納税加入する際に時価評価課税が生じるとの問題があったが，平成22年の税制改正で，一定の手当がなされた[8]。

この手法による締め出しは，まず，対象会社のスクイーズ・アウト総会（株主総会と普通株主による種類株主総会）において，3つの議案（普通株主による種類株主総会においては，次の②議案のみ）を決議する。具体的には，

① 普通株式とは別の種類の株式（いわゆる，当て馬株式）を発行できる旨の定款変更（会社法108②）を行うことによって，種類株式発行会社（会社法2十三）となること

② さらに，普通株式に全部取得条項を付す旨の定款変更を行うこと（会社法108①七）

③ 会社法171条に基づき，全部取得条項が付された普通株式の全てを取得し，その取得の対価として，一定割合で当て馬株式を交付すること

である。なお，③の割合は，非公開化を企図する者（が設立したSPC）以外の株主に交付される当て馬株式が1株未満の端数となるように設定する。

その後，上記③の議案に係る決議で定められた取得日（会社法171①三）に，取得の効果が発生し（会社法173），非公開化を企図した者（が設立したSPC）のみが，対象会社の株主となる。そして，それ以外の株主は，会社法234条の規定による端数処理，すなわち，各株主に交付された1株未満の端数の合計数に

---

7) 太田洋＝野田昌毅「株式交換・株式移転税制の抜本的改正とM＆A実務への影響」商事法務1778号33頁（2006）。
8) 大石篤史ほか「平成22年度税制改正がM＆Aの実務に与える影響〔下〕」商事法務1902号52頁（2010）。

相当する数の当て馬株式を，裁判所の許可を得て，非公開化を企図した者（が設立したSPC）か発行会社に売却し，その売買代金を，各株主に，その端数に係る権利の割合に応じて交付することになる。この交付される金額は，二段階買収である場合，通常，一段階目の買付価格と同額とされる。

(2) 組織再編による締め出し

　株式を非公開化するもう一つの手法としては，合併や株式交換といった組織再編を用いる場合である。上記のとおり，会社法は，組織再編対価を柔軟化し，現金対価の組織再編も認めたものの（会社法749①二，768①二等），税制上の理由によって（平成18年度株式交換・株式移転税制の抜本的改正），現金を対価として締め出しをする目的で組織再編が行われることは少なく，株式を対価として締め出しをする場合に，組織再編の手法が用いられる。なお，外国会社と内国会社の組織再編は認められないと解されているため[9]，外国会社株式を対価として締め出しを行う場合には，三角組織再編の手法が用いられることになる。

　組織再編を行うためには，原則として両当事会社の株主総会決議が必要であるが（会社法783①，795②），簡易組織再編の要件を充たす場合には非公開化を企図する会社側で（会社法784③，796③），略式組織再編の要件を充たす場合は対象会社側（会社法784①，796①）でも，株主総会決議が不要となる。

　合併を行うと，対象会社の法人格は消滅し，その権利義務は全て非公開化を企図する会社に承継されるが（会社法750①，471四），株式交換を行うと，対象会社は非公開化を企図する会社の完全子会社となる。

　なお，平成18年の株式移転・交換税制の抜本改正前には，株式移転をした後，対象会社の全株式を非公開化を企図する者（が別に用意したSPC）に譲渡し，抜け殻となった完全親会社を清算するという手法も行われていた[10]。

---

9)　江頭・前掲6）790頁注(3)。
10)　内間裕＝野田昌毅「ゴーイング・プライベートの法的手段と留意点」商事法務1675号81頁（2003）。

(3) その他の手法による締め出し

その他の手法としては，事業譲渡によって対象会社の全事業を非公開化を企図する者（が別に用意したSPC）に譲渡し，抜け殻となった対象会社を清算するという手法がある。

また，株式併合（会社法180）による締め出しも，理論的には考えられる。これは，併合割合を，非公開化を企図する者（が設立したSPC）に1株未満の端数となるように設定した株式併合を行う手法である。株式併合については，全部取得条項付種類株式の制度のように，取得対価を争う制度（会社法172参照）がないこともあり，少数派の株式を端数にして会社経営から追い出す目的で利用する株式併合は，多数派の賛成によりその特別決議が成立した場合であっても，特別利害関係人の議決権行使による著しく不当な決議の成立として，決議取消請求（会社法831三）も可能と解されている[11]。もっとも，現在行われている会社法の改正作業においては，株式併合による締め出しも可能とするため，株式の併合により端数となる株式の買取請求の制度が新設されようとしている（要綱第二部第二3）。これは，株主総会議案が複雑で株主にとってわかりにくい全部取得条項付種類株式制度を利用した締め出しより，株式併合を用いた締め出しの方が，一般株主にとって望ましい，との指摘に基づいたものである（法制審議会会社法制部会第10回議事録35頁〔田中亘幹事発言〕）。

---

11) 江頭・前掲注6) 270頁注(2)。

第2章
事業再生との対比 −DESを例としつつ−

I 非公開化と事業再生との接点

1 実質的には事業再生ともいいうる事案か

　非公開化とそれに付随する締め出しに関する事案のなかには，一見事業再生の形態を取っていないようにみえるが，実質的には事業再生ともいいうる事案も散見される。おそらく倒産手続のアウト・オブ・コート化を反映してのことと推察される。その一例として，いわゆる旧レックス・ホールディングスに関する東京地判平成23年2月18日金判1363号48頁を挙げたい。この事件は，Y_1会社に吸収合併された旧会社（Z）の株主であるX_1らが，合併前のY_1会社によるTOB及びZ会社による全部取得条項付株式の取得によるMBO（経営者による企業買収）の実施によりZ会社の株式を低廉な価格で手放すことを余儀なくされたなどとして，Y_1会社，同社の取締役等であった者らに対し，損害賠償を求めた事案である。かかる事案において裁判所は，株式会社の取締役は，善管注意義務ないし忠実義務の一環として，株主の共同利益に配慮する義務を負っているところ，本件MBOは，企業価値の向上を目的とするものであったとともに，当時の証券取引法等の関係法令に違反するものではなかったと認められ，かつ，当時の代表取締役に係る利益相反を解消するための措置も一応取られていたことから，株主の共同利益への配慮義務の違反は認められず，また，TOBに係るZ会社の公開買付価格，特別損失の計上及び業績下方修正の公表並びに公開買付開始の前日から過去1カ月間の終値の単純平均値に一定のプレミアムを加えた額を公開買付価格としたことは，いずれも取締役として株主の

共同利益に配慮する義務に違反しないと判示し，X_1らの請求を全て棄却した。

この事件は，いわゆる締め出しに係る事案として分類されるのであろうが，見方を変えると，「倒産手続や私的整理手続を利用せず，非公開化（TOBとその後の締め出し）を活用した事業再生事案」ともいうべきものでもある。既存株主に対する締め出しは，倒産手続が活用されていれば，100％減資にほぼ相当するし，現経営陣が引き続き経営に関わるのは，非公開化の実務においては，「利益相反」として議論されるが，これはDIP型を想起させる[1]。

2 新スポンサーの獲得と旧スポンサーの粛清

事業再生の領域では，新旧スポンサーの間で「せめぎ合い」が起きることがある（「せめぎ合い」と呼ぶことにする）。かかる新旧スポンサーの間の「せめぎ合い」は，事業再生が問題となりうる種々の場面で，問題となりうる。例えば，DIP型の再生手続・更生手続において，新スポンサーである新債権者の債権を共益債権とすることで，新債権者にプライオリティを与えることは，手続申立後開始前の借入等の共益債権化として（民再120，会更128），よくみられる[2]。また将来債権譲渡担保に関し，将来の売掛債権を包括的に譲渡担保に取った旧債権者と，発生した個別債権を譲り受けた新債権者との間の「せめぎ合い」は，将来債権譲渡の有効性の範囲という形で議論される[3]。これらは，表面上は全

---

[1] もともと全部取得条項付種類株式は，倒産時における100％減資を会社法に導入したものである。

[2] なお，私的整理から法的整理に移行した際のプレDIPファイナンスの共益債権化についてはまだ対応がなされていない。プレDIPファイナンスについては，松嶋一重＝梅津貴＝五嶋翔平＝栗澤方智「事業再生ADRの展開と課題　金融機関の実務対応〜プレDIPファイナンスの留意点〜」事業再生と債権管理128号14頁（2010）を参照。なお，私的整理における商取引債権のプライオリティにつき論じるものとして，杉本純子「商取引債権保護に関する改正提言試論」東京弁護士会倒産法部編『倒産法改正展望』172頁（商事法務，2012），同「倒産手続におけるプライオリティ体系修正の試み－租税債権・労働債権・商取引債権について－」倒産法改正研究会編『提言　倒産法改正』2頁（金融財政事情研究会，2012），同「倒産手続におけるプライオリティの変遷と展望－商取引債権を含めたプライオリティ体系の構築をふまえて－」日本法学77巻3号135頁（2011）をそれぞれ参照。

く異なった法分野の異なった論点ではあるが，その背後にある利益考量を直截に観察するとき，いずれも新旧スポンサーの間の「せめぎ合い」が問題となっていることに気付く。むしろ危急時における利害の対立が先鋭化する事業再生の分野では，背後にある利害対立の状況をダイレクトに認識していくことが肝要であろう。

　本章では，かかる横断的認識をしていくための「手がかり」として，前記の「せめぎ合い」が異なった法分野間でみられることを，2つの事例を解説することで明らかにしていきたい。

II　新旧スポンサー間のせめぎ合い

1　DESに際しての既存株主の利益

(1)　DESとは？

　事業再生の分野における新旧スポンサー間の「せめぎ合い」のもう1つの例として，まずDES（デット・エクイティ・スワップ：Debt Equity Swap）に関する取扱いを紹介したい。ここにDESとは，債権者Aが債務者B株式会社に対する貸付金相当額を新規に金銭出資してB株式を引き受け，払い込まれた資金をA

---

3) 例えば，平成11年1月29日民集53巻1号151頁は，医師が社会保険診療報酬支払基金から将来8年3カ月の間に支払を受けるべき各月の診療報酬債権の一部を目的として債権譲渡契約を締結した場合において，当該医師が債務の弁済のために上記契約を締結したとの一事をもって，契約締結後6年8カ月目から1年の間に発生すべき目的債権につき契約締結時においてこれが安定して発生することが確実に期待されたとはいえないと判示する。その他，集合債権譲渡担保権者と国税との「せめぎ合い」が問題になったものとして最判平成13年11月22日民集55巻6号1056頁及び最判平成19年2月25日民集61巻1号243頁を参照。同様の「せめぎ合い」は，集合動産譲渡担保においても問題となる。集合動産譲渡担保（高級魚）が重複設定されている場合における後順位譲渡担保権者による私的実行の可否，構成部分の変動する集合動産を目的とする譲渡担保の設定者が目的動産につき通常の営業の範囲を超える売却処分をした場合における処分の相手方による承継取得の可否が問題とされたものとして，最判平成18年7月20日民集60巻6号2499頁を参照。

の債権に対する弁済に充当するという金銭出資型（疑似DES）と右債権を現物出資すると構成する現物出資型（真正DES）とに大別できるところ，会社法の下で法認された後者を前提として議論を進めることとする[4]。

(2) 「モラル・ハザード論」と「せめぎ合い」論

債権放棄と対比した場合におけるDESの利点として，いわゆるモラル・ハザードが少ないことが挙げられてきた。これは，債権放棄に伴い，企業価値の向上に貢献していない株主に企業価値向上のシナジーが分配されてしまうということである。詳言すると，債権放棄による不良債権処理スキームは，債権全額でなくその一部を放棄し，放棄後の残債権につき一括でなく，長期にわたって分割弁済を受けるものであるところ，かかるスキームは，「メインバンクの全面支援」といういわば「あなた任せ」の傾向を助長し，ひいては何ら努力なくして債権者から既存株主への価値の移転を発生させ，それが「モラル・ハザード」として認識されるのである（「モラル・ハザード論」と呼ぶことにする）。

かかる「モラル・ハザード論」は，DESに際しての債権額の評価に関する評価額説[5]のバック・ボーンを構成するものでもある。すなわち評価額説は，券面額説に対する批判として，券面額説によると既存株主の持分が過剰に希釈される結果になると批判し，DESに対し警鐘を鳴らす[6]。

このようなモラル・ハザード論に対し，わが国の実務は，DESに大幅な減資（場合によっては100％減資）を組み合わせ，既存株主に「株主責任」を取らせることで解決しようとしてきた。

---

[4] 松嶋隆弘「会社法のもとにおけるデット・エクイティ・スワップ」私法74号274頁（2012），同「デット・エクイティ・スワップ「三題噺」」大野退官記念『企業法学の展望』155頁（北樹出版，2013）。

[5] 評価額説とは，券面額説に対立するもので，債権の実価が券面額未満である場合には，債権の評価額を基準とすべきとする見解をいう。

[6] 藤田友敬「自己株式取得と会社法（下）」商事法務1616号8頁（2001），太田洋「改正商法下のデット・エクイティ・スワップと課税上の取扱い」商事法務1638号42頁（2002）。

ここで指摘しておきたいのは，前述の100％減資による「株主責任」といった取扱いが諸外国でなされておらず，わが国固有の実務であることである。例えばイギリスでは，DESに際し資本金減少がなされることはありうるが，それは日本の実務における100％減資による「株主責任」というものではなく，あくまでもバランスシート調整の補助的手段に留まるようである[7]。イギリスにおいては，新株主の既存株主に対する優越を，DESに際し発行される株式につき種類株式の設計を工夫し[8]，優先株式とすることで解決する[9]。事業再生の領域では，新旧スポンサーの間で「せめぎ合い」がおきることがあり，DESにおけるモラル・ハザード論は，かかる議論の影響を受けている（前述した諸論点とDESにおけるモラル・ハザード論は，新株主（旧債権者）が金銭を新たに拠出しているわけではなく，DESによる新旧株主間のシナジー分配をめぐる「せめぎ合い」が問題とされる点で違いがあるとはいえるものの，利害の対立形態において類似している）。

(3) DESにおけるモラル・ハザード論とは

　以上の認識を踏まえ，再びDESに関する議論に戻る。DESにおけるモラル・ハザード論は，事業再生における新旧スポンサー間の「せめぎ合い」に関する議論を，DESに応じた者（新株主）とそれ以外の者（旧株主）の間のシナジー分配に置き換え，かかるシナジー分配は，努力しない者に対し（事業再生による）企業価値向上の「分け前」の分配することにあたり，モラルにもとると考えるものである。評価額説による券面額説に対する前述の批判も，結局は新旧株主間の衡平問題に帰着しよう。

　ここで興味を引くのは，次の２点である。第一に，わが国におけるDESのモ

---

7) イギリス法における資本金減少の実務については，次の文献を参照。Andrew Pearson, Neil Chisholm, Reduction of Share Capital : the new order, PLC June 2010, p. 37.
8) 松嶋隆弘「イギリス法における種類株式の現状」石山＝上村還暦『比較企業法の現在－その理論と課題』３頁（成文堂，2011）。
9) Karen Kemp, David Harris, Debt Equity Swap : relieving the interest Burden, PLC August 1993, p. 19.

ラル・ハザード論が、事業再生における新旧スポンサーのせめぎ合い論の影響を受けたものであるとして、なぜ諸外国のDESでは、モラル・ハザード論に基づく100％減資を伴わないのかである。

　第二に、現物出資に関する規定を用いる真正DESに関する議論が、対債権者との関係ではなく、専ら株主間の問題として議論されている点である。近時、債権者保護のあり方の変化に対応し、現物出資規制を、債権者保護のための制度としてではなく、株主間の利害調整のための制度として理解する見解[10]も提唱されているが、前述したところは、かかる見解に親和的なように見受けられる[11]。DESに関する問題に限定して述べると、これは、前述した倒産法の「アウト・オブ・コート」化により、再生のため債権者に犠牲を強いる倒産法のロジックと、債権者保護を旨とする会社法のロジックが交差し、両者間の交通整理が必要になっていることを示す証左ではないかと考えている。

2　新旧スポンサー間のせめぎ合いの例

(1)　問題の所在：「公正な発行価額」の意味

　会社法における新旧株主間の「せめぎ合い」の典型例として、企業提携などの場面で、いわゆる第三者割当による募集株式の発行等がなされた場合における新旧株主間のシナジーの分配をどうするかという問題が挙げられる。これは、解釈論としては、株価が高騰している場合において、当該募集株式の発行等の「公正な価額」をいつの時点（高騰前の価額か、高騰時の価額か）を基準として算定すべきなのかという形で議論されてきた。

　ここで出発点として「公正な発行価額」の意味につき確認しておこう。本来であれば、新株主・旧株主間の平等の見地からいって、新株主に旧株主と同等の資本的寄与を求めるべきものであり、この見地からする発行価額は旧株の時

---

10)　藤田友敬「会社法におけるデット・エクイティ・スワップ」『会社法と商事法務』117頁（商事法務，2008）。

11)　松嶋隆弘「EU会社法と日本の事業体法制〜欧州私会社（SPE：Societas Privata Europaea）を中心として〜」法学紀要53巻256頁（2012）。

価と等しくなければならないはずであるが，他方で，新株を消化し資本調達の目的を達成することの見地からは，原則として発行価額を右より多少引き下げる必要もまた否定できない。結局のところ，公正な発行価額は，両者の調和点に見い出される。すなわち，「発行価額決定前の当該会社の株式価格，右株価の騰落習性，売買出来高の実績，会社の資産状態，収益状態，配当状況，発行済み株式数，新たに発行される株式数，株式市況の動向，これらから予測される新株の消化可能性等の諸事情を総合し，旧株主の利益と会社が有利な資本調達を実現するという利益との調和の中に求められるべきものである。」（最判昭和50年4月8日民集29巻4号350頁，東京地決平成16年6月1日判時1873号159頁）ということである。

(2) 高騰時における公正な発行価額1：高騰前を基準とする裁判例

では新株を発行する会社が企業買収の対象になっている場合や，新株発行により企業提携を企図しようとしている場合には，新株発行価額の決定後，株価が急に高騰する場合がある。このような場合，高騰前と高騰時のいずれを基準として，公正な発行価額を決定すべきであろうか。

リーディング・ケースとなっているのが，東京高判昭和48年7月27日判時715号100頁（ソニー・アイワ事件）である。これは，発行済株式総数1,200万株のJ株式会社（アイワ）が，企業提携のため，Y_2（ソニー）に対し第三者割当の方式による新株発行（普通株式1,200万株の新株を1株70円の発行価額で発行し，その全株の引受権をY_2に付与）の取締役会決議したところ，企業提携の情報によりJの株価が高騰し，右決議の前日の東京証券取引所における終値が1株145円に上っていた，という事案であり，X_2（Jの株主）は，Y_2に対し，高騰時の株価を基礎として，商法280条ノ11（会社法212①）に基づく差額の支払を求めたものである。

前掲東京高判昭和48年7月27日は，「株式市場も一の競争市場である以上，そこで形成される株価が常に企業の客観的価値のみに基づくとは限らず，時としては，企業の客観的価値以外の投機的思惑その他の人為的な要素によって，

株価が企業の客観的価値を反映することなく異常に騰落することもあるのであるから，上場会社の新株の発行価額の決定に当たって，常に市場における株価だけを絶対視することは，ことの本質を見誤る」とした上で，高騰時の「株価は，主として投機的思惑により形成されたものであって，Ｊの資産状態，収益力等その企業としての客観的価値を正しく反映して」おらず，右「株価を基準として新株の発行価額を定めることは到底できない」と判示し，結論として，「発行価額の決定に当たって，Ｊの株価のうち，上記参加，提携の機運を前提とする投機的思惑によって異常に高騰したと認められる部分が考慮されてはならないことはいうまでも」なく，Y_2が「右部分を排除しないで決定された価額によって本件新株を引き受けることをしなかったのは，もとより当然であった」とした。同旨のものとして最判昭和50年4月8日民集29巻4号350頁（横河電気事件）も挙げておこう[12]。これらは高騰前を基準とする裁判例と位置付けることができる。

---

12) 前掲最判昭和50年4月8日は，新株発行の方法が買取引受であるという点を除き，前掲東京高判昭和48年7月27日とほぼ同様の事案である。ちなみに，Ｋ株式会社（株式会社横河電機製作所）の本件新株発行決議は，買取引受先たるY_3（証券業者）の「意見」に基づくものであるところ，右決議は，以下の理由から，発行価額としては1株当たり320円とした。

①	前記具申の前日の終値354円，前1週間の終値平均359円17銭，前1カ月の終値平均350円27銭の三者の単純平均358円15銭から，新株の払込期日が期中であったので，配当差2円41銭を差引いた355円74銭を基準とした上で，	
②	右ファクターを考慮し，本件新株を売出期間中に消化するためには前記基準額を最低10％値引する必要がある等の事由による減額修正をする。	(i) Ｋの株式の価格動向としては人気化していたため急落する可能性が強く，過去6年間における1カ月以内の下落率の大勢は10ないし14％に集中していたこと
		(ii) 売買出来高が昭和35年9月から同年12月まで1日平均19万3,000株であるのに比べると本件公募株数は150万株の大量であること
		(iii) その他，当時における株式市況の見通し

前掲最判昭和50年4月8日は，前記「意見」につき，「客観的な資料に基づいて前記考慮要因が斟酌されているとみることができ，そこにおいてとられている算定方法は前記公正発行価額の趣旨に照らし一応合理的」であり，「右の価額は，特別

(3) 高騰時における公正な発行価額２：高騰時を基準とする裁判例

　他方で，むしろ高騰時を基準として「公正な発行価額」かどうかを判断すべきとする裁判例として東京地決平成16年６月１日判時1873号159頁（宮入バルブ事件）を挙げたい。これは，東証第２部上場のY₄（債務者：宮入バルブ）が，同社株式が市場で買占めの対象となり価格が高騰しているときに（新株発行決議前日の株価は1,010円，同日から遡って６カ月間の平均株価は約721円），高騰前の価格を基準とし，株主総会の特別決議を経ずに，取締役会決議により第三者割当増資を決議し，新株発行（１株当たりの発行価格393円）しようとしたところ，株主であるX₃ら（債権者）が，その発行の差止めの仮処分（会社法210）を申し立てたという事案である。

　前掲東京地決平成16年６月１日は，前掲最判昭和50年４月８日を引用し，「公正な発行価格というには，その価額が，原則として，発行価額決定直前の株価に近接していることが必要であると解すべきである」とした上で，「本件発行価額393円は，平成16年５月17日時点の証券市場における１株当たりの株価1,010円と比較して約39パーセントにすぎ」ず，日本証券業協会の平成15年３月11日付け一部改正に係る「第三者割当増資の取扱いに関する指針」（自主ルール）により，「本件新株発行決議の直前日の価額に0.9を乗じた909円と比較して約43パーセント，本件新株発行決議の日の前日から６カ月前までの平均の価額に0.9を乗じた650円と比較しても約60パーセントにすぎ」ず，「本件新株発行決議の直前日の株価と著しく乖離しており」，「こうした乖離が生じた理由が客観的な資料に基づいて前記考慮要因を斟酌した結果であると認めることはできず，その算定方法が前記公正発行価額の趣旨に照らし合理的であるとい

の事情がないかぎり，商法280条ノ11（会社法212①）に定める「著シク不公正ナル発行価額」にあたるものではない」と解した上で，新株発行後の株価の高騰について，「本件発行価額決定時点においてそのことが確実であることを保証する事実が顕著であったとはいえないとする原審確定の事実関係のもとにおいては，右値上りの事実をもって特別の事情と認めるには足りず，他に特別の事情を認めるに足る事実関係のない本件においては，本件発行価額が「著シク不公正ナル発行価額」であるということはできない」と判示した。

うことはできない」と判示し，差止め仮処分を認容した。

(4) 裁判例相互の関係

　前掲東京高判昭和48年7月27日が，高騰時の株価を算定の基礎から排除したのは，高騰時の「株価は，主として投機的思惑により形成されたものであって，Jの資産状態，収益力等その企業としての客観的価値を正しく反映して」おらず，右「株価を基準として新株の発行価額を定めることは到底できない」からであったし，前掲最判昭和50年4月8日民集29巻4号350頁は，新株発行に際し，高騰前の価格を基準と判断したことが，「客観的な資料に基づいて前記考慮要因が斟酌されて」おり，「そこにおいてとられている算定方法は前記公正発行価額の趣旨に照らし一応合理的」であるとした上で，「右の価額は，特別の事情がないかぎり」著しく不公正な発行価額に当たらず，「本件発行価額決定時点においてそのことが確実であることを保証する事実が顕著であったとはいえない」と判示した。ただ，前掲最判昭和50年4月8日も，前掲東京地決平成16年6月1日と同様，「公正な発行価格というには，その価額が，原則として，発行価額決定直前の株価に近接していることが必要であると解すべきである」ということでは，共通している。他方，前掲東京地決平成16年6月1日は，高騰した時価と発行価額との乖離につき，「乖離が生じた理由が客観的な資料に基づいて前記考慮要因を斟酌した結果であると認めることはでき」ないとして，高騰時の価額を基準として判断している。

　両者の関係を整合的に理解するとすれば，①買収により企業価値が増大するという株式市場の合理的期待を反映したものであれば，高騰時の株価を基準とし，逆に，②発行会社やその関係者に高値で買い取らせることや，市場での売り抜けを狙うなどの投機的なものであれば，高騰時の株価は算定の基礎から排除されるべきということであろう[13]。ただ，両者の区別を付けることは容易なことではない。

---

13) 田中亘・判批・江頭憲治郎＝岩原紳作＝神作裕之＝藤田友敬編『会社法判例百選（第2版）』52頁（有斐閣，2011）。

(5) 新旧株主間のシナジー分配

　学説をみると，たとえ株価が異常に高騰していたとしても，あくまで市場価格を基礎に公正な発行価額を考えるべきであるとする説もあるが[14]，最近の学説は，当該新株発行により生じるシナジー（相乗効果）を既存株主と新株主の間でどのように分配するかの問題であるとみて，議論を展開することが多い[15]。後者の見解のうち注目すべきなのは，前掲東京高判昭和48年7月27日を用い，高騰前の株価を発行価額としても，シナジーの配分割合が不公正であることは通常考えがたく，高騰前の市場価格を発行価額とすることは，通常は公正であると説くものである（次図参照）[16]。この見解は次図を用い，株式時価総額で算定したＪ（アイワ）の企業価値（高騰前の企業価値は0ABCの部分，高騰後の企業価値は，0DHFの部分）であるところ，Y_2（ソニー）の払込みはADEBの部分である。Y_2の払込みにより，CEHFの部分のシナジーが発生するが，高騰前の株価を基準として新株発行すれば，右シナジーは，既存株主（CBGF）と新株主（BEHG）の間でキレイに分配されると説明する。

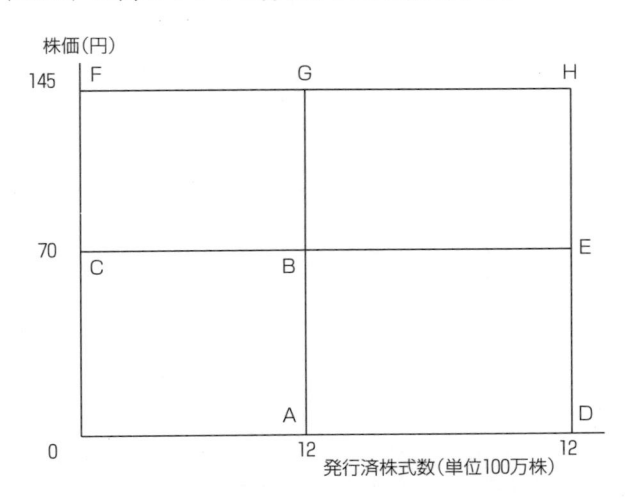

株価(円)

145　F　　　　　　G　　　　　　　　　H

70　C　　　　　B　　　　　　　　　　E

　　　　　　　　A　　　　　　　　　　D
0　　　　　　　12　　　　　　　　　12
　　　　　　　　　　　発行済株式数(単位100万株)

---

14)　阪埜光男「第三者割当と新株の発行価額」法学研究51巻11号40頁（1978）。
15)　江頭憲治郎『結合企業法の立法と解釈』227頁以下（有斐閣，1995）。
16)　江頭・前掲書（注15）227頁以下。

しかし，前記見解における新旧株主間のシナジー分配という問題意識そのものは正鵠を得ているものの，前記見解が素材として用いた前掲東京高判昭和48年7月27日は，今日においては，企業提携の場面における募集株式等の発行というよりもむしろ，（法的倒産を伴わない）一種の事業再生の事案とみるべきではなかろうか。本章冒頭に述べたごとく，今日においては，非公開化に関する事案のなかには，一見事業再生の形態を取っていないようにみるが，実質的には事業再生ともいいうる事案も散見される[17]。本章冒頭に紹介したいわゆる旧レックス・ホールディングに関する東京地判平成23年2月18日金判1363号48頁は，その典型である。

　前掲東京高判昭和48年7月27日を前掲東京地判平成23年2月18日と比較するとき，新スポンサー参加による事業再生という点で両者が類似していることに気付く。そうすると前述したモラル・ハザード論からすると，今日において前掲東京高判昭和48年7月27日の事案は，（その手法がいずれであるかはともかく）何らかの形で旧株主（すなわち旧スポンサー）は，株主責任を取らされてしかるべき事案であるように思われる。

---

[17] これは，株式会社Lに吸収合併されたM（旧レックス・ホールディングス（旧レックス））の株主であったX_5らが，LによるTOB及び旧レックスによる全部取得条項付株式の取得によるMBOが実施されたことによって，その所有する旧レックスの株式を低廉な価格で手放すことを余儀なくされたとして，適正な価格との差額分の損害賠償を求めた事案である。

第3章

会社法改正による非公開化への影響

I 非公開化に関連する会社法改正の内容

1 非公開化に関連する会社法改正の概要

　現在，会社法制の見直しが行われており，平成24年9月7日付で法制審議会において「会社法性の見直しに関する要綱」（以下「要綱」という）が採択され，法務大臣に答申された。要綱を踏まえた会社法改正法案については，平成25年の国会において審議されることが見込まれている。

　この要綱においては，「企業統治の在り方」と「親子会社に関する規律」の見直しが中心的なテーマとされており，後者の「親子会社に関する規律」の見直しのなかで「第2　キャッシュ・アウト」という項目が設けられ，キャッシュ・アウト（締め出しと同義）に関して，既存の制度の見直しと新たな制度の新設等が定められており，具体的には，

　①　特別支配株主の株式等売渡請求
　②　全部取得条項付種類株式の取得
　③　株式の併合により端数となる株式の買取請求
　④　株主総会等の決議の取消しの訴えの原告適格

が定められている。

　まず，①について，少数株主のキャッシュ・アウトのための制度として，90％以上の議決権を有する株主が対象会社の承認を得ることにより，他の株主から強制的に株式を取得することができるとする株式等売渡請求の制度が新設された。これにより，株主総会決議を経ることなく，キャッシュ・アウトをすることが可能となった（2参照）。

また、②について、現行法下におけるキャッシュ・アウトの手法として実務上、主たる手法となっていた全部取得条項付種類株式の取得について、現金対価の組織再編によるキャッシュ・アウトの場合における手続等と平仄を合わせるための改正が行われた（3参照）。

また、③について、多くの端数が生じる株式併合が行われた場合、端数について適切な対価が交付されないおそれが生じるため、株式併合についても、組織再編の場合の手続と平仄を合わせる形で、反対株主による株式買取請求権の制度、情報開示の制度、差止請求の制度等が設けられた。これにより、少数株主保護の制度が設けられることとなったため、株式併合がキャッシュ・アウトの手法として用いられることも予想されることになった（4参照）。

また、④について、キャッシュ・アウトによって株主の地位を失った者が、当該キャッシュ・アウトに係る株主総会決議取消しの訴えを提起できることについて、条文上、明記する旨の改正が行われた（5参照）。

これらの改正の概要としては、キャッシュ・アウトを行う上で株主総会決議を省略することができる制度が新設されたこと（①）と、既存のキャッシュ・アウトが、他の目的のための制度が転用されて行われてきたため、少数株主保護のための手続に不備があった点を整備すること（②③）と、その他の法制度の整備（④）ということができよう。

以下、これらの改正項目について具体的に説明する。

2　特別支配株主による株式等売渡請求の制度の創設

(1) 株式等売渡請求の制度創設の背景

現行法下においてキャッシュ・アウトの手法として考えられるものとしては、

①　現金対価の株式交換（会社法768①二）に代表される現金対価の組織再編

②　株式併合を用いたキャッシュ・アウト

③　全部取得条項付種類株式（会社法108①七）を用いたキャッシュ・アウト

が挙げられる。

これらの手法のうち、①の現金対価の組織再編については、平成17年の会社

法改正で認められた制度であり，まさにキャッシュ・アウトを目的として創設された制度であるが，平成18年度税制改正によって，税制非適格として完全子会社となる会社の含み益に課税がなされることとなったため[1]，現在の実務では，事実上，用いられなくなっている。

　また，②の株式併合については，4で述べるとおり，現行法下では，反対株主に株式買取請求権が認められておらず，キャッシュ・アウトされる株主にとって争う手段が設けられていないため，かえって，法的安定性を欠く（株式併合に係る株主総会決議の取消しリスクがある）ことから，用いられてこなかった。

　そこで，現行法下におけるキャッシュ・アウトは，主として，③の全部取得条項付種類株式を用いる手法により行われることが実務上，通例となっていた。

　しかしながら，もともと，全部取得条項付種類株式の制度は，倒産状態にある会社を任意整理によって再生する際などに行う100％減資を，総株主の同意によってではなく，特別決議によって行うこと可能にするための制度として会社法制定時に設けられた制度であり[2]，キャッシュ・アウトのための制度として設けられたものでなかったため，3で述べるとおり，現金対価の組織再編によるキャッシュ・アウトの場合と比べて情報開示の規律等が不十分なものとなっていた。

　また，現金対価の組織再編の場合，支配株主が対象会社の議決権の90％以上を有するときは，略式組織再編として対象会社の株主総会決議を省略することが可能であるが（会社法784①，796①），全部取得条項付種類株式を用いたキャッシュ・アウトの場合には，このような制度がないため，常に株主総会を開催し，株主総会決議を経ることが必要であった。そして，このように常に株主総会決議が必要であることの弊害としては，株主総会開催のための時間的・費用的な問題のほか，特に，上場会社におけるキャッシュ・アウトにおいては，

---

[1] 西村高等法務研究所責任編集・落合誠一＝太田洋編著『会社法制見直しの論点』201頁（商事法務，2011），水野信次＝西本強『ゴーイング・プライベートのすべて』16〜17頁等（商事法務，2010）。

[2] 相澤哲『一問一答　新・会社法』48頁（商事法務，2009）。

通常，事前にTOBが行われ，その後に，キャッシュ・アウトの手続が行われることが一般的であるが，株主総会決議が必要であることにより，TOBからキャッシュ・アウトまでに長期間を要することになり，TOBに応募しなかった株主が不安定な立場に置かれることによって，TOBの強圧性が高まる（すなわち，TOBの買付価格が不十分であると考える株主も，応募しないことから生ずる不利益を避けるために，TOBに応募してしまう可能性が高まる）との指摘（会社法制の見直しに関する中間試案の補足説明（以下「中間試案の補足説明」という）41頁）もなされていた。

このような指摘ないし問題点等を踏まえて，新たにキャッシュ・アウトのための制度と設けられたのが，株式等売渡請求の制度である。

(2) 株式等売渡請求の制度の概要

株式等売渡請求の制度は，対象会社の総株主の議決権の10分の9以上を，ある株主及び当該株主が発行済株式の全部を有する株式会社その他これに準ずるものとして法務省令で定める法人（以下「特別支配株主完全子法人」という）が有している場合における当該株主（以下「特別支配株主」という）は，対象会社の株主（対象会社及び当該特別支配株主を除く）の全員（特別支配株主完全子法人は除くことも可能）に対し，その有する対象会社の株式の全部を特別支配株主に売り渡すことを請求することができるとする制度である。

本制度は，キャッシュ・アウトを目的として新たに創設される制度であり，その目的に照らして，少数株主の有する株式が特別支配株主に直接移転するものとすることが直截であり，それが経済実態にも合う（中間試案の補足説明42頁）との理由により，特別支配株主と少数株主との間の売買という法形式が採用されている。もっとも，単なる株主間の売買と位置付けてしまうと，売買条件の統一が図れなかったり，取引の公正性が害されたりするおそれがあるため，少数株主を保護するために，後記(3)イのとおり，対象会社の取締役会の承認を要するなど対象会社の関与が義務付けられる制度設計となっている。

10分の9以上という割合については，略式組織再編（会社法784①，796①）に

おける「特別支配会社」の定義（会社法468①）と平仄を合わせたものであるが，略式組織再編の場合と異なり，自然人や会社以外の法人も含まれるので，自然人やファンドがキャッシュ・アウトを行うためにわざわざSPCを設立する必要がない。

なお，この10分の9以上という割合については，これを上回る割合を定款で定めることもできる。

また，株式の売渡請求（以下「株式売渡請求」という）を行うに際しては，併せて，対象会社の新株予約権者（対象会社及当該特別支配株主を除く）の全員に対し，その有する対象会社の新株予約権の全部を当該特別支配株主に売り渡すことを請求（以下「新株予約権売渡請求」といい，株式売渡請求と総称して「株式等売渡請求」という）することができる。現行法下においては，ストック・オプションなどが発行されている場合，キャッシュ・アウトの支障となっていたが，この点の手当てがなされたものといえる。

この際，対象会社が新株予約権付社債を発行している場合には，特別支配株主は，社債ごと売り渡すことを請求することになる。これは，新株予約権が社債と分離して譲渡することはできない（会社法254②）ことに伴う措置である。

(3) 株式等売渡請求の手続

ア　対象会社に対する売渡請求の通知

特別支配株主は，株式等売渡請求をしようとするときは，対象会社に対して，その旨及び以下の事項を通知する。

① 特別支配株主完全子法人に対して株式売渡請求をしないこととするときは，その旨及び当該特別支配株主完全子法人の名称

② 対象会社の株主（対象会社，特別支配株主及び①の特別支配株主完全子法人を除く。以下「売渡株主」という）に対して，その有する対象会社の株式（以下「売渡株式」という）に代えて交付する金銭の額又はその算定方法

③ 売渡株主に対する②の金銭の割当てに関する事項

④ 株式売渡請求に併せて新株予約権売渡請求（新株予約権付社債の売渡請求

を含む。以下同じ）をするときは，その旨及び次に掲げる事項
　(i) 　特別支配株主完全子法人に対して新株予約権売渡請求をしないこととするときは，その旨及び当該特別支配株主完全子法人の名称
　(ii) 　対象会社の新株予約権者（対象会社，特別支配株主及び(i)の特別支配株主完全子法人を除く。以下「売渡新株予約権者」という）に対して，その有する対象会社の新株予約権（新株予約権付社債の売渡請求をするときは，新株予約権付社債についての社債を含む。以下「売渡新株予約権」という）に代えて交付する金銭の額又はその算定方法
　(iii) 　売渡新株予約権者に対する(ii)の金銭の割当てに関する事項
⑤　特別支配株主が売渡株式及び売渡新株予約権を取得する日（以下「取得日」という）
⑥　①から⑤までに掲げるもののほか，法務省令で定める事項

　なお，③に掲げる事項についての定めは，売渡株主の有する売渡株式の数（売渡株式の種類ごとに異なる取扱いを行う旨の定めがある場合にあっては，各種類の売渡株式の数）に応じて金銭を交付することを内容とするものでなければならないこととされている。

イ　対象会社による承認

　上記アの通知を受けた対象会社は，株式等売渡請求を承認するか否かを決定し，対象会社が取締役会設置会社である場合には，当該決定は取締役決議による（当該承認をする際の留意事項については，後記第２部第３章Ⅲ１参照）。株式等売渡請求の制度は，株主間の売買という法形式が採られているが，「売渡株主の利益への配慮という観点からは，特別支配株主による一方的な条件提示のみによって無条件にキャッシュ・アウトを認めることは適切ではなく，キャッシュ・アウトの条件について，一定の制約が必要である」（中間試案の補足説明43頁）との考え方から，対象会社の関与が要求されている。

　なお，この際，株式売渡請求に併せて新株予約権売渡請求がされたときは，対象会社は，新株予約権売渡請求のみを承認することはできない。

　また，ある種類の株式の種類株主に損害を及ぼすおそれがあるときは，対象

会社の承認は，当該種類の株式の種類株主を構成員とする種類株主総会の決議がなければ，その効力を生じない（会社法322①参照）こととされている。

　ウ　対象会社による売渡株主等に対する通知又は公告

　対象会社は，株式等売渡請求を承認したときは，取得日の20日前までに，次の①及び②に掲げる者に対し，当該①及び②に定める事項を通知する。

　①　売渡株主及び売渡新株予約権者（以下「売渡株主等」という）
　　　当該承認をした旨，特別支配株主の氏名又は名称及び住所，ア記載の①から⑤までに掲げる事項その他法務省令で定める事項
　②　売渡株式の登録株式質権者及び売渡新株予約権の登録新株予約権質権者
　　　当該承認をした旨

　なお，対象会社が振替株式を発行している場合（つまり，上場会社である場合），上記の通知に代えて，公告を行わなければならない（社債，株式等の振替に関する法律161②参照）。

　これに対して，対象会社が上場会社でない場合，売渡株主に対しては通知を行わなければならないが，それ以外の売渡新株予約権者，登録株式質権者及び登録新株予約権質権者に対する通知は，公告をもって代えることができる。

　これらの通知又は公告の費用は，特別支配株主の負担となる。

　中間試案の補足説明においては，「常に通知を要するものとすれば，時間的・手続的コストの増大につながると思われることや，現行法上の他の制度において，公開会社における株主に対する通知については公告による代替が認められていること（会社法158②，201④，469④一等）との均衡等を考慮して」（中間試案の補足説明43頁），対象会社が公開会社である場合には，上記の通知は公告をもって代えることができるとされていたが，かかる通知が「売渡株主に対する個別の意思表示に代わる機能をも有する」（法制審議会会社法制部会第20回議事録51頁［内田関係官発言］。以下，単に「第○回議事録○頁［○○発言］」とする）ことや，濫用の危険性等（第20回議事録52頁［田中幹事発言］）も考慮の上，公開会社全般における公告による代替は認められないこととされ，他方で，振替株式に関しては，「実際上二段階TOBが行われるのが通常だということを前提にし

て」（第20回議事録54頁［岩原部会長発言］）公告による方法が認められることとなった。

　これらの通知又は公告が行われたときに，特別支配株主から売渡株主等に対し，株式等売渡請求がされたものとみなされる。

　エ　事前開示

　対象会社は，売渡株主等に対する通知又は公告の日のいずれか早い日から取得日後6カ月（対象会社が公開会社でない場合にあっては，取得日後1年）を経過する日までの間，次に掲げる事項を記載し，又は記録した書面又は電磁的記録をその本店に備え置かなければならず，売渡株主等は，対象会社に対して，その営業時間内は，いつでも，当該書面等の閲覧等の請求をすることができる。

　①　対象会社が株式等売渡請求を承認をした旨
　②　特別支配株主の氏名又は名称及び住所
　③　ア①から⑥までに掲げる事項
　④　①から③までに掲げるもののほか，法務省令で定める事項

　かかる事前開示手続は，対象会社の取締役（会）が株式売渡請求の承認に際して果たすべき役割を考慮し，情報の周知徹底の観点から，買主である特別支配株主ではなく，対象会社が行う。

　なお，④に関しては，中間試案の補足説明において，「キャッシュ・アウトの対価の相当性に関する事項（当該事項に関する取締役又は取締役会の判断及びその理由を含む），売渡株主の利益を害さないように留意した事項（例えば，第三者機関による株式価値の評価や社外取締役等の意見等が考えられるが，これらに限られるものではない）等を開示事項として定めることが考えられる。」（中間試案の補足説明44頁）とされている。

　オ　撤　　回

　特別支配株主は，対象会社の承認を受けた後は，取得日の前日までに対象会社の承諾を得た場合に限り，株式等売渡請求を撤回することができ，対象会社が取締役会設置会社である場合には，当該撤回の承諾は取締役決議による（当該承認をする際の留意事項については，後記第Ⅱ部第3章Ⅲ2参照）。

対象会社が，撤回の承諾をしたときは，遅滞なく，当該承諾をした旨を売渡株主等に対して通知し，又は公告する。当該通知又は公告の費用は，特別支配株主の負担となる。

なお，株式売渡請求に併せて新株予約権売渡請求がされた場合には，株式売渡請求のみを撤回することはできない。また，新株予約権売渡請求のみを撤回する場合については，株式売渡請求の撤回の場合と同様の規律が適用される。

カ 取 得

株式等売渡請求をした特別支配株主は，取得日に，売渡株式等の全部を取得する。

代金支払期限は，一律に取得日が期限となり，取得日に代金が支払われない場合には，債務不履行となる（第18回議事録11頁［坂本幹事発言］）。かかる金銭の支払方法に関しては，特別支配株主は，売渡株主の口座を知らないことが通常であることから，「株主の情報を有する対象会社を通じて売買代金を交付することとするか，対象会社が特別支配株主に対して売買代金の支払いに必要な限度で売渡株主に関する情報の提供を可能とするような仕組みが必要となろう。」[3]との指摘がなされている。

なお，かかる債務不履行が無効原因となるか否か及び個々の株主による個別の解除の可否については，後記第Ⅱ部第3章Ⅲ4を参照いただきたい。

キ 事後開示

対象会社は，取得日後遅滞なく，株式等売渡請求により特別支配株主が取得した売渡株式等の数その他の株式等売渡請求による売渡株式等の取得に関する事項として法務省令で定める事項を記載し，又は記録した書面又は電磁的記録を作成し，取得日から6カ月間（対象会社が公開会社でない場合にあっては，取得日から1年間），当該書面等をその本店に備え置かなければならず，取得日に売渡株主等であった者は，対象会社に対して，その営業時間内は，いつでも，当該書面等の閲覧等の請求をすることができる。

---

[3] 戸倉圭太「キャッシュ・アウトに係る英国の法制と日本における制度設計への示唆［下］」商事法務1970号32頁（2012）。

上記の法務省令で定める事項については，中間試案の補足説明においては，「株式売渡請求に関する事項として，例えば，株式売渡請求により特別支配株主が取得した対象会社の株式の数を開示すべきものとするほか，取得日や価格決定の申立ての手続の経過等を開示事項とすることが考えられる。」（中間試案の補足説明44頁）とされている。

　　ク　その他の手続
　上記のほか，株式の質入れの効果（会社法151等），株券の提出に関する手続（会社法219等），その他株式等売渡請求に関する手続等について，所要の規定を整備するものとされている。このほか，特別支配株主が単独で名義書換請求ができる旨の規定などが設けられることが想定されている[4]。

(4) 株式等売渡請求に対する不服申立て
　　ア　価格決定の申立て
　株式等売渡請求があった場合，売渡株主等は，取得日の20日前の日から取得日の前日までの間に，裁判所に対し，その有する売渡株式等の売買価格の決定の申立てをすることができる。

　価格決定の申立てができる期間に関しては，中間試案の補足説明において，「本制度においては，組織再編における株式買取請求や全部取得条項付種類株式の取得の場合とは異なり，売渡株式の取得の対価が金銭に限られ，かつ，取得の主体も，価格決定の申立ての有無にかかわらず常に特別支配株主となるため，価格決定の申立ては，専ら売渡株式の対価の金額を争うものといえる。そこで，取得日後にも申立てを認める余地があると考えられる」（中間試案の補足説明45頁）とされていた。

　しかしながら，取得日後の申立てがなされると，その段階で，特別支配株主は，撤回することができない状態になっており，想定外の取得費用の増大といったリスクを回避することができない段階になっているとの指摘（第18回議

---

[4]　篠原倫太郎＝藤田知也「キャッシュ・アウトおよび組織再編における株式買取請求等」商事法務1959号24頁（2012）。

事録 8 頁［杉村委員発言］など）があったことのほか，前記(3)**ウ**のとおり，上場会社以外の会社においては，公告ではなく，株主に対する通知が義務付けられたことから，キャッシュ・アウトに気付かないまま，取得日が到来するリスクが軽減されたこともあって，中間試案のまま，「取得日の20日前の日から取得日の前日まで」という期間が維持された。

なお，新株予約権売渡請求の対価が，あらかじめ新株予約権の内容として定められた条件に合致する新株予約権を保有する新株予約権者については，価格決定の申立てを行うことができないこととされており，これは，組織再編に際して，同様の場合に，消滅株式会社等の新株予約権者に新株予約権買取請求権が生じない（会社法787①一，808①一）こととされていることと平仄を合わせたものである（第18回議事録32頁［内田関係官発言］）。

そのほか，他の価格決定事件と同様，特別支配株主は，裁判所の決定した売買価格に対する取得日後の年6分の利率により算定した利息をも支払わなければならない。

また，改正法においては，株式買取請求や価格決定の申立てに際して，裁判所による決定がなされる前に会社が公正と認める額を支払うことで当該支払額に係る利息の支払義務を免れることができることとされたが，株式等売渡請求においても同様に，特別支配株主は，売渡株主等に対し，売渡株式等の売買価格の決定がされる前に，当該特別支配株主が公正な売買価格と認める額を支払うことで，当該支払額に係る利息の支払義務を免れることができることとされている。

イ　差止請求

次に掲げる場合において，売渡株主等が不利益を受けるおそれがあるときは，売渡株主等は，特別支配株主に対し，株式等売渡請求による売渡株式等の全部の取得をやめることを請求することができる。

① 株式等売渡請求が法令に違反する場合
② 対象会社が売渡株主等に対する通知義務又は事前開示義務に違反した場合

③　売渡株主等に対して対価として交付される金銭の額又はその算定方法，金銭の割当てに関する事項が対象会社の財産の状況その他の事情に照らして著しく不当である場合

　現行法上，略式組織再編が行われる場合，株主総会決議が開催されないため，手続の違法等があったとしても，少数株主は株主総会決議取消しの訴えを提起することができないことから，その代替として差止請求をすることが認められているが（会社法784②，796②），株式等売渡請求の場合も，株主総会が開催されず，少数株主は株主総会決議取消しの訴えを提起することができないことから，同様に，差止請求を行うことが認められている（なお，改正法においては，略式組織再編以外についても差止請求が認められることになった）。

　差止めができる場合については，基本的には略式組織再編の場合と同様であるが，①について，株式等売渡請求は，株主である特別支配株主が行うものであることから，定款違反は記載されていない。また，②として，対象会社の行為が，①とは別個に規定されている。

ウ　無効の訴え

　次に掲げる者は，取得日から6カ月以内（対象会社が公開会社でない場合にあっては，取得日から1年以内）に，株式等売渡請求による売渡株式等の全部の取得を主張するために無効の訴えを提起することができる。なお，かかる主張は訴えをもってのみ主張できる。

①　取得日において売渡株主又は売渡新株予約権者であった者
②　取得日において対象会社の取締役，監査役若しくは執行役であった者又は対象会社の取締役，監査役，執行役若しくは清算人

　新株や新株予約権の発行や自己株式の処分を除く組織再編等の無効の訴えについては，利害関係人が多いこと等を踏まえて，法的安定性の確保という観点から，非公開会社においても提訴期間が6カ月以内とされているが（会社法828①五～十二），新株や新株予約権の発行や自己株式の処分の無効の訴えについては，全株式譲渡制限会社が株主総会を開催せずに新株発行した場合に，株主がその事実を知らないまま提訴期間を経過してしまうことが多いとの指摘を踏

まえ、会社法施行時に1年間（会社法828①二～四）に伸長されたものであるが（第18回議事録13頁［内田関係官発言］[5]）、株式等売渡請求の無効の訴えについても、新株発行等の場合と同様、非公開会社においては、提訴期間が1年間とされた。

かかる売渡株式等の取得の無効の訴えについては、特別支配株主を被告とし、対象会社の本店の所在地を管轄する地方裁判所の管轄に専属する。そして、売渡株式等の取得の無効の訴えに係る請求を認容する判決が確定したときは、株式等売渡請求による売渡株式等の全部の取得は、将来に向かってその効力を失い、当該判決は、第三者に対してもその効力を有する。

被告が、対象会社ではなく、特別支配株主とされたのは、取得の有効性に一番、強い利害関係をもつのが特別支配株主であるからであり、かかる特別支配株主が訴訟に関与することにより、判決に対世効を与えることが正当化できるとされる（第18回議事録14頁［内田関係官発言］）。なお、対象会社は、当該訴えに参加する場合は、補助参加を行うこととなり、原告側、被告側のいずれにも参加をすることができる（第18回議事録14頁［内田関係官発言］）。

かかる訴えにおいて、訴訟物自体について和解をし、和解により、全体を無効とすることはできないものと考えられる（第18回議事録15頁［坂本幹事発言］）。

3　全部取得条項付種類株式に関する制度の整備

(1)　全部取得条項付種類株式に関する制度整備の背景

前記Ⅰ2(1)のとおり、現行法下においてキャッシュ・アウトの手法として考えられるものとしては、

① 　現金対価の株式交換（会社法768①二）に代表される現金対価の組織再編
② 　株式併合を用いたキャッシュ・アウト
③ 　全部取得条項付種類株式（会社法108①七）を用いたキャッシュ・アウト

が挙げられるが、①については税務上の問題、②については反対株主による株式買取請求の制度を欠くことによる法的安定性の問題から用いられて来ず、現

---

5)　江頭憲治郎『株式会社法（第4版）』714頁（有斐閣、2011）。

行法下におけるキャッシュ・アウトは、主として、③の全部取得条項付種類株式を用いる手法により行われることが実務上、通例となっていた。

しかしながら、もともと、全部取得条項付種類株式の制度は、倒産状態にある会社を任意整理によって再生する際などに行う100％減資を、総株主の同意によってではなく、特別決議によって行うこと可能にするための制度として会社法制定時に設けられた制度であり[6]、キャッシュ・アウトのための制度として設けられたものでなかったため、現金対価の組織再編によるキャッシュ・アウトの場合と比べて情報開示の規律が不十分であることをはじめとして、制度の整合性が図られていなかった。

キャッシュ・アウトの手法については、株式等売渡請求の制度が創設されることとなり、また、そもそも、全部取得条項付種類株式を利用したキャッシュ・アウトの手法は、制度の転用であるとして批判もあったところから、これを用いたキャッシュ・アウトの手法の継続の是非自体が議論となったところではあるが、株式等売渡請求の制度の創設は、中間試案の補足説明において「他の手法によるキャッシュ・アウトに関する現行法の規律の変更を意図するものではない。」（中間試案の補足説明41頁）とされ、その後の議論においてもこの方針が維持された。

そこで、全部取得条項付種類株式を利用したキャッシュ・アウトの手法が引き続き用いられることを前提として、その手続について、現金対価の組織再編によるキャッシュ・アウトの場合と平仄を合わせるべく所要の修正がなされることとなった。

(2) 全部取得条項付種類株式に関する手続の整備が図られた点
ア　事前開示手続
現行法上、全部取得条項付種類株式の取得の規律としては、
① 取得対価に関する事項

---

[6]　相澤哲『一問一答　新・会社法』48頁（商事法務、2009）。

② その割当てに関する事項
③ 取得日

を，株主総会決議によって定めるとするのみであった（会社法171①）。

そこで，会社法上の情報開示としては，これらの事項を株主総会招集通知に記載すれば足りることとなっており，取締役会非設置会社であり，書面投票，電子投票のいずれも採用しない会社の場合に至っては，書面による招集通知自体が不要であり（会社法299②），通知をする場合でも議題を通知する必要がないため[7]，何ら事前の情報開示がなされないまま，決議を行うことさえ可能であった。

そこで，金銭対価の組織再編の場合（会社法782①一）と平仄を合わせるべく，全部取得条項付種類株式を取得する株式会社は，次に掲げる日のいずれか早い日から取得日後6カ月を経過する日までの間，会社法171条1項各号に掲げる事項その他法務省令で定める事項を記載し，又は記録した書面又は電磁的記録をその本店に備え置かなければならず，当該株式会社の株主は，当該株式会社に対して，その営業時間内は，いつでも，当該書面等の閲覧等の請求をすることができることとされた。

① 会社法171条1項の株主総会の日の2週間前の日
② 取得日の20日前までに行う通知又は公告の日のいずれか早い日

上記の法務省令で定める事項に関しては，中間試案の補足説明において，「同法第234条に基づく端数の処理の方法に関する事項，当該端数の処理により株主に交付される金銭の額に関する事項（当該額の見込みに関する事項，その相当性に関する事項等）等を開示事項とすることが考えられる」（中間試案の補足説明46頁）とされている。これは，全部取得条項付種類株式を用いたキャッシュ・アウトの場合，最終的には，端数を合算した上で売却した価格を少数株主に按分することになるが，その価格は，競売による価格や裁判所の許可を得て売却した価格など（会社法234参照）となるため，「確定額を予め開示することはで

---

[7] 酒巻俊雄＝龍田節編集代表『逐条解説会社法4巻』72頁［前田重行執筆部分］（中央経済社，2008）。

きないが，端数の処理の方法や端数株式の売却額等については，事前に合意されることもあると考えられる」（中間試案の補足説明46頁）ので，当該合意がなされた場合に当該合意に関する事項を開示するということである。

イ 通知又は公告

上記のとおり，現行法下においては，事前開示手続もなく，株主が全部取得条項付種類株式を用いたキャッシュ・アウトが行われることを知る機会は，会社法上の手続としては，株主総会招集通知に限られていた。

しかしながら，価格決定の申立ては，議決権を行使することができない株主にも認められるところ（会社法172①二），当該株主には，株主総会招集通知が送付されないことから，当該株主は，キャッシュ・アウトが行われること自体を知らないまま，価格決定の申立て期間を徒過するおそれがあった。

そこで，このような株主にもキャッシュ・アウトが行われることを知る機会を与えるため，金銭対価の組織再編の場合（会社法785③・④）と平仄を合わせるべく，全部取得条項付種類株式を取得する株式会社は，取得日の20日前までに，全部取得条項付種類株式の株主に対し，当該全部取得条項付種類株式の全部を取得する旨を通知又は公告をしなければならないものとされた。

ウ 事後開示

現行法下においては，株主総会議事録の閲覧謄写請求（会社法318④）ぐらいしか事後的な情報収集の方策が規定されていなかったが，全部取得条項付種類株式の取得対価の著しい不当性は，株主総会決議取消事由に該当することから（東京地判平成22年9月6日金判1352号43頁（インターネットナンバー株主総会決議取消請求事件）），事後的に情報収集を行うための制度も重要である。

そこで，事後的な情報収集についても金銭対価の組織再編の場合（会社法791①）と平仄を合わせるべく，全部取得条項付種類株式を取得する株式会社は，取得日後遅滞なく，株式会社が取得した全部取得条項付種類株式の数その他の全部取得条項付種類株式の取得に関する事項として法務省令で定める事項を記載し，又は記録した書面又は電磁的記録を作成し，取得日から6ヵ月間，当該書面等をその本店に備え置かなければならず，当該株式会社の株主又は取得日

に全部取得条項付種類株式の株主であった者は，当該株式会社に対して，その営業時間内は，いつでも，当該書面等の閲覧等の請求をすることができることとされた。かかる法務省令に定める事項については，中間試案の補足説明において，「取得日や価格決定の申立ての手続の経過等を開示事項とすることが考えられる。」（中間試案の補足説明46頁）とされている。

エ　価格決定の申立て期間の見直し

現行法上，全部取得条項付種類株式の取得の価格決定の申立ては，株主総会の日から20日以内に行うものとされていた（会社法172①）。

上場会社のキャッシュ・アウトに用いられる場合，上場廃止日が，株主総会の翌日から起算して1カ月を経過した日とされること（東証上場規程601①十八，609，同施行規則601⑭二，604十）を踏まえて，上場廃止日以降の日を取得日と定めることが一般的であるため[8]，取得日は，価格決定の申立て期間が満了してから到来することが通常であるが，法的には，公開会社・非公開会社の区別なく，取得日の設定は自由であるので，理論上は，取得日到来後に価格決定の申立てがなされることもありえるところであった。

そして，この場合，キャッシュ・アウトされる株主は，取得日が到来することで，いったん対価の交付を受けることになるが，「取得日後に取得価格の決定の申立てがされると，いったん交付された対価の返還が必要となるなど，法律関係が複雑化するおそれがあるとの指摘もされている」（中間試案の補足説明47頁）ところであった。

そこで，このような指摘を踏まえて，全部取得条項付種類株式の取得の価格の決定の申立ては，取得日の20日前の日から取得日の前日までの間にしなければならないこととされた。

オ　支払留保

現行法では，全部取得条項付種類株式の取得の対価が株式，社債，新株予約権又は新株予約権付社債と定められた場合には，全部取得条項付種類株式の株

---

[8]　水野信次＝西本強『ゴーイング・プライベート（非公開化）のすべて』358頁（商事法務，2010）。

主は，取得日に，それらの対価を取得するものとされているが（会社法173②），価格決定の申立てがなされている場合にまで，かかる対価の交付が必要かについては，法文上，明確ではなかった。

　この点については，会社法施行直後に立案担当者によって，交付は不要であるとの見解が示されていたところではあるが（論点解説85頁），そのことを明確にするため，改正法では，価格決定の申立てをした株主は，会社法171条1項の株主総会の決議により定められた取得対価の交付を受けない旨が明記されることになった。

　　カ　仮払い制度の新設

　改正法においては，株式買取請求や価格決定の申立てに際して，裁判所による決定がなされる前に会社が公正と認める額を支払うことで当該支払額に係る利息の支払義務を免れることができることとされたが，全部取得条項付種類株式の取得においても同様に，株式会社は，株主に対し，全部取得条項付種類株式の取得の価格の決定がされる前に，当該株式会社が公正な価格と認める額を支払うことで，当該支払額に係る利息の支払義務を免れることができることとされた。

　　キ　差止請求の新設

　改正法においては，略式組織再編だけでなく，組織再編全般，全部取得条項付株式の取得，株式併合について差止請求の制度が新設され，全部取得条項付種類株式の取得が法令又は定款に違反する場合において，株主が不利益を受けるおそれがあるときは，株主は，株式会社に対し，当該全部取得条項付種類株式の取得をやめることを請求することができることとされた。

4　株式併合に関する制度の整備

(1)　株式併合に関する制度整備の背景

　株式併合に関しては，平成19年10月に，株式会社モック（当時，マザーズ上場）が，10対1の割合による株式併合を行うと同時に発行済株式の約30倍に当たる新株予約権の発行を行い，大量の希釈化がなされ，約8,400人の株主のうち約8割に当たる約6,700人が株主としての地位を失うこととなったが，そのまま端数売却の処理がなされないまま，平成21年5月に時価総額基準により上場廃止となり，その後，破産するという事態が起きた。

　株式併合が行われた場合に生じた端数については，市場での売却や競売，裁判所の許可を得た上での相対売買等による売却が行われ，その売却代金が端数となった株主に対して分配されることとされているが（会社法234，235），モックの事例のように大量の端数が生じることとなる場合には，これを市場売却すると市場価格が下落するおそれが生じ，また，相対売買等を行おうとしても，売却先の確保が困難となること等が想定され，端数の対価として適切な代金が交付されないおそれがある（中間試案の補足説明21頁）。また，非上場の株式に至っては，「事実上，二束三文で売却することが可能になっていた」[9]との指摘もあるところである。

　そこで，「株式の併合によって多くの端数が生ずる場合に，端数となる株式の株主に対して適正な対価が交付されるための手続を充実させるため，現行法上の金銭交付による端数の処理に加えて，株主が株式会社に対して端数となる株式の買取りを請求することができる制度を創設する」（中間試案の補足説明21頁）こととされた。

　また，合わせて，組織再編等の他の制度と平仄を合わせる形で，差止請求の制度も設けられ，株式買取請求の制度及び差止請求の制度を実効的なものとするために，事前開示・事後開示の情報開示の充実が図られることとされた。

---

9)　弥永真生「少数株主の保護に対する目配りは十分か」ビジネス法務2012年10月号108頁。

株式併合においては，全部取得条項付種類株式を用いてキャッシュ・アウトを行う場合と異なり，株式買取請求権の制度が設けられておらず，少数株主を保護するための制度が設けられていなかったことから，株式併合をキャッシュ・アウトに利用すべきではないとされており[10]，実際に，実務上，使われてこなかった。

　しかしながら，上記のとおり，株式買取請求権の制度等が設けられ，少数株主を保護するための制度が設けられたことから，中間試案の補足説明においても，「株式の併合について，端数となる株式の買取請求の制度（試案第１部第３の２(1)参照）が創設されれば，株式の併合がキャッシュ・アウトに利用されることも考えられる。」（中間試案の補足説明24頁）とされ，要綱案においても，「第２　キャッシュ・アウト」の項目のなかに「３　株式の併合により端数となる株式の買取請求」が位置付けられており，今後は，株式併合がキャッシュ・アウトのための制度として用いられるようになることも予想され，むしろ，株主総会議案が複雑であり，株主にとってわかりにくい全部取得条項付種類株式を利用したキャッシュ・アウトより，株式併合を用いたキャッシュ・アウトの方が一般株主にとって望ましいとの指摘もなされている（第10回議事録35頁［田中幹事発言］）。

イ　株式併合に関する手続の整備が図られた点

　上記のとおり，株式併合においても，組織再編等の他の制度と平仄を合わせる形で，差止請求の制度や事前開示・事後開示の制度が設けられた。また，株式買取請求の手続等も基本的には組織再編における株式買取請求の手続等と同様である。そこで，株式併合における株式買取請求においても，会社による仮払いの制度や差止めの制度が設けられている（３(2)カ，キ参照）。

　もっとも，上記(1)のとおり，株式併合における株式買取請求権の制度は，大量の端数が生じる場面を想定して創設されたものであり，また，全ての株式併

---

[10]　経済産業省「企業価値の向上及び公正な手続確保のための経営者による企業買収（MBO）に関する指針」〔平成19年９月４日〕13頁。第５回議事録31頁［三原幹事発言］など。

合において買取請求を認めると,「買取りの代金の支払等による資金負担や価格決定に係る時間的・手続的コストの増大につながり得る」との指摘もなされたことから,「株式の併合によって生ずる端数の数等に照らして,端数が生ずることによる株主への影響が小さいと考えられる場合には,端数となる株式の買取請求を認めない」(中間試案の補足説明21頁)こととされた。

　そこで,対象会社が,単元株式数を定款で定めている場合に,当該単元株式数に併合の割合を乗じて得た数が整数となる場合には,買取請求権が生じないこととされた。これは,「このような場合には,端数となるのは単元未満株式に限られるため,株式の併合により端数となる株式を有する株主に与える影響が小さいと考えられるからである」(中間試案の補足説明21頁)と説明されている。

　なお,上記の場合には,株式買取請求権が生じないだけでなく,事前開示・事後開示も必要なく,差止請求権も認められない。この点,平成22年及び平成23年に上場会社によってなされた株式併合をみてみると,いずれも上記の場合に該当するとのことであり[11],株式併合に関する改正の影響については,「株式実務に与える影響はきわめて限定的」(「スクランブル」商事1975号66頁(2012))との指摘もみられる。

5　キャッシュ・アウト総会の決議取消訴訟の原告適格の整備

(1)　現行法における問題点

　「株主,取締役又ハ監査役ハ訴ヲ以テ決議ノ取消ヲ請求スルコトヲ得」(平成17年改正前商法247)と規定されていた平成17年改正前商法時代においては,株主総会決議取消しの訴えの原告適格に関して,株主として取消訴訟を提起した者は,提訴時から取消判決確定時まで株主資格を有していなければならないとするのが,判例・通説であったが[12],それでも,「減資決議取消訴訟提起中に

---

11)　戸嶋浩二＝園田観希央「資金調達に関する規律の見直し」商事法務1957号20頁(2012)。

12)　大判昭和8年10月26日民集12巻2626頁,東京地判昭和37年3月6日判タ128号126頁,旧注会(4)193頁〔谷川久執筆部分〕,大隅＝今井・中Ⅰ106頁等。

当該減資の結果株主資格を失った場合は，当該決議取消により回復されるべき潜在的株主資格を有しているとして，原告適格を失わない」とする見解が有力に主張されており[13]，通説であると評価されていた[14]。

ところが，会社法制定に際して会社法831条において，「取締役又ハ監査役」の記載に関して，「当該決議の取消しにより取締役，監査役又は清算人となる者」（会社法831①後段）が提訴権者であることが明記されたが，「株主」の記載に関しては，「株主等」（会社法831①前段）とされただけであったため，「当該決議の取消しにより株主となる者」を意図的に提訴権者から排除することが立法者意思ではないかとの疑義が生じることとなった。

(2) 裁 判 例

この点に関して，全部取得条項付種類株式を利用したキャッシュ・アウトによって株主資格を喪失した者が提起した決議取消訴訟である東京高判平成22年7月7日金判1347号18頁（日本高速物流株主総会決議取消請求事件控訴審判決）の第1審において，原審は，「株主総会決議取消しの訴えを提起した場合に原告適格を有するには，少なくとも口頭弁論終結時において，当該会社の株主であることを要する。」とした上で，全部取得条項付種類株式の取得決議は，「取消判決が確定するまでは，有効なものとして扱われるから，……原告らは，いずれも……株主ではない」として，原告適格を否定した。

これに対して，控訴審は，株主総会決議により株主の地位を奪われた株主は，「当該決議が取り消されない限り，その者は株主としての地位を有しないことになるが，これは決議の効力を否定する取消訴訟を形成訴訟として構成したという法技術の結果にすぎないのであって，決議が取り消されれば株主の地位を回復する可能性を有している以上，会社法831条1項の関係では，株主として扱ってよい」とし，上記(1)で述べた会社法831条の文言に関しても，「会社法の条文中には，商法旧規定における明文の規定も最高裁判所の判例もないが，下

---

[13] 大隅＝今井・総会151頁，新注会(5)328頁［岩原紳作執筆部分］。
[14] 前掲・篠原＝藤田30頁。

級審裁判例の大勢を占め，学説及び会社実務において有力な異論のない解釈を明文化したものがあり，会社法831条１項後段も，商法旧規定下における取締役解任決議取消訴訟における解任取締役の原告適格を認める多数の下級審裁判例の蓄積とこれを支持する学説及び会社実務を受けて，明文化されたものである。他方において，商法旧規定の時代には，株主総会決議により株主の地位を強制的に奪われる局面はほとんどなく，下級審裁判例の蓄積も乏しかったため，会社法立案の際には，株主総会決議により株主の地位を強制的に奪われた株主の原告適格の明文化が見送られたにすぎず，このような株主の原告適格を否定する趣旨で立法がされたものとはみられない。株主総会決議により株主が強制的に株主の地位を奪われるという現象は，全部取得条項付種類株式の制度が会社法制定時に新設されたことにより，同法施行後に著しく増加したものであることは，公知の事実である。そうすると，明文化されなかったものについては，その原告適格を否定するという立法者意思があったものとみることはできず，会社法831条１項後段を限定列挙の趣旨の規定と解することには無理がある」として，上記(1)で述べた平成17年改正前商法時代の通説を採用した。

　なお，かかる控訴審判決の結論は，その後の，東京地判平成22年９月６日金判1352号43頁（インターネットナンバー株主総会決議取消請求事件）や大阪地判平成24年６月29日金判1399号52頁においても踏襲されている。

(3) 改正法における見直し

　上記(2)の裁判例や平成17年改正前商法の通説等を踏まえて，改正法においては，「株主総会等の決議の取消しにより株主となる者も当該決議の取消しの訴えを提起することができる旨の明文の規定を設ける」（中間試案の補足説明48頁）こととされた。

Ⅱ 改正による非公開化への影響

1 株式等売渡請求の制度の創設による他の方法による キャッシュ・アウトへの影響

　株式等売渡請求の制度は、キャッシュ・アウトを目的として新たに創設される制度であり、このような制度が設けられた以上、他の方法によるキャッシュ・アウトは、認められるべきではないとの議論も部会においてなされた。特に、現行法下における主流となっている全部取得条項付種類株式を用いた手法は、上記Ⅰ2(1)のとおり、他の目的で導入された制度の転用であることから、とりわけこのような意見がみられたところである。

　しかしながら、この点に関しては、中間試案の補足説明において、「本制度は、対象会社の総株主の議決権の10分の9以上を有する株主が利用し得るキャッシュ・アウトの手法として、他の手法とは別に新たな手法を追加するものであり、本制度の創設は、他の手法によるキャッシュ・アウトに関する現行法の規律の変更を意図するものではない。」（中間試案の補足説明41頁）とされ、その後の議論においてもこの方針が維持されたため、現行法下におけるキャッシュ・アウトの手法は引き続き用いることができる[15]。

　また、キャッシュ・アウトの要件に関しては、従前から、「実務上スクイーズ・アウトが適法と認められるためには、スクイーズ・アウト実施直前の時点で、支配株主が対象会社の総株主の議決権の90％以上を支配していることが必要であると一般に考えられている」[16]との指摘もなされていたところであり、少なくとも、このような取扱いが実務上のベスト・プラクティスであると意識されていたり[17]、また、いわゆるマジョリティ・オブ・マイノリィ（支配株主

---

15) 岩原紳作「『会社法性の見直しに関する要綱案』の解説Ⅳ」商事法務1978号40頁（2012）。
16) 西村高等法務研究所責任編集・落合誠一＝太田洋編著『会社法制見直しの論点』202頁（商事法務，2011）。

と利害関係のない株主が有する議決権の過半数や3分の2に相当する割合の保有を要件とする）を要求する考え方も有力になされているところである（第7回議事録28頁［中東幹事発言］、29頁［田中幹事発言］など。経済産業省「企業価値の向上及び公正な手続確保のための経営者による企業買収（MBO）に関する指針」19頁注1も参照）。

そこで、他の手法によるキャッシュ・アウトが認められるとしても、90％以上の議決権を要件とする株式等売渡請求の制度が設けられたことに伴い、他の手法についても、同様に90％以上の議決権等の一定の基準が要求されるべきではないかとの議論もなされた（第18回議事録36頁［静委員発言］など）。

しかしながら、この点についても、中間試案の補足説明において、「一部の少数株主の反対によってキャッシュ・アウトが阻止され得るという規律は合理的ではないとの指摘や、そのような少数株主の立場が濫用的に利用される懸念があるとの指摘がされたほか、キャッシュ・アウトに先行して公開買付けが行われる場合等も念頭に置いた適切な規律を設けることは困難であり、決議要件を一律に加重することは、かえって合理的なキャッシュ・アウトを阻害するおそれもあると考えられることから、決議要件の加重は、試案には掲げないこととしている。」（中間試案の補足説明48頁）とされ、その後の議論においても、これが維持された。

もっとも、かかる結論に至るに際しては、「対象会社の株主総会における議決権行使の状況、特に、支配株主以外の株主が有する議決権の過半数が賛成しているかどうかといった事情は、裁判所による価格決定手続における公正な価格の検討等に際しての考慮要素となり得る」、「支配株主以外の株主が有する議決権の過半数の賛成を得ているなどの事情が全く考慮されないということではない」（第18回議事録35頁、36頁［内田関係官発言］）といったことが議論のなかで確認されており、上記のような90％以上の議決権の取得を前提とすることをベスト・プラクティスと考えたり、マジョリティ・オブ・マイノリティを要求するという現在の実務上の配慮、取組みを不要とするものではなく、これらが価

---

17) 戸倉圭太「キャッシュ・アウトに係る英国の法制と日本における制度設計への示唆［下］」商事法務1970号26頁、34頁注35（2012）。

格決定事件において考慮要素となりうることが確認されている。

2　株式等売渡請求の制度の普及

前記Ⅰ2(1)のとおり，平成17年の会社法改正で，キャッシュ・アウトのための制度として現金対価の組織再編が認められたが，税務上の問題から，現在の実務では，事実上，用いられなくなっている。

そこで，今般の改正により新設された株式等売渡請求の制度についても，これが普及するか否かは，税務上の問題がないことのほか，金融商品取引法上の手当てがなされることが必要であると考えられる。

(1)　税務の問題

株式等売渡請求の法形式は売買であり，あくまでも株主間の取引に過ぎない。そこで，要綱案公表段階においては，株式譲渡損益課税にのみ服することが見込まれている[18]。したがって，課税関係としては，全部取得条項付種類株式の場合と同様であり，税務上の問題が株式等売渡請求の普及の妨げになることはなさそうである。

(2)　金融商品取引法上の手当て

ア　公開買付規制の適用

前記Ⅰ2(2)のとおり，株式等売渡請求の法形式は売買であるので，特別支配株主による他の株主からの株式の取得は，「株券等の買付け等」（金商法27の2①）に該当し，TOBが必要となるという解釈が自然である。

しかしながら，キャッシュ・アウトをするためにわざわざTOBが必要であることになれば，株主総会決議を省略するという株式等売渡請求のメリットは全くなくなってしまう。また，既存のキャッシュ・アウトの手法である金銭対

---

[18]　「特別支配株主による売渡請求の課税関係」T&A master 469号8頁（2012），柴田寛子「『会社法制の見直しに関する要綱』を踏まえた実務の検討(3)　キャッシュ・アウトの新手法－株式等売渡請求の検討－」商事法務1981号20頁（2012）。

価の組織再編や全部取得条項付種類株式の取得については、TOBを要しないとされている（金融庁「株券等の公開買付けに関するＱ＆Ａ」問12及び問6）こととの均衡を欠くことになる。

　そこで、本制度の創設に際しては、株式等売渡請求に基づく株式の取得が公開買付規制の適用除外となることが事実上、必須であり、この点に関して、金融商品取引法上の手当てがなされることが予想される[19]。

イ　継続開示義務の免除

　既存のキャッシュ・アウトの手法のうち、全部取得条項付種類株式を用いた手法の場合、会社が取得した全部取得条項付種類株式の全部を消却した時点で、会社が継続開示義務を負う根拠になっていた種類の株式が消滅することから、継続開示義務も消滅するものと解されている[20]。

　これに対して、その他のキャッシュ・アウトの手法では、ある種類の株式が消滅するわけではないので、自動的に継続開示義務が消滅するものではなく、有価証券報告書の提出義務の中断（金商法24①但書、金商令3の6①）又は免除（金商法24①但書、金商令3の5②、4の10②）の要件を満たした上で、対象会社が中断又は免除の申請を行う必要がある。

　かかる取扱いの違いについては、全部取得条項付種類株式を用いた手法の場合に、実質的には同一の有価証券が発行されているにもかかわらず、「消却により公募証券が消滅するので、有価証券報告書提出義務も消滅する」との解釈が形式的になされていることの結果であり、合理性を有しないとして、批判がなされているところではあるが[21]、このような解釈が維持されることを前提とすれば、株式等売渡請求の場合、上場していた種類の株式は消滅しないので、

---

19) 前掲・篠原＝藤田29頁（2012）。
20) 郡谷大輔＝若林義人「上場廃止に伴う有価証券報告書・内部統制報告書等の提出義務の帰趨と実務上の留意点」商事法務1870号59頁（2009）、長島・大野・常松法律事務所編『公開買付けの理論と実務』302頁（商事法務、2010）、太田洋＝矢野正紘『Ｍ＆Ａ・企業組織再編のスキームと税務』225頁注22（大蔵財務協会、2012）。
21) 久保田安彦＝中東正文「少数株主の締出しと金融商品取引法上の継続開示義務の帰趨」金判1397号5頁（2012）。

全部取得条項付種類株式を用いた手法以外の手法と同様，中断又は免除の申請が必要になるものと思われる。

そこで，この点に関しても，申請が不要となるよう手当てがなされることが期待されるとの指摘がなされている[22]。

3　トップ・アップ・オプションの利用の可否

トップ・アップ・オプションとは，「ストック・オプションの一つであり，その保有者が最低でも90％まで持分を増やすことができるように設計されたものであ」り，「トップ・アップ・オプションをあらかじめ対象会社に発行してもらい，公開買付けで過半数の株式を取得した場合には会社から株式の交付を受けて，90％まで取得することができるという合意をしてお」き，その「トップ・アップ・オプションの対価は，現金ではなく，約束手形を用いること」で「現金を用意する必要はない」ようにする（キャッシュ・アウトの完了後，対象会社と公開買付者が合併すれば，当該手形債務は混同で消滅する）というものであり，かかるトップ・アップ・オプションは，米国では「友好的な買収者が二段階買収を行う際には，ほとんどのケースで用いられている」とのことである[23]。

わが国でも，かかるトップ・アップ・オプションを利用して，株式等売渡請求を利用してキャッシュ・アウトを行うべくTOBを行い，90％以上の議決権を得られない場合，新株や新株予約権等の発行を受ける等して（有利発行でないことが当然の前提となる），議決権が90％以上となるようにした上で，株式等売渡請求を行うことができるだろうか。

この点，これを認めるということは，株式等売渡請求の制度において，90％以上という数値を定めた意味が全くなくなってしまうともいえる。

しかしながら，上記(1)のとおり，株式等売渡請求の制度が設けられても，他の方法によるキャッシュ・アウトは引き続き行うことができ，そのために90％

---

22)　前掲・篠原＝藤田29頁（2012）。
23)　飯田秀総「トップ・アップ・オプションを用いた二段階買収の差止めが否定された事例」商事法務1958号52～53頁（2012）。

以上の議決権などは要件とされなかったため，90％以上の議決権がなくてもキャッシュ・アウトは可能である。そして，支配株主が３分の２以上の議決権を有していれば，キャッシュ・アウトの議案が株主総会で否決される可能性は事実上，ゼロであるので，わざわざ株主総会を開催させる必要性は乏しいともいえる。また，株式等売渡請求の制度によって株主総会決議が省略されることの不利益については，前記Ⅰ２(4)イのとおり，差止めの制度が設けられること等によって，手当てがなされている。さらに，前記Ⅰ２(1)で述べたとおり，株主総会決議が必要となることの弊害としては，株主総会開催のための時間的・費用的な問題のほか，TOBの強圧性が高まることも挙げられていることからすれば，トップ・アップ・オプションを利用して株主総会決議を省略することは，少数株主にとって資する面もあるともいえよう。

　結局のところ，この問題は，支配株主が議決権の３分の２を確保しており，議案の可決が確実である場合に，わざわざ時間と費用をかけて株主総会を開催することにどれだけの意味があるのかということであり，これに重要な意味はないと評価するのであれば，トップ・アップ・オプションが認められ，やはり意味はあると評価するのであれば，認められないということになり，後者の評価の下では，トップ・アップ・オプションの発行（又は発行された新株予約権の行使）は，不公正発行（会社法210②，247二）として差し止められることになろう。要綱公表段階において，トップ・アップ・オプションを肯定的に評価し，その際の留意点等をまとめた論稿として，三苫裕＝小田望未「会社法改正要綱をベースに検討する株式等売渡請求制度の概要とトップ・アップ・オプションの活用可能性」経理情報1328号29頁がある。

第Ⅱ部　上場廃止とそれに伴う法的問題

　第Ⅱ部では，非公開化を行う上で避けては通れない，上場廃止に焦点を当てて検討する。具体的な検討手順は，まず第1章において上場廃止のための手続につき，会社法上の手続と金融商品取引所における手続の両面から総論的に検討をする。その上で，理論上・実務上の論点とされる，二段階買収（Two-tier Tender Offer）につき第2章で，少数株主の締め出し（Squeeze Out）につき第3章で，全部取得条項付種類株式への変更につき第4章で，反対株主の株式買取請求権につき第5章で，そして公正な価格につき第6章で，それぞれ各論的に検討することとする。

第1章
上場廃止の意義とその具体的手続：概論

I 非公開化に向けた手続

1 上場廃止とは何か？ なぜ上場廃止を選択するのか？

　非公開化（ゴーイング・プライベート：Going Private）を行う上で，避けて通ることができないことに，上場廃止に向けた手続がある。上場廃止とは，金融商品取引所（金商法2⑯）が定める株式上場廃止基準に基づき，株式の取引を止めることである。

　そもそも自社の株式を金融商品取引所に上場するメリットは，資金調達に効率性・多様性をもたらすこと，会社自体の信用力を向上させること，などであるところ，反面，自社の株式を上場していることでこうむるデメリットも数多く存在する。例えば，株価が低迷している局面にあっては，株価変動に伴う円滑な事業進行が阻害されること，株主から常に株価上昇に向けた経営を行うプレッシャーを受けること，現会社経営陣と対立した形での買収（敵対的企業買収）がなされる危険性があること，といったデメリットが存在する。そのほか，株式上場・株式公開を継続するにあたっては，金融庁，金融商品取引所等に提出する情報開示書類の作成コストや監査コストがかかること，株主総会や投資家向けの説明会の開催などIRにコストがかかること，金融商品取引所に上場継続費用を支払わなければならないことなど，膨大な費用負担がコンスタントに発生し続ける。

　しかし，上場廃止を選択した場合にも，上場企業でないことを理由に従業員の雇用が円滑に進まない，取引先から信用力を疑問視されるなどのデメリットが考えられる。

会社によっては、上記メリット・デメリットを比較衡量した上で、証券市場に頼らず長期的な戦略目標を立てて金融機関からの融資によって事業資金を調達することが可能である、既存の実績によって自社の信用力が既にある程度確立している、敵対的企業買収を仕掛けられるリスクからの解放を望む、などと判断する場合もあろう。かかる状況下では、会社が既に上場した株式を自主的に上場廃止（非公開化）するという経営判断も、会社事業の継続（ゴーイング・コンサーン）のための重要な選択肢となりうる（非公開化のメリットについては「第Ⅰ部第1章Ⅰ」を参照）。

以下では、自社株式の上場廃止・会社の非公開化を行う会社が経ていくプロセスを示したい。

2　特殊決議による定款変更に向けた手続

非公開化に際しては、まず第1段階目でTOB（公開買付け：Tender Offer Bid）により上場廃止をする会社株式の3分の2以上の議決権を取得し、上場廃止基準に抵触することが必要となる。以下ではまず、公開買付手続に係る規制を検討し、次いで会社法上の手続を検討する（なお、上場廃止基準は次節「Ⅱ　金融商品取引所における手続」において検討する）。

⑴　公開買付手続に係る規制

TOBとは、不特定かつ多数の者に対して、公告により株券等の買付け等の申込み又は売付け等の申込みの勧誘を行い、取引所金融商品市場外で株券等の買付け等を行うことをいう（金商法27の2⑥）。なお、ここでいう「不特定かつ多数の者」は、50名以上の者への有価証券の募集・売出しを意味するものとされる（金商令1の5、1の8）。

有価証券報告書提出義務会社の株券等に関する、発行者以外の者による取引所金融商品市場外での買付け等は、一定割合を超える場合、TOBによらなければならない（金商法27の2）。具体的には、有価証券報告書提出義務会社の株式を取引所金融商品市場外で買い付ける場合において、

①　買付後の買付者の株券等所有割合が５％を超えることになる場合（金商法27の２①一）
②　著しく少数の者からの買付後の買付者の株券等所有割合が３分の１を超えることになる場合（金商法27の２①二）
③　取引所金融商品市場における有価証券の売買等のうち，競売買の方法以外の方法による有価証券の売買等として内閣総理大臣が定めるもの（特定売買等という）による買付け（金商法27の２①三）
④　３カ月内に株券等の総数の10％を超える取得を株券等の買付け等又は新規発行取得により行う場合であって，当該買付け等又は新規発行取得後におけるその者の所有割合が，その者の特別関係者の株券等所有割合と合計して３分の１を超える場合における株券等の買付け（金商法27の２①四）

はTOBによらなければならない。

　TOBの期間は20営業日から60営業日の間でTOBをする者が決定する（金商法27の２②，金商令８①）。なお，競合するTOBが行われる場合には，複数TOB間で対等に条件面で競争することが望ましいことから，公開買付期間中に対象者の株券等について，第三者による競合TOBが行われるときは，公開買付期間を当該競合TOBの終了日まで延長することができる（金商法27の６①四，金商令13②二ロ）。

　TOBによって株券等の買付けを行う場合は，TOBに応ずる投資者間の公平維持の観点から，買付条件（買付価格・対価の種類・支払時期など）を，全ての応募投資者につき均一にしなければならない（金商法27の２③，金商令８③）。そのため，公開買付者及び特別関係者並びにそれらの者の代理人は，公開買付期間中，TOBに係る株券等をTOBによらないで買い付けてはならない（金商法27の５）。また，買付条件の変更は，それが株主に不利な方向での変更である場合は原則的には認められない（金商法27の６①一・四，金商令13②二・三など）。

　TOBにあたっては，株価に重大な影響を与えることから市場参加者に対して適宜情報開示を行わなければならない。まず，TOBを行う者は，公開買付開始公告（電子公告又は時事に関する事項を掲載する日刊新聞紙若しくは産業及び経

済に関する事項を全般的に報道する日刊新聞紙への掲載のいずれか）を行わなければならず（金商法27の3①，金商令9の3，他社株買付府令9），公開買付届出書（買付目的・買付期間・買付価格などを記載したもの）及びその添付書類を内閣総理大臣に提出しなければならない（金商法27の3②）。

次に，提出された公開買付届出書につき，その記載の完全性及び正確性についての審査が行われる（金商法27の22①参照）。TOBを行う者は，公開買付開始公告をした日に，公開買付届出書を内閣総理大臣に提出し（金商法27の3②），その後直ちに公開買付届出書の写しを対象者及びTOBの対象となる株券等が上場若しくは店頭登録されている金融商品取引所若しくは認可金融商品取引業協会に送付しなければならない（金商法27の3④）。当該公開買付届出書及びその写しは，受理された後，それぞれ財務局又は金融商品取引所若しくは認可金融商品取引業協会の事務所に備え置いて公衆の縦覧に供されることとなる（金商法27の14①・③）。公開買付届出書を提出した者は，公衆縦覧期間，その写しを本店又は主たる事務所に備え置き，公衆の縦覧に供しなければならない（金商法27の14②）。

そのほか，TOBを行う者には，公開買付説明書（公開買付届出書の記載事項などが記載されたもの）の作成及び交付（金商法27の9②，他社株買付府令24④），意見表明報告書の作成及び提出（金商法27の10①，金商令13の2①）も要求されている。前者はあらかじめ又は買付けと同時に売付けを行う者に対し，後者は公開買付対象者が公開買付開始公告が行われた日から10営業日以内に内閣総理大臣に対し，それぞれ交付・提出しなければならない。

買付後の株券等の所有割合が3分の2以上となるTOBについては，応募株券等を全て買い付けることが義務付けられている（全部買付義務：金商法27の13④）。

TOBを行った者は，公開買付期間の末日の翌日に，TOBの結果を公開買付開始公告において利用できる日刊新聞紙に公告又は公表しなければならない（金商法27の13①，金商令9の3①二，9の4）。

なお，会社が自己株式をTOBによって取得する場合，金融商品取引法は特有の規制を置いている。まず，会社による自社株式の取引所金融商品市場外に

おける買付けが，
　① 会社法156条1項の規定（株主との合意による取得）による買付け
　② 上場株券等の発行者が外国会社である買付け等のうち多数の者が当該買付け等に関する事項を知りうる状態に置かれる方法により行われる買付け

のいずれかである場合はTOBによらなければならない（金商法27の22の2①）。そのほか，当該TOBの情報開示についても，前述したTOBに係る規制が準用される（金商法27の22の2②〜⑫）。ただ，株券等の所有割合についての規定（金商法27の2⑧），特別関係者の規定（金商法27の2⑦）は，自己株式取得のためのTOBが支配権獲得のためではないという理由から準用されない。

会社に未公表の重要事実があるときは，TOBによって自己株式を取得するには，公開買付届出書を提出する前に，その重要事実を公表しなければならない（金商法27の22の3①）。公開買付届出書を提出した後に，公開買付期間の末日までの間に，会社に重要事実が発生したときは，その重要事実を公表し，加えて，TOBに係る上場株券等の買付け等の申込みに対する承諾又は売付け等の申込みをした者及び上場株券等の売付け等を行おうとする者に対して，公表の内容を通知しなければならない（金商法27の22の3②）。

(2) 会社法上の手続

前述した公開買付手続により株式の大部分を取得できた場合，上場廃止に向けたプロセスは二段階目へ移行することとなる。

まず，会社の定款変更を行い，発行済株式の全てを「全部取得条項付種類株式」（会社法108②七）に変更する。かかる定款変更には株主総会特別決議が必要となる（会社法466，309②十一）。全部取得条項付種類株式とは，会社が株主総会の決議によってその全部を取得することが定められた種類株式である。取得請求権付株式（会社法2十八，108①五）や取得条項付株式（会社法2十九，108①六）は，定款で取得対価が定められるところ，全部取得条項付種類株式の取得対価は取得を決定する株主総会決議によって定められる（会社法171①一）。そのため，定款では取得対価の価額の決定方法を定めておけば足りる（会社法

108②七)。一般的に全部取得条項付種類株式を活用した非公開化プロセスを採用する会社は，全部取得条項付種類株式のための定款変更決議と同一の株主総会において，全部取得条項付種類株式の取得対価及び取得日（会社法171①三）についても定める。既に発行されている種類株式に全部取得条項を付すためには，定款変更決議に加え，当該種類株主からなる種類株主総会における特別決議が必要となる（会社法111②，324②一）。

会社による全部取得条項付種類株式の取得は，株主総会の特別決議に基づいて決定された取得対価の内容に従って行われるところ，前述したとおり，一般的には定款変更と同一の株主総会内で取得対価が決議されているため，全部取得条項付種類株主による株主総会決議は不要であり，取得対価の価額の決定方法に従って会社による取得がなされる。当該決議で定められた取得対価に不満のある全部取得条項付種類株主は，裁判所に対して価格決定の申立てを行うことができる（会社法172）。

その後，会社は各少数株主に対しては端数株しか交付されない比率で，全部取得の対価として会社の普通株式を交付する。そして，全部取得終了後に会社法234条（端数株に関する競売等による代金交付制度）の手続に従い，会社が端数株を取りまとめて公開買付者に売却し，その代金を少数株主に分配する。かかるプロセスを経ることによって少数派株主を会社から追い出すこと（締め出し：Squeeze Out）が可能となる。

具体例を用いて説明しよう。例えばA社によるB社を対象としたTOBがなされ，当該TOBによってA社はB社の発行済株式総数100万株のうち，90万株を取得することに成功した事例を念頭に置く。かかるTOBの後，A社はB社において新たな種類の種類株式を発行する旨の定款変更をB社株主総会特別決議を経た上で行い，B社発行済株式全てに全部取得条項を付し，B社定款変更決議がなされる同一の株主総会において，全部取得条項付種類株式10万株当たり，普通株式1株を交付するという取得価格をB社株主総会特別決議を経た上で決定する。その結果，A社は普通株式9株を保有することとなるが，残りのB社株式10万株を10人が1万株ずつ保有していた場合には，1人当たり0.1株

ずつ割当てられることになるため，1株未満の端数については会社法234条に従って金銭処理がなされB社から強制的に退出させられることとなる。

　会社法では，非上場の会社が上場会社を買収によって完全子会社化する場合などを想定している。すなわち，かかる状況下では買収対象会社の株主に金銭を交付して会社から退出させるニーズがあることを認め，組織再編対価の柔軟化が図られている。ただ，反対株主は会社に対し，自己の保有株式を「公正な価格」で買い取ることを請求することができる（会社法785，797，806）。ここでいう反対株主とは，会社の組織再編行為を決定する株主総会決議に先立って当該組織再編行為に反対する旨を会社に通知し，かつ株主総会において実際に反対の議決権を行使した株主である（会社法785②一イ，797②一イ，806②ロ，806②ニ）。

II　金融商品取引所における手続

1　上場廃止基準の検討

　金融商品取引所において，上場有価証券には上場物件としての適正性を保持できるような要件を備えていることが必要とされる。このような要件を喪失した有価証券をそのまま市場に放置しておくと投資者に不測の損害を与えるおそれがあり，ひいてはそのような有価証券の上場を放置している証券市場自体への信頼性が損なわれることとなるため，要件を喪失した場合には上場廃止の判断が金融商品取引所によってなされる。

　全部取得条項付種類株式を用いた会社の非公開化については，二段階買収がなされているが，本章冒頭でも述べたとおり，金融商品取引所が定める上場廃止基準を満たさない限り，会社が非公開となることはない。そこで次に，平成25年7月現在の東京証券取引所（1部・2部・マザーズ）上場廃止基準を手掛かりに，上場廃止基準につき検討する。

　上場廃止基準には，外形的に明らかな基準と，実質的な判断を伴うものの2つが存在する（後掲図表参照）。

(1) 外形的に明らかなもの

【東京証券取引所1部・2部上場廃止基準】　　平成25年7月1日現在

	上 場 廃 止 基 準 （1部・2部）
株主数	400人未満（猶予期間1年）
流通株式数	2000単位未満（猶予期間1年）
流通株式時価総額	5億円未満（平成25年12月末までは3億円未満）（猶予期間1年）
流通株式比率	5％未満（所定の書面を提出する場合を除く）（猶予期間なし）
上場時価総額	10億円未満（平成25年12月末までは6億円未満）である場合において，9カ月（所定の書面を3カ月以内に提出しない場合は3カ月）以内に10億円以上（平成25年12月末までは6億円以上）とならないとき 又は 上場株式数に2を乗じて得た数値未満である場合において，3カ月以内に当該数値以上とならないとき
債務超過	債務超過の状態となった場合において，1年以内に債務超過の状態でなくならなかったとき（原則として連結貸借対照表による）
虚偽記載又は不適正意見等	a　有価証券報告書等に「虚偽記載」を行った場合で，その影響が重大であると当取引所が認めたとき b　監査報告書等において「不適正意見」又は「意見の表明をしない」旨等が記載され，その影響が重大であると当取引所が認めたとき
売買高	最近1年間の月平均売買高が10単位未満又は3カ月間売買不成立
その他	銀行取引の停止，破産手続・再生手続・更生手続，事業活動の停止，不適当な合併等，支配株主との取引の健全性の毀損（第三者割当により支配株主が異動した場合），有価証券報告書又は四半期報告書の提出遅延，虚偽記載，上場契約違反等，株式事務代行機関への不委託，株式の譲渡制限，完全子会社化，指定振替機関における取扱いの対象外，株主の権利の不当な制限，全部取得，反社会的勢力の関与，その他（公益又は投資者保護）

（東京証券取引所ホームページ　http://www.tse.or.jp/rules/listing/stdelisting.html）

【東京証券取引所マザーズ上場廃止基準】

平成25年7月1日現在

上場廃止基準（マザーズ）	
株主数	150人未満（猶予期間1年）
流通株式数	1000単位未満（猶予期間1年）
流通株式時価総額	2.5億円未満（平成25年12月末までは1.5億円未満）（猶予期間1年）
流通株式比率	5％未満（所定の書面を提出する場合を除く）（猶予期間なし）
時価総額	5億円未満（平成25年12月末までは3億円未満）である場合において，9カ月（所定の書面を3カ月以内に提出しない場合は3カ月）以内に5億円以上（平成25年12月末までは3億円以上）とならないとき 又は 上場株式数に2を乗じて得た数値未満である場合において，3カ月以内に当該数値以上とならないとき
株価	上場後3年を経過するまでに新規上場の際の公募の価格の1割未満となった場合において，9カ月（事業の現状，今後の展開，事業計画の改善その他当取引所が必要と認める事項を記載した書面を3カ月以内に当取引所に提出しない場合にあっては，3カ月）以内に当該価格の1割以上に回復しないとき ※ 平成21年11月9日以降に新規上場したマザーズの上場会社に限る。
債務超過	債務超過の状態となった場合において，1年以内に債務超過の状態でなくならなかったとき（原則として連結貸借対照表による）
売上高	最近1年間に終了する事業年度において売上高が1億円に満たないこととなった場合（利益の額が計上されている場合及び上場後5年間において売上高が1億円未満である場合を除く）
虚偽記載又は不適正意見等	a 有価証券報告書等に「虚偽記載」を行った場合で，その影響が重大であると当取引所が認めたとき b 監査報告書等において「不適正意見」又は「意見の表明をしない」旨等が記載され，その影響が重大であると当取引所が認めたとき
売買高	最近1年間の月平均売買高が10単位未満又は3カ月間売買不成立
その他	銀行取引の停止，破産手続・再生手続・更生手続，事業活動の停止，不適当な合併等，支配株主との取引の健全性の毀損（第三者割当により支配株主が異動した場合），有価証券報告書又は四半期報告書の提出遅延，虚偽記載，上場契約違反等，株式事務代行機関への不委託，株式の譲渡制限，完全子会社化，指定振替機関における取扱いの対象外，株主の権利の不当な制限，全部取得，反社会的勢力の関与，その他（公益又は投資者保護）

（東京証券取引所ホームページ　http://www.tse.or.jp/rules/listing/stdelisting_mo.html）

前記表中の「株主数」とは，1単位以上の株券等を所有する者の数をいう。また，「流通株式」とは，上場株券等のうち，上場株式数の10％以上を所有する者が所有する株式その他の流通性の乏しい株式として東京証券取引所有価証券上場規程施行規則8条で定めるもの（当該有価証券の発行者の役員，当該有価証券の発行者，当該有価証券の数の10％以上を所有する者又は組合等が所有する有価証券）を除いたものをいう。

　「流通株式時価総額」は，上場会社の事業年度の末日における東京証券取引所の売買立会における最終価格に，上場会社の事業年度の末日における流通株式の数を乗じて得た額をいい，「流通株式比率」は，上場会社の事業年度の末日における流通株式の数の上場株券等の数に占める割合をいう。

　「時価総額」とは，月間平均時価総額（東京証証券取引所の売買立会における日々の最終価格に，その日の上場株式数を乗じて得た額の平均）又は月末時価総額（月末日における東京証券取引所の売買立会における最終価格（最終価格がない場合は直近の最終価格）に当該末日における上場株式数を乗じて得た額）をいい，「株価」は，月間平均株価（東京証券取引所の売買立会における日々の最終価格（東京証券取引所が適当と認める場合には，日々の最終価格に，株式分割，株式無償割当，株式併合その他の行為の影響を勘案して修正した価格）の平均をいう）又は月末株価（毎月末日における東京証券取引所の売買立会における最終価格（当該最終価格がないときは，直近の最終価格））をいう。

　なお，新規上場の際の公募の価格について，東京証券取引所が適当と認める場合には，株式分割，株式無償割当，株式併合その他の行為の影響を勘案して修正を行う。また「売上高」とは，連結損益計算書に掲記される売上高をいい，「利益の額」とは，連結損益計算書に掲記される経常利益金額をいう。

(2) 実質的な判断を伴うもの

	1部・2部・マザーズ
事業活動の停止	事業活動を停止した場合又はこれに準ずる状態になった場合
不適当な合併等	吸収合併等を行った上場会社が実質的存続会社でないと認められる場合で，3カ年以内に審査基準に準じた基準に適合しないとき
支配株主との取引の健全性の毀損	第三者割当により支配株主が異動した場合において，3年以内に支配株主との取引に関する健全性が著しく毀損されていると東証が認めるとき
虚偽記載又は不適正意見等	a 有価証券報告書等に「虚偽記載」を行い，かつ，その影響が重大であると東証が認める場合 又は b 監査報告書に「不適正意見」又は「意見の表明をしない」旨が記載され，かつ，その影響が重大であると東証が認める場合
上場契約違反等	a 上場契約につき重大な違反を行った場合 b 宣誓事項に重大な違反を行った場合 c 上場契約の当事者でなくなる場合 のいずれかに該当する場合
株主権不当制限	株主の権利内容及びその行使が不当に制限されていると東証が認めた場合
反社会的勢力の関与	上場会社が反社会的勢力の関与を受けている事実が判明した場合で，その実態が当取引所の市場に対する株主及び投資者の信頼を著しく毀損したと当取引所が認めるとき
その他	公益又は投資者保護のため，東証が上場廃止を適当と認めた場合

(東京証券取引所自主規制法人ホームページ http://www.tse.or.jp/sr/compliance/gaiyou.html)

2　上場廃止基準の運用

　株主数基準などの外形的に明らかな上場廃止基準に抵触するかどうかの確認を行っている期間は「監理銘柄（確認中）」に指定されることとなる。

　また，虚偽記載の影響の重大性に関する審査など，外形的に明らかでない上場廃止基準に抵触するかどうかの審査を行っている期間は「監理銘柄（審査中）」に指定される。監理銘柄（審査中）における審査では，必要な資料の提出又は関係者からの事情の説明及び説明内容を記載した文書の作成を求めるなどして，総合的に審査が行われる。

　以上の結果，上場株券等の上場廃止が決定された場合には，その事実を投資者に周知させるため，上場廃止日の前日までの間，「整理銘柄」に指定され，その後「上場廃止」となる。

　上場管理業務における審査の流れについては下図を参照されたい。

　なお，下図⑤東京証券取引所による上場会社に対する措置のなかに，上場廃止が含まれる。そのほか，東京証券取引所による上場会社に対する措置には，ペナルティー的措置（上場契約違約金，公表措置）や改善措置（特設注意市場銘柄への指定，改善報告書），開示注意銘柄への指定，などがある。

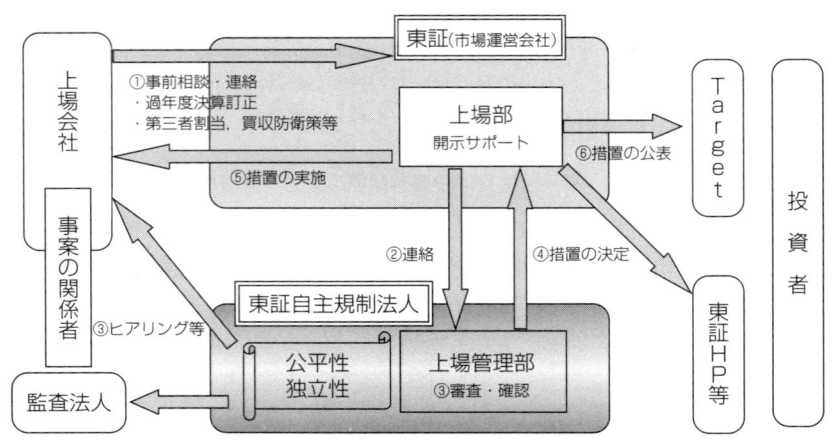

（東京証券取引所自主規制法人ホームページ　http://www.tse.or.jp/sr/compliance/gyoumu.html）

第2章
公開買付規制[1]

I 金融商品取引法における公開買付規制

　ある者がある会社の株式を取得して上場廃止（非公開化）しようとするとき，TOBを行うことになる。例えば，第三者によるTOBで上場廃止になった，比較的最近の事例として，サークルKサンクス（ユニーによるTOB），三洋電機（パナソニックによるTOB）などが挙げられる。会社の経営陣によるTOB（MBO（マネジメント・バイアウト：Management Buyout））で上場廃止になった事例として，少し前の事例ではあるが，幻冬舎，ワールド，ポッカコーポレーション，すかいらーくなどが，会社の経営陣と従業員によるTOB（MEBO（マネジメント・エンプロイー・バイアウト：Management Employee Buyout））で上場廃止になった事例として，サンスターなどが挙げられる。

　では，この「TOB」とは何だろうか。どのような手続で，どのような義務が誰に課せられ，またそれはなぜ必要なのか[2]。

---

1) 執筆にあたって，主に以下を多く参照した。近藤光男＝黒沼悦郎＝吉原和志『金融商品取引法入門（第3版）』（商事法務，2013），松尾直彦『金融商品取引法（第2版）』（商事法務，2013），神崎克郎＝志谷匡史＝川口恭弘『金融商品取引法』（青林書院，2012），松岡啓祐『最新金融商品取引法講義［第2版］』（中央経済社，2012），岸田雅雄監修『注釈金融商品取引法』第1巻（金融財政事情研究会，2011），山下友信＝神田秀樹『金融商品取引法概説』（有斐閣，2010），日本証券経済研究所『英国M＆A制度研究会報告書』（2009）。
2) 公開買付規制には，発行者以外の者によるTOB（金商法27の2〜27の22）と発行者によるTOB（金商法27の22の2〜27の22の4）が分けて規定されているが，前者に対する規制の多くが後者に準用されていることから（金商法27の22の2②以下参照），ここでは前者（発行者以外の者によるTOB）を念頭に置いて記述する。

1　公開買付規制とは

　公開買付規制は，金融商品取引法の第2章の2「公開買付けに関する開示」のなかで規定されている。このタイトルからわかるように，第2章の2の規定（金商法27の2～27の22の4）は，TOBに関する情報開示が十分かつ適切になされること等を目的としており，第2章「企業内容等の開示」の規定（上場会社やその発行する証券などに関する情報開示について定める）同様，開示制度を支える重要な条文である。

　「TOB」とは，「不特定かつ多数の者に対し，公告により株券等の買付け等の申込み又は売付け等……の申込みの勧誘を行い，取引所金融商品市場外で株券等の買付け等を行うこと」（金商法27の2⑥）をいう。金融商品取引法は，この「TOB」によらなければ買付け等ができない場合を規定している（金商法27の2①）。具体的には，取引所金融商品市場外で，60日間で11名以上の者から株券等を買い付け，その所有割合を5％超にする場合（金商法27の2①一，金商令6の2③），及び60日間で10名以下の者から株券等を買い付け，その所有割合を3分の1超にする場合（金商法27の2①二，金商令6の2③）などに，「TOB」による必要があるとされている。

2　「TOB」の必要性

　なぜ，これらの場合は「TOB」によらなければならないのだろうか。この点，重要と思われるのは，これらいずれも「取引所金融商品市場外」（以下「取引所市場外」という）での取引を対象としているということである[3]。取引所市場外で行われる取引は，取引所市場内での取引には存在する3点を欠いているといえる。1つ目は，誰でも取引に参加できる点，2つ目は，時間優先原則・価格優先原則という取引所のルールに則った競争で取引の成否が決定する点，そし

---

3)　もっとも，取引所市場外のみならず，市場内での取引でも一定の条件のもと一定の所有割合を保有するに至った場合には，公開買付規制にかかる（金商法27の2①三，四，このうち，金商法27の2①三の制定の経緯については，85頁以下参照）。

て3つ目は取引内容（数量・価格）が公にされている点である。すなわち，取引所市場外での取引は，通常，当該株式を有している者の一部だけが参加でき，その内容は，当事者の交渉によって定まり基本的に公になることはないものということができる。このような取引所市場外での取引は，次の2点で投資者の利益を害してしまう危険性がある。1つは，取引当事者が（市場における需給の関係ではなく，当事者間の交渉力の大きさで決まった）不当に安い価格で売却してしまう危険性であり，もう1つは，当該株式を有しているのに取引に参加できない投資者が（有利な価格で売却できる）取引から排除されてしまう危険性である。そこで，金融商品取引法は，これらの危険性を回避するための制度を用意した。すなわち，買付けを行おうとする者に，自分の株式を売却する価格が不当に低くないかを判断するために必要と思われる情報を開示させ，また，当該株式を有する者全てが平等かつ公正に扱われ，売却の機会が与えられるようにしたのである。言い換えれば，十分な情報開示及び株主に対する公正・平等な取扱いを要求することによって，取引所市場外での取引の透明性と公正性を確保することを目的として，公開買付規制が規定されているのである（以下，3，4で詳しく論ずる）。

さらに，「TOB」によらなければ，原則，取引所市場外での取引でその所有割合を5％超にできないというルールの「5％」の意味にも留意したい。この「5％」という基準は，大量保有報告書の提出義務を発生させる基準と平仄を合わせたものとされている。大量保有報告書とは，ある会社の株券等の保有割合が5％を超えた場合に提出しなければならない書類のことであり（金商法27の23），一定割合（5％）以上の株券等を保有する者に関する情報は，会社の支配権に影響を及ぼす等の可能性を有し投資者にとって重要といえることから，迅速な開示が要求されているのである[4]。すなわち，公開買付規制は，より正

---

[4] TOBが義務付けられるのは，有価証券報告書を提出しなければならない発行者又は特定上場有価証券（金商法2㉝）の発行者の発行する議決権のある株式等，発行者の支配権に影響を及ぼすような株式の取得である（金商法27の2①，金商令6①，他社株買付府令2）。

確には，取引所市場外における会社の支配権の変動等に影響を生じさせるような取引における株主の保護が意図されているということができる。

では，実際に「TOB」に関する規定はどのような情報を開示することを要求しているのであろうか。

3　情 報 開 示

公開買付規制で重要な情報開示の役割を担っているのは，TOBを行うときに提出する公開買付届出書，当該TOBに対して対象会社がどう考えているかを表す意見表明報告書，対象会社が買付者に質問があるときそれに答える対質問回答報告書，及びTOBの結果を報告する公開買付報告書などである。

まず，TOBによって株式の取得をしようとする者は，公開買付開始公告をした後に公開買付届出書を提出しなければならない（金商法27の3①・②）。この届出書には，誰が，どの会社のどの種類の株券等を，何の目的で，いつ，いくらで，どの位（上限・下限があるならその数）TOBをしようとしているのかを記載しなければならない。また，当該株式を有する者にとって，買付価格は非常に重要であることから，なぜその価格に設定されたのかの基礎・経緯や，その買付けの資金をどう調達するのかを説明しなければならないし，もし当該対象会社の株式を取得するのに許可などが必要なら，それに関する記載（得られたならその日付と番号）も要求される。さらに，株主が当該買付けに応募するとき，あるいは応募した後に解除したいときの方法，決済の方法なども記載しなければならない。このように，公開買付届出書は，対象会社の株主に対して，TOBに関する重要な情報を網羅的に提供することが意図されたものといえる[5]。

これを受けて，TOBの対象会社は，公開買付開始公告が行われた日から10営業日以内に，意見表明報告書を出すことが要求されている（金商法27の10①，金商令13の2①）。すなわち，対象会社は，当該TOBに対して賛同するか反対す

---

5) また，公開買付届出書に記載すべき事項から一部の事項を除いた公開買付説明書を作成し，対象会社の株主に交付することが要求されている（金商法27の9①・②，他社株買付府令24）。

るかあるいは中立の立場をとるか，意見の表明を留保するか，そしてそれはなぜかを明らかにしなければならない（他社株買付府令第四号様式（記載上の注意）(3)）。対象会社と公開買付者間で既に交渉が行われ，一定の合意のもとに買付けが行われたのなら，これも賛同の意見となろうが，そのような交渉や合意がないまま買付けが開始された場合には，反対の意見が出される（場合によっては，対象会社が，株主に対してTOBに応募しないように，してしまった場合には解除するようお願いすることもある）可能性が高いといえるかもしれない。対象会社が当該買付けについてどう考えるかは，株主にとって当該買付けに応募するか否かを決める重要な要素であり，法はこれを規定したのである。

　対象会社は，意見表明報告書に，公開買付者に対する質問を記載することができ（金商法27の10②一），その場合には，公開買付者は，当該意見表明報告書の写しの送付を受けた日から５営業日以内に，対質問回答報告書を提出することが要求される（金商法27の10⑪，金商令13の２②）。公開買付者に質問がなされることは，実際はそれほど多くないようではあるが，意見表明報告書に，当該TOBに対する意見を留保する旨記載して，当該買付けに関する不明点を質問し，公開買付者からの対質問回答報告書における回答を受けて，（当該TOBに賛同するか反対するか中立の立場をとるかの）意見を明確にすることも行われており，このような対象会社による質問を認め，公開買付者にその回答を要求することも，株主に対する重要な情報開示の役割の一端を担っているといえる。

　公開買付届出書で記載した公開買付期間が終わると，公開買付者は公開買付報告書を提出し，TOBの結果，どれだけの応募があり，どれだけ買い付けたのか（あるいは買い付けなかったのか）を公表しなければならない（金商法27の13②）。

　これらの公開買付届出書，意見表明報告書，対質問回答報告書及び公開買付報告書は，内閣総理大臣に提出され（金商法27の３②，27の10①・⑪，27の13②），５年間公衆縦覧に供されることが要求される（金商法27の14）。なお，規則等の定めによりEDINETへの掲載用に整理して関東財務局に提出することになるので留意されたい。

　実際上，最も容易な閲覧方法は，金融庁の提供するEDINETであろう。誰で

もネットを使って簡単にアクセスできる（http://info.edinet-fsa.go.jp/）。

これらの文書に不備があったり事実と異なる記載箇所があった（あるいは異なる記載箇所が出てきた）などの場合には，訂正することが要求されている（金商法27の7①，27の8①・②，27の10⑧，27の10⑫，27の13③）。例えば，当該対象会社の株式を取得するのに許可などが必要で，公開買付届出書提出時点ではまだ許可が得られておらず後に得られたときには，その訂正が要求されるし（他社株買付府令第二号様式（記載上の注意）(8)），当該TOBに対する意見の留保をした場合には，後から意見表明報告書の訂正報告書を出して意見を明確にする必要がある。

4 株主に対する公正・平等な取扱い

公開買付者は，こういった情報開示が強制される上に，TOBを開始すると，様々な制限が課せられることになる。当該株式を有する者全てを公正かつ平等に取り扱うためである。

まず，公開買付開始公告を行った日から買付期間（公開買付開始公告の日から起算して20営業日以上で60営業日以内としなければならない（金商法27の2②，金商令8①））の末日まで，公開買付者は，TOBによらないで，当該TOBの対象となる会社の株式を購入できなくなる（金商法27の5）。すなわち，公開買付者は以下のルールに全て則ることでしか，当該株式を取得できないようになる。

具体的には，公開買付者は，全ての応募株主について同一の価格で取得することが要求され（金商法27の2③，金商令8③），原則として，応募株券の全部について，あらかじめ記載した買付条件で買い取ることが要求される（金商法27の13④，全部買付義務）。ただし，このうち，後者の義務については，公開買付開始公告及び公開買付届出書で，当該義務が適用されない条件として，次のように定めておくことが認められている（また，金商法27の11①ただし書も参照）。すなわち，応募株券の数があらかじめ定めておいた数に満たないときは，応募株券の全部の買付けをしないこと（金商法27の13④一），又は，応募株券の数が買付予定の数を超えるときはその超過部分の全部又は一部の買付けをしない

こと（金商法27の13④二）（以下「部分的TOB」）である。部分的TOBについては，（応募順に買い付けるなどではなく）内閣府令の規定するあん分比例の方式で株式を取得するよう，公開買付者に義務付けている（金商法27の13⑤，他社株買付府令32）。ただし，TOBの後における公開買付者の株券所有割合が3分の2以上になる場合には，部分的に買い付けることは認められず，全ての応募株式について取得することが義務付けられる（金商法27の13④，金商令14の2の2）。こうした制限が課せられるのは，部分的TOBの結果，少数株主として残らざるを得なくなってしまう投資者の利益を保護するためである[6]。

　また，公開買付開始公告後，公開買付者は，TOBに関する申込みの撤回や契約の解除を原則することはできないし[7]（金商法27の11），TOBの条件についても，買付価格の引下げや買付予定の株式数の減少など，投資者に不利になるような変更は制限される[8]（金商法27の6）。これに対して，株主はいったん買付けに応募しても公開買付期間中ならいつでも契約の解除をすることが認められている（金商法27の12）。

5　エンフォースメント－違反に対する責任－

　これらの情報開示義務及び株主を公正・平等に扱うための様々な買付けに関する義務に違反した場合には，刑事責任や課徴金納付命令，民事責任の対象になる。

---

[6] 全部買付義務を課すのと同趣旨から，買付け後の株券所有割合が3分の2以上となるときには，当該発行者の発行する全ての株券について，TOBを行わなければならない（全部勧誘義務・金商法27の2⑤，金商令8⑤三，他社株買付府令5③・④）。

[7] ただし，公開買付開始公告及び公開買付届出書において，対象会社若しくはその子会社の業務若しくは財産に関する重要な変更などTOBの目的の達成に重大な支障となる事情が生じたときにはTOBの撤回等をすることがある旨の条件をあらかじめ付しておいた場合，又は公開買付者について破産手続開始の決定など重要な事情の変更が生じた場合には，TOBの撤回等が認められる（金商法27の11，金商令14①）。

[8] ただし，買付価格の引下げについては，部分的に認められている（金商法27の6①，金商令13①）。

(1) 情報開示義務違反

例えば，公開買付開始公告や公開買付届出書・公開買付報告書を提出しない（行わない）場合には，5年以下の懲役若しくは500万円以下の罰金（金商法197の2四・五）が，それに重要な事項につき虚偽の表示をした場合には，10年以下の懲役若しくは1,000万円以下の罰金（金商法197①二・三）がそれぞれ科せられ得る。また，意見表明報告書や対質問回答報告書を提出しない場合には，1年以下の懲役若しくは100万円以下の罰金（金商法200十）が，それに重要な事項につき虚偽の記載をした場合には，5年以下の懲役若しくは500万円以下の罰金（金商法197の2六）がそれぞれ科せられ得る。これらの文書の虚偽記載や不提出については課徴金納付命令の対象となっているものもある（金商法172の5，172の6①・②）。さらに，公開買付開始公告，公開買付届出書・公開買付説明書及び対質問回答報告書に関する重要な事項についての虚偽記載は，損害賠償責任が規定されている（金商法27の20）。

(2) 買付けに関する様々な義務違反

刑事責任については，例えば，全部買付義務や部分的TOBにかかるあん分比例の買付けに違反した場合には，1年以下の懲役若しくは100万円以下の罰金（金商法200三）という制裁が用意されている。

民事責任については，例えば，公開買付者が，公開買付届出書を提出しないで，対象会社の株券の売付け等の申込みの勧誘などをして買付け等を行った場合に，当該売付けをした者に対して当該違反行為により生じた損害を賠償する責任を課している（金商法27の16）。また，公開買付者が，公開買付期間中にTOBによらないで対象会社の株式の買付けをした場合にも，当該売付けをした者に対して損害を賠償する責任を課している（金商法27の17）。

なお，内閣総理大臣には，TOBがルールに則って行われているかを調査する等のために，公開買付者及び意見表明報告書の提出者等に報告や資料の提出を命じたり，検査する権限が認められている（金商法27の22）。

Column

外国における公開買付規制

　日本の公開買付規制は，米国のルールをモデルに導入された。しかし，日本の規制は，その後のいくつかの改正を経て，米国の規制とは異なるものになっている。

　具体的に，米国においては，日本のように一定の取引についてTOBが強制されるというのではなく，TOB（Tender Offers Bid，対象会社の株式を購入すると市場に対して申し出る（勧誘する）こと）を使って株式を取得しようとするなら，そのためのルールを遵守しなければならないという形で規制されている。

　米国において，こうしたルールは制定当初から存在していたわけではなかった。制定されたのは1968年である。当時，制定法上の合併（Statutory Merger）や統合（Consolidation）といった伝統的な会社の組織再編のためには，証券取引所法（Securities and Exchange Act of 1934）の委任状勧誘ルール（Proxy Rule）を遵守しなければならなかったところ，それを回避するために使われたのが，直接株主に株式を売却することを勧誘するTOBだったのである。こうした取引で情報を開示することは当時の法で要求されていなかったことから，株主はほとんど情報がない中で売却するか否かを決めなくてはならなかった。これに対処するためにWilliams Actによる法改正がなされ，TOBに関するルールが整備されることになるのである。

　Williams Actで導入されたルールは，証券取引所法の13(d)，13(e)，14(d)，14(e)，14(f)であり，このうち，日本の公開買付規制の主要部分に相当するのは，14(d)である。同条は，TOBをしようとする者の負う情報開示義務，及び株主を平等に扱うための部分的TOBの場合のあん分買付義務や最高価格での買付義務などを規定する。

　他方，欧州（英国，ドイツ，フランス）にも，日本のような義務的公開買

付制度が存在し，ある会社の30％（英国，ドイツ）あるいは3分の1（フランス）を超える議決権を取得した者は，その規制の対象となる。しかし，この規制は，いかなる方法（市場内で買付けした場合など）で当該株式を取得した場合でも適用されること，当該買付義務が生じるのは30％あるいは3分の1を取得した後である点などで，わが国とは異なる制度といえる。

Column

ライブドア対ニッポン放送事件（東京高決平成17年3月23日判時1899号56頁）

　A（フジテレビ）は，Y（ニッポン放送）の経営権を獲得することを目的とし，Yの保有する自己株式を除いた全ての発行済株式の取得を目指して，証券取引法に定めるTOBを開始することを決定した（以下「本件TOB」という）。本件TOBにおいては，買付予定株式数をAの既保有分を含めてYの発行済株式総数の50％となる1,233万5,341株（ただし，応募株券の総数が買付予定株式数を超えたときは，応募株券の全部），買付価格を1株5,950円，買付期間を平成17年1月18日から同年2月21日までとしていた。Yはこれを受けて，平成17年1月17日開催の取締役会において本件TOBに賛同することを決議し，同日付けの「公開買付けの賛同に関するお知らせ」と題する書面を公表した。

　X（ライブドア）は，Yの発行済株式総数の約5.4％（175万6,760株）を保有していたが，本件公開買付期間中である平成17年2月8日に，東京証券取引所のToSTNeT-1を利用した取引によって，その子会社を通じて，Yの発行済株式総数の約29.6％に相当する株式972万270株を買い付け（以下「本件ToSTNeT取引」という），その結果，Yの発行済株式総数の約35％の割合の普通株式を保有する株主となった。

Ｙは，Ｘ等が本件ToSTNeT取引により平成17年2月8日に発行済株式総数の約30％に当たるＹ株式を買い付け，その結果，発行済株式総数の約35％の株式を保有することとなったのは，証券取引法27条の2に違反するものであると主張した。

　これに対して，裁判所は以下のように述べた。「証券取引法は，その規制対象の明確化を図るため，その2条において定義規定を置き，「取引所有価証券市場」は「証券取引所の開設する有価証券市場」と定義しているところ（証取法2⑰），ToSTNeT-1は，東京証券取引所が立会外取引を執行するためのシステムとして多数の投資家に対し有価証券の売買等をするための場として設けているものであるから，取引所有価証券市場に当たる。そうすると，本件ToSTNeT取引は，東京証券取引所が開設する，証券取引法上の取引所有価証券市場における取引であるから，取引所有価証券市場外における買付け等には該当せず，取引所有価証券市場外における買付け等の規制である証券取引法27条の2に違反するとはいえない。」

　「ところで，ToSTNeT-1は競争売買の市場ではないから，そこにおいて投資者に対して十分な情報開示がされないまま，会社の経営支配権の変動を伴うような大量の株式取得がされるおそれがあることは否定できない。これに対し，公開買付制度は，支配権の変動を伴うような株式の大量取得について，株主が十分に投資判断をなし得る情報開示を担保し，会社の支配価値の平等分配に与る機会を与えることを制度的に保障するものである。公開買付制度の上記趣旨に照らすと，Ｘ等が，ＡによるＹの株式の公開買付期間中に，本件ToSTNeT取引によって発行済株式総数の約30％にも上るＹの株式の買付けを行ったことは，それによって市場の一般投資家が会社の支配価値の平等分配に与る機会を失う結果となって相当でなく，その程度の大規模の株式を買い付けるのであれば，公開買付制度を利用すべきであったとの批判もあり得るところである。

　しかしながら，本件ToSTNeT取引が取引所有価証券市場外における

買付け等の規制である証券取引法27条の2に違反するものでないことは前示のとおりであるから，上記問題があるとしても，それは証券取引運営上の当不当の問題にとどまり，証券取引法上の処分や措置をもって対処すべき事柄であって，それ故にＸの本件株式の取得を無効視したり，Ｙに対抗的な新株予約権の発行を許容して証券取引法の不当を是正すべく制裁的処置をさせる権能を付与する根拠にはならない。」

　このように，ライブドアがToSTNeTでの取引を用いて，TOBによらずに，ニッポン放送株式の3分の1超を取得したことは，証券取引法27条の2違反にならないと判断された。ToSTNeT-1は時間優先原則（前述78頁）が排除されているなど，公開買付規制が適用されないことが規制の趣旨・目的から考えて正当化できるか明らかではないように思われる。そこで，この事件を契機に，公開買付規制が見直され，現在の金融商品取引法27条の2第1項3号が制定されることになり，ToSTNeTのような立会（時間）外取引で3分の1を超える株式を取得することになった場合にも公開買付規制が及ぼされるようになったのである（前述78頁参照）。

Ⅱ 二段階買収の具体的スキーム

1 第一段階－TOBの実施－

(1) TOBの前置

　通常の非公開化においては，第一段階として，買収者により対象会社の発行済株式全部を対象とするTOBが行われ，第二段階として，全部取得条項付種類株式の取得，株式交換又は合併等の手法によって，TOBに応募しなかった株主の締め出し（スクイーズ・アウト：Squeeze Out）が行われる。

　法律上は必ずしもTOBを前置する必要はないが，通常，TOBが前置される理由は以下のとおりである。

ア 特別決議に必要な議決権数（総議決権数の3分の2）の確保

　第一に，買収者が締め出しの際に必要となる株主総会の特別決議に必要な議決権数（総議決権数の3分の2）を保有していない場合には，多くの場合，まずこれを確保するために，TOBを行う必要がある。すなわち，買収者が総議決権数の3分の2を確保していない状況では，株主総会において締め出しのための議案を可決することができる保証がないため，安定的かつ確実に非公開化を行うためには，締め出しに先立ってTOBを実施することにより，事前に総議決権数の3分の2を確保しておくことが重要となる。そして，市場外における買付け等又は市場内取引であるToSTNet取引等による買付け等により，当該買付け等の後における株券等所有割合が3分の1を超える場合には，当該買付け等は，TOBによらなければならないことが法定されている[9]（金商法27の2①二・三）。そのため，多くの場合においては，非公開化を確実に行うため，第一段階としてTOBを行って，事前に総議決権数の3分の2を確保するのである。

---

9) 株券等所有割合が3分の1以下の買付者が，当該買付け等により，当該買付け等の後における株券等所有割合が3分の1を超える場合のみならず，株券等所有割合が3分の1を超える買付者が，当該買付け等により株券等を取得する場合にも，当該買付け等は，TOBによらなければならない。

なお，さらに，締め出しの手法として株式交換や合併が採用される場合，買収者がTOBにより総議決権数の90％超を確保した場合には，対象会社における株主総会決議を省略することが可能となる（会社法784①）。かかる観点からも，TOBによって事前に多数の株券等を買い集めておくことは意義を有する。

　また，旧商法下においては，実務上，締め出しを行う場合には，特定の株主が90％超の総議決権数を有しているかが重視されてきた。その理由については，

① 　特定の株主が90％もの株式を集めることができたという事実から，TOBにおいて提示された買付価格の妥当性を説明しやすいこと

② 　特別決議を必ず可決することができる3分の2に，（念には念を入れて）残りの3分の1の3分の2を加えると9分の8（88.89％）となり，これを丸めて90％まで取っておけばもうよいではないかという感覚論

③ 　特定の株主が90％の株式を取得した場合には，東京証券取引所の規則上即時上場廃止になることから，現金化の道を失った株主に現金を配る手段として締め出しを行うことの説明がしやすいこと

④ 　少数株主排除を認めている諸国においてはおおむね90％以上の賛成が必要とされていること

が挙げられていた[10]。

　以上のように，安定的かつ確実な非公開化のためには，事前に総議決権数の3分の2（さらには，総議決権数の90％超）を確保しておくことが重要となるため，買収者にはTOBを前置するメリットがある。

　　イ　少数株主保護

　第二に，少数株主保護の観点が挙げられる。すなわち，TOBを前置すれば，非公開化は，TOBと締め出しという二段階の手続が踏まれることになるため，少数株主は自らの意思で，TOBに応募するか，締め出しの際に対価を受領するかを選択することができることになる。

　また，TOBを前置すれば，対抗的な買付けが出現する可能性が生まれるから，

---

[10] 　藤縄憲一「企業再編における実務上の課題と取組み〔下〕」商事法務1656号83頁等参照（2003）。

TOBを前置することによって価格の適正性をより一層担保することもできる。この点については，平成19年9月4日に経済産業省が公表した「企業価値の向上及び公正な手続確保のための経営者による企業買収（MBO）に関する指針」（以下「MBO指針」という）において，価格の適正性を担保する客観的状況を確保するための措置として，対抗的な買付けの機会を確保するため，①公開買付期間を比較的長期に設定すること，及び②対抗者が実際に出現した場合に，当該対抗者が対象会社との間で接触等を行うことを過度に制限するような内容の合意等を当該MBOの実施に際して行わないこと，という対応を行うことが考えられるとしている（MBO指針16頁）。

さらに，TOBにおいては，金融商品取引法上，買付者には公開買付届出書の提出が（金商法27の3②），対象会社には意見表明報告書の提出が義務付けられ（金商法27の10①），また，金融商品取引所の要請などを通じて，少数株主に対しても充実した情報開示が行われる[11]。このような情報開示によって少数株主に対し，TOBに応募するか否かを熟慮する機会が与えられ，また，買収者及び対象会社に詳細な情報開示が義務付けられることによって，買付け条件に一定の規律が働くことも期待できる。

以上のように，非公開化にあたってTOBを前置した場合，少数株主保護に寄与すると考えられる。

ウ 対象会社の取締役の責任

第三に，TOBにおいては，対象会社は，当該TOBに対して意見表明報告書を提出することで間接的に関与するだけであるのに対し（金商法27の10①），TOBを前置しない場合，対象会社は，非公開化の手続の最初から株式交換や合併等の手続の当事者となる。すなわち，対象会社の取締役は，TOBを前置しない場合には，より直接的かつ主体的に締め出しの手続に関与しなければな

---

[11] 金融商品取引所の要請の具体的な内容については，青克美＝内藤友則「合併等の組織再編行為，公開買付け，MBO等に関する適時開示の見直し概要」旬刊商事法務1789号37頁（2007），佐川雄規「MBO等に関する適時開示内容の見直し等の概要」商事法務2006号76頁（2013）参照。

らないため、対象会社が行う非公開化のための行為が、買収者のみならず全ての株主との関係でも合理的なものかどうか、より一層厳しく問われることとなる。したがって、非公開化にあたっては、対象会社の取締役がTOBを前置することを望む可能性が高くなると思われる。

エ　小　括

以上のように、TOBの前置は、買収者、少数株主及び対象会社の取締役のいずれにとってもメリットがあるため、非公開化における第一段階の手続として通例化している。

(2) TOB前置の必要性

ア　問題の所在

上記(1)で述べたとおり、TOBの前置は、非公開化における第一段階の手続として通例化しているが、買収者が既に対象会社の総議決権数の3分の2を確保している場合には、TOBを前置させる必要性の有無が問題となる。

イ　TOBを前置した場合のデメリット

TOBを行うためには、TOB代行を務める証券会社に対して支払う買付代行手数料、株式評価算定書の取得費用及びアドバイザーを務める弁護士に支払う報酬等の費用が必要となるため、TOBを前置した場合には、一定の費用負担が不可避となる。

また、会社を買収するためには、大株主が保有する株式を買い取ることが必要となるが、その場合、買収者は、大株主である創業者・役員等との間でTOBへの応募を義務付ける契約（いわゆる応募契約）を締結するのが通常である。かかる応募契約の締結交渉において、公開買付価格が上昇する場合がある。

なお、TOBにおいては、応募株主等[12]は、公開買付期間中においては、いつでも、当該TOBにかかる契約の解除をすることができるとされており（金商法27の12①）、また、応募株主等による契約の解除があった場合においては、公

---

[12] TOBに係る株券等の買付け等の申込みに対する承諾又は売付け等の申込みをした者（金商法27の12①）。

開買付者は，当該契約の解除に伴う損害賠償又は違約金の支払を請求することができないものとされている（金商法27の12③）。したがって，非公開化にあたってTOBを前置した場合，買収者と大株主である創業者・役員等との間で締結されるTOBへの応募を義務付ける契約には，法的拘束力に疑義があるとの見解に留意する必要がある[13]。

また，TOBを成立させるために，対象会社が，株式売却のためのインセンティブとして，役員・従業員等を兼務する大株主等に退職金や一時金を支払うことが必要になることがある。さらに，会社買収後に円滑に会社を経営するためには，当該会社の業務に通じた役員・従業員等を引き留める必要が生じるときがあるが，その場合にも，株主である役員・従業員等との間で報酬に関する契約を事前に締結することが必要になることがある。

ただし，TOBにおいては，買付価格は全ての応募株主等について均一にしなければならないため（金商法27の2③，金商令8③），非公開化にあたってTOBを前置すると，株主である創業者・役員・従業員等との間で報酬，退職金，一時金を受領する契約を締結した場合，買付価格の均一性との関係で問題が生じる可能性がある[14]。

以上のように，TOBを前置した場合には，一定のコストが生じ，また，応

---

[13] 買収者と特定の株主の間のTOBの手続外での合意に法的拘束力を認める見解も存在するが（長島・大野・常松法律事務所編『公開買付けの理論と実務』273頁（商事法務，2010），石井禎＝関口智弘編『実践TOBハンドブック（改訂版）』181頁（日経BP社，2010）），同合意の法的拘束力を否定していると考えられる見解も存在する（神崎克郎「ディスクロージャー制度（その2）－公開買付けに関する開示－」法学教室154号73頁（1993））。

[14] 米国のTOBでは，いわゆるベスト・プライス・ルールにより，TOBに応募した株主全てに最高の対価を支払うものと定められている（17 CFR 240.13e-4(f)(8)ⅱ及び14d-10(a)(2)）。一方，会社の買収において，対象会社の役員・従業員が，買収者との間で報酬，退職金，一時金を受け取る契約を交わすことはよく行われているが，会社の買収がTOBを利用して行われる場合に，このような契約によりTOBの対価とは別の報酬を支払うのは，ベスト・プライス・ルール違反となるのではないかが問題となる。そして，このような問題から，米国の買収ではTOBの利用が避けられるようになったとされている（商事法務1845号76頁（2008）参照）。

募契約や役員等に支払う退職金等に関連して，法的問題が生じることがある。

  ウ　TOBを前置しない場合のデメリット

　TOBを前置しない場合のデメリットが最も顕在化するのは，非公開化における対価の公正性が争われる場面であり[15]，裁判所が非公開化における対価を決定する場面で，TOBを前置しなかったことを理由として，対象会社に不利な決定を行う可能性があるかということが問題となる。

　この点，TOBを前置しない場合であっても，非公開化にあたっては株主総会が開催されることになるため，株主には自らの意思を表明する機会が確保されている。また，株主には，会社法により，非公開化の対価の公正性を争う機会も確保されている。さらに，TOBを前置する場合に実現される株主に対する情報開示や，利益相反回避措置又は軽減措置は，TOBを前置しなくても，対象会社が任意に行うことができる。

　以上からすると，TOBを前置していないということのみをもって，裁判所が非公開化における対価を決定する場面で，対象会社に不利な決定が行われるということにはならないと解される[16]。

  エ　小　　括

　以上からすると，非公開化にあたって，TOBを前置することは必要不可欠というわけではないと考えられることから，事案に応じて，TOBを前置しないということも検討に値する選択肢であると考えられる。

---

[15]　全部取得条項付種類株式の取得により非公開化が行われる場合には，既存株式を全部取得条項付種類株式に変更する定款変更に対する反対株主の株式買取請求権行使（会社法116，117）又は全部取得条項付種類株式の全部取得に対して裁判所に対する価格決定の申立権（会社法172）により，株式交換や合併により非公開化が行われる場合には，反対株主の株式買取請求権行使により（会社法785，786等），非公開化の対価の公正性が争われることになる。

[16]　水野信次＝西本強『ゴーイング・プライベート（非公開化）のすべて』228頁（商事法務，2010）。

2　第二段階－少数株主の締め出し－

　第二段階の締め出しの手法としては，実務上，全部取得条項付種類株式の取得，株式交換及び合併等が用いられている。

　平成18年度税制改正による株式移転・交換税制の抜本改正に至るまでの株式非公開化の実務においては，産業活力再生特別措置法の認定を用いた現金株式交換方式が用いられることが多かった。しかし，同税制改正により，税制非適格の株式移転・株式交換が行われた場合には，株式移転完全子会社ないし株式交換完全子会社となる会社においてはその資産の含み益について時価評価課税が行われることとなったこと等もあり，これらの手法が採用されることは少なくなった。

　そして，現在の実務上，全部取得条項付種類株式の取得が締め出しの手法の主流となっている。

　締め出しの手法の相互比較については第Ⅱ部第3章Ⅱにて，締め出しの手法の税務上の取扱いについては第Ⅱ部第2章Ⅴにて，締め出しの手法のうち全部取得条項付種類株式については第4章にて詳述する。

Ⅲ　TOBにおける税務上の取扱い

　買収会社はTOBにより買収対象会社の株主から買収対象会社の株式を取得することになるが，買収会社が買収対象会社以外の第三者である場合（第三者TOB）と買収対象会社自身である場合（自社株TOB）に応じて，税務上の取扱いが異なることになる。

1 第三者TOBの税務上の取扱い

(1) TOBに応じる株主の税務上の取扱い[17]

ア 法人株主の場合

上場会社である買収対象会社の法人株主が，買収対象会社株式をTOBにより買収会社に譲渡したことによる株式譲渡損益については，市場での上場株式の譲渡の場合と同様に，譲渡益が益金に算入され，譲渡損が損金に算入される。

イ 個人株主の場合

上場会社である買収対象会社の個人株主が，買収対象会社株式をTOBにより買収会社に譲渡したことによる株式譲渡損益については，市場での上場株式の譲渡の場合と同様に，上場株式等に係る譲渡所得として，申告分離課税の方法で所得税及び住民税が課税される。

(ア) 上場株式等に係る譲渡所得の税率

上場株式等の一定の譲渡（証券会社等への売委託により行う譲渡等）に係る譲渡所得の税率は，平成25年12月31日までの譲渡については，所得税7％，住民税3％（合計10％），平成26年1月1日以降の譲渡については，所得税15％，住民税5％（合計20％）である（旧措法37の10①，平成23年税制改正後の平成20年所法等改正法附則43②，平成25年所法等改正法附則42[18] [19]）。

なお，平成25年から平成49年までの期間（25年間）については，所得税額の2.1％相当額の復興特別所得税が，所得税に追加で課税されるため，復興特別所得税を考慮した場合の税率は，平成25年12月31日までの譲渡については，所得税7.147％，住民税3％（合計10.147％），平成26年1月1日以降の譲渡については，所得税15.315％，住民税5％の税率（合計20.315％）となる。

---

17) ここでの税務上の取扱いは，株主が内国法人又は日本の居住者であることを前提としている。
18) 平成28年1月1日以後の譲渡については，措法37の11①が適用される。
19) 平成26年1月1日以後は，日本版ISA（少額上場株式等に係る配当所得及び譲渡所得の非課税措置）による非課税措置あり。

(イ) 上場株式等に係る譲渡損失の損益通算／譲渡損失の繰越控除

　上場株式等の一定の譲渡（証券会社等への売委託により行う譲渡等）をしたことにより生じた損失は，上場株式等に係る譲渡損失として，その年の他の株式譲渡所得の金額（非上場株式の譲渡所得の金額を含む）及び申告分離課税を選択した場合の上場株式等に係る配当所得の金額から控除することができる（旧措法37の10①，37の12の2①，平成25年所法等改正法附則42，46[20]））。

　控除しきれなかった上場株式等に係る譲渡損失は，譲渡損失が生じた年の翌年以降3年間に渡って，株式等に係る譲渡所得の金額及び上場株式等に係る配当所得の金額から控除することができる（旧措法37の12の2⑥・⑦，平成25年所法等改正法附則46[21]））。

(2) 買収会社における株式取得付随費用の取扱い

　買収会社が，TOBの成立により取得した買収対象会社株式の税務上の取得価額は，購入代価に購入に要した付随費用を加えた金額となる（法令119①一）。

　買収会社においては，TOBコスト，その他買収対象会社調査のために生じたデュー・デリジェンス業務に係るコスト等について，損金に算入されるのか，株式取得の付随費用として買収対象会社株式の取得価額に加算するのか検討が必要となる。なお，デュー・デリジェンス費用に関しては，株式購入のための付随費用に該当するのかについて，税法上明確な規定はないが，株式買収の意思決定前に生じたデュー・デリジェンス費用は買収の意思決定のための調査費用と考え，損金算入，意思決定後に生じた費用は株式の取得に要した費用として取得価額に含める方法が考えられる。

20）21）　平成25年度税制改正により，平成28年1月1日以後に行われる上場株式等の譲渡に係る譲渡損失の損益通算の対象となる所得並びに繰越控除の対象となる所得に改正が行われている。上場株式等の譲渡に係る譲渡所得との損益通算並びに繰越控除は引き続き認められるものの，非上場株式の譲渡に係る譲渡所得との損益通算並びに繰越控除は認められなくなった。また，一方で，損益通算並びに繰越控除の対象となる所得に一定の利子所得が加えられた（平成25年税制改正後の措法37の10①，37の11①，37の12の2①・⑤・⑥）。

(3) 買収対象会社の税務上の取扱い

買収対象会社は，単に自社の株式が譲渡されただけであるため，課税関係は生じない。

ただし，買収会社が欠損等法人に該当し，新たに一の株主グループに50％超保有されることとなる場合には，買収対象会社の税務上の繰越欠損金及び含み損失の利用制限が生じる場合があるため，留意が必要である（第Ⅲ部第１章Ⅳ３を参照）。

2　自社株TOBの税務上の取扱い

(1)　TOBに応じる株主の税務上の取扱い[22]

ア　みなし配当と株式譲渡損益の区分

上場会社である発行法人の自社株TOBによる株主の発行法人株式の発行法人への譲渡は，発行法人による自己株買いであるため，市場での上場株式の譲渡の場合とは異なり，TOBに応じる発行法人の株主の株式譲渡に係る課税関係は，税務上「みなし配当」と「株式譲渡損益」とに区分される（法法24①四，所法25①四）。

なお，みなし配当及び株式譲渡損益に係る課税関係は，法人株主と個人株主でその税務上の取扱いが異なるため，以下のエ(ア)，(イ)において区分して検討することとする。

イ　みなし配当の計算

自社株TOBの対価である交付金銭等の額が，発行法人が取得する自己株式に対応する発行法人の資本金等の額を超える金額がみなし配当となる（法法24①四，所法25①四）。

取得する自己株式に対応する資本金等の額は，以下のとおり計算される（法令23①四，所令61②四）。

---

[22]　ここでの税務上の取扱いは，株主が内国法人又は日本の居住者であることを前提としている。

$$\text{取得する自己株式に対応する資本金等の額} = \text{発行法人の自己株取得直前の資本金等の額} \times \frac{\text{株主が自社株TOBにより取得された株式数}}{\text{発行法人の自己株取得直前の発行済株式数}}$$

(注1) 自社株TOBを行う法人が種類株を発行している場合には，種類株式ごとに計算する。
(注2) 直前の資本金等の額がゼロ以下の場合にはゼロとする。
(注3) 発行済株式数には，自己株式の数を除く。

ウ 株式譲渡損益の計算

自社株TOBの対価である交付金銭等の額から上記のみなし配当の額を控除した金額が株式譲渡収入となる。譲渡収入の額から譲渡原価の額を引いた金額が株式の譲渡損益の額となる（法法61の2①，旧措法37の10③，平成25年所法等改正法附則42[23]））。

エ 法人株主の取扱いと個人株主の取扱い

㈠ 法人株主の場合

上場会社である買収対象会社（発行法人）の法人株主は，買収対象会社（発行法人）株式を自社株TOBにより買収対象会社（発行法人）に譲渡したことにより生ずるみなし配当の金額から受取配当の益金不算入の金額を控除することができる。受取配当の益金不算入考慮後のみなし配当及び株式譲渡益が益金に算入され，株式譲渡損が損金に算入される。

A 受取配当の益金不算入

法人株主の受取配当（みなし配当）については，一定の方法で計算した負債利子控除後の配当の額の50％の金額が益金不算入となる（法法23①）。

法人株主が，発行法人の発行済株式数（発行法人が保有する自己株式を除く）の25％以上を配当の支払に係る効力が生ずる日（自社株TOBの場合には，自社株TOBの効力発生日の前日）以前6月以上保有している場合には，一定の方法で計算した負債利子控除後の配当の額の全額が益金不算入となる（法法23①・⑥）。

なお，平成22年度税制改正により，自己株買いがあることが予定されている

---

23) 平成28年1月1日以後の譲渡については，措法37の11③が適用される。

際に株式を取得した場合には，当該株式について自己株買いが行われたことにより生じたみなし配当については，受取配当の益金不算入の適用がないこととされた（法法23③）。

(イ) 個人株主の場合

上場会社である買収対象会社（発行法人）の個人株主が，買収対象会社（発行法人）株式を自社株TOBにより買収対象会社（発行法人）に譲渡したことにより生ずるみなし配当については上場株式等に係る配当所得として課税され，株式譲渡損益については上場株式等の一定の譲渡（証券会社等への売委託により行う譲渡等）に係る譲渡所得として課税される。

なお，自社株TOBに応じた個人株主について，みなし配当課税を行わず，全て株式譲渡損益として取り扱う特例が平成22年度税制改正で廃止されている。

A 配当所得の課税関係

個人株主は，上場株式等に係る配当所得については，(a)総合課税，(b)申告分離課税（大口株主を除く），(c)申告不要（大口株主を除く）のいずれかを選択することができる。

(a) 総合課税を選択した場合

個人株主が総合課税を選択した場合には，配当収入から負債利子を控除した配当所得について，他の所得と合算して累進課税（最高税率は所得税40％[24]，住民税10％の合計50％となる）で課税される。源泉徴収された所得税額は，確定申告の際に精算される（所法120①五）。

なお，平成25年から平成49年までの期間（25年間）については，所得税額の2.1％相当額の復興特別所得税が，所得税に追加で課税されるため，復興特別所得税を考慮した場合の最高税率は，所得税40.84％，住民税10％の合計50.84％となる。

総合課税を選択した場合には，所得税の確定申告時において配当控除（所得税5％又は10％，住民税1.4％又は2.8％）の適用を受けることができる（所法92）。

---

[24] 平成25年度税制改正により，平成26年以後の所得税については，最高税率（課税所得4,000万円超の部分）が40％から45％に引き上げられている。

(b) 申告分離課税を選択した場合

個人株主の株式保有割合が３％未満の場合で，個人株主が申告分離課税（措法８の４）を選択したときには，配当収入から負債利子を控除した配当所得について，平成25年12月31日までの配当については，所得税７％，住民税３％（合計10％），平成26年１月１日以降の配当については，所得税15％，住民税５％（合計20％）の税率で課税される[25]。

なお，平成25年から平成49年までの期間（25年間）については，所得税額の2.1％相当額の復興特別税が，所得税に追加で課税されるため，復興特別税を考慮した場合の税率は，平成25年12月31日までの配当については，所得税7.147％，住民税３％（合計10.147％），平成26年１月１日以降の配当は，所得税15.315％，住民税５％の税率（合計20.315％）となる。

申告分離課税を選択した上場株式等の配当所得については，配当控除の適用はない。

上場株式等の配当所得からは，その年の上場株式等に係る譲渡等損失又は前年以前３年前の各年から繰り越されてきた上場株式等に係る譲渡等損失が控除できる。

(c) 申告不要を選択した場合

個人株主の株式保有割合が３％未満の場合には，配当金額に係らず，確定申告をしないことを選択できる。この場合には，配当控除の適用はなく，配当の源泉徴収税額が最終税額となる（措法８の５）。

B　譲渡所得の課税関係

(a) 上場株式等に係る譲渡所得の税率

上場株式等の一定の譲渡（証券会社等への売委託により行う譲渡等）に係る譲渡所得の税率は，平成25年12月31日までの譲渡については，所得税７％，住民税３％（合計10％），平成26年１月１日以降の譲渡については，所得税15％，住民税５％（合計20％）である（旧措法37の10①，平成23年税制改正後の平成20年所法等

---

[25] 平成26年１月１日以後は，日本版ISA（少額上場株式等に係る配当所得及び譲渡所得の非課税措置）による非課税措置あり。

改正法附則43②，平成25年所法等改正法附則42[26) 27)]）。

なお，平成25年から平成49年までの期間（25年間）については，所得税額の2.1％相当額の復興特別所得税が，所得税に追加で課税されるため，復興特別所得税を考慮した場合の税率は，平成25年12月31日までの譲渡については，所得税7.147％，住民税３％（合計10.147％），平成26年１月１日以降の譲渡については，所得税15.315％，住民税５％の税率（合計20.315％）となる。

　　(b)　上場株式等に係る譲渡損失の損益通算／譲渡損失の繰越控除

　上場株式等の一定の譲渡（証券会社等への売委託により行う譲渡等）をしたことにより生じた損失は，上場株式等に係る譲渡損失として，その年の他の株式譲渡所得の金額（非上場株式の譲渡所得の金額を含む）及び申告分離課税を選択した場合の上場株式等に係る配当所得の金額から控除することができる（旧措法37の10①，37の12の２①，平成25年所法等改正法附則42，46[28)]）。

　控除しきれなかった上場株式等に係る譲渡損失は，譲渡損失が生じた年の翌年以降３年間に渡って，株式等に係る譲渡所得の金額及び上場株式等に係る配当所得の金額から控除することができる（旧措法37の12の２⑥・⑦，平成25年所法等改正法附則46[29)]）。

---

26)　平成28年１月１日以後の譲渡については，措法37の11①が適用される。
27)　平成26年１月１日以後は，日本版ISA（少額上場株式等に係る配当所得及び譲渡所得の非課税措置）による非課税措置あり。
28) 29)　平成25年度税制改正により，平成28年１月１日以後に行われる上場株式等の譲渡に係る譲渡損失の損益通算の対象となる所得並びに繰越控除の対象となる所得に改正が行われている。上場株式等の譲渡に係る譲渡所得との損益通算並びに繰越控除は引き続き認められるものの，非上場株式の譲渡に係る譲渡所得との損益通算並びに繰越控除は認められなくなった。また，一方で，損益通算並びに繰越控除の対象となる所得に一定の利子所得が加えられた（平成25年税制改正後の措法37の10①，37の11①，37の12の２①・⑤・⑥）。

(2) 発行法人（自己株取得法人）の税務上の取扱い

ア　発行法人（自己株取得法人）の税務処理

自社株TOBを行う法人は，TOBに応じた株主に交付した金銭等の額について，税務上の資本金等の額と税務上の利益積立金額を減少させる（法令8①十七，9①十二）。

$$\text{減少する資本金等の額} = \text{発行法人の自己株取得直前の資本金等の額} \times \frac{\text{発行法人が自社株TOBにより取得した株式数}}{\text{発行法人の自己株取得直前の発行済株式数}}$$

$$\text{減少する利益積立金の額} = \text{TOBに応じた株主に交付した金銭等の合計額} - \text{減少する資本金等の額}$$

(注1)　自社株TOBを行う法人が種類株を発行している場合には，種類株式ごとに計算する。
(注2)　直前の資本金等の額がゼロ以下の場合にはゼロとする。
(注3)　発行済株式数には，自己株式の数を除く。

イ　発行法人における配当に係る源泉徴収義務

上場会社である発行法人が，自社株TOBを行った場合，平成25年12月31日までのみなし配当を含む配当については，発行法人は法人株主については所得税7％（個人株主については，住民税3％とあわせて合計10％），平成26年1月1日以降の配当については，法人株主については，所得税15％（個人株主については，住民税5％とあわせて合計20％）で源泉徴収を行う義務がある（非居住者及び外国法人の場合には異なる税率で源泉徴収）（平成23年税制改正後の平成20年所法等改正法附則33②）。

なお，平成25年から平成49年までの期間（25年間）については，所得税額の2.1％相当額の復興特別所得税が，所得税に追加で課税されるため，復興特別所得税を考慮した場合の源泉税率は，平成25年12月31日までの配当については，法人株主については所得税7.147％（個人株主については，住民税3％とあわせて合計10.147％），平成26年1月1日以降の配当については，法人株主については所得税15.315％（個人株主については，住民税5％との合計20.315％）の税率となる。

(3) **自己株取得法人における株式取得付随費用の取扱い**

自己株式の取得は，税務上は有価証券の取得ではなく，資本の払戻しに該当することから，取得に要する付随費用は自己株取得法人の支出時の損金とされる。

第3章

締め出しの意義

I 少数株主の締め出し

　MBO，企業買収等において株式の非公開化を行う場合には，通常は，TOB実施後に，支配株主が，残存する少数株主の締め出しを行う。

　現行会社法上，少数株主の締め出しを直接の目的とした制度は存在しないが，全部取得条項付種類株式の利用，金銭を対価とする株式交換ないし合併，株式併合などの手法を利用することにより，少数株主の締め出しが行われている。

　なお，現在作業が進められている会社法改正においては，締め出しを目的として，特別支配株主が少数株主に対して株式等の売渡請求を行うことができる制度が導入される予定であるが，改正要綱によれば，売渡請求を行うことができる特別支配株主は，株式会社の総議決権の10分の9以上を有する（完全子会社等の保有分を含む）株主であるため，会社法改正後においても，現行の会社法上の制度を利用した少数株主の締め出しが行われるものと考えられる。

1　少数株主の締め出しによる支配株主メリット

　非公開化の目的としては，市場における資金調達の必要性が多くない上場会社が，市場からの評価にさらされることで短期的な経営戦略を重視することを回避し，中長期的な視点に基づく柔軟な経営戦略を立案すること，迅速な意思決定による機動的かつ効率的な経営を実現すること，上場に伴う管理コストの削減などが挙げられるが，これらの目的は，少数株主を排除することにより，より徹底して実現される。

　すなわち，法律上，重要な事項の決定は株主総会決議によらなければならないことや，少数株主の保護のための株主としての権利が認められていることか

ら，少数株主の存在により，会社の裁量が一定程度制約されざるを得ないことにかんがみると，少数株主を締め出すことで，経営の自由度が高まる。

特に，非公開化した会社が順調に推移した場合に，配当を増大し，投下資本の回収やグループ内部での資金の再配分を行おうとすると，少数株主への配当も増大してしまうため，価値の流出を懸念し，柔軟な施策を実施することを躊躇することが考えられるし，逆に，内部留保を厚くし，設備投資等の成長投資に充てようとする場合にも，少数株主からの配当要求によって，これを抑制されるリスクも生じうるが，少数株主を排除することにより，かかるリスクを回避することができる。

したがって，少数株主の締め出しを行うことで，より柔軟な経営戦略の立案や機動的かつ効率的な経営の実現が可能となる。

また，少数株主を完全に排除することで，株主管理コストが削減がされることとなり，管理コストの削減にもつながる。

したがって，支配株主としては，非公開化にあたっては，その目的を達成する上で，少数株主を排除することについてメリットがある。

2　少数株主の締め出しの問題点

(1)　少数株主の保護

非公開化の対象となる上場会社の株式を保有している株主としては，TOBに応じなかったが，支配株主が十分な議決権を取得し，上場を廃止した場合には，従来の上場株式であれば，一定の配当が期待できるとともに，流通性が確保され，投下資本の回収が可能であったにもかかわらず，非公開化されたことにより配当が抑制される可能性もあり，売却が困難となることが予測され，実質的には経営に関与できず，十分配当も得られないにもかかわらず，投下資本の回収もままならない不安定な立場におかれることにもなりかねない。

そのため，少数株主の締め出しが行われることにより，適正，公正な価格で，投下資本の回収が図られるのであれば，必ずしも，少数株主にとって不利益とはならない。

一方で，少数株主は，自己の意思に反して，株主権を奪われることとなる。

特に，非公開化の対象となる企業の将来性を評価し，投資を継続したいと希望する少数株主については，自己の意思に反して，投資の機会を奪われることとなる。

また，TOBの価格や締め出しの対価に不満がある少数株主について，価格が公正さを欠く場合には，これを是正する機会を設けなければ適切とはいえない。

したがって，少数株主の締め出しに際しては，いかに少数株主の権利を保護するかが課題となる。

この点に関しては，経済産業省の「企業価値の向上及び公正な手続確保のための経営者による企業買収（MBO）に関する指針」（以下，本項及び次項において「MBO指針」という）が参考となると考えられる。

MBO指針は，非公開化を前提とした企業買収のうちMBOを対象とした指針ではあるが，MBOは株式の非公開化を行う典型例であり，MBO以外の非公開化，少数株主の締め出しの場面においても，程度の差こそあれ利益相反の問題や株主保護の要請はあることからすれば，MBO以外でも非公開化にあたって，MBO指針は参考になる場合が多いものと考えられる。

もちろん，MBO指針に違反することで，直ちに会社法上，違法と評価されたり，公正な価格ではないと判断されたり，取締役の利益相反，善管注意義務違反の問題を生ずることにはならないが，会社法の規定の解釈においてMBO指針が斟酌されることはあり得るものと考えられる[1]。

MBO指針では，株主保護のための基準が示されているが，特に少数株主の締め出しとの関係では，株主の適切な判断機会の確保が重要である。

すなわち，まず，TOBに応募するか否かを判断するため，株主の適切な判断に資するための十分な説明を行う必要がある。

その上で，株主がTOBに応募しなかった場合の不利益を考慮してTOBに応

---

1) 最判・平成21年5月29日・田原睦夫裁判官補足意見。

じざるを得ないような，強圧的な効果が生じないようにすべきである。

そのため，「公開買付けにより大多数の株式を取得した場合には，特段の事情がない限り，完全子会社化（スクイーズアウト）を行うこと」とされている[2]。

そして，少数株主の締め出しのためのスキームは，「反対する株主に株式買取請求権又は価格決定請求権が確保できないスキームは採用しないこと」とされている[3]。

したがって，MBO指針を踏まえると，非公開化を行うにあたっての少数株主の保護の観点からは，非公開企業の株主として残ることの不安定さを排除し，少数株主の公正な価格による株式処分の機会を確保するため，原則として，少数株主の保護のために反対する株主に株式買取請求権又は価格決定請求権が確保されたスキームを選択して，少数株主の締め出しを行うことが要請されることとなる。

なお，現行の会社法上の制度としても，投資を希望する少数株主の意思を保護する制度は存在せず，公正な価格による株式処分の機会を確保することで少数株主の保護を図っている。

(2) 少数株主の締め出しのための会社法の制度

会社法上，少数株主の締め出しに用いられている各種法は，結果として，少数株主の締め出しを行うことにはなるが，少数株主の締め出しそれ自体を直接の目的とした制度ではない。

そのため，各手法につき本来の目的とは異なる利用法であることから，違法である，実質的に株主平等の原則に反する，合併及び株式交換の無効事由となるなどの見解もあるが，学説上はともかく，実務的には，現実に少数株主の締め出しが多数行われているし，MBO指針においても少数株主の締め出しを行

---

[2] MBO指針・5.実務上の具体的対応・(1)株主の適切な判断機会の確保・(i)実務上の対応・株主が反対する場合の取扱い⑤。

[3] MBO指針・5.実務上の具体的対応・(1)株主の適切な判断機会の確保・(i)実務上の対応・株主が反対する場合の取扱い④。

うことが可能であることを前提としており，会社法上の各制度を少数株主の締め出しに用いること自体は直ちに違法とはならないことを前提としているのが現状である。

この点，全部取得条項付種類株式を利用した完全子会社化スキームについて，「全部取得条項付種類株式制度については，倒産状態にある株式会社が100％減資する場合などの「正当な理由」がある場合を念頭に導入が検討されたという立法段階の経緯があるにしても，現に成立した会社法の文言上，同制度の利用に何らの理由も必要とされていないこと，取得決議に反対した株主に公正な価格の決定が認められていること（会社法172①）に照らせば，多数決により公正な対価をもって株主資格を失わせること自体は会社法が予定しているというべきであるから，被告に少数株主を排除する目的があるというのみでは，同制度を規定した会社法108条１項７号，171条ないし173条の趣旨に反するとはいえない。」として，少数株主の締め出しを目的とした制度でないとしても，そのために用いることのみをもって違法ではないとしている判例もある[4]。

また，各制度につき，少数株主の締め出し等を目的とした利用については，株主総会の決議取消事由となりうるとする見解もある。

この点，上記の判例においては，「多数決により公正な対価をもって株主資格を失わせることを予定していることに照らせば，単に会社側に少数株主を排除する目的があるというだけでは足りず，」「少なくとも，少数株主に交付される予定の金員が，対象会社の株式の公正な価格に比して著しく低廉であることを必要とすると解すべきである。」と判示されている。

もっとも，同判例は，「少数株主は，価格決定の申立において価格の公正さを争う機会を有しているものの，権利行使に必要な手続的要件の具備や，価格決定手続に要する費用・時間を考慮すると，当該決議の効力自体を争う途を閉ざすことは相当ではない。」として，事案によっては，株主総会決議自体を取り消すことができる可能性が示唆されている。

---

4) 東京地判・平成22年９月６日。

II 各種締め出しの相互比較

1 各種締め出しの手法

少数株主の締め出しのために，現行の会社法上，利用可能な制度としては，次の各手法が考えられる。

① 全部取得条項付種類株式の利用
② 金銭交付型の株式交換
③ 金銭交付型の合併
④ 株式併合

2 全部取得条項付種類株式の利用

(1) 手続の概要

全部取得条項付種類株式は，企業の破綻時等においていわゆる100％減資を行う場合などに利用することを目的として導入された種類株式である。

全部取得条項付種類株式の取得のための手続の概要は次のとおりである。

株式会社は，定款の定めにより，株主総会の決議によって当該種類の株式の全部を取得できる株式である全部取得条項付種類株式を発行することができる（会社法108①七・②七）。

したがって，既存の株主から全ての株式を取得しようとする会社は，株主総会の特別決議により，定款変更を行い（会社法466，309②十一），既存の株式を全て全部取得条項付種類株式に変更する。

その上で，株主総会の特別決議に基づき全部取得条項付種類株式の全部を取得する決議を行い（会社法171①，309②三），少数株主には，金銭を交付して締め出しを行う。

(2) 少数株主への活用

　全部取得条項付種類株式は，株主総会の特別決議により少数株主の意思にかかわらず，非公開化の対象会社が少数株主から株式を取得することができるため，全部取得条項付種類株式を利用することにより，少数株主の締め出しを行うことができ，実務的に最も利用されている方法である。

　この場合の取得の対価は，会社法上は金銭を交付することが可能であるため（会社法171①一），理論的には，全株主から金銭を対価として全部取得条項付種類株式を取得し，その上で，第三者割当増資により，支配株主が全株式を取得する方法も考えられる。

　しかし，実務的には，非公開会社の株式（普通株式等）を対価として交付することとし，対価として交付する株式の比率を調整し，支配株主に対しては1株以上の株式を交付するが，少数株主に対しては，1株に満たない端数を交付することにより，その端数に相当する数の株式を競売し，又は市場価格がある場合には会社法所定の市場価格で，市場価格がない場合には裁判所の許可を得て競売以外の方法で売却し，その売却代金を従来の株主に対して配分する（会社法234，会社則50）方法によることが一般的である。

　これは，後に，税務上の取扱いにおいて詳細するが，支配株主としては，金銭で対価の交付を受ける場合と比較して，株式の交付のみを受ける場合には，原則的には譲渡損益，みなし配当が発生しない（端数部分を除く）ことによるところが大きい。

(3) 少数株主の保護

　少数株主は，不服がある場合には，所定の要件の下，全部取得条項付種類株式とする定款変更時に株式の買取請求を行うことができ（会社法116①二），買取価格に関する協議が調わないときは，裁判所に対して価格決定の申立てをすることができる（会社法117②）。

　また，全部取得条項付株式の取得時に，裁判所に対して，価格決定の申立てを行うことができる（会社法172）。

3 現金交付型の株式交換

(1) 株 式 交 換

　株式交換とは，既存の株式会社の株主の有する全株式を他の会社に移転し，既存の株式会社の株主に対しては，当該全株式を取得する他の会社から対価が交付される制度をいい，企業買収，グループ内再編などのために利用される制度である。

　株式交換は，既存の株式会社（以下「株式交換完全子会社」という）の全株式を取得しようとする他の会社（以下「株式交換完全親会社」という）と株式交換完全子会社との間で，株式交換契約を締結し，株式交換の対価等の諸条件その他会社法に定める所定の事項及び当事者間で合意が必要な事項を定める（会社法767，768）。

　この場合の既存の株式会社の株主に支払われる対価は，金銭を交付することも可能である（会社法768①二）。

　その上で，株式交換の効力発生日の前日までに，株式交換完全親会社，株式交換完全子会社の双方で株主総会の特別決議により株式交換契約について承認を受けなければならない（会社法783，795）。

　ただし，株式交換完全親会社が株式交換完全子会社の特別支配会社（当該会社の総議決権の10分の9以上を有する（完全子会社等による所有を含む）他の会社（会社法468，会社則136））である場合などには，株主総会の承認は不要となる場合がある（会社法784①）。

　したがって，少数株主の締め出しに利用する場合においても，事前のTOBの段階で，支配株主が非公開化の対象会社の株式の90％以上を保有したような場合には，特別支配株主として，非公開化対象会社の株主総会を省略して，少数株主の締め出しを行うことができる場合もある。

　その他株式交換の当事者は，会社法に定める所定の日から株式交換の効力が生じた日後6カ月間，会社法に定める所定の株式交換に関する事項を記載した書面を本店に備え置かなければならない（会社法782①三，794①）。

また，株式交換完全親会社が金銭等を交付する場合などには，株式交換完全親会社において債権者異議手続を要する（会社法799）。

さらには，株主への事前の通知又は公告も必要となる（会社法785③・④，797③・④）。

(2) 少数株主の締め出しへの活用

支配株主である会社は，自らを株式交換完全親会社とし，非公開化の対象となる株式会社を株式交換子会社とし，当該非公開化対象会社との間で，株式交換を行うことで，支配株主は，少数株主から非公開化対象会社の株式を取得し，100％株主となるので，少数株主を締め出すことができる。

この場合に，対価としては，株式交換完全親会社の株式を交付すると少数株主の締め出しのために，キャッシュを要しないという利点もあるが，その分，株式交換完全親会社の少数株主が増え，経営に影響を及ぼすこともあるため，MBOや通常の企業買収の場面では利用しにくいため，通常は，対価を金銭とし，少数株主に金銭を支払い，締め出しを行うこととなる。

もっとも企業グループ内における組織再編や，大規模な上場会社が小規模な上場会社を買収する場合に，少数株主に支配株主である会社の株式を交付しても，会社の経営に及ぼす影響がほとんどない場合には，株式を対価として交付する場合がありえないわけではないと考えられる。

なお，株式を対価とする場合でも，交換比率を調整し，少数株主に対しては，1株に満たない端数を交付し，端数相当の金銭を分配する方法によることも理論上考えられる。

(3) 少数株主の保護

株式交換に不服のある少数株主は，株式交換完全子会社（非公開化対象会社）に対して，株式を公正な価格で買い取るよう請求することができる（会社法785）。

この場合に，会社と少数株主との間で価格についての協議が調わないときは，

裁判所に対して価格の決定を申し立てることができる（会社法786）。

4　現金交付型の合併

(1)　手続の概要

　吸収合併は，当事者間の契約により，当事者会社の一部が解散し，当該解散会社（以下「合併消滅会社」という）の権利義務の全部について清算手続を経ることなく，存続する会社（以下「合併存続会社」という）が包括承継する制度をいい，株式交換と同様に企業買収，グループ内再編などのために利用される制度である。

　合併の場合，手続的には，まず，合併存続会社と合併消滅会社との間で，合併契約を締結し，合併の対価等の諸条件その他会社法に定める所定の事項及び当事者間で合意する必要がある事項を定める（会社法748，749）。

　この場合の合併消滅会社の株主に支払われる対価は，金銭を交付することも可能である（会社法749①二）。

　その上で，吸収の効力発生日の前日までに，合併存続会社，合併消滅会社の双方で株主総会の特別決議により株式交換契約について承認を受けなければならない（会社法783，795）。

　ただし，合併会社が合併会社の特別支配会社（当該会社の総議決権の10分の9以上を有する（完全子会社等による所有を含む）他の会社（会社法468，会社則136））である場合などには，合併消滅会社の株主総会の承認は不要となる場合がある（会社法784①）。

　したがって，少数株主の締め出しに利用する場合においても，事前のTOBの段階で，支配株主が非公開化の対象会社の株式の90％以上を保有したような場合には，特別支配株主として，非公開化対象会社の株主総会を省略して，少数株主の締め出しを行うことができる場合もある。

　その他合併の当事者は，会社法に定める所定の日から合併の効力が生じた日後6カ月間，会社法に定める所定の株式交換に関する事項を記載した書面を本店に備え置かなければならない（会社法782①三，794①）。

また，合併の当事者において債権者異議手続を要する（会社法789，799）。

さらには，株主への事前の通知又は公告も必要となる（会社法785③・④，797③・④）。

(2) 少数株主の締め出しの活用

支配株主である会社は，自らを合併存続会社とし，非公開化の対象となる株式会社を合併消滅会社とし，当該非公開化対象会社との間で，合併を行うことで，当該非公開化対象会社を消滅させ，少数株主を締め出すことができる。

この場合に，対価としては，合併存続会社の株式を交付すると少数株主の締め出しのために，その分，合併存続会社の少数株主が増え，経営に影響を及ぼすこともあるため，MBOや通常の企業買収の場面では利用できない。そこで，通常は，対価を金銭とし，少数株主に金銭を支払い，締め出しを行うこととなる。

もっとも企業グループ内における組織再編や，大規模な上場会社が小規模な上場会社を買収する場合などに，少数株主に支配株主である会社の株式を交付しても，会社の経営に及ぼす影響がほとんどない場合には，株式を対価として交付する場合があり得ないわけではないものと考えられる。

なお，株式を対価とする場合でも，合併比率を調整し，少数株主に対しては，1株に満たない端数を交付し，端数相当の金銭を分配する方法によることも理論上考えられる。

(3) 少数株主の保護

株式交換に不服のある反対株主は，合併消滅会社（非公開化対象会社）に対して，株式を公正な価格で買い取るよう請求することができる（会社法785）。

この場合に，会社と少数株主との間で価格についての協議が調わないときは，裁判所に対して価格の決定を申し立てることができる（会社法786）。

5　株式併合

(1) 手続の概要

　株式の併合とは，数個の株式をあわせて，それより少数の株式とする行為であり（例えば，100株を1株にする等），株主の所有する株式を一律に同一割合で減少させるものである。

　株式併合は，本来，株主管理コストの削減その他会社における必要性に応じて，出資単位を引き上げるための制度である。

　株式を併合しようとする場合には，その都度，株主総会の特別決議により，

　① 併合の割合
　② 株式の併合の効力発生日
　③ 種類株式発行会社である場合には，併合する株式の種類

を定めなければならない（会社法180②，309②四）。

　当該株主総会においては，株式併合をすることを必要とする理由を説明しなければならないこととされている（会社法180③）。

　会社の出資単位についての自治を尊重し，会社法に定める手続を履践することで，その理由の如何を問わず，株式の併合ができるが，併合により端数が生ずる場合には，端数が生ずる株主が不利益を受ける等の問題があるため，会社の取締役に併合の理由を説明する義務を課している。

　また，会社は，株式併合の効力発生日の2週間前までに株主等に対して上記①ないし③の事項を通知又は公告しなければならない（会社法181）。

　株式の併合により1株未満の端数が生ずる場合には，その端数に相当する数の株式を競売し，又は市場価格がある場合には会社法所定の市場価格で，市場価格がない場合には裁判所の許可を得て競売以外の方法で売却し，その売却代金を従来の株主に対して配分する（会社法235，234②・⑤，会社則50）。

(2) 少数株主の締め出しのための活用

株式併合を行う際に，併合割合を大きくし，支配株主の株式だけが残り，少数株主の有する株式を全て端数となるような併合割合を定めた場合には，結果として，少数株主の株式は端数として競売等により売却され，売却代金の分配を受け，株主ではなくなるため，少数株式の締め出しにも利用することができる。

(3) 少数株主の保護

株式併合について，現行会社法上，直接，少数株主が主張できる権利を定めた規定はない。

なお，現在作業が進められている会社法改正においては，株式併合により端数となる株式についての買取請求権が規定されることとなる予定である。

6　各手法の比較

現状，少数株主の締め出しの手法としては，専ら全部取得条項付種類株式を利用した手法が用いられている。

これは，まず，株式交換及び合併との比較では，会社法上の手続，法律効果という側面よりも税務上の理由によるところが大きい。

後述のとおり，現金交付型の株式交換，吸収合併については，税務上，適格株式交換，適格合併の要件を満たすことが困難であり，課税関係が生じてしまう点にある。

すなわち，株式交換を利用し，非適格株式交換となる場合には，非公開化の対象企業の所定の資産について，時価評価され，評価益が生じた部分について課税関係が発生してしまうこととなる。

また，吸収合併を利用し，非適格合併となる場合には，非公開化の対象企業からの資産・負債の移転に伴い，譲渡損益が発生してしまう。

したがって，少数株主の締め出しのために，多額の納税義務が発生する場合も多いため，現金交付型の株式交換ないし合併は実務上利用されていない。

次に，TOB後の完全子会社（締め出し）に際して，反対する株主に対する買取請求権又は価格決定請求権が確保できないスキームは採用しないことが要請されており，株式併合は，少数株主が一切公正な価格を争えないため，手続の公正さが確保されていないという問題があり，実務的には利用されていない。
　なお，会社法改正により，株式併合についての買取請求権が設けられる予定である。
　もっとも，全部取得条項付種類株式以外の手法も法的に利用できないわけではないため，個別事案では利用されうる場合もあるものと考えられる。

Ⅲ　売渡請求

1　株式等売渡請求の通知を承認する際の取締役（会）における留意点

　第Ⅰ部第3章Ⅰ2(2)のとおり，株式等売渡請求の制度は，株主間の売買という法形式が採られているが，売渡株主の利益への配慮という観点から，対象会社の取締役（会）の関与が要求されている。
　そこで，株式等売渡請求の通知を受けた取締役（会）がどのような点に留意をして，90％以上の議決権を有する特別支配株主によって行われる株式等売渡請求承認の是非を決定（決議）すべきかが問題となる。
　この点，会社支配権の売却時の取締役の忠実義務の内容として，例えば米国デラウェア州においては，判例上，取締役は，いわゆる「レブロン義務」[5]を負うとされる。かかる義務がそのままわが国でも認められると考えることは困

---

5)　会社の経営支配権の移動が生じる局面では取締役の役割はいわば「競売者」としてのそれに代わり，取締役は株主のために合理的に獲得しうる最善の「価格」（買収条件）を引き出すべく行動すべきである，という高度な信認義務（太田洋＝矢野正紘「対抗的買収提案を受けた対象会社取締役はいかに行動すべきか」75頁，82頁以下。岩倉正和＝太田洋編著『M＆A法務の最先端』（商事法務，2010））。

難であるものの（法制審議会会社法制部会第18回議事録29頁〔内田関係官発言，岩原部会長発言〕），わが国においても，善管注意義務・忠実義務とは「株主の利益最大化を図る義務を意味する」[6]と考えることができ，裁判例（東京地裁平成23年2月18日金判1363号48頁〔レックス・ホールディングス損害賠償事件〕）においても，善管注意義務及び忠実義務の一環として「株主の共同利益に配慮する義務がある」ことが認められている。

　そこで，対象会社取締役（会）には，「売渡株主の利益への配慮」が法的に求められるといえる。そして，その配慮の具体的な内容については，「株式売渡請求をすることについて承認をする際には，売渡株主の利益に配慮し，キャッシュ・アウトの条件が適正なものといえるかどうかを検討すべきであると考えられる。また，当該承認をした場合には，キャッシュ・アウトの対価の相当性についての判断やその理由等を含め，その検討内容に関する情報を開示するものとすることが考えられる」（中間試案の補足説明43頁）とされ，また，法制審議会会社法制部会において，「対象会社の取締役は，株式売渡請求の承認の当否を判断する際には，売渡株主の利益に配慮して，特別支配株主による対価の交付の見込み，例えば，資金の準備状況等を確認すべきであり，そのような確認を怠った場合や，対価の交付の見込みがないことを知りつつあえて売渡請求を承認した場合等には，任務懈怠責任を負う」（第18回議事録19頁〔内田関係官発言〕）とされ，「承諾をする前提として，そういうものが開示されなければ，逆に，取締役としては承認をすべきではないということになる」（第18回議事録20頁〔内田関係官発言〕）との発言がなされている。

　なお，取締役（会）に求められることは，形式上は，承認するか否かであり，90％以上の議決権を有する特別支配株主との交渉を行うことまで要求されていないが，「対象会社の承認が得られなければ特別支配株主としては条件を再考せざるを得ないことから，事実上は，対象会社の取締役が交渉力を有することになるであろう。」[7]との指摘もなされている。

---

6) 江頭憲治郎『株式会社法（第4版）』20頁（有斐閣，2011）。
7) 前掲・篠原＝藤田32頁注4。

このような承認手続を行う際のアクションとしては，MBOの場合においてTOBに対する意見表明を行う際の取締役会のアクションが参考になると考えられ，MBOにおいて一般的に行われているのと同様，独立性の高い社外取締役や社外監査役の活用のほか，第三者委員会に対する諮問等を行いながら，かかる承認の是非が決せられることになることが予想される。他方で，MBOも含めて上場会社における一般的なキャッシュ・アウトで見られるようにTOBが前置される場合には，TOBに対する意見表明の際に既に検討がなされているはずであるので，その際の判断要素となった事情に変動がないかを確認するだけで足りる場合もありえよう。

2 株式等売渡請求の撤回が認められる場合

第Ⅰ部第3章Ⅰ2(3)オのとおり，対象会社の承認を受けた後は，株式等売渡請求は，対象会社の取締役（会）の承認を得た場合に限り，撤回することができる。そこで，対象会社の取締役（会）は，どのような場合に，撤回を承認することができるかが問題となる。

この場合の取締役（会）の行動規範としても，株式等売渡請求を承認するか否かを決定する際と同様の性格の義務（上記1参照）が生じ，株主の利益になる場合にしか撤回の承諾ができないことが原則になるものと思われる（第18回議事録22頁［藤田幹事発言］）。

この点について，第18回会議の部会資料（会社法制部会資料20　親子会社に関する規律に関する個別論点の検討(2) 5頁〜6頁）では，撤回を認めることが必要となる場合として，①「株式売渡請求がされた後に，特別支配株主の財務状態が悪化し，対価の交付が困難となった場合」，②「特別支配株主の想定を超える数量の売渡株式について価格決定の申立てがされた場合等」が挙げられており，これらの場合には，撤回を認めることができそうではある[8]。

---

[8]　岩原紳作「『会社法性の見直しに関する要綱案』の解説Ⅳ」商事法務1978号45頁（2012）においても，これらの場合が，撤回が認められる場合の例として挙げられている。

しかしながら，部会においては，「株式等売渡請求は通常，市場価格よりも高い価格で行われることになることが予想されるところ，かかる価格で取引が成立しないこと自身が個々の株主にとっての不利益であると考えられるので，取締役等の行動規範としては原則として承諾してはいけないのが原則であり，但し，特別支配株主が当初の通知の後に支払が困難となるような事象が生じた場合には，そのまま手続を進めても，誰の利益にもならないため，後戻りできる道を作るというのが，撤回の制度の趣旨である」ということを前提として議論が進められており（第18回議事録22頁［藤田幹事発言，内田関係官発言］，23頁［坂本幹事発言］），そうであれば，想定以上の価格決定の申立てがあったという②の場合は，それだけでは必ずしも撤回が認められる場合に該当しないようにも考えられる。

　この点，②についても，TOBを前置しないキャッシュ・アウトに関しては，当初は，キャッシュ・アウトをしようと思ったが，想定以上に多くの株主が実際に反対していることを踏まえてキャッシュ・アウトをやめることとしたということも，1つの経営判断としてありえるのではないかとの指摘（第18回議事録27頁［田中幹事発言］）もなされているところではあるが，対象会社の取締役（会）の立場からすれば，株式等売渡請求を承認する際に売渡価格は適正であると一度，判断しているのであるから，その後，株主から想定以上の反対があったからといって，それを適正ではなかった（又はその可能性がある）と判断し直して，撤回を承認することは判断として一貫しないとの批判を受けうることになる。

　そこで，特別支配株主が，②のような場合に撤回することを意図しているのであれば，当初から，そのことを前提とした売渡請求の通知を行い，対象会社もそのことを前提として承認をし，株主に対する通知にも，「○％以上の株主から価格決定申立てがなされた場合には特別支配株主は撤回を予定しており，対象会社取締役（会）はこれを承認する予定である」旨を記載しておくということが考えられる。このような取扱いは，「少数株主の多数が反対しないことも，売渡価格の合理性を支える1つの事情と判断し，そのような反対がなされ

ないことを前提条件として，売渡請求を承認したが，前提条件が満たされず，少数株主にとって売渡請求が利益になるとは判断できないため，撤回を承認する。」ということであるので，取締役（会）の判断として一貫性を欠くことにはならないものと思われる。

3　種類株主総会の開催の要否

　第Ⅰ部第3章Ⅰ2(3)アのとおり，対象会社による株式等売渡請求の承認の効力は，ある種類の株式の種類株主に損害を及ぼすおそれがあるときは，対象会社の承認は，当該種類の株式の種類株主を構成員とする種類株主総会の決議がなければ，その効力を生じないとされている。

　この点，現行法上，種類株式発行会社が一定の行為をする場合において，ある種類の株式の種類株主に損害を及ぼすおそれがあるときは，種類株主総会決議が必要とされているが（会社法322①），この「ある種類の株式の種類株主に損害を及ぼすおそれがあるとき」とは，「割合的関係に実質的な変動が生じるか否かを基準に判断すべき」[9]とされているところ，株式等売渡請求は，特別支配株主が，全ての株主からその有する株式の全部を取得するものである以上，種類株主相互間の割合的権利関係に変動を及ぼすものではないので，これに該当しないとの見解[10]も示されていた。

　しかしながら，部会においては，種類株式のなかには，例えば，黄金株など経営権に関わるものも存在するため，全て一律で種類株主総会を不要とすることに異論が唱えられ（第18回議事録30頁［三原幹事発言，本渡委員発言］，31頁［田中幹事発言］），株式等売渡請求がなされた場合が322条1項各号の事由として追加されることとなった（第18回議事録32頁［岩原部会長発言］）。

　したがって，黄金株などの議決権，共益権に影響を与える種類株式を発行している場合，種類株主総会決議が必要となる場合があることに留意が必要であ

---

[9]　酒巻俊雄＝龍田節編集代表『逐条解説会社法〔4巻〕』201頁［黒沼悦郎執筆部分］（中央経済社，2008）。
[10]　前掲・篠原＝藤田25頁。

る。

　他方で，現在，種類株主である立場からすれば，現在の定款において，「322条1項各号の場合でも種類株主総会決議を要しない」との条項が置かれている場合，自動的に，「株式等売渡請求がなされた場合にも種類株主総会を要しない」旨の解釈がなされる可能性がある（第18回議事録30～31頁［田中幹事発言，内田関係官発言］）ことに留意が必要である。

4　株式等売渡請求の無効原因

　株式等売渡請求の無効の訴えにおける無効原因は，他の無効の訴えと同様，法定されないが，手続的な瑕疵が原則として無効原因とならない新株発行の無効の訴えよりも広く解され（第18回議事録19頁［藤田幹事発言，内田関係官発言］），合併の無効原因などと同様，手続の瑕疵，具体的には，①株式売渡請求の法令違反，②株式売渡請求に関する書面等の不備置・不実記載，③対象会社の承認の瑕疵，④差止仮処分命令の違反，⑤必要な許認可の不存在等などが無効原因になるものと考えられる（第18回議事録19頁［藤田幹事発言，内田関係官発言］，前掲・篠原＝藤田28頁）。

　また，合併等の現金対価の組織再編によるキャッシュ・アウト等において，特別利害関係人が議決権を行使したことによって，株主総会において著しく不当な決議がされたとき，つまり，著しく不当な対価が定められたときは，株主総会決議取消事由に該当し，合併等の無効原因にもなるとするのが通説であり[11]，株式等売渡請求の場合も，対価の著しい不当性は無効原因となる（第18回議事録18頁［内田関係官発言］）。

　さらに，組織再編が，新たな組織を前提に多くの利害関係人がその後現れ，財産も大きく動くのに対して，株式等売渡請求の場合は，全て株式が1人の株主に集中するだけで，その後，それを基に法律関係がどんどん積み重なるとい

---

11)　前掲・江頭794頁，東京地判平成元年8月24日判時1331号136頁，東京地判平成22年9月6日金判1352号43頁（インターネットナンバー株主総会決議取消請求事件）。

う面は，組織再編に比べると弱いため，組織再編と比べても，さらに無効原因は広めに考えることもできるとの指摘もなされているところであり（第18回議事録19頁［藤田幹事発言，内田関係官発言］），事前開示手続において要求される対価の交付の見込みに虚偽があり，対価の交付がなされない場合（第18回議事録19頁［内田関係官発言］）のほか，開示が虚偽ではなかったとしても，特別支配株主の財務状況が売渡請求の後に悪化して，結果として，支払が全然なされなかったという場合にも，無効原因となる可能性がある（第18回議事録22頁［内田関係官発言］）。

なお，代金が交付されなかった場合に，個別の株主からの債務不履行解除が認められるか否かについては，立案担当者としては，将来の解釈に委ねるとの発言がなされている（第18回議事録23頁［坂本幹事発言］，24頁［岩原部会長発言］。田中幹事は，債務不履行解除ができるという解釈も十分可能であるとする（第18回議事録27頁））。

5　金融商品取引所が定める「支配株主との重要な取引等に係る遵守事項」との関係

支配株主を有する上場会社は，当該上場会社又はその子会社等の業務執行を決定する機関が，支配株主その他取引所が定める者が関連する重要な取引等を行うことについての決定をする場合には，金融商品取引所の規則によって，当該決定が当該上場会社の少数株主にとって不利益なものでないことに関し，当該支配株主との間に利害関係を有しない者による意見の入手を行うことが必要となるほか，必要かつ十分な適時開示を行うことが義務付けられている（例えば，東京証券取引所有価証券上場規程441の2）。

この点，株式等売渡請求は，支配株主と少数株主との間の取引ではあるが，株式等売渡請求を承認する旨の対象会社の取締役会決議は，「当該上場会社の運営，業務若しくは財産又は当該上場株券等に関する重要な事実であって投資者の投資判断に著しい影響を及ぼすもの」（同402一a・p）という包括条項に該当し，上記の有価証券上場規程が定める「決定」であるとして意見入手等が必

要となるとのことである[12]。もっとも，この点に関しては，規程の明確化のため，改正法の施行に併せて新たに明記されることになるとの考えも併せて示されている[13]。

IV　少数株主が取りうる手段

1　総　　論

　実務上，非公開化のために一般的に用いられる手法は，全部取得条項付種類株式の取得である。会社法は，全部取得条項付種類株式の取得が行われる場合，少数株主が執りうる手段として，①反対株主の株式買取請求権（会社法116①二）と，②全部取得条項付種類株式の取得の価格の決定の申立て（会社法172）の2つの手段を用意している。

　次に，非公開化のために，現金交付型の株式交換・合併を用いることも理論上可能であり（税務上の観点から実務上利用が難しいことは前述のとおりである），この場合，少数株主がとりうる手段として，反対株主の株式買取請求権（会社法785）の行使が可能である。

　最後に，株式の併合を用いることも理論上は可能であるが，株式の併合については，少数株主の不服申立手段が用意されていない。

　以下，全部取得条項付種類株式を用いた非公開化の場合，現金交付型の株式交換・合併を用いた非公開化の場合，株式の併合を用いた非公開化の場合に分けて，それぞれ少数株主がとりうる手段について説明する。

---

12)　前田雅弘＝静正樹＝牧野達也＝石井裕介「座談会『会社法性の見直しに関する要綱』の考え方と今後の実務対応」商事法務1978号35〜36頁［静発言］（2012）。
13)　前掲・前田雅弘ほか36頁［静発言］。

2　全部取得条項付種類株式を用いた非公開化の場合

(1)　手段1：反対株主の株式買取請求権
ア　意　義
　株式会社が，ある種類の株式の内容として，株主総会の決議によって当該種類株式の全部を取得できる旨の定めを設ける定款変更（以下「本定款変更」という）を行った場合，少数株主たる反対株主は，株式会社に対し，自己の有する当該種類株式を公正な価格で買い取ることを請求することができる（会社法116①二）。

イ　反対株主の要件
　次の要件を満たす株主は反対株主として株式買取請求権を取得する（会社法116②一）。
①　本定款変更のための株主総会で議決権を行使できる株主のうち，当該株主総会に先立って本定款変更に反対する旨を当該株式会社に対し通知し，かつ，当該株主総会において本定款変更に反対した株主
②　当該株主総会において議決権を行使することができない株主

ウ　株式買取請求権の行使方法及び行使期間
　株式買取請求は，本定款変更の効力発生日の20日前の日から効力発生日の前日までの間に，その株式買取請求に係る株式の数（本定款変更を行う会社は種類株式発行会社になるので，株式の種類及び種類ごとの数）を明らかにしていなければならない（会社法116⑤）。

　本定款変更を行おうとする株式会社は，本定款変更の効力発生日の20日前までに，株主に対し，本定款変更を行う旨通知又は公告することが義務付けられており（会社法116③・④），当該通知又は公告で当該株式会社が本定款変更を予定していることを知った株主が，効力発生日の前日までに株式買取請求の手続を踏むという建前である。

　なお，株式会社に対し株式買取請求をした株主は，当該株式会社が承諾した場合に限り，株式買取請求を撤回することができる（会社法116⑥）。また，株

式会社が本定款変更を中止したときには，株式買取請求は効力を失う（会社法116⑦）。

エ　株式の買取価格の決定
(ｱ)　株主と株式会社との協議が調った場合
　株式買取請求があった場合において，株式の買取価格たる「公正な価格」（会社法116①）について，株主と株式会社との間に協議が調った場合には，株式会社は，本定款変更の効力発生日から60日以内にその支払をしなければならない（会社法117①）。

(ｲ)　株主と株式会社との協議が調わない場合
　他方，効力発生日から30日以内に協議が調わない場合，株主又は株式会社は，その期間の満了の日後30日以内に，裁判所に対し，「公正な価格」の決定の申立てをすることができるが（会社法117②），その間に申立てがなければ，株主は，その期間満了後は，会社法116条6項にかかわらず，株式会社の承諾なくして，いつでも株式買取請求を撤回できることになる（会社法117③）。

　株主又は株式会社が上記申立てを行った場合，裁判所が，株式会社が買い取るべき「公正な価格」を決定することになるが，「公正な価格」の決定基準及び内容については，多くの裁判で争われている。その詳細については第6章に譲る。

　なお，株式会社は，株式買取請求をした株主に対し，裁判所が決定した価格に，本定款変更の効力発生日から60日を経過した日以降について年6分の割合による利息を付して支払わなければならない（会社法117④）。

(ｳ)　株式買取りの効力発生
　株式買取請求に係る株式の買取りは，当該株式の代金支払のときに，その効力を生ずる（会社法117⑤）。なお，株券発行会社は，株券が発行されている株式について株式買取請求があった場合，株券と引換えに，当該株式買取請求に係る買取代金を支払わなければならない（会社法117⑥）。

(2) 反対株主の要件充足と株式買取請求権の行使期間の関係

ア 会社法と商法の比較

ところで，現行会社法のもとでは，反対株主の要件を充足する前に株式買取請求権を先行して行使しなければならない場合があるので，注意が必要である。

改正前商法（以下「旧法」という）において，反対株主の株式買取請求権は，株主総会決議の日より20日以内に行使することを要する旨規定されており，株式買取請求と株主総会とをリンクした条文の構造であった（なお，改正前商法には全部取得条項付種類株式の制度が存在せず，したがって，これに伴う反対株主の株式買取請求権も存在しなかった。当時存在した反対株主の株式買取請求権は，株式譲渡制限を設ける定款変更の場合や，合併等組織再編の場合のものである（旧法349，408の3，245の3））。よって，旧法においては，条文上，常に，反対株主の要件充足が先であり，株式買取請求権の行使が後となった。

これに対し，会社法は，116条2項と5項とを分けて規定し，反対株主となるための要件と，株式買取請求権の行使期間は，別個独立した要件と構成した。したがって，本定款変更に関する株主総会で議決権を行使できる株主は，会社法116条2項に従って，反対株主となるための要件を満たさなければならないことから，株主総会の会日の前に本定款変更に反対する旨通知し，かつ，株主総会で本定款変更の議案に反対する必要がある。

他方，当該株主は，会社法116条5項の株式買取請求権の行使期限も遵守する必要があり，株主総会の会日がいつであろうと，効力発生の前日までに，買取請求を行う必要がある。

ここで，注意しなければならないのは，会社が全部取得条項付種類株式の取得を実行するにつき，株主総会をいつ開催し，本定款変更の効力発生日及び全部取得の効力発生日をいつとするかについて，会社法上の制限がない点である。

イ 問題となった事例

実務においては，スケジュールの都合上，株主総会の会日を全部取得の効力発生日の直近の日に設定する場合がある。筆者の経験した例では，下記のスケジュールで，全部取得条項付種類株式の取得を実行したことがある（ただし，

非公開化のためではなく，100％減資のために，全部取得条項を利用した例である）。

株主総会招集通知発送日	平成22年6月16日
株主総会決議に反対する旨の株主の事前通知	平成22年6月20日
株主総会開催日	平成22年6月24日

（全部取得条項付種類株式発行に係る定款変更及び全部取得条項付種類株式の取得を決議。事前通知を送付した株主が決議に反対）

定款変更の効力発生	平成22年6月24日
	（定款変更議案承認時）
全部取得の効力発生	平成22年6月25日
反対株主の株式買取請求	平成22年7月6日

　この事例では，当事会社が，反対株主の株式買取請求は行使期間を徒過しているとして買取りを拒否したため，株主総会決議取消請求訴訟に進展した。

　当該訴訟において，反対株主は，反対株主が株式買取請求権を行使するためには，株主総会に先立って会社に対し反対の意思を表示し，さらに，株主総会で決議に反対することを要するが，上記スケジュールでは，反対株主の要件を充足した時点（平成22年6月24日）では，株式買取請求権の行使期間（末日は平成22年6月23日）は既に終了していることとなり，株式買取請求権を行使できない手続となっており，無効であると主張した。これに対し，会社は，株主総会で定款変更議案に反対する以前に，平成22年6月23日までに，条件付で株式買取請求をすることは可能だったのであり，これを怠ったのは反対株主のミスであると主張した。

　　ウ　裁判例
　　裁判所は，次のとおり判示した（福岡地判小倉支部平成23年5月31日（判例雑誌未掲載））。
　「原告らは，会社法116条2項1号では「反対した株主」との文言を用いられていることを根拠として，株主総会による株式取得の決議前には株式買取請求

をすることはできないと解釈すべきであるところ，本件決議による定款変更の効力発生日は平成22年6月24日であるため，同月23日が株式買取請求権の行使期間となるが，本件総会において決議に反対することができないこととなり，結局，株式買取りを請求できないこととなる旨主張する。

　しかし，この点については，被告が指摘するとおり，会社法では，反対株主となるための要件と，株式買取請求権の行使期間とは，別個に規定されていることから，株主総会による株式取得の決議前であっても，株式買取請求をすることは可能であり，この場合，株主総会で反対することを停止条件として株式買取請求権を行使することになるものと解される。すなわち，例えば，旧法245条の3第1項では，株式譲渡制限を設ける定款変更を行う場合の反対株主の株式買取請求権について，「決議ノ日ヨリ二十日以内」に行使すべきことを定めており，株主総会決議の日が株式買取請求権の行使期間の始期であることが明記されていたのに対し，会社法116条3項では，「（定款変更の）効力発生日の20日前の日から効力発生日の前日までの間」が行使期間であるとされ，行使期間と株主総会決議の日との間に関連性はないものとされている。

　そうすると，原告らとしては，現に，事前に定款変更に反対する旨を通知し，本件総会においても反対をしたものであったから，定款変更の効力発生日（すなわち本件総会・本件決議の日）の前日までに，株式買取請求をしておけば，反対株主の株式買取請求権の行使要件を満たすことが可能であったといえる。そして，予め株式買取請求をした場合であっても，原告らにおいて，株主総会における説明等をうけて，方針を変更し，株式買取請求権の行使をしないこととするのであれば，株主総会で反対をしなければ足りたものである。

　したがって，反対株主の株式買取請求権を行使できない日程が設定されていたとはいえない。」

　　エ　まとめ

　このように，会社法の下では，反対株主の要件充足と，株式買取請求権の行使とは，全く関連性がなく，反対株主の要件を充足する前に，株式買取請求権を条件付で行使しなければならない場合があるので，注意が必要である。

なお，後述する最高裁決定（最決平成24年３月28日）は，反対株主が全部取得の効力発生をもって株式を失えば，買取価格の決定の申立て（会社法117②）の申立適格も喪失し，同申立ても不適法になる旨決定している。

　とすれば，上記スケジュールの場合には，平成22年６月25日以降に買取価格の申立てを行うことは不可能であり，仮に反対株主（となる予定の株主）が同年６月23日より前に条件付で株式買取請求権を行使したところで，株主総会の前に協議により買取価格を決定する（会社法117①）しか選択肢は残されていないことになる。このように，会社のスケジューリング次第で，反対株主の株式買取請求権は，あまり実効性のないものとならざるを得ない。

　ただし，この場合も，反対株主には，次に説明する取得価格の決定の申立て（会社法172）を行うことが可能である。

(3) 手段２：全部取得条項付種類株式の取得の価格の決定の申立て
ア　意　義

　株式会社が，株主総会の決議により，全部取得条項付種類株式（定款変更により全部取得条項種類株となった同社の普通株式）の全部を取得する旨定めた場合，次の株主は，当該株主総会の日から20日以内に，裁判所に対し，全部取得条項付種類株式の取得の価格の決定の申立てをすることができる（会社法172①）。

① 当該株式会社による全部取得条項付種類株式の取得を決議する株主総会において議決権を行使できる株主のうち，当該株主総会に先立って，当該取得に反対する旨を当該株式会社に対し通知し，かつ，当該株主総会において当該取得に反対した株主

② 当該株主総会において議決権を行使することができない株主

　この場合，株式会社は，裁判所の決定した価格に対する取得日後の年６分の利率により算定した利息を付して，申立てをした株主に支払わなければならないことになる（会社法172②）。

　なお，価格の決定の申立てがなされた場合，裁判所は，当該株式の取得日における「公正な価格」をもって，その取得価格を決定すべきものと解されてい

るが(裁判例),「公正な価格」の算定基準及び内容については,第6章に譲る。

(4) 反対株主の株式買取請求(会社法116)と取得価格の決定の申立て(会社法172)との手続選択

ア 2つの権利の関係

全部取得条項付種類株式を用いた非公開化を行う場合,普通株式を全部取得条項付種類株式とするための定款変更と,当該全部取得条項付種類株式の全部取得の決定とを,同じ株主総会で決議するのが通常である。

その結果として,普通株主は,定款変更に伴い,反対株主の株式買取請求権(会社法116)を取得するとともに,全部取得条項付種類株式の全部取得の決定に伴い,裁判所への取得価格の決定の申立権(会社法172)を取得することになる。

そこで,それぞれの要件を充足した株主は,いずれの手続を選択できるのかが問題となる。

この点については,最高裁が平成24年に初めての判断を示している(最決平成24年3月28日金判1392号28頁)。その詳細な分析については第5章Ⅲに譲るが,概略,次のとおりである。

イ 最高裁の判断

最高裁は,「2 会社法172条1項が全部取得条項付種類株式の取得に反対する株主に価格の決定の申立て(以下「取得価格決定の申立て」という)を認めた趣旨は,その取得対価に不服がある株主の保護を図ることにあると解され,他方,同法116条1項が反対株主に株式買取請求を認めた趣旨は,当該株主に当該株式会社から退出する機会を付与することにあるから,当該株主が取得対価に不服を申し立てたからといって,直ちに当該株式会社から退出する利益が否定されることになるものではなく,また,当該株主が上記利益を放棄したとみるべき理由もない。したがって,株主が取得価格決定の申立てをしたことを理由として,直ちに,当該株式についての株式買取請求が不適法になるものではない。」と判示している。

したがって，それぞれの要件を満たす限り，双方の権利行使が可能であることとなる。

しかし，最高裁は，続けて，「しかしながら，株式買取請求に係る株式の買取りの効力は，同請求に係る株式の代金の支払の時に生ずるとされ（会社法117⑤），株式買取請求がされたことによって，上記株式を全部取得条項付種類株式とする旨の定款変更の効果や同株式の取得の効果が妨げられると解する理由はないから，株式買取請求がされたが，その代金支払までの間に，同請求に係る株式を全部取得条項付種類株式とする旨の定款変更がされ，同株式の取得日が到来すれば，同株式について取得の効果が生じ（会社法173①），株主は，同株式を失うと解される。そして，株式買取請求及び買取価格の決定の申立ては，株主がこれを行うこととされており（会社法116①，117②），株主は，株式買取請求に係る株式を有する限りにおいて，買取価格の決定の申立ての適格を有すると解すべきところ，株式買取請求をした株主が同請求に係る株式を失った場合は，当該株主は同申立ての適格を欠くに至り，同申立ては不適法になるというほかはない。」と判示した。

したがって，取得価格決定の申立てを行った場合も，株式買取請求を行うことが可能であるが，全部取得の効力が生じてしまえば，買取価格決定の申立て（会社法117②）は申立適格を欠いて，不適法却下となってしまうことになる。

ウ　最高裁の決定を前提とした一考察

この最高裁の判断を前提にすると，反対株主の株式買取請求権が機能する場面は非常に限られると考えられる。

最高裁の事例では，以下のスケジュールで手続が実行されている。

株主総会決議に反対する旨の株主の事前通知	平成21年6月16日
株主総会開催日	平成21年6月29日
定款変更の効力発生	平成21年8月4日
全部取得の効力発生	平成21年8月4日

このスケジュールの場合、反対株主は、平成21年7月15日から同年8月3日の間に株式買取請求（会社法116）を行うとともに、同年6月30日から同年7月21日までの間に取得価格の決定の申立て（会社法172）をすることができたことになる。

しかし、同年8月4日に全部取得の効力が発生した結果、買取価格の決定の申立て（会社法117②）は申立適格を欠くこととなり、不適法却下を免れないこととなる。

したがって、反対株主としては、同年7月15日から同年8月3日までの間に株式買取請求を行って、会社法117条1項の協議により買取価格について合意するしか選択肢がないことになる。

以上の考察からは、一見すると、反対株主の株式買取請求権の行使が全部取得の効力発生までに限られ、反対株主の保護として不十分なようにも思われるが、会社法172条の取得価格の決定の申立ては可能であり、それをもって、反対株主の保護は十分との判断ということになろうか。

(5) その他の手段について

ア 株主総会決議取消の訴え等の可能性

全部取得条項付種類株式を用いた非公開化は、株主総会の決議に基づいて実行されるものであることから、当該株主総会において、会社法831条の決議取消事由に該当する事由（特に説明義務違反）が生じれば、株主総会決議取消訴訟の対象となることは当然である。

なお、非公開化のために全部取得条項付種類株式を用いることが会社法の制度趣旨に違反するとして株主総会の決議無効確認請求がなされた裁判例があるが、裁判所はこれを否定している（東京地判平成22年9月6日金判1352号43頁）。すなわち、

「原告らは、本件各決議が被告をGMOメディアの完全子会社とすること、すなわち、GMOメディア以外の少数株主を排除することを目的としたものであり、そのような目的で全部取得条項付種類株式制度を利用すること自体が、同

制度を規定した会社法108条1項7号，2項7号，171条ないし173条の趣旨に違反する旨主張する。

　そこで検討するに，全部取得条項付種類株式制度については，倒産状態にある株式会社が100％減資する場合などの「正当な理由」がある場合を念頭に導入が検討されたという立法段階の経緯があるにしても，現に成立した会社法の文言上，同制度の利用に何らの理由も必要とされていないこと，取得決議に反対した株主に公正な価格の決定の申立てが認められていること（会社法172①）に照らせば，多数決により公正な対価をもって株主資格を失わせること自体は会社法が予定しているというべきであるから，被告に少数株主を排除する目的があるというのみでは，同制度を規定した会社法108条1項7号，2項7号，171条ないし173条の趣旨に違反するとはいえない。

　そうすると，GMOメディア及び被告の経営陣に，少数株主を排除する目的があったとしても，そのことをもって，本件各決議が，全部取得条項付種類株式制度を規定した会社法の趣旨に違反するということはできない。」

イ　会社法改正の要綱案について

　会社法改正の要綱案においては，全部取得条項付種類株式の取得日の20日前までにその旨通知又は公告することを会社に義務付けるとともに，取得価格の決定の申立ては，取得日の20日前の日から取得日の前日までにしなければならないものとされ，行使期間の変更が検討されている。

　加えて，「全部取得条項付種類株式の取得が法令又は定款に違反する場合において，株主が不利益を受けるおそれがあるときは，株主は，株式会社に対し，当該全部取得条項付種類株式の取得をやめることを請求することができるものとする。」ことが検討されており，これが将来的に実現すれば，株主は，一定の要件のもと，全部取得条項付種類株式の取得を差し止めることも可能となる。

3　現金交付型の株式交換・合併を用いた非公開化の場合

(1)　反対株主の株式買取請求権

　株式会社が，現金交付型の株式交換により株式交換完全子会社となり，又は現金交付型の合併により吸収合併消滅会社となることによって，非公開化を実行する場合，少数株主たる反対株主には株式買取請求権が付与される（会社法785）。

　権利内容や取得の要件等は，基本的に，全部取得条項付種類株式の場合と同じであり，次の要件を満たす株主は反対株主として株式買取請求権を取得する（会社法785②一）。

① 　株式交換・吸収合併（以下「株式交換等」という）をするための株主総会で議決権を行使できる株主のうち，当該株主総会に先立って株式交換等に反対する旨を当該株式会社に対し通知し，かつ，当該株主総会において株式交換等に反対した株主

② 　当該株主総会において議決権を行使することができない株主

　この株式買取請求は，株式交換等の効力発生日の20日前の日から効力発生日の前日までの間に，その株式買取請求に係る株式の数を明らかにしてしなければならず（会社法785⑤），株式会社に対し株式買取請求をした株主は，当該株式会社が承諾した場合に限り，株式買取請求を撤回することができる（会社法785⑥）。また，株式会社が株式交換等を中止したときには，株式買取請求は効力を失う（会社法785⑦）。

　ちなみに，現金交付型の株式交換・合併を用いた非公開化を行う場合，吸収合併存続会社及び株式交換完全親会社の株主についても，反対株主の株式買取請求権が付与される（会社法797）。

(2) その他の手段について

現金交付型の株式交換・合併を用いた非公開化が株主総会の決議に基づいて実行される場合において，当該株主総会に会社法831条の決議取消事由に該当する事由があれば，株主総会決議取消訴訟の対象となることも，他の株主総会と同様である。

4 株式の併合を用いた非公開化の場合

株式の併合については，少数株主の不服申立手段が用意されていない。

したがって，株式の併合を用いて非公開化を実行する場合には，非公開化により不利益を受ける株主に何らの不服を申し立てる機会を保障しないまま，非公開化を強行することにもつながる。

実務的には，少数株主に不服申立て手段を与えぬまま，非公開化を行い，のちに株主総会決議が取り消される等のリスクを避けるため，株式の併合という手段を選択しないのが一般的である。

なお，会社法改正の要綱案においては，「株式の併合が法令又は定款に違反する場合において，株主が不利益を受けるおそれがあるときは，株主は，株式会社に対し，当該株式の併合をやめることを請求することができるものとする。」として，一定の要件のもと株式併合の差し止めを認めるとともに，株式会社が株式の併合をすることにより株式の数に1株に満たない端数が生じる場合に，反対株主の株式買取請求権を認めることが盛り込まれている。

V 各種締め出しの手法ごとの税務上の取扱い

TOB後の締め出しの手法として，一般的には，
① 全部取得条項付種類株式を利用するもの
② 現金交付型株式交換を利用するもの
③ 現金交付型合併を利用するもの
があり，それぞれの手法における税務上の取扱いについて以下にて説明する。

一般的な締め出し手法の類型		取 引 実 行 時
全部取得条項付種類株式方式	株主（買収会社）	（整数株相当）みなし配当を認識しない 　　　　　　　株式譲渡損益を認識しない （充足要件あり）（注1）
		（端数株相当）みなし配当を認識しない（注2） 　　　　　　　株式譲渡損益を認識する
	株主（少数株主）	（端数株相当）みなし配当を認識しない（注2） 　　　　　　　株式譲渡損益を認識する
	買収対象会社	資本金等の額が減少する（注3）
現金交付型株式交換	株主（買収会社） （株式交換完全親法人）	課税関係は生じない
	株主（少数株主）	株式譲渡損益を認識する
	買収対象会社 （株式交換完全子法人）	税制非適格株式交換のため、一定の保有資産につき時価評価損益を認識する
現金交付型合併	株主（買収会社） （合併法人）	みなし配当を認識する 抱合株式に係る株式譲渡損益は認識しない
	株主（少数株主）	みなし配当を認識する 株式譲渡損益を認識する
	買収対象会社 （被合併法人）	税制非適格合併のため、移転資産・負債に係る譲渡損益を認識する

（注1）　買収対象会社の株主である買収会社が全部取得条項付種類株式を買収対象会社に譲渡した場合に、以下のいずれの要件も満たす場合に限り、買収対象会社の株主の譲渡損益を認識しない。
　　　1．交付を受けた株式の価額が、譲渡をした株式の価額と概ね同額となっていること
　　　2．譲渡をした株式の対価として、その取得をする法人の株式以外の資産が交付されないこと
（注2）　会社法234条1項2号の規定に従って、買収対象会社が端数株をまとめて1株単位にしてから、競売を通じて現金を株主に交付する場合のほか、競売に代えて、買収対象会社（発行法人）が買い取ることもできる。この場合は自己株式の取得になる。ただし、いずれの場合も1株に満たない端数株に相当する株式を交付したものと取り扱われ、買収会社においてみなし配当は認識しない。
（注3）　1株未満の株式（端数部分）の買取りを行った場合の取扱いである。

1　全部取得条項付種類株式による締め出し

(1)　取引の概要

　TOB後の全部取得条項付種類株式による締め出しは，一般に以下の手順で行われる。

　① 買収対象会社の株主総会の特別決議により定款を変更し，発行済株式の全てに全部取得条項を付す
　② 買収対象会社の株主総会の特別決議により買収対象会社が少数株主から全部取得条項付種類株式を取得し，対価として普通株式を交付（少数株主の持分が端数株式になるように調整）する
　③ 少数株主には1株未満の端数株式のみが交付されるが，少数株主に交付された1株未満の端数株式について，競売，買収対象会社又は買収会社による買取り（自己株取得）を通じて金銭が少数株主に交付されることにより，買収会社が買収対象会社を100％子会社化する

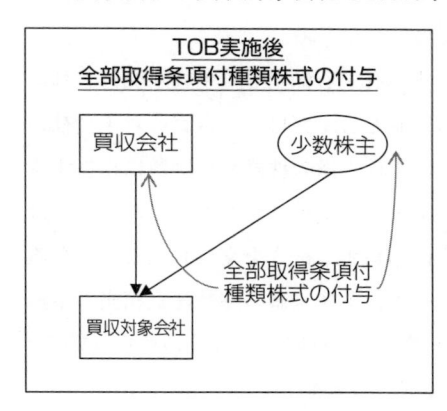

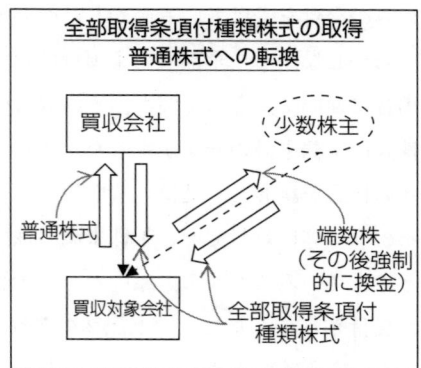

(2)　買収会社の税務上の取扱い

ア　全部取得条項を付した際の課税関係

　買収会社について，課税関係は生じない。なお，買収対象会社，少数株主についても課税関係は生じない。

イ　全部取得条項の行使があった場合の課税関係

【課税の繰延要件】

買収対象会社の株主総会における特別決議により、全部取得条項を行使され、買収対象会社の株主（買収会社）が全部取得条項付種類株式を買収対象会社に譲渡した場合に、以下のいずれの要件も満たす場合に限り、買収対象会社の株主（買収会社）は、譲渡損益を認識しないものとされている（法法61の2⑬三、所法57の4③三）。

① 交付を受けた株式と譲渡した全部取得条項付種類株式の価額が概ね同額となっていること
② 発行法人の株式のみが交付されていること

全部取得条項付種類株式方式による締め出しスキームにおいては、全部取得条項の行使により交付される株式は、通常、全部取得条項付種類株式と同額の株式であるため、①の要件は満たすものと考えられるが、少数株主には1株未満の端数株式相当の金銭が交付されることから、②の要件で求められる「株式のみの交付を受けているのか」について疑問が生じる。

しかしながら、全部取得条項付種類株式を有する株主等に金銭が交付される場合において、その金銭が、その取得の対価として交付すべき買収対象会社の株式に1株未満の端数が生じたためにその1株未満の株式の合計数に相当する数の株式を譲渡し、又は、買い取った代金として交付されたものであるときは、その株主等に対してその1株未満の株式に相当する株式を交付したことになるとされていることから、原則として少数株主に1株未満の端数株式相当の金銭が交付されたとしても、上記②の要件を満たし、買収対象会社の株主（買収会社）の譲渡損益は繰り延べられることになる（法基通2－3－1）。

したがって、全部取得条項付種類株式方式による締め出しスキームにおいては、全部取得条項付種類株式を譲渡し、普通株式を取得する買収会社は、原則として、買収対象会社株式の譲渡損益及びみなし配当は生じないこととなる（法法24①四、61の2⑬三、所法25①四、57の4③三）。

ただし、交付された金銭が、その取得の状況その他の事由を総合的に勘案し

て実質的に当該株主等に対して支払う全部取得条項付種類株式の取得の対価と認められるときは、取得の対価として金銭が交付されたものとされ、買収対象会社の株主（買収会社）における課税の繰延べは認められず、株式譲渡損益並びにみなし配当を認識しなければならなくなる点に留意が必要である（法基通２－３－１但書、法法24①四、61の２⑬三）。

また、買収会社が全部取得条項付種類株式に係る取得決議により買収対象会社から交付を受ける普通株式の一部が１株未満の端数となり、当該１株未満の端数を競売、対象会社又は発行法人に譲渡したことにより金銭の交付を受けた場合（会社法234①二）には、この部分に関しては、譲渡損益課税が生じる。なお、端数部分については、たとえ発行法人に売却されている場合であっても、会社法234条４項（一に満たない端数の処理）の規定による買取りであれば、みなし配当は生じないこととされている（法法24①四、法令23③九）。

(3) 少数株主の税務上の取扱い[14]

ア 全部取得条項を付した際の課税関係

少数株主について、課税関係は生じない。

イ 全部取得条項の行使があった場合の課税関係

㈦ 法人株主の場合

買収対象会社の法人少数株主が、全部取得条項付種類株式に係る取得条項の行使により買収対象会社から交付を受ける普通株式が１株未満の端数となり、会社法234条の規定に従って、当該１株未満の端数を競売、買収会社又は買収対象会社に譲渡したことにより金銭の交付を受けた場合には、上記の買収対象会社の端数部分の取扱いと同様に、その譲渡から生じる譲渡損益は法人少数株主の損金又は益金に算入される。なお、端数部分については、たとえ発行法人に売却されている場合であっても、会社法234条４項（一に満たない端数の処理）の規定による買取りであれば、みなし配当は生じないこととされている（法令

---

[14] ここでの税務上の取扱いは、株主が内国法人又は日本の居住者であることを前提としている。

23③九）点についても，上記の買収対象会社の端数部分の取扱いと同様である。

　(イ)　個人株主の場合

　買収対象会社の個人少数株主が，全部取得条項付種類株式に係る取得条項の行使により買収対象会社から交付を受ける普通株式が1株未満の端数となり，会社法234条の規定に従って，当該1株未満の端数を競売，買収会社又は買収対象会社に譲渡したことにより金銭の交付を受けた場合には，その株式譲渡益については，所得税及び住民税が課税される。なお，端数部分については，たとえ買収対象会社に売却されている場合（会社法234④（一に満たない端数の処理））であっても，みなし配当は生じないこととされている（所令61①九）。

　TOBの実施後，買収対象会社が上場を廃止になり，上場廃止後に全部取得条項付種類株式に係る取得条項の行使により，端数部分の買取りが行われる場合には，その買取りに係る株式の譲渡は，非上場株式の譲渡として取り扱われるものと考えられる。この場合の株式譲渡に係る課税関係は以下のとおりとなる。

　　A　非上場株式等に係る譲渡所得の税率

　非上場株式等に係る譲渡所得の税率は，所得税15％，住民税5％（合計20％，株主が日本の居住者である場合）である。

　なお，平成25年から平成49年までの期間（25年間）については，所得税額の2.1％相当額の復興特別所得税が，所得税に追加で課税されるため，復興特別所得税を考慮した場合の税率は，所得税15.315％，住民税5％の税率（合計20.315％，株主が日本の居住者である場合）となる。

　　B　非上場株式の譲渡損失の損益通算／譲渡損失の繰越控除

　非上場株式の譲渡に損失が生じた場合には，その年の他の株式譲渡所得の金額から控除することができるものの，控除しきれなかった譲渡損失は，翌年以降に繰り越すことができない。

　なお，平成28年1月1日後において生じる非上場株式に係る譲渡損失は，その年の他の株式譲渡所得（上場株式等に係る譲渡所得以外のもの）から控除することができる。

(4) 発行法人（買収対象会社）の税務上の取扱い

ア　全部取得条項を付した際の課税関係

発行法人（買収対象会社）について，課税関係は生じない。

イ　全部取得条項の行使があった場合の課税関係

全部取得条項付種類株式方式の場合，後述する現金交付型株式交換や現金交付型合併の場合と異なり，買収対象会社に対して課税関係は生じない。

発行法人（買収対象会社）が，買収会社及び少数株主から，会社法234条の規定に従って，1株未満の株式の端数部分の株式の買取りを行った場合には，発行法人（買収対象会社）の税務上の資本金等の額が減少する。端数部分の株式の自己株買いは，株主においてみなし配当が生じる事由には該当しない。したがって，配当に係る源泉徴収の必要性も生じない（法令23③九，所令61①九）。また，利益積立金額は，減少しない。

2　現金交付型株式交換による締め出し

(1) 取引の概要

TOB後の現金交付型株式交換による締め出しは，一般に以下の方法で行われる。

① 買収会社が株式交換完全親法人，買収対象会社が株式交換完全子法人となる株式交換契約を買収会社と買収対象会社間で締結する

② 株式交換の対価は現金とし，株式交換完全子法人（買収対象会社）の少数株主には株式交換完全親法人株式（買収会社株式）を交付せず，現金を交付する

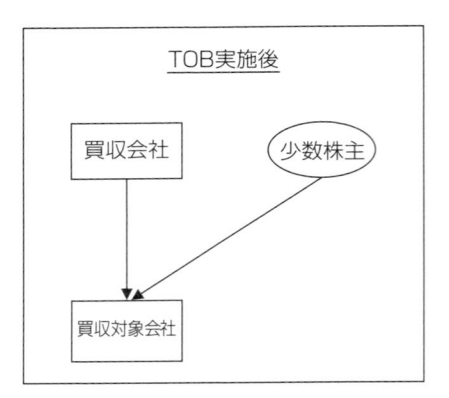

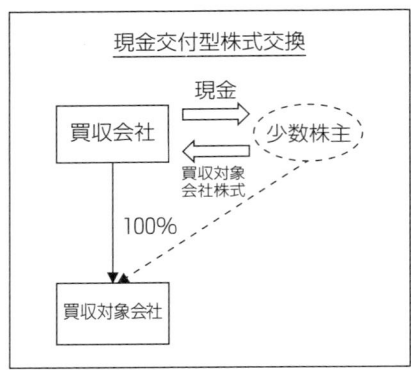

```
┌─────────────────────────┐  ┌─────────────────────────────┐
│      TOB実施後          │  │    現金交付型株式交換       │
│                         │  │         現金 →              │
│ ┌────┐    ┌────┐        │  │ ┌────┐      ┌────┐          │
│ │買収│    │少数│        │  │ │買収│ ← 買収対象 │少数│    │
│ │会社│    │株主│        │  │ │会社│   会社株式 │株主│    │
│ └─┬──┘    └─┬──┘        │  │ └─┬──┘      └────┘          │
│   │    ↙            │  │   │ 100%       ↙          │
│ ┌─▼────────▼─┐        │  │ ┌─▼──────┐                │
│ │ 買収対象会社 │        │  │ │買収対象│                │
│ └────────────┘        │  │ │  会社  │                │
│                         │  │ └────────┘                │
└─────────────────────────┘  └─────────────────────────────┘
```

(2) 完全親法人（買収会社）の税務上の取扱い

　現金交付型株式交換は，税制非適格株式交換となるため，株式交換による完全子法人株式の取得の対価として完全子法人の少数株主に交付した金銭の額に当該株式取得のために要した付随費用を加算した金額を新たに取得した完全子法人株式の取得価額として認識することとなる（法令119①二十六）。

(3) 完全子法人（買収対象会社）の税務上の取扱い

ア　株式交換の税制適格性の判定

　株式交換の際に完全子法人の株主に完全親法人株式以外の資産（現金等）が交付される場合には，当該株式交換は税制非適格株式交換となる（法法２十二の十六）。

　非適格株式交換が行われた場合には，株式交換完全子法人は，非適格株式交換の直前において有する以下に掲げる時価評価資産について，評価損益を認識し，評価益については益金に，評価損については損金に算入する（法法62の９①）。

イ　時価評価資産の範囲

　時価評価課税の適用を受ける時価評価資産とは，株式交換完全子法人が株式交換の直前において有する以下の資産をいう（法法62の９①，法令123の11①）。

① 固定資産（圧縮記帳の適用を受けた一定の資産等を除く）
② 土地（棚卸資産に該当するもの，土地の上に存する権利を含む）
③ 有価証券（売買目的有価証券，償還有価証券を除く）
④ 金銭債権
⑤ 繰延資産

ただし，上記の資産であっても時価と税務上の帳簿価額との差額（含み損益）が1,000万円又は資本金等の額の2分の1のいずれか少ない金額に満たないものについては除外されることとされている。

  ウ　非適格株式交換に伴う時価評価課税の適用を受けた場合の留意事項

非適格株式交換による時価評価課税の適用を受けた場合，上記のとおり，営業権を含む固定資産が時価評価資産の範囲に含まれていることから，株式交換完全子法人が有するオフバランスの営業権（いわゆる自己創設営業権）の時価相当額につき時価評価課税を受けることになる。当該営業権は，その株式交換完全子法人において，その後減価償却（5年間の定額法）を通じて損金の額に算入される。

(4)　株式交換完全子法人（買収対象会社）の少数株主の税務上の取扱い[15]

株式交換完全子法人の少数株主が，株式交換により株式交換完全子法人株式に換えて金銭等を取得する場合には，株式の譲渡が行われたものとして，以下のとおり取り扱う。

  ア　法人株主の場合

株式交換完全子法人の法人株主が，株式交換完全子法人株式を非適格株式交換により株式交換完全親会社に移転したことによる株式譲渡損益については，譲渡益が益金に算入され，譲渡損が損金に算入される。

---

15) ここでの税務上の取扱いは，株主が内国法人又は日本の居住者であることを前提としている。

イ　個人株主の場合

株式交換完全子法人の法人株主が，株式交換完全子法人株式を非適格株式交換により株式交換完全親会社に移転したことによる株式譲渡損益については，株式等に係る譲渡所得として，所得税及び住民税が課税される。

3　現金交付型合併による締め出し

(1)　取引の概要

TOB後の現金交付型合併による締め出しは，一般に以下の方法で行われる。

① 買収会社が合併法人，買収対象会社が被合併法人となる合併契約を締結する

② 合併の対価は現金とし，被合併法人の少数株主には合併法人株式を交付せず，現金を交付する

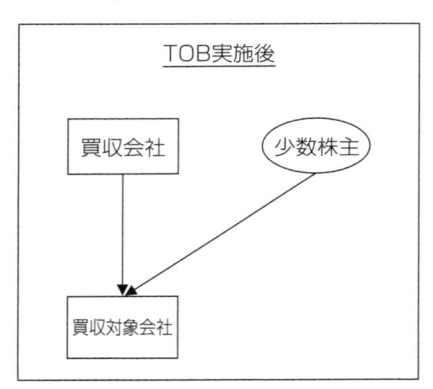

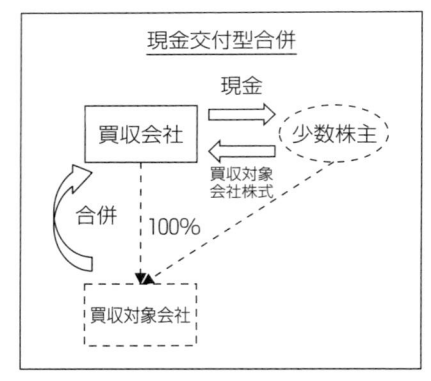

(2)　合併法人（買収会社）の税務上の取扱い

ア　税制適格性の判定

合併の際に被合併法人の株主に合併法人株式以外の資産（現金等）が交付される場合には，当該合併は税制非適格合併となる（法法2十二の八）。

イ　合併法人としての税務処理

非適格合併が行われた場合には，合併法人は被合併法人から被合併法人の有する資産及び負債を時価で取得したものとして取り扱う（法法62①）。

被合併法人から合併法人に譲渡された資産のうち営業権については，税務上は個別に売買できるものを除き，資産調整勘定として，60カ月の期間にわたり損金に算入される。一方，負ののれんが生じた場合には，負債調整勘定として，60カ月の期間にわたり益金に算入される。被合併法人の税務上の繰越欠損金は合併法人には承継されない（法法62の8）。

ウ　被合併法人の株主としての税務処理

合併法人が合併前に被合併法人の株式を保有している場合には，合併法人が有している被合併法人株式が抱合株式となる。抱合株式がある場合の非適格合併における被合併法人の株主である合併法人の税務上の取扱いは以下のとおりである。

(ア)　みなし配当の計算

抱合株式に合併対価である金銭等の交付があったとみなした場合の交付金銭等の額から合併法人が所有する抱合株式に対応する被合併法人の資本金等の額を控除した金額がみなし配当となる（法法24①一・②）。

対応する資本金等の額は，以下のとおり計算される（法令23①一）。

$$\text{対応する資本金等の額} = \text{被合併法人の合併直前の資本金等の額} \times \frac{\text{合併法人が保有している被合併法人の株式数}}{\text{被合併法人の合併直前の発行済株式数}}$$

（注1）　直前の資本金等の額がゼロ以下の場合にはゼロとする。
（注2）　発行済株式数には，自己株式の数を除く。

(イ)　受取配当の益金不算入の計算

被合併法人の株主である合併法人のみなし配当については，一定の方法で計算した負債利子控除後の配当の額の50％の金額が益金不算入となる（法法23①）。

法人株主が，被合併法人の発行済株式数（発行法人が保有する自社株を除く）の25％以上を配当の支払に係る効力が生ずる日（非適格合併の場合には，非適格

合併の日の前日）以前 6 カ月以上保有している場合には，一定の方法で計算した負債利子控除後の配当の額の全額が益金不算入となる（法法23①・⑥）。

(ウ) 株式譲渡損益／資本金等の額の計算

合併法人の抱合株式に係る譲渡損益の計算については，平成22年度税制改正により，抱合株式の合併直前の帳簿価額で譲渡したものとされ，株式譲渡損益は永久に生じないこととされた（法法61の2③）。

また，抱合株式に交付があったものとみなされた金銭等の額から，抱合株式の合併直前の帳簿価額にみなし配当の金額を加算した金額を減算した金額（つまり，抱合株式に係る譲渡損益に相当する部分の金額）が資本金等の額に加減算されることになる（法令8①五）。

エ 源泉徴収義務

非適格合併が行われ，みなし配当が生じる場合には，被合併法人は所得税を源泉徴収する必要があるが，被合併法人は合併により消滅するため，合併法人が源泉徴収義務を承継し，所得税を源泉徴収して納付することとなる（所法181，212③，国通法6）。

(3) 被合併法人（買収対象会社）の税務上の取扱い

非適格合併が行われた場合には，被合併法人は，合併法人に被合併法人の有する資産及び負債を時価で譲渡したものとして，合併に係る最後事業年度（被合併法人の合併の日の前日の属する事業年度）において，譲渡益は益金に算入され，譲渡損は損金に算入される（法法62）。被合併法人の繰越欠損金で合併最後事業年度で使用しきれないものは，合併法人に承継されずに消滅する。

(4) 被合併法人の少数株主の税務上の取扱い[16]

被合併法人の少数株主が，非適格合併により被合併法人株式に替えて現金等を取得する場合には，株式の譲渡及び配当が行われたものとして，税務上は

---

16) ここでの税務上の取扱いは，株主が内国法人又は日本の居住者であることを前提としている。

「みなし配当」と「株式譲渡損益」とに区分する。

(ア) みなし配当の計算

合併の対価である交付金銭等の額から少数株主が所有する株式に対応する被合併法人の資本金等の額を控除した金額がみなし配当となる（法法24①一，所法25①一）。

対応する資本金等の額は，以下のとおり計算される（法令23①一，所令61②一）。

$$\text{対応する資本金等の額} = \text{被合併法人の合併直前の資本金等の額} \times \frac{\text{少数株主が保有している被合併法人の株式数}}{\text{被合併法人の合併直前の発行済株式数}}$$

(注1) 直前の資本金等の額がゼロ以下の場合にはゼロとする。
(注2) 発行済株式数には，自己株式の数を除く。

(イ) 株式譲渡損益の計算

合併の対価である交付金銭等の額からみなし配当の額を控除した金額が株式譲渡収入となる。譲渡収入の額から譲渡原価の額を引いた金額が株式の譲渡損益の額となる。

ア 法人株主の場合

被合併法人の法人株主において，非適格合併により生じたみなし配当は受取配当の益金不算入の適用対象となる（受取配当の益金不算入額を控除する）。受取配当の益金不算入考慮後のみなし配当及び株式譲渡益が益金に算入され，株式譲渡損は損金に算入される。

【受取配当の益金不算入】

法人株主の受取配当（みなし配当）については，一定の方法で計算した負債利子控除後の配当の額の50％の金額が益金不算入となる（法法23①）。

法人少数株主が，被合併法人の発行済株式数（被合併法人が保有する自社株を除く）の25％以上を配当の支払に係る効力が生ずる日（非適格合併の場合には，合併の日の前日）以前6カ月以上保有している場合には，一定の方法で計算した負債利子控除後の配当の額の全額が益金不算入となる（法法23①・⑥）。

イ 個人株主の場合

　被合併法人の個人株主において，非適格合併により生じたみなし配当は配当所得，株式譲渡損益については，株式等に係る譲渡所得として，所得税及び住民税が課税される。

4　株式併合による締め出し

　株式併合による締め出しの場合，少数株主に株式買取請求権が認められていないことから，実務上の利用例はほとんど見受けられない。

　なお，平成24年9月7日，法務大臣の諮問機関である法制審議会が「会社法制の見直しに関する要綱」（以下，「要綱」という）をとりまとめ，法務大臣に答申している。この要綱によれば，株式併合に反対する株主は，株式の併合により端数となる株式の買取請求が認められるとされている。今後，当該要綱に基づく会社法の改正が実現した場合には，株式併合があった場合の少数株主の税制上の取扱いについても何らかの措置がされる可能性があるため，今後注視する必要があるであろう。

第4章

全部取得条項付種類株式への変更

I　手続の概要

1　概　　説

　株式の非公開化では，非公開化のために投資家から株式を取得するためのTOBを行い，その後，このTOBに応募しなかった株主を締め出すこととなる。この締め出し方法として，全部取得条項付種類株式（会社法108①七）の取得による方法，株式交換（会社法767以下）等の組織再編による方法などが利用される。後者は，主に上場子会社の完全子会社化に際して見受けられ，主にMBOに利用される方法は前者である。この前者の方法は，TOBに応募しなかった株主が保有する普通株式を，いったん，全部取得条項付種類株式を利用して取得対価を1株に満たない種類株式とし，この1株未満の端数株式を会社法所定の処分の方法により会社が公開買付者等に売却して，処分代金を株主に交付することにより，締め出しを行うものである。

2　種類株式の設計

(1)　従来発行の普通株式への全部取得条項の付加

　TOBに応募しなかった株主が保有する株式を会社が取得し，対価として別の種類株式を交付するため，従来発行している普通株式に全部取得条項を付すことにより，全部取得条項付種類株式とすることが必要となる。

　全部取得条項付種類株式とは，株主総会の特別決議を得ることにより，発行会社が株式の全部を取得することができる種類株式をいう。会社法制定前，債務超過状態の株式会社の経営再建のための100％減資については，同時に株式

を発行する場合には行いうるとされていたものの、更生手続・再生手続以外で行うには株主全員の同意を要するものとされており、迅速性に欠けるという問題があった。かかる問題を解消するため、多数決による100％減資を行いうるため全部取得条項付種類株式が設けられた[1]。しかし、会社法上、全部取得条項付種類株式の全部取得に債務超過は要件とされておらず、非公開化にあたっても活用が可能である。

　全部取得条項付種類株式は種類株式発行会社でなければ発行できないが、種類株式発行会社とは定款上に剰余金の配当その他会社法108条1項各号に定める事項について内容の異なる2以上の種類株式を発行することを定めている会社をいい（会社法2十三）、現実に2以上の種類株式を発行している必要はない。もっとも、概説に述べたように、非公開化にあたり全部取得条項付種類株式の取得対価として別の種類株式を交付することから、この種類株式を定款に定めることで種類株式発行会社となる。

　この全部取得条項付種類株式の発行にあたっては、①取得対価の価額の決定方法、②株主総会の決議をすることができるか否かについて条件を定めるときは、その条件を定款で定めることとされる（会社法108②七）。後者については定める必要があるときに、定款で定めるものであり、定めるか否かは会社の任意とされる。非公開化のための全部取得条項付種類株式の発行にあたっては、全部取得条項を付した後直ちに全部取得決議を行うことから、格別定める必要はなかろう。よって、問題となるのは前者の取得対価についてである。

　この取得対価については取得対価の価額の「決定方法」とされているが、非公開化のための全部取得条項を付す場合には、全部取得条項を付した後直ちに全部取得決議を行うことから、具体的な取得対価そのものを定款に定めることが一般的である。なお、具体的な取得対価を定めることが、「決定方法」を超えた定めであり許容されるのかという疑問も生じるが、

---

[1]　江頭憲治郎『株式会社法（第4版）』153頁（有斐閣、2011）。

① 会社法には具体的な取得対価を定めることを禁止する定めはないこと
② 「決定方法」としての取得対価算定方法には株主という要素が関与することはないのが一般的であるから，「決定方法」により定められた具体的な取得対価による全部取得が株主の利益を害することがあっても，「決定方法」そのものが株主の利益を害することはないこと
③ 定款変更にあたり株主総会・種類株主総会の特別決議を得ること

以上から「決定方法」として具体的な取得対価を定めること自体は許容されると考えられる。

(2) 具体的な取得対価の決定

非公開化のために普通株式に全部取得条項を付す場合には，取得対価として定款に定める別の種類株式を用いる。

そこで，この全部取得条項付株式1株に対して交付する別の種類株式の数をどのように定めるのかが問題となる。TOBに応じなかった株主を締め出す手法として，これらの株主には1株未満の株式を交付し，公開買付者を含め全ての端数の株式を1株以上として裁判所の許可を得て売却し，これらの株主には金銭を交付することとなる。もし，TOBに応じなかった株主に1株以上交付してしまうと，その株主は当該会社の株主として残ってしまうこととなるし，端数の株式が1株に満たない場合には売却ができず，締め出しをする株主に金銭を交付することができない。

したがって，具体的な取得対価を決定するためには，①TOBに応じなかった株主に交付される種類株式数が1株未満の端数とし，②公開買付者を含めた全ての株主に交付する種類株式の端数の合計が1株以上となるよう算定しなければならない。なお，自己株式には全部取得条項付株式の取得対価は交付されない（会社法171②，173②）。公開買付開始から，全部取得条項付株式の全部取得日までの期間に発行会社が取得する自己株式にも注意した上，算定する必要がある。

この結果，決定される取得対価は，例えば「全部取得条項付株式の取得と引き換えに，新たに発行する○種種類株式を全部取得条項付種類株式1株につき○○○○万分の1株の割合をもって交付する。」というものになる。

(3) 別の種類株式の設計

このように全部取得条項付種類株式の対価として，別の種類株式を発行しなければならないところ，この種類株式の設計をどのように行うのかも問題となる。

この種類株式は，TOBに応じなかった株主を締め出すために，便宜上発行されるものであり，非公開化が完了すると定款変更を行って普通株式に戻されるものである。したがって，どのような種類株式であっても差し支えないともいえる。しかし，他の株式と異なる定めを置くことができる内容は会社法上限られていることから（会社法108），この許容される内容から選択することとなる。

そこで，この種類株式の内容としては，非公開化の過程で通常生じることがない内容を選択すべきであり，会社法が許容する内容にかんがみ，おそらくは生じないであろうと考えられる残余財産の分配に関する定め（会社法108①二）を選択することになろう。残余財産の分配についても，具体的な優先分配金額の定め，若しくは劣後分配と，様々な設計が可能であるが，1円の優先分配を定めるのが一般的である。

この結果，この種類株式としては，次の定めを置くこととなる。

「残余財産を分配するときは，○種種類株式を有する株主又は○種種類株式の登録株式質権者に対し，普通株式を有する株主又は普通株式の登録株式質権者に先立ち，○種種類株式1株につき1円を支払う。上記の残余財産の分配後，残余する財産があるときは，普通株式を有する株主又は普通株式の登録株式質権者及び○種種類株式を有する株主又は○種種類株式の登録株式質権者に対し，同順位にて残余財産の分配を行う。」

(4) 発行可能株式総数に関する問題

　会社が発行する株式数については，定款に定める発行可能株式総数以内であることが必要である。また，種類株式発行会社では，発行可能株式総数のほか，定款に各種類株式の発行可能種類株式総数を定めなければならず（会社法108②），発行する種類株式数は発行可能種類株式総数以内であることが必要である。

　非公開化にあたり，発行する株式は，

① 　公開買付時に発行している普通株式
② 　全部取得条項付種類株式
③ 　取得対価として用いる別の種類株式

の3種類となるが，発行可能株式総数に余裕がなく定款変更により増加することが困難な場合には，発行可能株式総数と発行可能種類株式総数との関係が問題となる。

　この点，発行可能株式総数は，会社が発行することが可能な株式数の総枠であり，各種類株式（普通株式も種類株式の1つとなる）の発行可能種類株式総数は個別枠として考えられるが，あくまで「枠」として捉え，この総枠と個別枠との間には何らの関係も生じないとされる。つまり，個別枠の合計が総枠に一致する必要はなく，個別枠の合計が，総枠を超えることも「枠」としては認められる。実際に発行する各株式数が個別枠内であり，総枠内であることが必要であるのみである[2]。

3　株主総会決議

(1) 株主総会の開催

　全部取得条項付種類株式を用いた締め出しでは，少なくとも三段階の株主総会決議を要する。

---

[2]　相澤哲＝岩崎友彦「株式（総則・株主名簿・株式の譲渡等）」相澤哲編『立案担当者による新・会社法の解説』別冊・商事法務295号29頁（2006）。

ア　全部取得条項付種類株式を発行するために種類株式発行会社となるための定款変更決議

　種類株式の発行には定款の定めが必要である。全部取得条項付種類株式は，種類株式発行会社のみが発行することができるため，種類株式発行会社とされるために，従来発行している普通株式に加えて，別途，種類株式を発行する旨を定款に加えるための定款変更が必要となる。

　この新たに発行する種類株式を，全部取得条項により会社が普通株式を取得する際の対価に用いる。

イ　普通株式に全部取得条項を付すための定款変更決議

　従来発行している普通株式に全部取得条項を付すための定款変更を行う。この定款変更決議により，普通株式が全部取得条項付種類株式となる。

ウ　種類株主総会による全部取得条項の承認決議

　種類株式発行会社が全部取得条項についての定款の定めを設ける場合には，会社法111条2項1号により，その定款変更は当該種類株式の種類株主を構成員とする種類株主総会（当該種類株主に係る株式の種類が二以上ある場合にあっては，当該二以上の株式の種類別に区分された種類株主を構成員とした各種類株主総会）の承認決議が必要とされており，この決議を行う。

エ　全部取得条項付種類株式の全部取得決議

　全部取得条項付種類株式につき，その全部を株主から取得し，対価を交付する決議を行う。

　以上の株主総会決議が必要となるが，実務上，招集手続の事務や株主総会開催の都合を踏まえ，同日同会場にて株主総会・種類株主総会を開催して決議することが望まれる。

　そこで，ウの種類株主総会の開催が問題となる。全部取得条項の定款上の効力を発生させるためには，定款を変更する時点での普通株式株主による株主総会と，全部取得条項付株式株主による種類株主総会が必要となるが，種類株主総会により全部取得条項の定款上の効力を発生させなければ，エの全部取得条項付種類株式の全部取得決議を行うことはできないのではないか，という疑問

が生じる。しかし，株主総会決議に停止条件を付すことは認められていることから，ウの決議を行うにあたり，種類株主総会により全部取得条項の効力が発生することを条件とすることが認められる[3]。これにより，まず，定款を変更する時点での普通株式株主による株主総会を開催してア，イ及びエの決議を行い，その後，引き続き同会場にて，全部取得条項付株式株主による種類株主総会を開催し，ウの全部取得条項の効力発生のための決議を行うことができる。

また，この種類株主総会の招集時期についても疑問の向きがあろう。つまり，株主総会の招集通知は株主総会の開催日の2週間前に発しなければならないが（会社法299①），ア及びイの決議以前には，法的には全部取得条項付種類株式に係る種類株主が存在しないため，ア及びウの決議以前に発送することができず，同日に開催できないのではないのか，という疑問である。しかし，招集通知であっても停止条件を付すことには会社法上の支障はなく，株主保護に欠けることはないものと考えられる。したがって，実務上，株主総会でア及びイの決議がなされることを条件として，ア及びイの決議がなされれば種類株式株主となる普通株式株主に対して種類株主総会を招集している。議決権行使に関する基準日設定公告についても同様であり，株主総会でア及びイの決議がなされることを停止条件として行うことができる。なお，招集通知，基準日設定公告ともに株主総会と種類株主総会を併記して差し支えない。

(2) 議　　案
ア　全部取得条項付種類株式を発行するために種類株式発行会社となるための定款変更決議

全部取得条項付種類株式を発行するためには種類株式発行会社でなければならないため，便宜上，全部取得条項付株式とは別の種類株式を発行するための定款変更を行うのであるが，この別の種類株式は全部取得条項付種類株式の全部取得の際の取得対価として活用されるため，これを想定して種類株式を設計

---

[3] 渡辺邦広「全部取得条項付種類株式を用いた完全子会社化の手続」商事法務1896号29頁（2010）。

し（154頁参照），定款変更する必要がある。

定款変更議案としては，①発行可能株式の種類及び総数，②種類株式の内容の定めとなる。また，あわせて，種類株主総会に関する定めを置くほか，単元株制度など所要の変更を行うこととなる。

【定款例】
(ア) 発行可能株式の種類及び総数の定め

> 第○条　当会社の発行可能株式総数は，○株とし，このうち普通株式の発行可能株式総数は○株，○種種類株式の発行可能株式総数は○株とする。

(イ) 種類株式の内容の定め

> 第○条の2　当会社の残余財産を分配するときは，○種種類株式を有する株主（以下「○種種類株主」という。）又は○種種類株式の登録株式質権者（以下「○種登録株式質権者」という。）に対し，普通株式を有する株主（以下「普通株主」という。）又は普通株式の登録株式質権者（以下「普通登録株式質権者」という。）に先立ち，○種種類株式1株につき，1円（以下「○種残余財産分配額」という。）を支払う。○種種類株主又は○種登録株式質権者に対して○種残余財産分配額の金額が分配された後，普通株主又は普通登録株式質権者に対して残余財産の分配をする場合には，○種種類株主又は○種登録株式質権者は，○種種類株式1株当たり，普通株式1株当たりの残余財産分配額と同額の残余財産の分配を受ける。

定款変更決議では，例えば合併前にあらかじめ合併後のために定款変更を行うときのように定款変更の効力発生日を定めることもできるが，特に効力発生日を定めずに決議を行ったときは決議の成立とともに効力が生じる。アの定款変更の効力発生は，次のステップとなるイの定款変更決議の前提条件となるため，定款変更決議の成立とともに効力を発生させることが望ましい。したがっ

て，この決議では，効力発生について格別の定めを置く必要はない。なお，この決議において後日に効力が発生する定めを置いたときは，**イ**の定款変更決議につきこの決議の効力発生を停止条件とする必要がある。

イ　普通株式に全部取得条項を付すための定款変更決議

アの定款変更決議により種類株式発行会社となり，全部取得条項付種類株式の発行が可能となったことから，非公開化のためのTOBに応じなかった普通株式株主より株式を強制取得するため，普通株式に全部取得条項を付すための定款変更決議を行う（この全部取得条項の設計については151頁参照）。

【定款例】

> 第○条の3　当会社が発行する普通株式は，当会社が株主総会の決議によってその全部を取得することができるものとする。当該取得を行う場合には，当会社は普通株式の取得と引き換えに，普通株式1株につき○種種類株式を○株の割合をもって交付する。

この定款例では，全部取得条項付種類株式とされた株式についても，なお「普通株式」と称している。種類株式の1つを「普通株式」と称することについては特に会社法上の制約はない。もちろん，この**イ**決議の段階で「普通株式」を「全部取得条項付種類株式」に変更することも差し支えない。しかし，変更した場合，**イ**決議の段階で，**ア**決議で変更した定款中に用いられる「普通株式」についても「全部取得条項付種類株式」に変更する必要がある。

ところで，この決議では一般的に効力発生日の定めがなされる。これは，普通株式に全部取得条項を付する定款変更では，反対株主に株式買取請求権が認められるところ（会社法116），この株式買取請求権の行使は定款変更の効力発生日の20日前から，効力発生日の前日までとされているためである（会社法116⑤）。もし効力発生日を定めなければ決議の成立とともに効力が生じることとなり，株式買取請求権の行使は株主総会前日までになされなければならなくなる。株式買取請求権の行使期限が，株主総会開催日前に到来することについて

の規制は会社法に設けられてはいないものの，株主総会における審議の経過にかんがみて株主が株式買取請求権を行使するか否か熟慮する期間を確保するために，株主総会開催日から20日経過後に定款変更の効力を生じるよう効力発生日を設けることが多い。

　また，後述するように米国に居住する株主を有する場合には米国証券法に留意する必要があり，定款変更の効力発生日を全部取得条項付株式の全部取得決議で定める取得日と同一日とすることとなる。さらに，上場廃止との関係にも留意する必要があり，全部取得条項付株式の全部取得決議の成立により全部取得が確定した旨の報告を受けた日をもって，東京証券取引所は上場廃止を決定し，この上場廃止の決定日の翌日から1カ月を経過した日に上場廃止となるから（東証上場規程施行規則601⑭二，604十），この上場廃止日以降に取得日を定めることとなる。

　以上を整理すると，定款変更の効力発生日と全部取得決議日とは同一日となり，かつ全部取得決議日は株主総会決議日より1カ月を経過した日となる。

ウ　全部取得条項付種類株式の全部取得決議

　イの定款変更決議により，普通株式に全部取得条項が付されたことから，株主総会決議により全部取得条項付種類株式の全部取得を決議によって行う（会社法171①）。決議の内容は，

① 　取得対価の内容及び数・額又はこれらの算定方法（会社法171①一）
② 　株主に対する取得対価の割当てに関する事項（会社法171①二）
③ 　取得日（会社法171①三）

となる。ただし，①と②はイの決議で既に定款に定めがなされているから，③取得日がポイントとなる。

　この取得日については，米国に居住する株主を有する場合には米国証券法に留意する必要がある。これは，米国に居住する株主を有する場合には，米国外の取引に対しても米国証券法の適用があるためである。米国に所在する株主に証券を募集する場合，米国証券取引委員会に事前に証券の登録を行う必要があ

り，株式の種類の変更も証券の募集に該当する[4]。このため，普通株式が全部取得条項付株式に変更されるときは，この株式の種類の変更となり，証券の募集として米国証券取引委員会への登録が必要となると考えられる。そこで，実務上，全部取得決議で定める取得日を**イ**の定款変更決議の効力発生日と同一日とする必要がある。

なお，この決議につき，株主総会に先立って全部取得条項付種類株式の取得に反対する旨を通知し，かつ当該株主総会において反対した株主，及び当該株主総会において議決権を行使することができない株主は，当該株主総会の日から20日以内に裁判所に対し全部取得条項付種類株式の価格の決定を申し立てることができる（会社法172）。

(3) 全部取得条項を付す定款変更に関する通知義務

普通株式に全部取得条項を付す定款変更に反対する株主に対しては，株式買取請求権が認められる（会社法116①二後段）。この権利行使が可能となる事実の発生を知らせるため，定款変更の効力発生日の20日前までに当該行為をする旨を通知，若しくは公告しなければならないとされている（会社法116③・④）。

反対株主の株式買取請求権の行使期間が株主総会開催日前に開始することを会社法は禁じてはおらず，議決権を行使することができない株主が存しない場合には，定款変更を行う旨が記載されている株主総会招集通知を定款変更の効力発生日の20日前までに送付することにより，この定款変更をする旨の通知を行ったこととなると解されることから，株主総会招集通知に「普通株式に全部取得条項を付する定款変更をする」旨を記載することで，別途通知若しくは公告を要しないこととなる[5]。しかし，反対株主の権利であり，株主総会の開催

---

[4] 新川麻＝Bohrer Stephen＝星明男「日本国内におけるM＆A取引への米国証券取引法の適用　1933年証券法の登録届出書提出義務を中心に」商事法務1815号35頁（2007）。

[5] 相澤哲＝葉玉匡美＝郡谷大輔編『論点解説　新・会社法』95頁（商事法務，2006）。

をもって賛否が確定すること，株主が株式買取請求権を行使するか否か熟慮する期間を確保する必要があることから，実務上は，定款変更の効力発生日から株主総会後20日を経過した日以降とし，株主総会後に改めて全部取得条項を付す定款変更に関する通知若しくは公告を行っている。

(4) 株式買取請求権行使に関する参考書類の記載

　株式買取請求権が行使された場合，株式買取価格の決定につき，株式買取請求権行使者と会社との間で，効力発生日から30日間の協議期間が設けられている（会社法117②）。

　非公開化により締め出される株主は，全部取得条項付種類株式の取得対価として1株未満の別の種類株式が交付され，端数処理の結果，これが現金化されるのであるが，その現金化の際の価格は，株主がTOBに応じた場合に取得する売却代金と同額になるよう価格が設定される。つまり，株式買取請求権を行使する反対株主は，いずれ所有株式が現金化されるにもかかわらず，権利行使するものであり，つまりは公開買付価格に不満がある場合となる。非公開化会社としては，端数処理の結果支払われる公開買付価格を超えて反対株主だけに高額な株式買取代金を支払うわけにいかず，反対株主が株式買取請求権を行使しても，株式買取価格が速やかに合意されるとは考えられない。

　他方，株主総会の決議後，非公開化の手続は進行し，概ね1カ月で上場廃止となった直後に全部取得条項付種類株式の取得がなされ非公開化手続は完了する。反対株主が株式買取請求を行うためには，株主総会決議から，株式買取の効力が生じるまでの間，保有を継続する必要があるが，全部取得条項付種類株式の非公開化会社取得により，反対株主は保有する株式を失うこととなる。このため，反対株主は継続保有要件を充足することができないため，裁判所に買取価格決定申立を行うことはできないとの疑義が生じる。

　このため，反対株主は株式買取価格決定申立により価格を争うことは難しく，取得価格決定申立（会社法172）により価格を争う実務が定着している。これを受けて，非公開化手続において，株主総会参考書類に「全部取得条項付株式の

全部取得により会社法117条2項による申立てが申立資格の喪失により不適法となるおそれがある旨」「全部取得条項付株式の全部取得に反対した株主が買取価格につき会社法172条の定めにより取得価格の決定の申立てができる旨」を記載する例もある。

(5) 説 明 義 務

一般的に取締役・監査役は株主総会での説明義務を負い、説明義務が尽くされなければ決議取消原因（会社法314①）となる。株主総会参考書類に各議案の提案理由を記載し、株主総会当日は、
① 　各議案の提案の理由
② 　非公開化の理由
③ 　非公開化の手続
④ 　全部取得条項付種類株式の全部取得理由
を説明することとなる。

① 各議案の提案の理由

公開買付者の公開買付状況、議決権割合を述べ、公開買付者が発行済株式の全てを取得して完全子会社化する意向を持ち非公開化手続の実施を要請した旨を説明する。

② 非公開化の理由

非公開化会社の業界の現況、非公開化会社の課題とその対処状況を述べ、さらに改善を図るために非公開化が必要である等を説明する。

③ 非公開化の手続

一連の非公開化の手続、つまり種類株式発行会社となるための定款変更、普通株式に全部取得条項を付すための定款変更、全部取得条項付種類株式の全部取得、という手続により、公開買付者以外の株主については取得対価として1株未満の種類株式が交付され、それを1株未満の端数処理により現金化されることにより、非公開化の手続の完了により公開買付者のみが株主となることを説明する。

なお、各議案について、さらに詳細に説明することが望ましい。

④ 全部取得条項付種類株式の全部取得に関する説明義務

全部取得条項付種類株式の全部取得議案を決議する株主総会で、取締役は全部取得条項付種類株式の全部を取得することを必要とする理由を説明しなければならない（会社法171③）。

(6) 上場廃止と有価証券報告書提出義務

ア 上場廃止

非公開化に伴い、非公開化会社が全部取得条項付種類株式の全部取得を行う場合には、上場廃止となる（東証上場規程601①十八）。この手続の概略は次のとおりである。

① 全部取得条項付種類株式の全部取得の方法により非公開化するため上場株式の全部を取得する旨を発表したときは、証券取引所は監理銘柄（確認中）に指定する（東証上場規程610、東証上場規程施行規則605①二十一）

② 株主総会・種類株主総会により各議案が承認されたことにより、全部取得条項付種類株式の全部取得が確定した旨の書面による報告を受け、証券取引所は上場廃止の決定を行う。原則として、上場廃止の決定日の翌日から起算して1カ月を経過した日に上場廃止となる（東証上場規程609、東証上場規程施行規則601⑭二、604十）。ただし、全部取得条項付株式の取得の効力が生じる3日前をもって上場廃止となる（東証上場規程604六）

イ 有価証券報告書提出義務

この上場廃止により上場会社でなくなるが、従前、有価証券報告書提出義務を負っていた場合には、直前の事業年度の末日時点の株主の数が25名未満となり内閣総理大臣の承認を得てこの義務を免れる場合（金商法24①ただし書）を除き、当然には有価証券報告書提出義務を免れない。

しかし、有価証券報告書提出義務は有価証券ごとに規定されているため（金商法24①）、従前に有価証券報告書提出義務を有していた全部取得条項が付された普通株式を全て消却すれば、その時点で有価証券報告書提出義務が消滅する

と解されている[6]。なお，内部統制報告書及び四半期報告書提出義務は上場廃止により消滅する。

(7) 手続の流れ

以上の一連の手続を行うためには，株主総会の基準日の設定，招集通知，開示という手続も必要となる。

【手続の流れの例】

平成××年××月××日	株主総会の基準日設定の取締役会決議及び開示
平成××年××月××日	株主総会の基準日設定公告
平成××年××月××日	株主総会招集の取締役会決議及び開示
平成××年××月××日	招集通知の発送
平成××年××月××日	株主総会・種類株主総会の開催及び開示
	①決議定款変更効力発生日
平成××年××月××日	証券取引所における整理銘柄の指定
平成××年××月××日	定款変更に係る通知公告
平成××年××月××日	全部取得条項付種類株式取得の基準日設定通知公告
平成××年××月××日	市場における株式売買最終日
平成××年××月××日	上場廃止日
平成××年××月××日	全部取得条項付種類株式取得の基準日
平成××年××月××日	②決議定款変更効力発生日
	③決議の全部取得条項付種類株式の取得日

---

[6] 郡谷大輔＝若林義人「上場廃止に伴う有価証券報告書・内部統制報告書等の提出義務の帰趨と実務上の留意点」商事法務1870号62頁（2009）。

4 全部取得条項付種類株式の取得

(1) 取得の効果

一連の株主総会手続が完了したことにより，全部取得条項付種類株式の全部取得決議に従い，決議に定められた取得日が到来すると，全部取得条項付種類株式の全部取得の効果が生じる（会社法173①）。これにより，全部取得条項付種類株式株主には取得対価としての別の種類株式が交付される。この交付される種類株式は1株未満の端数株式であり，その種類株式の法律関係は端数株式の合計を整数の株式数とした株式の共有者となる。なお，株式買取請求権を行使又は取得価格決定の申立てを行った株主であっても，取得の効果は生じることとなる[7]。

全部取得条項付種類株式は非公開化会社が取得することから自己株式となるが[8]，速やかに取締役会において消却手続（会社法178）を行う。

(2) 端数株式代金の支払

全部取得条項付種類株式株主は対価として端数の種類株式を取得するが，この端数株式の処分を行う。

全部取得条項付種類株式を会社が取得するに際し，対価として交付する株式に1株に満たない端数があるときは，その端数の合計数（その合計数に1に満たない端数がある場合には，これを切り捨てる）に相当する株式を競売し，その端数に応じて代金を交付しなければならない（会社法234①）。しかし，この競売について，市場価格のある株式については市場価格として法務省令で定める方法により算定される額をもって，市場価格のない株式については裁判所の許可を得て競売以外の方法により売却することができる（会社法234②）。

そこで，非公開化会社は端数株式をとりまとめ売却し，各株主に端数に応じて分配するにあたり，実務的には，裁判所の許可を得て競売以外の方法で売却

---

[7] 相澤＝葉玉＝郡谷編・前掲注5）104頁。
[8] 山下友信編『会社法コンメンタール4（株式2）』112頁（商事法務，2009）。

しており，非公開化という目的から，公開買付者か，非公開化する会社が取得する。また，非公開化する会社が取得する場合には，取締役会決議により株式の種類及び数，買取代金として支払う金銭の額を定める必要がある（会社法234④）。この端数株式の代金分配により，非公開化の手続が完了する。

なお，非公開化する会社が有価証券報告書提出義務を負う会社である場合に，公開買付者が端数株式を取得するにあたり，TOBを要するか否かが問題となるが，通常，TOBを行う必要はないとの金融庁の見解[9]がある。また，非公開化する会社自身が端数株式を取得する場合には，上場株券等を対象にする場合のみTOBが求められるため（金商法27の22の2①），そもそも問題は生じない[10]。

5 税　　務

(1) 全部取得条項付種類株式の全部取得

全部取得条項付種類株式を用いた締め出しにおける税務では，全部取得条項付種類株式を非公開化する会社が自己株式として取得し，その対価として別の種類株式を交付することとなる。

税務上，発行会社が自己株式を取得し，金銭その他の資産の交付を受けた場合，金銭の額及び金銭以外の資産の価額の合計額が発行法人の資本金等の額のうち，その交付の基因となった当該法人の株式に対応する部分を超えるときは，その超える部分の金額は，配当等の額とみなすこととなっている（法法24①四，所法25①四）。自己株式の取得にあたり，この「みなし配当」が生じると，発行会社は金銭等の交付にあたり源泉所得税を徴収する義務を負い（所法181，212③），また，みなし配当の支払通知義務を負っている（所法225②二，所令352の2，所規92）。また，みなし配当以外の部分の金額は株式等の譲渡所得等に係る収入金額とみなされる（措法37の10③四）。

そこで，発行会社である非公開化する会社が全部取得条項付株式を自己株式

---

9) 金融庁「株券等の公開買付けに関するQ＆A」（平成21年7月3日）問6参照。
10) 渡辺・前掲注3）35頁（注22）。

として取得したことから，このみなし配当と譲渡損益の認識がポイントとなる。

ア　公開買付者

　法人が全部取得条項付種類株式の全部を取得する場合に，その対価としてその法人の株式及び新株予約権のみの交付を受ける場合には，その種類株式の譲渡はなかったものとみなされる（所法57の4③三）。

　このため，非公開化の手続により，普通株式に全部取得条項が付され，全部取得がなされた場合に，対価として別の種類株式のみが交付される限り，この譲渡はなかったものとされるから「譲渡損益」について認識する必要はない。また，この場合には自己株式の取得であっても「みなし配当」の対象とされる自己株式の取得事由から除外される（所法25①四）。したがって，税務上の問題は生じない。

　なお，引き続きこの別の種類株式につき端数処理がなされ端数代金が交付されることから，「対価として別の種類株式のみが交付される」という要件に抵触するのではないかという疑問もあるが，1株未満の株式の合計数に相当する数の株式を譲渡し，又は買い取った代金として交付されたものであるときは，その1株未満の株式に相当する株式を交付したこととする（法基通2－3－1，所基通57の4－2）とされており，要件に抵触することはないと考えられる。

イ　端数代金の交付を受ける者

　非公開化する会社が全部取得条項付種類株式を取得した際，その対価として別の種類株式を交付するが，このうちTOBに応募しなかった株主には1株未満の端数の種類株式が交付されるため，端数処理により非公開化する会社により売却され端数代金が交付されることになる。また，公開買付者が取得する種類株式に対しても端数処理はなされるため，1株未満の部分については同様となる。

　この端数代金については譲渡として扱い，譲渡損益を認識することになる（法基通2－3－25，所基通57の4－2）。

　この端数処理につき，端数株式を発行会社である非公開化する会社が取得した場合には，自己株式の取得にあたる。しかし，この端数処理についてはみな

し配当の適用から除外されており、みなし配当課税の問題は生じない（法法24①四、法令23③九、所法25①四、所令61①九）。

ウ　非公開化する会社

1株未満の端数処理にあたり、1株未満の株式をとりまとめて売却した場合に収入する金額は、非公開化する会社において、法人所得の計算上、益金の額に算入しないものとしている（法令139の3①）。TOBに応募しなかった株主に代わり端数株式を売却したものであり、預り金的性格を有するためである。なお、このためTOBに応募しなかった株主に交付した金銭は、法人所得の計算上、損金の額に算入しない（法令139の3②）。

(2)　反対株主の株式買取請求

全部取得条項を付する定款変更に係る反対株主の株式買取請求により、発行会社である非公開化する会社に譲渡した場合には、非公開化する会社にとり自己株式の取得にあたる。この自己株式の取得については、みなし配当課税の対象となる。

この場合、原則どおり、みなし配当課税の対象となった部分以外の金額は株式等の譲渡所得等に係る収入金額とみなされ、譲渡損益を計算することとなる。なお、自己株式として発行会社に取得されることを予定して取得された株式については、みなし配当の益金不算入が認められない。

(3)　反対株主の価格決定申立

全部取得議案に係る反対株主が裁判所に価格決定を申立て、裁判所が定めた価格にて発行会社である非公開化する会社に株式を譲渡した場合については、自己株式の取得ではあるが、みなし配当が適用される事由から除外されており（法法24①四、法令23③十、所法25①四、所令61①十）、みなし配当課税の問題は生じない。

II　極端な比率に関わる諸問題

1　極端な比率が生じる場面

　全部取得条項付種類株式（会社法108①七・②七，171〜173）及び端株の処理（会社法234①二）を用いて株式の非公開化を行う場合，株式の非公開化の対象会社（以下「対象会社」という）は，普通株式を全部取得条項付種類株式に変更して，株主より全部取得条項付種類株式を取得し，その対価として株主に対し全部取得条項付種類株式1株につき，極端な比率の他の種類株式を交付する。以下で，極端な比率の他の種類株式が交付される手続をより詳細に見てみよう。

　まず，株式の非公開化に際しては，①対象会社が種類株式発行会社（会社法2十三）でない場合には，種類株式発行会社とすべく，従前の普通株式に加えて，任意の他の種類株式を発行する規定を設ける旨の定款変更を行う。次に，②従前の普通株式を全部取得条項付種類株式とすべく，取得対価の価額の決定の方法（会社法108②七イ），及び当該株式を取得する株主総会決議をすることができるか否かについての条件を定めるときは，その条件（会社法108②七ロ）を定款で定めることになる。さらに，②に際しては，③全部取得条項を付される従前の普通株主による種類株主総会も必要となる（会社法111②一，324②一）。そして，②の定款に基づき，④対象会社は，株主総会決議により，対象会社の全部取得条項付種類株式の全てを取得するのである（会社法171①）。

　なお，②の手続に際しては，取得対価の価額の決定の方法について定款で定めることが必要とされ，④の手続においては，取得対価の決定が必要とされている（会社法171①）ところ，①から④の手続は，全て同一の株主総会及び同日開催される種類株主総会で決議されていることから，取得対価は，②と④の手続双方において他の種類株式とされる[11]。全部取得条項付種類株式の取得対

---

11)　渡辺邦広「全部取得条項付種類株式を用いた完全子会社化の手続」商事法務1896号30頁（2010）は，全部取得条項付種類株式取得後端数株式の売却までの間には，端数株式の剰余金配当請求権は認められ，各株主が交付されるべき端数の割合

価として交付される他の種類株式の数は，端数株式を裁判所の許可を得て売却し（会社法234①・②）[12]，各株主に現金で交付するために，各少数株主に交付される他の種類株式が全て1株未満の端数となり[13]，株式の非公開化を行おうとする株主側に交付される他の類種類株式の端数合計が1株以上になるように設計されている。そのため，全部取得条項付種類株式1株につき交付される他の種類株式の数は，極端に低くなる。このようにして，極端な比率は，全部取得条項付種類株式を取得する際に生じることになる。

2 極端な比率に関連する裁判例

株式の非公開化に際して生じる，全部取得条項付種類株式の取得とその取得の際に交付される他の種類株式との極端な比率については，上述のとおり，株主総会決議という手続を経てなされていることから，訴訟上は，主に，株主総会決議取消しの訴え（会社法831①）又は株主総会決議無効確認の訴え（会社法830②）において争われることになろう。そこで，以下で，普通株式を全部取得条項付種類株式に変更しその取得を決議した株主総会決議の効力が争われた裁判例につき，概略を述べることとする。

(1) インターネットナンバー事件[14]

ア 事案の概要

インターネットナンバー事件は，Y社（インターネットナンバー株式会社）の

に応じた剰余金の配当が必要と解されるとする。
12) なお，対象会社による端数株式の買取りについては，分配可能額による規制がなされている（会社法461①七）。
13) 渡辺・前掲注11）34頁（注15）は，取得日（取得の基準日を定める場合には当該基準日）までに，少数株主による株式の買集めが行われる可能性にも配慮が必要であるとする。
14) 東京地判平成22年9月6日判タ1334号117頁。同判決の評釈として，弥永真生「判批」ジュリスト1410号36頁（2010），福島洋尚「判批」金判1359号16頁（2011），秋坂朝則「判批」法律論叢84巻1号357頁（2011），前田修志「判批」ジュリスト1438号102頁（2012），長畑周史「判批」青森法政論叢13号119頁（2012）。

株主であるX_1〜X_6が，A社（GMOメディアホールディングス株式会社）を完全親会社とし，Y社を完全子会社とすることを目的としてなされた平成21年6月25日開催の株主総会（以下「本件総会」という）における各決議のうち，①Y社を種類株式発行会社とする定款変更決議，②Y社の普通株式に全部取得条項を付すること等を内容とする定款変更決議，及び③上述の①，②の定款変更により全部取得条項付種類株式に変更された株式をY社が取得する決議，④同日開催のY社の普通株主による種類株主総会においてなされた②と同内容の定款変更決議につき，会社法831条1項1号又は3号に基づき①〜④までの各決議の取消しを求めるとともに，会社法830条2項に基づき①〜④までの各決議の無効確認を求めた事案である。

Y社は，平成元年5月12日に設立された，インターネットを利用するシステムの開発・販売等を目的とする株式会社であり，本件総会時の発行済株式総数は6万1,635株であり，資本金は1億円であった。

A社は，東証一部上場企業であるB社（GMOインターネット株式会社）の子会社であり，本件総会時，Y社の株式を少なくとも4万4,090株（持株比率にして71.5％）を保有していた。

X_1〜X_6（以下「Xら」という）は，Y社の株主であり，本件総会時，合計で9,265株（6,640株＋500株＋300株＋425株＋1,200株＋200株。持株比率にして約15％）を保有していた。

Y社は，平成13年7月9日，「インターネットサーバーのアクセス管理及びモニタシステム」に関する発明を出願し，当該発明を用いたサービスを提供していたところ，同業種のC社（JWord株式会社）と当該発明を用いたサービスにつき，提携関係を結んだ。平成15年10月ころ，B社は，Y社の第三者割当増資により，Y社の発行済株式総数の69.6％を保有する筆頭株主となり，B社の代表であるDをY社の取締役会長として派遣し，後に，保有するY社株式をA社に移転した。さらに，B社は，C社にも出資し，同社の経営権を獲得し，Y社とC社のソフトウェアを一本化して顧客に配布するという方針を採用した。なお，平成18年1月20日，Y社が平成13年7月9日に出願していた特許について

登録がなされたが，平成20年6月26日，同特許について，特許庁の無効審決が出されている。

B社がY社とC社の経営を支配するなかで，X_1社は，Y社とC社との提携関係が，Y社の特許権を侵害しており，Y社の利益を損なうにもかかわらず，Y社がC社に対し侵害行為の差止請求及び損害賠償請求を講じない背景には，B社から派遣された役員Dらの任務懈怠があるとして，Y社の当時の代表取締役に対し，責任追及等の訴えを提起するように請求したが，Y社によるDらに対する責任追及等の訴えは提起されなかった。また，X_3は，B社に対し，A社が保有するY社株式を1株700円で買い受ける旨の提案をしたが，かかる提案は受け入れられず，X_1～X_3とB社は，A社の保有するY社の株式の売買の条件について交渉をしたが，条件面で折り合いが付かず，やはり交渉は決裂した。X_3らは，平成20年7月25日ころ，Y社に対し，再度，Dらに対する責任追及等の訴えを提起するように請求したが，Y社は，再度，責任追及の訴えを提起していない旨通知した。Y社の財務状況は，平成18年12月期には，当期純利益2,416万円，純資産1億5,106万1,000円であったが，平成21年5月期においては，当期純損失1,140万9,000円，純資産381万3,000円まで悪化していた。そのような状況において，本件株主総会が開催され，その後，Y社は，Xらから全部取得条項付種類株式を取得するのと引換えに，新たに発行するA種種類株式を普通株式1株につき12万6,380分の8株を交付し，A種種類株式の端数について売却して，各株主に対し，普通株式1株につき70円を交付するとした。

インターネットナンバー事件においては，①～④までの各決議について，(i)議長らによる説明義務（会社法171③，314）違反の有無，(ii)B社による議決権行使の831条1項3号該当性，(iii)（全部取得条項付種類株式を用いる際の）正当な目的の要否，(iv)株主平等原則違反の有無等が争点とされた[15]。

---

15) インターネットナンバー事件においては，原告らが，全部取得条項付種類株式の取得決議により株主としての地位を喪失していたため，株主総会決議取消しの訴えの原告適格が認められるかについても争点とされたが，判決は，原告適格を認めている。かかる争点については，東京高判平成22年7月7日金判1347号18頁参照。

イ 判旨（請求棄却）

(ア) 説明義務違反の有無について

「議長が，各株主に交付される普通株式1株当たり70円という金額の算出方法ないし根拠について，具体的に説明している以上……，第三者機関による株価算定書及び第三者機関に交付した算定の基礎資料を開示することは，平均的な株主が会議の目的たる事項を合理的に判断するのに客観的に必要な範囲に含まれないと解される。」

「本件臨時株主総会において，議長にはA社の親会社としての適格性を説明すべきであるのにこれをしなかったという義務違反があるものの，……議長は，それ以外の点について，Y社がA社の完全子会社となる理由，完全子会社化のために全部取得条項付種類株式を用いること及びその具体的手続，完全子会社化によりY社から排除される株主が受ける金員の額並びにその根拠について，平均的な株主が会議の目的たる事項を合理的に判断するのに客観的に必要な範囲の説明はなされていたものと認められる。

そうすると，本件において，決議の方法が法令に違反する点があるものの，その違反事実は重大といえず，かつ，決議に影響を及ぼさないと認められるから，会社法831条1項1号に基づく取消請求は棄却すべきである。」

(イ) 会社法831条1項3号該当性について

「全部取得条項付種類株式制度を規定した会社法108条1項7号，2項7号，171条ないし173条が，多数決により公正な対価をもって株主資格を失わせることを予定していることに照らせば，単に会社側に少数株主を排除する目的があるというだけでは足りず，同要件を満たすためには，少なくとも，少数株主に交付される予定の金員が，対象会社の株式の公正な価格に比して著しく低廉であることを必要とすると解すべきである。」

(ウ) 正当な目的の要否について

「全部取得条項付種類株式制度については，倒産状態にある株式会社が100％減資する場合などの「正当な理由」がある場合を念頭に導入が検討されたという立法段階の経緯があるにしても，現に成立した会社法の文言上，同制度の利

用に何らの理由も必要とされていないこと，取得決議に反対した株主に公正な価格の決定の申立てが認められていること（会社法172①）に照らせば，多数決により公正な対価をもって株主資格を失わせること自体は会社法が予定しているというべきであるから，Y社に少数株主を排除する目的があるというのみでは，同制度を規定した会社法108条1項7号，2項7号，171条ないし173条の趣旨に違反するとはいえない。」

   (エ)　株主平等原則違反の有無について

「株主平等原則とは，株式会社が株主を，その有する株式の内容及び数に応じて平等に取り扱わなければならないとする原則であるところ（会社法109①），全部取得条項付種類株式を用いてA社がY社を完全子会社化するスキームにおいては，最終的にA社のみがY社の株式を取得し，それ以外の少数株主には現金を交付する結果となるものの，本件各決議自体は，Y社の筆頭株主であったA社も含め，本件各決議の当時のY社の普通株主らに対し，普通株式1株当たりA種種類株式12万3,860分の8株を交付することを内容とするものであり，株主平等原則に違反するとはいえない。」

(2)　吉本興業事件[16]

ア　事案の概要

本件は，A社（吉本興業株式会社）の株式の非公開化の手続に際して，A社の普通株式を全部取得条項付株式へと変更し，取得するために開催された平成22年1月28日臨時株主総会（以下「本件株主総会」という）につき，①A社の株主であった甲事件原告であるXらが，Y_1社（旧商号は，クオンタム・エンターテイメント株式会社。新商号は吉本興業株式会社）及びY_2〜Y_4に対して，不法行為に基づく慰謝料の支払を求め，②乙事件原告であるXらが「種類株式発行に係る定款の一部変更」「全部取得条項を付すための定款の一部変更」「全部取得条項付普通株式の取得」「株券発行に係る定款一部変更」の各決議並びに同日のY_1

---

[16]　大阪地判平成24年6月29日金判1399号52頁。

社の種類株主総会における「全部取得条項を付すための定款一部変更決議」につき，主位的に本件総会決議が無効であることの確認を，予備的に本件総会決議の取消しを求めた事案である。

A社は，昭和23年1月7日に成立し，演芸，映画，その他各種の興業及びテレビ・ラジオ番組の制作，配給などを目的とする株式会社であり，Y_1社は，平成21年4月22日に成立し，平成22年6月1日，A社を吸収合併するとともに商号をA社の商号に変更した株式会社である。

Y_2〜Y_4は，Y_1社のA社吸収合併時，A社又はY_1社の取締役であった者である。

Y_1社は，平成21年9月11日，A社が所有する自己株式を除く全株式3,748万5,962株を取得することを目的として，①買付者をY_1社，②買付価格をA社株式1株につき1,350円（以下「本件買付価格」という），③本件TOB後の方針を全部取得条項付種類株式の取得及び端株の処理として，A社株式のTOBを行う旨を公表した。なお，Y_1社は，B社より，A社株式の評価につき，

市場株価平均法　　983円から1,292円
類似会社比較法　　924円から1,218円
DCF法　　　　　1,289円から1,604円

という結果を得ていた。

A社は，平成22年1月28日，臨時株主総会及び普通株主による種類株主総会を開催し，全部取得条項付普通株式を取得し，その対価として全部取得条項付普通株式1株につきA種種類株式を500万分の1株の割合で交付し，1株未満の端数の合計数に相当する数のA種種類株式について，普通株式1株当たり1,350円（以下「本件取得価格」という）でY_1社へ売却する予定である旨の議案を含む全ての議案を可決した。Y_1社及びA社は，平成22年4月19日，吸収合併存続会社をY_1社，吸収合併消滅会社をA社として，効力発生日を同年6月1日との内容の吸収合併契約を締結した。かかる吸収合併について，平成22年12月1日までに合併無効の訴えが提起されなかった。

Xらは，平成21年10月19日，A社，Y_1社，Y_2〜Y_4を被告とする全部取得条

項付種類株式に関する議案を株主総会に付議することの差止め（後に取下げ）及び慰謝料を求める甲事件を提起し，平成22年4月15日，A社を被告として本件株主総会決議の無効確認及び取消しを求める乙事件を提起した。

　吉本興業事件においては，㋐乙事件の訴えの利益の有無，㋑本件総会決議の瑕疵の有無，㋒不法行為の成否が争点となった。

　イ　判旨（甲事件について請求棄却，乙事件について請求却下）
　㋐　乙事件の訴えの利益の有無について

「A社のY₁社への吸収合併について合併無効の訴えが法定の期間内に提起されていない。したがって，この吸収合併は，もはやその効力を争うことはできず，有効な合併として扱われるべきことが対世的に確定している（会社法828，838参照）。すなわち，この吸収合併により，A社が解散したことが対世的に確定しており，Xらは，もはや株主たる地位の前提となるA社の消滅を争うことができないのである。」

　㋑　本件総会決議の瑕疵の有無について

「本件株主総会決議に無効，取消しの瑕疵が存在するとしても，およそ精神的損害（不法行為に基づく慰謝料請求権）の発生原因事実となるものではない。

　もっとも，本件審理の経過に鑑み，本件株主総会に瑕疵があったかという点についても以下検討を加えておく。」

「Xらは，法制審議会での経緯や制度の弊害などから，全部取得条項付種類株式は，正当な理由のある場合に限って利用が許されると主張する。しかし，会社法の文言に正当な理由が要求されていない以上，同制度が正当な理由のある場合に限って利用が許されるものと解することはできない。全部取得条項付種類株式制度の利用が濫用にわたるような場合には本件株主総会決議の瑕疵の問題が生じることはありうるけれども，本件では，そのような事情は見い出し難い。」

「Xらは，少数株主が閉め出されることなどをもって本件株主総会決議が株主平等原則違反である旨主張する。……本件株主総会決議においては，全株主に対して，普通株式1株に対しA種種類株式の500万分の1を交付するという，

株式の数に応じた平等な取り扱いがされている。」

「本件取得価格である普通株式1株当たり1,350円が，A社株式の公正な価格に比べて著しく低廉であるといえるかについて検討する。

……本件取得価格が公正な価格（ナカリセバ価格と増加価値分配価格とを合算した価格）に比べて著しく低廉であったのかについては，本件取得価格がナカリセバ価格を反映する市場価格に対して，どの程度のプレミアムを付加しているのかが1つの考慮要素となる。」

(ウ) **不法行為の成否について**

「本件買付価格及び本件取得価格は公正な価格より著しく低廉であるとはいえないから，本件株主総会決議に瑕疵はない。また，Xらは，株主たる地位を本人の意思に反して奪われる全部取得条項付種類株式制度自体を問題にするかのようであるが，株主たる地位に留まりたいという希望は法的保護に値しないから失当である。」

3 極端な比率に関わる諸問題における株主の救済

以下では，2の裁判例での議論を中心に，極端な比率に関わる諸問題における株主の救済を検討していくこととする。

(1) 平等原則違反

対象会社の普通株式を全部取得条項付種類株式へと変更し，対象会社が，全部取得条項付種類株式を取得する際に，全部取得条項付種類株式1株につき，極端な比率で他の種類株式が割り振られることが，株主平等原則（会社法109①）に反するのではないかという議論がある。

2の裁判例は，いずれとも，端数の種類株式の交付ではあるが，数に応じた交付がなされているため，株主平等原則に反しないとしている。

これに対し，学説上は，株式の併合等の際の端数の発生（会社法235①）のように，法が不平等取扱いを容認している場合でも，併合後の1株が極端に大きいため，一部の大株主を除き大部分の株主は端株主になってしまう等の場合に

は，株主平等の原則の違反が生じ[17]，インターネットナンバー事件においては，株式併合の場合との比較からは株主平等原則違反の疑いは払いきれないとする見解や[18]，実質的に109条1項の株主平等原則に違反するのであれば総会決議無効を来すことを否定する必要はない[19]との見解がある。

非公開化に際しての総会決議につき，株主平等原則違反が認められると，その効果は，株主総会決議の無効となるが，裁判例からすると，株主平等原則違反が認められる可能性は低いといえよう。

(2) 正当な事業目的

全部取得条項付種類株式を用いた少数株主の締め出しに際しては，明文上「正当な事業目的」といった要件はない。そして，吉本興業事件の判決は，「会社法の文言に正当な理由が要求されていない以上，同制度が正当な理由のある場合に限って利用が許されるものと解することはできない」としている。

全部取得条項付種類株式制度の立法当初には，株式買取請求権（会社法116①二）や価格決定請求権（会社法172①）は，事実上「決議ナカリセバ其ノ有スベカリシ公正ナル価格」を支払わせる形で運用される可能性が高いなどの懸念から，全部取得条項付種類株式の利用には，「正当な事業目的」といった制約をかける必要があるという見解[20]や閉鎖的な会社の場合には「正当な事業目的」なく少数派株主の「締め出し」を行う場合には決議の取消しという救済を与えるべきとする見解[21]がある。

---

17) 江頭憲治郎『株式会社法（第4版）』128頁注6）（有斐閣，2011）。
18) 福島・前掲注14) 21頁注16)。
19) 大塚章男「少数株主の締め出しと株主平等原則に関する一考察〔下〕」商事法務1879号27頁（2009）。
20) 藤田友敬「組織再編」商事法務1775号57頁（2006）。もっとも，かかる見解に対しては，渡辺・前掲注11) 32頁は，「決議ナカリセバ其ノ有スベカリシ公正ナル価格」での価格申立権の運用はなされていないとする。
21) 笠原武朗「全部取得条項付種類株式制度の利用の限界」江頭先生還暦記念『企業法の理論（上巻）』248頁（商事法務，2007）。

これに対し，文言上存在しない「正当な事業目的」や「正当事由」の要否を論じるというよりはむしろ，端的にいかなる場合に締め出しの総会決議が「著しく不当」といえるかについて検討する方が合理的であるとする見解[22]がある[23]。

　全部取得条項付種類株式を用いた少数株主の締め出しに際しては，明文上「正当な事業目的」といった要件は課されていないため，株主総会決議の無効事由と解することは困難であるが，事案によっては，「著しく不当な決議」として，株主総会決議の取消事由となろう。

(3) 価格の相当性

　端株の処理により株主に対して交付される価格が不当な場合については，2の裁判例双方とも，「著しく不当な決議」として，株主総会決議の取消事由となることを認めている[24]。

　また，学説上も，「株式買取請求権制度・価格決定申立制度にはその使い易さに問題がある」として，取得対価が不相当であれば「著しく不当」として決議取消しの可能性を認めるべきである[25]との主張がなされている。

　価格の相当性については，総会決議の取消しを争うことができるが，価格に不満だが非公開化自体には反対でない株主としては，株式買取請求や価格決定申立てを選ぶことになろう。

---

[22] 池永朝昭ほか「MBO（マネージメント・バイアウト）における株主権」金判1282号5頁（2008），水野信次ほか『ゴーイング・プライベート（非公開化）のすべて』502頁（商事法務，2010）。

[23] 福島・前掲注14) 20頁は，「正当な理由」の存否は，特別利害関係人の議決権行使による著しく不当な決議における不当性判断の根拠ともなり得るものと解し，インターネットナンバー事件においては，「正当な理由」のない全部取得条項付種類株式の利用については，不当性の文脈でも検討されるべきではなかったかと思われるとする。

[24] もっとも，吉本興業事件における，価格の相当性に関する判断は，不法行為の成否の判断に際してなされたものである点に注意が必要である。

[25] 笠原・前掲注21) 252頁。

(4) 説明義務違反

インターネットナンバー事件においては，全部取得条項付種類株式を用いた少数派株主の締め出しについての株主総会における取締役の説明義務（会社法314，171③）が問題となっている。

そして，会社法171条3項の説明については，例として，「債務超過会社においていわゆる100％減資をするために全部取得条項付種類株式の無償取得をする場合には，債務超過状態にあること，再建のために発行済株式をすべて無償で取得する必要があること，および取得対価がないこと」の説明が必要とされている[26]。この例を分析すると，会社の状況，全部取得条項付種類株式という手段を用いる必要性，対価の相当性についての説明は必要となろう。とりわけ，価格の相当性については，締め出される株主が重大な利害関係を有することから，より丁寧な説明が求められよう。

説明義務違反が認められると，決議方法の法令違反として，株主総会決議の取消事由（会社法831①一）となる。

(5) 違法な全部取得条項付種類株式取得の効果

2で概観した，両判決も，株主総会決議を取り消したり，無効にしていないため，問題とはなっていないが，違法な全部取得条項付種類株式取得の効果が問題となる。

全部取得条項付種類株式の取得を決定した株主総会決議が取り消されたり，無効である場合には，取得の効力発生の根拠がなくなることから，取得は無効であると解されている[27]。そして，自己株式一般に行われている解釈は，全部取得条項付種類株式の取得のように集団的に行われている場合に用いるのは困難であるため，無効の主張は，対象会社からも株主側からもできると解されている。

---

26) 山下友信編『会社法コンメンタール4－株式(2)』97頁〔山下友信執筆〕（商事法務，2009）。
27) 山下・前掲注26）117頁〔山下友信執筆〕

第5章
反対株主の株式買取請求権

I 意　　義

　反対株主の株式買取請求権[1]は，米国の会社法を参考にして日本に導入されたものである。米国では，州の会社法で株式買取請求権（Appraisal Right）を規定している[2]。その内容は，州によって大きく異なる部分もあるが，その大枠は，吸収合併（Merger）や新設合併（Consolidation）といった会社に関する一定の基本的変更が生じる場合，あるいは全資産を売却する場合，ある株式の権利について変更するための定款変更をする場合などに[3]，会社に公正な価格（Fair Value）で株式を買い取ってもらう権利とされている。

　この権利が制定法で規定されるようになった背景には，原則，全株主による賛成がないと会社の組織再編（Corporation Combination）が認められないという

---

1) 執筆にあたって，個別に挙げた以外に，江頭憲治郎『株式会社法［第4版］』（有斐閣，2011），弥永真生『リーガルマインド　会社法［第13版］』（有斐閣，2012），伊藤靖史ほか『会社法（第2版）』（有斐閣，2011），神田秀樹『会社法［第14版］』（弘文堂，2012）を多く参照した。
2) ここでの記述は，多くをJames D. Cox et al., THE LAW OF CORPORATION, §22:24-22:27（3rd ed. 2010）に拠っている。
3) 例えば，米国の会社法でもっとも影響力のあるデラウエア州では，基本的には，吸収合併（Merger）及び新設合併（Consolidation）がある場合にのみ株式買取請求権が認められている（Del. Gen. Corp. Law §262）。これに対して，Model Business Corporation Act §13.02では，吸収合併（Merger），株式交換（Share Exchange），全資産の売却（Sale or Exchange of All Assets），ある株式の権利に著しい影響を与える定款変更（Amendment of Article of Incorporation That Materially Affects Rights）等がなされたときに公正な価格（Fair Value）を支払ってもらう権利が認められる。

伝統的ルール[4]が19世紀の会社の発展を阻害していたところ，株主の契約上の権利及び財産的権利を厚く保護する当時の法の下では，当該ルールの否定は必要であろうが，それを行うことは憲法違反になると考えられていたということがある[5]。すなわち，全員一致でなくても会社が基本的変更を加えられるようにすることに対して，株主間の契約の変更として少数派株主が異議を唱えることをおそれ，憲法的観点及び公正性の観点から州の立法によって採り入れたのが，株式買取請求権だったのである[6]。

その意義は，少数派株主の意に反して会社の基本的変更や自分の権利の変更がなされるなどの場合に，当該少数派株主の株式を売却する機会を提供することで，少数派株主保護を図ることといえる。よって，保護される対象となるのは，当該変更に反対している株主でなければならない[7]。そこで，株式買取請求権を行使するための要件として，ほとんどの州で，当該変更に対して実際反対したこと（あるいは少なくとも議決権行使を差し控えたこと）を要求している。また，議決権行使に先立って，反対の意を書面で提出することを要求する立場もある（例えばModel Business Corporation Act）。

日本における株式買取請求権の意義も，米国とほぼ同じで手続も類似するといえる[8]。以下，日本における手続を概観する。

---

[4] 例えば，Ward v. Society of Attornies, 1 Coll. 370, 379（Eng. 1844）の傍論で，少数派株主の反対を押し切って，事業が好調の会社で全資産を売却し解散することはできない，と述べられている。

[5] 例えば，Lauman v. Lebanon Valley Railroad, 30 Pa. 42（Pa. 1858）参照。

[6] 何か問題が生じたときに，裁判所が，従来の判例法に修正を加えて（時に）大胆に法を運用する米国において，株式買取請求権が採用されたのは，判例ではなく制定法であったことは興味深い。

[7] 後述するように，日本においても株式買取請求ができる者を，（株主総会前に反対する旨を会社に通知し）実際総会において反対した者に限っているが，その理由として，賛成の議決権を行使しながら，当該変更から生じる株価の値下がりのリスクを回避しようとすることは権利濫用的と説明される。江頭・前掲775頁。

[8] もっとも日本においては，米国のような，全員一致のルールは採用されてこなかったことから，憲法違反のおそれに関する議論はなく，背景的事情は異なるといえる。

Ⅱ 株式の非公開化との関連

　現行会社法上，反対株主の株式買取請求権を規定しているのは5条文であり，すなわち，会社法116条，469条，785条，797条，806条である。具体的には，発行する全部の株式の内容として譲渡制限についての定めを設ける定款の変更をする場合（会社法116①一），ある種類の株式の内容として譲渡制限又は全部取得条項についての定めを設ける定款の変更をする場合（会社法116①二），ある種類の株式を有する種類株主に損害を及ぼすおそれがある行為について定款で種類株主総会の決議を要しないとされた場合（会社法116①三），事業譲渡等をする場合（会社法469），吸収合併等をする場合（消滅会社等に対して（会社法785），存続会社等に対して（会社法797）），新設合併等をする場合（会社法806）に，「反対株主」に「自己の有する株式を公正な価格で買い取ることを請求すること」を認めている（「公正な価格」については第6章参照）。ここでいう「反対株主」とは，自己の株式買取請求権を行使する原因となった上記の行為（定款変更や事業譲渡，吸収合併など）について，株主総会の決議が必要な場合には，当該株主総会に先立って反対する旨を（株式買取請求権を行使する相手の）会社に通知し，かつ当該株主総会で反対した株主，又は当該株主総会で議決権を行使できない株主のことであり，それ以外の場合には全ての株主のことである（会社法116②など参照）。

　この株式買取請求権は，株式の非上場化との関係でもしばしば問題となる。すなわち，株式の非公開化を意図して，TOBを行い，それによって取得できなかった株式について，全部取得条項付種類株式（会社法108①七）を使って取得するということが実務的に行われているからである。具体的には，定款変更をして，（全部取得条項付種類株式の対価としての）種類株式を発行できるとする定めを設け，普通株式に株主総会の決議によってその全部を取得する全部取得条項を付す旨の定め（会社法108①七，111②，324②），及びその取得対価として上記種類株式を交付する旨の定めを設けた（この比率を極端に低めることで非公開化を意図する者以外の株主に対して交付される当該種類株式は1株に満たず，端数処理

として金銭が交付される（会社法234①二））上で，これら定款変更と会社法171条（後述）に基づいて全部取得条項付種類株式の取得が行われるといった方法がとられている。この方法において，ある種類の株式の内容として全部取得条項についての定めを設ける定款の変更がなされる場合に，反対株主に株式買取請求権が認められている（会社法116①二）。その手続として法は，定款変更をしようとする会社には，当該定款変更の効力発生日の20日前までに株主に対してその旨通知又は公告をすることを要求し（会社法116③・④），株式買取請求権を行使しようとする反対株主には，効力発生日の20日前からその前日までの間に，その請求に係る株式の数を明らかにして請求することを求めている（会社法116⑤)[9]。

株式買取のための「公正な価格」について，株主と会社との間に協議が調ったときは，会社は効力発生日から60日以内にその支払をしなければならず（会社法117①），その代金支払の時に株式買取請求に係る株式の買取りはその効力を生ずると規定されている（会社法117⑤）。これに対して，効力発生日から30日以内に価格の協議が調わないときは，株主又は会社は，その期間の満了日後30日以内に，裁判所に対し，価格の決定の申立てをすることができるとされている（会社法117②）。

全部取得条項付種類株式については，このような定款変更に加えて，その取得のために株主総会の決議が要求され（会社法171①），その際に取得対価について定めなければならない（同）。この取得対価は，既に定款で定められている価額の決定の方法に従って決定される必要がある（会社法108②七イ）。この取得対価に異議がある場合には，一定の条件の下裁判所に対して取得価格決定の申立てをすることができる（会社法172①）。その条件とは，株主が，当該株主総会に先立って当該会社による全部取得条項付種類株式の取得に反対する旨を会社に対して通知し，かつ，当該株主総会において反対した場合，又は当該株

---

[9] 株式買取請求をした株主がそれを撤回するには，（権利行使の相手方となる）会社の承諾を得ることが要求され（会社法116⑥，117③），会社が当該定款変更の行為を中止したときには，株式買取請求の効力が失われる（会社法116⑦）。

主総会において議決権を行使できない場合とされ（同），会社法116条の規定する株式買取請求権を行使できる「反対株主」（当該権利の発生原因となった定款変更に株主総会決議を要する場合）の定義と同旨となっている。この条件を満たした株主が取得価格の決定の申立権を行使するためには，当該取得の決議が行われた日から20日以内に行う必要がある（会社法172①）。

　株式の非上場化を意図して全部取得条項付種類株式を発行する場合は，その発行のための定款変更（会社法108①七・②七）と取得のための決議（会社法171①）が同日に行われることがあり，その結果，116条1項・117条2項に基づく株式買取請求権と172条1項に基づく取得価格決定の申立権の行使期間が重なることがある。両者の関係が問題となった具体的事例を紹介する。ACデコール株式会社株式買取価格決定申立事件である。

III　具体的事例

ACデコール株式会社株式買取価格決定申立事件（最二小決平成24年3月28日金商1392号28頁）

1　事　　実

　Y（第1審相手方，抗告審相手方，許可抗告審相手方）は，平成20年10月以前から大阪証券取引所第二部にその普通株式を上場する株式会社であり，平成21年1月5日に社債，株式等の振替に関する法律（以下「振替法」という）128条1項所定の振替株式を発行する会社になった。Yは，資本業務提携により訴外A株式会社の完全子会社となることに同意し，まずAがYの普通株式についてTOBを行った後，当該普通株式を全部取得条項付種類株式に変更した上でYが全部取得することとした。そしてAは，上記TOBの実施を通じて，Yの普通株式1,085万85株（発行済株式総数から自己株式を除いた数の86％）を取得した。

　平成21年6月29日にYの株主総会が開催され，(a)Yの定款の一部を変更し，残余財産分配優先株式であるA種種類株式を発行することができる旨の定め

を設けること，(b)上記(a)による変更後の定款の一部を追加変更し，普通株式に，株主総会の決議によってその全部を取得する全部取得条項を付す旨の定めを設け，かつ，その取得対価として全部取得条項付普通株式1株につきA種種類株式を0.000000588株の割合をもって交付する旨の定めを設けること（以下「本件定款変更」という），(c)会社法171条並びに上記各定款変更後の定款に基づき，平成21年8月3日の最終のYの株主名簿に記録された全部取得条項付普通株式の株主から，保有する全部取得条項付普通株式の全部を取得し，これと引き換えに上記取得対価に従ったA種種類株式を割り当てること（以下「本件全部取得」という）が決議されるとともに，同日開催された普通株式の株主による種類株主総会において本件定款変更の決議が承認された（以下，各株主総会を「本件総会」という）。そして本件定款変更の効力発生日は平成21年8月4日とされた。

X_1（第1審申立人，抗告審抗告人，許可抗告審抗告人）は，本件総会に先立ち，本件定款変更及び本件全部取得に反対する旨をYに通知し，かつ，本件総会において当該各議案に反対した。X_2（第1審申立人，抗告審抗告人，許可抗告審抗告人）は，本件総会における議決権行使の基準日である平成21年3月31日の時点で，保有するYの普通株式を第三者に貸し付けており，本件総会において議決権を行使しなかった。

Xらは，平成21年7月11日，本件全部取得に反対する株主として，会社法172条1項に基づき，全部取得条項付種類株式の取得価格決定の申立てをし（以下「本件取得価格決定の申立て」という），さらに念のためとして，同月30日到達の書面により，Yに対し，本件定款変更に反対する株主として，同法116条1項に基づき，X_1は普通株式44万1,000株の，X_2は普通株式29万5,000株の各買取請求をした（以下「本件買取請求」という）。

Yの株式は，平成21年7月29日に上場廃止となり，同年8月4日，振替機関による取扱いが廃止された。Xらは，同日までに，社振法154条3項所定の通知（以下「個別株主通知」という）の申出をしておらず，Xらの申出に係る個別株主通知がされることはなかった。

平成21年8月4日，本件定款変更の効力が生じ，Yは，同日，全部取得条項付種類株式の全部を取得した。Xらは，平成21年9月30日，会社法117条2項に基づき，本件買取価格の決定の申立てをした（以下「本件買取価格決定の申立て」という）。これに対して，Yは，Xらは個別株主通知がされていないことを理由に，本件買取価格の決定の申立てが不適法であると主張して争った。

第1審裁判所（徳島地決平成22年3月29日金判1392号34頁）は，本件買取価格決定の申立てにおける買取りの対象であるYの普通株式をXらが有していないことから，同申立ては不適法として却下した。

抗告審裁判所（高松高決平成22年12月8日金判1392号34頁）は，本件買取請求は，Yの普通株式が全部取得条項付種類株式となったことを前提とする本件取得価格決定の申立てと相矛盾する行為であるから，本件取得価格決定の申立てをした抗告人らが本件買取請求をすることはできず，その結果，本件買取価格の決定の申立ては不適法となると判断して，同申立てを却下すべきものとした。

これに対して，Xらは，既に本件取得価格決定の申立てをしていることを理由に本件買取価格の決定の申立てを不適法であるとした原審の判断には，会社法116条の解釈適用を誤った違法があるとして，抗告許可の申立てをし，抗告が許可された[10]。

2　決定要旨

抗告棄却。

「会社法116条1項所定の株式買取請求権は，その申立期間内に各株主の個別的な権利行使が予定されているものであって，専ら一定の日（基準日）に株主名簿に記載又は記録されている株主をその権利を行使することができる者と

---

[10]　本件のXらは，全部取得条項付種類株式の取得価格決定の申立て（会社法172①）及び買取価格の決定の申立て（会社法117②）以外にも，単元未満株式の買取価格決定の申立て（会社法193②）を行っている。また，別の申立人による同法172条1項に基づく申立ても行われている。これらの申立てに関する詳細は，仁科秀隆「株式の価格決定と個別株主通知」商事法務1976号27頁，28-31頁（2012）参照。

定め，これらの者による一斉の権利行使を予定する同法124条1項に規定する権利とは著しく異なるものであるから，上記株式買取請求権が社債等振替法154条1項，147条4項所定の「少数株主権等」に該当することは明らかである。そして，会社法116条1項に基づく株式買取請求（以下「株式買取請求」という）に係る株式の価格は，同請求をした株主と株式会社との協議が調わなければ，株主又は株式会社による同法117条2項に基づく価格の決定の申立て（以下「買取価格の決定の申立て」という）を受けて決定されるところ，振替株式について株式買取請求を受けた株式会社が，買取価格の決定の申立てに係る事件の審理において，同請求をした者が株主であることを争った場合には，その審理終結までの間に個別株主通知がされることを要するものと解される……。上記の理は，振替株式について株式買取請求を受けた株式会社が同請求をした者が株主であることを争った時点で既に当該株式について振替機関の取扱いが廃止されていた場合であっても，異ならない。なぜならば，上記の場合であっても，同株式会社において個別株主通知以外の方法により同請求の権利行使要件の充足性を判断することは困難であるといえる一方，このように解しても，株式買取請求をする株主は，当該株式が上場廃止となって振替機関の取扱いが廃止されることを予測することができ，速やかに個別株主通知の申出をすれば足りることなどからすれば，同株主に過度の負担を課すことにはならないからである。」

「これを本件についてみるに，本件買取請求を受けたYにおいてXらは株主であることを争っているにもかかわらず，本件買取価格の決定の申立ての審理終結までの間に個別株主通知がされることはなかったのであるから，Xらは自己が株主であることを相手方に対抗するための要件を欠くことになり，本件買取請求は不適法となる。」

「会社法172条1項が全部取得条項付種類株式の取得に反対する株主に価格の決定の申立て（以下「取得価格決定の申立て」という）を認めた趣旨は，その取得対価に不服がある株主の保護を図ることにあると解され，他方，同法116条1項が反対株主に株式買取請求を認めた趣旨は，当該株主に当該株式会社から退出する機会を付与することにあるから，当該株主が取得対価に不服を申し立て

たからといって，直ちに当該株式会社から退出する利益が否定されることになるものではなく，また，当該株主が上記利益を放棄したとみるべき理由もない。したがって，株主が取得価格決定の申立てをしたことを理由として，直ちに，当該株式についての株式買取請求が不適法になるものではない。」

「しかしながら，株式買取請求に係る株式の買取りの効力は，同請求に係る株式の代金の支払の時に生ずるとされ（会社法117⑤），株式買取請求がされたことによって，上記株式を全部取得条項付種類株式とする旨の定款変更の効果や同株式の取得の効果が妨げられると解する理由はないから，株式買取請求がされたが，その代金支払までの間に，同請求に係る株式を全部取得条項付種類株式とする旨の定款変更がされ，同株式の取得日が到来すれば，同株式について取得の効果が生じ（会社法173①），株主は，同株式を失うと解される。そして，株式買取請求及び買取価格の決定の申立ては，株主がこれを行うこととされており（会社法116①，117②），株主は，株式買取請求に係る株式を有する限りにおいて，買取価格の決定の申立ての適格を有すると解すべきところ，株式買取請求をした株主が同請求に係る株式を失った場合は，当該株主は同申立ての適格を欠くに至り，同申立ては不適法になるというほかはない。」

「これを本件についてみるに，Ｘらの有する本件買取請求に係る普通株式は，平成21年8月4日，全部取得条項付種類株式となり，Ｙがこれを全部取得し，Ｘらは，同日，同株式を失ったのであるから，Ｘらは，同株式の価格の決定の申立て適格を欠くに至り，同申立ては不適法というべきである。」

3　検　　　討

(1)　会社法116条1項と会社法172条1項の関係

本件では，（全部取得条項付種類株式の対価としての）種類株式を発行できるとする定めを設ける定款変更，普通株式にその全部を取得する全部取得条項を付す旨，及びその取得対価として上記種類株式を交付する旨の定めを設ける定款変更，そして全部取得条項付種類株式の取得の決議が，平成21年6月29日の株主総会で行われ，定款変更の効力発生日は同年8月4日とされた。その結果，

会社法116条1項に基づく株式買取請求権は，定款変更の効力発生日（8月4日）の20日前（7月15日）からその前日（8月3日）までの間に行使される必要があり（会社法116⑤），本件でXは7月30日にY社に対して請求している。さらに，裁判所に買取価格の決定の申立てがなされたのは9月30日である（定款変更の効力発生日（8月4日）から30日（9月3日）後30日以内（10月3日）になされる必要があった（会社法117②））。これに対して172条1項に基づく取得価格決定の申立ては，当該株主総会の日（6月29日）から20日以内（7月19日）に裁判所になされる必要があり（会社法172①），本件でXは7月11日に申立てを行っている。このように，本件Xは，同時期に，116条1項，117条2項に基づく株式買取請求権と172条1項に基づく取得価格決定の申立権を行使したのである。

両者の関係について最高裁は，全部取得条項付種類株式の取得価格決定の申立て（会社法172①）と株式買取請求（会社法116①）を認めた趣旨が異なることから，前者をしたことを理由に，直ちに後者が不適法になるものではないが，株式買取請求後でその代金支払までの間に同請求に係る株式を失った場合には，買取価格決定の申立ての適格を欠くとした。これは，理論的に一貫しているのみならず，取得価格決定申立権と株式買取請求権の関係の不明瞭性については従来から指摘され，実務でもそれを前提に動いてきたところであり[11]，また，本件のXらのように，買取請求の対象となるYの普通株式をYに取得され，買取価格決定の申立ての適格を失った株主も，取得価格決定申立権によって保護されることから，妥当であったと考える。

(2) 個別株主通知

本件では，もう1つ，手続に関する実務的に重要な問題について論じている。それは，会社法116条1項の規定する株式買取請求権を行使するために「個別株主通知」が要求されるか，という点である。

個別株主通知とは，社振法154条3項で定める「通知」のことであり，振替

---

[11] 仁科前掲注10) 31頁。

機関に，自己又は下位機関の加入者からの申出があった場合に，当該加入者が有している特定の銘柄の振替株式（社振法128）の数等を，当該振替株式の発行者に対して通知するよう規定している。この通知は，振替株式についての少数株主権等の行使のために要求される（社振法154②）。すなわち，振替株式の少数株主権については，株式の譲渡の対抗要件としての株主名簿への記載又は記録（会社法130①）の適用を排除した上で（社振法154①），個別株主通知後，政令で定められた期間（4週間・社振法施行令40）の間に行使できるとされている。

　平成21年1月5日に社振法が施行され，いわゆる株券電子化制度が開始してから，この個別株主通知をめぐる裁判例がいくつか出されている。例えば，日本ハウズイング募集株式発行差止仮処分命令申立事件（第1審；東京地決平成21年11月30日金判1338号45頁，抗告審；東京高決平成21年12月1日金判1338号40頁），メディアエクスチェンジ株式価格決定申立事件（第1審；東京地決平成21年10月27日民集64巻8号2034頁，抗告審；東京高決平成22年2月18日民集64巻8号2036頁・金判1360号23頁，許可抗告審；最三小決平成22年12月7日民集64巻8号2003頁）などである。

　これらの裁判例では，振替株式を発行する会社の株主が株主権を行使しようとしたときに，以下のようなことが問題とされた。すなわち，①当該株主が行使しようとしている権利が社振法154条1項2項にいう「少数株主権等」（以下，「少数株主権等」）に該当するか，②上記①で該当するとして，少数株主権等を行使するためには個別株主通知が必要か，③上記②で必要として，いつまでになされるべきなのか，である。

　①の論点について，株主が行使しようとしている権利が「少数株主権等[12]」ではない（よって個別株主通知は必要ない）としたのは，メディアエクスチェンジ株式価格決定申立事件抗告審の東京高決平成22年2月18日民集64巻8号2036頁である。この事件は，訴外A株式会社が完全子会社化するためにTOBをした後，いわゆる締め出しを行ったことに対し，反対株主が会社法172条1項の規定に基づき全部取得条項付種類株式の取得価格決定の申立てをしたもので

---

[12] 「少数株主権等」とは，会社法124条1項に規定する権利を除いた株主の権利とされている（社振法147④）。

あった。裁判所は，当該権利行使のために個別株主通知を要求することは，会社に格別のメリットを与えるわけではないのみならず，株主の権利行使に過度な制約を加えてしまう——取得価格決定の申立ての期間は取得の決議をした日から20日間（会社法172①）であるが，もしその間に会社に個別株主通知がなされる必要があるとなると，期間満了相当前に手続しなければならず，法が定めた申立期間の趣旨を没却することになりかねない——として，取得価格決定申立権は，「少数株主権等」ではないとした。しかし，この立場は，この許可抗告審である最三小決平成22年12月7日民集64巻8号2003頁で，同法172条1項の規定する取得価格決定申立権は，その申立期間内である限り，各株主ごとの個別的な権利行使が予定されていることから，基準日に株主名簿に記録された株主による一斉の権利行使を予定する同法124条1項とは著しく異なるものであり，「少数株主権等」に該当することは明らかとして，覆されてしまう[13]。

②の論点について，前出東京高決平成22年2月18日は，仮に取得価格決定申立権に社振法154条2項の規定の適用があると解しても，Yは背信的悪意者に準ずる者であって，個別株主通知がないことを主張することは信義則に違反するとして，個別株主通知が不要との立場を採った。しかし，この点についても，前出最三小決平成22年12月7日によって否定された[14]。

③の論点については，社振法154条2項の文言どおりに，少数株主権等の行使の前に個別株主通知がなされる必要があるとする立場，個別株主通知は取得価格決定申立権の申立期間（20日間）内に具備される必要があるとする立場，そして審理期間中になされればよいとの立場に分かれていたように思われる。1つ目の立場を採ると思われるものとして，前出のメディアエクスチェンジ事件第1審の東京地決平成21年10月27日民集64巻8号2034頁がある。2つ目

---

[13] 最高裁の「少数株主権等」の解釈に対しては批判がなされている。たとえば，末永敏和〔判批〕判評633号39，41頁（2011），吉本健一〔判批〕金判1373号2，5頁（2011），鳥山恭一〔判批〕法セミ665号119頁（2010）等。

[14] 高裁決定のように，Yの信義則違反・権利濫用によって救済が与えられるべきとの批判として，末永〔判批〕41頁参照。

の立場については，同じくメディアエクスチェンジ事件であるが，1つ目の立場をとる事件とは別の者によって申し立てられた事件15)の第1審の東京地決平成21年11月13日金判1337号31頁，さらに別の者によって申し立てられた事件の抗告審の東京高決平成22年1月20日金判1337号27頁などによってとられている。そして，3つ目の立場をとったのが，前出最三小決平成22年12月7日である16)。最高裁判所は，個別株主通知を少数株主権等の行使の場面における株主名簿に代わる対抗要件として位置付けた上で（社振法154①），審理終結までに備えればよいとした17)。

このような議論を前提として，本件で最高裁は，会社法116条1項の規定する株式買取請求権が社振法154条1項にいう「少数株主権等」に明らかに該当するとした上で（①の論点），前出最三小決平成22年12月7日と同様に，仮に会社法116条1項に基づいて買取請求をした者が株主であることを会社が争ったときに既に当該株式について振替機関の取扱いが廃止されていたとしても，個別株主通知は必要とし（②の論点），買取価格の決定申立ての審理終結時までに個別株主通知を要するとした（③の論点）。

この③の論点について，本件においてYの株式は平成21年7月29日に上場廃止，8月4日に振替機関による取扱い廃止となって振替株式ではなくなっているのだから，最高裁は，事実上，申立ての対象となる株式が振替株式ではなく

---

15) メディアエクスチェンジ株式価格決定申立事件については，異なる申立人によるものが4つ係属していた。詳細は，仁科秀隆〔判批〕商事法務1929号4頁以下参照（2011）。
16) この立場は，2つ目の立場をとる東京地決平成21年11月13日金判1337号31頁（2010）の抗告審である東京高決平成22年2月9日金判1337号27頁（2010）でもとられている。
17) この点，個別株主通知の法的性質を対抗要件と捉えることには異論がないとしても（大野晃宏ほか「株券電子化開始後の解釈上の諸問題」商事法務1873号51頁（2009）），なぜ審理終結までになされればよいのかについては根拠が明確ではないことが指摘されている（弥永真生「全部取得条項付種類株式の取得価格決定の申立てと個別株主通知の要否」ジュリスト1415号52，53頁（2011））。最高裁と同じ立場をとる平成22年2月9日金判1337号27頁では，その根拠として会社法172条1項の文言，そして実質的な株主に課せられる負担を挙げている。

なる前に、株主は個別株主通知のための手続をとらなければならないと述べていることになる[18]。これは、株主の権利行使に不当な制限をかけるのみならず、制度上、振替株式ではなくなった以降の少数株主権等の行使には会社法130条が適用され（社振法154①）、対抗要件の有無は株主名簿の記載等で判断されると解されるべきではないか[19]ということが問題となろう[20]。言い換えれば、本件における株式買取請求権の行使における対抗要件については、会社が請求者が株主であることを争った時点で、もはや行われることのない個別株主通知を要求するのは妥当ではないのではないかということである[21]。

確かに、株主総会が開かれた6月29日から振替株式の全部抹消手続（社振法135）が行われた8月3日までのわずか1ヵ月の間に、個別株主通知を要求することは、株主にとって負担となるかもしれないが、最高裁の述べるとおり、「当該株式が上場廃止となって振替機関の取扱いが廃止されることを予測することができ、速やかに個別株主通知の申出をすれば足りる」ともいえ、その要求が「過度な負担」とまではいえないとも解しうる。また、最高裁が個別株主通知をすべき期間を申立期間内ではなく審理終了までと長く設定したこと自体は、株主に対する一定の配慮とも思われ[22]、全く不合理なことを要求してい

---

18) 仁科〔判批〕10-11頁。
19) メディアエクスチェンジ株式価格決定申立事件の会社法172条1項の取得価格決定の申立てに関する指摘（吉本〔判批〕5頁、仁科〔判批〕11頁、末永〔判批〕41頁参照）が、ここでも妥当すると思われる。しかし、本件で問題となっている同法116条1項に関する個別株主通知の解釈について、仁科〔判批〕13頁参照。
20) もっとも本件についてのみいえば、平成21年8月4日に、Xの有していたYの普通株式はA種種類株式を対価としてYに取得され、A種種類株式が1株に満たなかったためXはYの株主ではなくなっている。
21) 本件Xら及び別の申立人による、会社法172条1項に基づいた申立てにおいて、徳島地裁は同権利が社振法上の「少数株主権等」に該当するゆえ申立ては不適法としたが、高松高裁は、同権利を「少数株主権等」に該当するが、審理期間中に株式が振替株式でなくなった場合には、株主の権利行使に対する多大なる制約と手続上の信義則の観点から、会社法の原則に戻って株主名簿に株主として記載されていることが確認できれば足りると述べている。仁科前掲注10）28-31頁。
22) 前述のとおり、下級審では、少数株主権等の行使の前に個別株主通知がなされる必要があるとする立場、及び個別株主通知は取得価格決定申立権の申立期間内に具

るわけではないと考えることも可能であると思われる。そして，このような最高裁の解釈は，会社法116条１項の株式買取請求権を行使しようとする株主に，早い時期に個別株主通知の手続をとることが求められるという点で，実務的な意義を有すると思われる。

　ところで，最高裁は，会社法117条２項の買取価格決定の申立てに個別株主通知が必要か否かについて，本件で正面から議論していない。すなわち，「株式買取請求権」が「少数株主権等」に該当し，同権利を行使したが協議が調わない場合に株主又は株式会社による同法117条２項に基づく申立てが行われて当該価格が決定されるとしており，同法117条２項に基づく申立てをあくまでも同法116条１項の株式買取請求権の行使の枠組みのなかで捉え，同権利の行使についての個別株主通知の必要性の有無のみ判断している。しかし，同法117条２項の申立てに関して個別株主通知が要求されるとする主張も従来存在しており[23]，なぜ最高裁がそのような立場をとったのか──例えば，同法117条２項に基づく申立てが行われた平成21年９月30日時点においてそもそも個別株主通知は不可能であったといった，本件における事情が存在するからなのかなど──，明らかにされるべく，議論されるべきであったと思われる。

　　備される必要があるとする立場が存在していた上に，社振法154条２項の文言からは，このうちの前者の立場と解釈することが自然であったと思われる。
23）　葉玉匡美＝仁科秀隆監修著『株券電子化ガイドブック〔実務編〕』384頁（商事法務，2009）は，「非訟事件の申立てをする場合は，個別株主通知を要する。」と述べている。これに対して，個別株主通知を不要とする立場として，東京地方裁判所商事研究会編『類型別会社非訟』110頁（判例タイムズ社，2009）参照。また，会社法117条２項の買取価格の決定の申立てに個別株主通知が必要であったとしても，「裁判所への申立てよりも前に買取請求権に係る振替株式の記録がなくなっており，株主の側で個別株主通知を行う余地がない状態に陥る以上，少なくともそのような事案についてまで個別株主通知を要求するのは合理的でない」とする立場もある。仁科秀隆〔判批〕13頁参照。

Ⅳ 株式買取請求権行使時の税務上の取扱い

　TOB実施後に全部取得条項付種類株式方式，現金交付型株式交換，現金交付型合併の各手法を用いて締め出しを実施する段階で，少数株主より株式買取請求があった場合の少数株主における課税関係を以下にて検討する。株式買取請求を行う者はTOB後の少数株主であることを想定しているため，現金交付型株式交換については株式交換完全子法人株主からの買取り，現金交付型合併については被合併法人株主からの買取りについて検討している。また，株式買取請求ではないが，全部取得条項付種類株式方式を利用した場合の取得価格決定の申立てがあった場合についての少数株主の課税関係もあわせて検討する。

少数株主の課税関係		
一般的な締め出し手法の類型	反対株主の買取請求	価格決定の申立て
全部取得条項付種類株式方式	【会社法116条】 定款変更に反対する株主からの買取請求	【会社法172条】 全部取得条項付種類株式の取得価格の決定の申立て
	みなし配当を認識する 株式譲渡損益を認識する	みなし配当を認識しない（注） 株式譲渡損益を認識する
現金交付型株式交換	【会社法785条】 株式交換に反対する株主からの買取請求	
	みなし配当を認識する 株式譲渡損益を認識する	
現金交付型合併	【会社法785条】 合併に反対する株主からの買取請求	
	みなし配当を認識しない 株式譲渡損益を認識する	

（注）　全部取得条項付種類株式の取得決議に係る取得の価格の決定の申立てをした者でその申立てをしないとしたならば，1株に満たない端数株式のみの交付を受ける者によるものに限る。なお，整数株については，みなし配当と株式譲渡損益を認識する。

1　全部取得条項付種類株式方式による締め出し

① 買収対象会社の株主総会の特別決議により定款を変更し，発行済株式の全てに全部取得条項を付すが，定款変更に反対する株主については，株式買取請求権が認められる（会社法116①二）

② 買収対象会社の株主総会の特別決議により買収対象会社が少数株主から全部取得条項付種類株式を取得し，対価として普通株式を交付するが，株主総会に先立って買収対象会社による全部取得条項付種類株式の取得に反対する旨を買収対象会社に通知し，かつ，その株主総会において取得に反対した株主は，裁判所に対して全部取得条項付種類株式の取得の価格の決定の申立てをすることができる（会社法172①一）

(1)　株式買取請求を行った株主の取扱い

ア　みなし配当と株式譲渡損益の区分

少数株主（反対株主）が全部取得条項を付す定款変更の決議に反対し，会社法116条に規定する株式買取請求を行い，発行法人による自己株式の買取りが行われた場合には，反対株主の株式譲渡に係る課税関係は，税務上「みなし配当」と「株式譲渡損益」に区分される（法法24①四，61の2①，所法25①四，旧措法37の10③四，平成25年所法等改正法附則42[24]）。

(ア)　みなし配当の計算

自己株式の買取りに係る交付金銭等の額（買取価格）が，発行法人（買収対象会社）が取得する自己株式に対応する発行法人（買収対象会社）の資本金等の額を超える金額がみなし配当となる（法法24①四，所法25①四）。

買取りに係る自己株式に対応する資本金等の額は，以下のとおり計算される（法令23①四，所令61②四）。

---

[24] 平成28年1月1日後の譲渡については，措法37の11③が適用される。

$$\text{取得する自己株式に対応する資本金等の額} = \text{発行法人の自己株取得直前の資本金等の額} \times \frac{\text{買取請求により取得された株式数}}{\text{発行法人の自己株取得直前の発行済株式数}}$$

(注1) 自己株買取りをする法人が種類株を発行している場合には，種類株式ごとに計算する。
(注2) 直前の資本金等の額がゼロ以下の場合にはゼロとする。
(注3) 発行済株式数には，自己株式の数を除く。

(イ) 株式譲渡損益の計算

自己株取得に係る交付金銭等の額からみなし配当の額を控除した金額が株式譲渡収入となる。譲渡収入の額から譲渡原価の額を引いた金額が株式の譲渡損益の額となる（法法61の2①，旧措法37の10③，平成25年所法等改正法附則42[25])）。

イ 法人株主の場合

株式買取請求を行った法人株主が，買収対象会社（発行法人）株式を買収対象会社（発行法人）に譲渡したことにより生ずるみなし配当の金額は受取配当の益金不算入の適用対象となる（受取配当等の益金不算入額を控除する）。受取配当の益金不算入考慮後のみなし配当及び株式譲渡益が益金に算入され，株式譲渡損は損金に算入される。

(ア) 受取配当の益金不算入

法人株主の受取配当（みなし配当）については，一定の方法で計算した負債利子控除後の配当の額の50％の金額が益金不算入となる（法法23①）。

法人株主が，発行法人の発行済株式数（発行法人が保有する自社株を除く）の25％以上を配当の支払に係る効力が生ずる日（株式買取請求の場合には，株式買取請求の効力発生日）以前6カ月以上保有している場合には，一定の方法で計算した負債利子控除後の配当の額の全額が益金不算入となる（法法23①・⑥）。

ウ 個人株主の場合

株式買取請求を行った個人株主において生じたみなし配当の金額は配当所得として課税され，株式譲渡損益については株式等に係る譲渡所得として課税さ

---

25) 平成28年1月1日後の譲渡については，措法37の11③が適用される。

れる。

(2) 価格決定の申立てを行った株主[26]の取扱い

少数株主が全部取得条項付種類株式の取得の価格に反対し，裁判所に全部取得条項付種類株式の取得価格決定の申立てを行い，裁判所の決定により，買収対象会社による自己株式の買取りが行われた場合には，当該自己株式の買取りはみなし配当が生じる事由から除外されているため，価格決定の申立てを行った株主の買取対価は，株式譲渡収入となる（法令23③十，所令61①十）。

ア　法人株主の場合

価格決定の申立てを行った法人株主が，買収対象会社に買収対象会社株式を譲渡したことによる株式譲渡損益については，譲渡益が益金に算入され，譲渡損が損金に算入される。

イ　個人株主の場合

価格決定の申立てを行った個人株主が，買収対象会社に買収対象会社株式を譲渡したことによる株式譲渡損益については，株式等に係る譲渡所得として，所得税及び住民税が課税される。

2　現金交付型株式交換による締め出し

(1) 株式買取請求を行った株主の取扱い

ア　みなし配当と株式譲渡損益の区分

少数株主（反対株主）が株式交換に反対し，会社法785条に規定する株式買取請求を行い，株式交換完全子法人による自己株式の買取りが行われた場合には，反対株主の株式譲渡に係る課税関係は，税務上，「みなし配当」と「株式譲渡損益」に区分される。

---

[26] 全部取得条項付種類株式の取得決議に係る取得の価格の決定の申立てをした者でその申立てをしないとしたならば，1株に満たない端数株式のみの交付を受ける者によるものに限る。なお，整数株については，みなし配当と株式譲渡損益を認識する。

(ア) みなし配当の計算

自己株買いに係る交付金銭等の額（買取価格）から所有株式に対応する株式交換完全子法人の資本金等の額を控除した金額がみなし配当となる（法法24①四，所法25①四）。

取得する自己株式に対応する資本金等の額は，以下のとおり計算される（法令23①四，所令61②四）。

$$\text{取得する自己株式に対応する資本金等の額} = \text{株式交換完全子法人の自己株買取り直前の資本金等の額} \times \frac{\text{自己株買取りの対象となった株式数}}{\text{株式交換完全子法人の自己株取得直前の発行済株式数}}$$

(注1) 株式交換完全子法人が種類株を発行している場合には，種類株式ごとに計算する。
(注2) 直前の資本金等の額がゼロ以下の場合にはゼロとする。
(注3) 発行済株式数には，自己株式の数を除く。

(イ) 株式譲渡損益の計算

自己株買いに係る交付金銭等の額からみなし配当の額を控除した金額が株式譲渡収入となる。譲渡収入の額から譲渡原価の額を引いた金額が株式の譲渡損益の額となる（法法62の2①，旧措法37の10③，平成25年所法等改正法附則42[27]）。

イ　法人株主の場合

株式交換に反対して株式買取請求を行った法人株主（反対株主）が，株式交換完全子法人株式を株式交換完全子法人（発行法人）に譲渡したことにより生ずるみなし配当の金額から受取配当の益金不算入の金額を控除することができる。受取配当の益金不算入考慮後のみなし配当及び株式譲渡益が益金に算入され，株式譲渡損が損金に算入される。

(ア) 受取配当の益金不算入

法人株主の受取配当（みなし配当）については，一定の方法で計算した負債利子控除後の配当の額の50％の金額が益金不算入となる（法法23①）。

法人株主が，株式交換完全子法人の発行済株式数（株式交換完全子法人が保有

---

[27] 平成28年1月1日以後の譲渡については，措法37の11③又は措法37の11③が適用される。

する自社株を除く)の25％以上を配当の支払に係る効力が生ずる日(非適格株式交換の場合には,株式交換の日の前日)以前6カ月以上保有している場合には,一定の方法で計算した負債利子控除後の配当の額の全額が益金不算入となる(法法23①・⑥)。

ウ　個人株主の場合

　株式交換に反対して株式買取請求を行った個人株主(反対株主)が有する株式交換完全子法人株式について,株式交換完全子法人による自己株式の買取りが行われたことにより生ずるみなし配当については配当所得として課税され,株式譲渡損益については株式等に係る譲渡所得として課税される。

　TOBの実施後,買収対象会社が上場を維持した状態で,現金交付型株式交換を行う場合において,株式交換の効力発生日の直前には買収対象会社の上場は廃止になっていると考えられるため,株式交換に伴う少数個人株主の買収対象会社株式の譲渡は,法令を規定どおりに解釈すれば,非上場株式の譲渡として取扱われると考えられる。

　ただし,大阪国税局から公表された文書回答事例(株式交換に反対する個人株主の株式が買取請求に基づき買い取られた場合の課税関係について。回答日付　平成23年8月4日)を参考にすれば,上場会社のTOB後の現金交付型株式交換による少数個人株主の買収対象会社株式の譲渡についても,上場株式等の譲渡としての課税関係を適用することができると考えられる。

3　現金交付型合併による締め出し

(1)　株式買取請求を行った株主の取扱い

　少数株主(反対株主)が合併に反対し,会社法785条に規定する株式買取請求を行い,被合併法人による自己株式の買取りが行われた場合には,税務上は,前述1全部取得条項付種類株式の定款変更に係る株式買取請求,2現金交付型株式交換に係る買取請求と異なり,当該自己株買取りはみなし配当に該当する事由から除外されているため,反対株主の株式譲渡に係る買取対価は,株式譲渡収入となる(法令23③八,所令61①八)。

ア　法人株主の場合

　合併に反対して株式買取請求を行った被合併法人の法人株主（反対株主）が有する被合併法人株式について，当該買取請求に基づき被合併法人による自己株式の買取りが行われたことにより生じる株式譲渡損益については，譲渡益が益金に算入され，譲渡損が損金に算入される。

イ　個人株主の場合

　合併に反対して株式買取請求を行った被合併法人の個人株主（反対株主）が有する被合併法人株式について，当該買取請求に基づき被合併法人による自己株式の買取りが行われたことにより生じる株式譲渡損益については，株式等に係る譲渡所得として，所得税及び住民税が課税される（法法62の2①，旧措法37の10③，平成25年所法等改正法附則42[28]））。

---

[28] 　平成28年1月1日以後の譲渡については，措法37の11③又は措法37の11③が適用される。

第6章 公正な価格

I 概説

1 「公正な価格」の趣旨

　会社法は，反対株主の株式買取請求権（会社法116，469，785，797，806）として，反対株主が株式会社に対し，自己の有する株式を「公正な価格」で買い取ることを請求することができる旨定める[1]。かかる「公正な価格」は，当事者間で協議が調わなかった場合には，裁判所が決定する（会社法117，470，786，798，807）。問題はその場合の価格決定の基準をどうするかである。

　平成17年改正前商法は，この点につき「決議ナカリセバ其ノ有スベカリシ公正ナル価格」と規定していたところ，会社法は「決議ナカリセバ其ノ有スベカリシ」との修飾語を削除し，単に「公正な価格」とのみ規定した。会社法が，反対株主の株式買取請求権において前記修飾語を削除した趣旨は，買取価格の算定にあたって，「ナカリセバ価格」に加え組織再編などによって生じたシナジー（相乗効果）を反対株主にも分配させ，もって反対株主の保護を厚くするところにある。この趣旨は，株式を強制的に取得される全部取得条項付種類株式を保有する株主にも妥当するものと解される。したがって，全部取得条項付種類株式の価格決定の申立てがなされた場合の価格決定においても，（条文には「公正な価格」と書かれていないものの）同様の取扱いがなされるべきものと解される。現に決定例は，両者を区別していない。

---

[1] 会社法は，その他に新株予約権買取請求権（会社法118，777，787，808）として，新株予約権者が株式会社に対し，自己の有する新株予約権を公正な価格で買い取ることを請求することができる旨定める。

2 「公正な価格」に関する決定例

　以下の【表1】は,「公正な価格」に関する決定例を時系列に並べたものである（2列目に「反」とあるのは,反対株主の株式買取請求権に係るものであることを,「全」とあるのは,全部取得条項付種類株式の買取りに係るものであることを,それぞれ示している）。平成21年頃から,かかる事案が急激に増え,それらの先例の蓄積を踏まえ,最高裁の判断が下されるまでに至ったものである（下記の表の網掛け部分）。

【表1】

決定例	反or全 ※	公正な価格	シナジー	価格
東京地決平成21年4月17日金判1320号31頁	反	「公正な価格」は,株式交換の効力発生日を基準として,株式交換によるシナジーを適切に反映した同社株式の客観的価値を算定すべきところ,当該当事会社が上場会社である場合には,当該株式交換から生ずるシナジーを含む企業の客観的価値が反映されていないことを窺わせる特段の事情がない限り,株式交換の効力発生日前1カ月間の株価の終値による出来高加重平均値をもって,株式交換の効力発生日を基準とした同社株式の「公正な価格」とするのが相当である。	有	
東京地決平成21年5月13日金判1320号31頁	反	「公正な価格」は,株式交換の効力発生日を基準として,株式交換によるシナジーを適切に反映した同社株式の客観的価値を算定すべきところ,当該当事会社が上場会社である場合には,当該株式交換から生ずるシナジーを含む企業の客観的価値が反映されていないことを窺わせる特段の事情がない限り,株式交換の効力発生日前1カ月間の株価の終値による出来高加重平均値をもって,株式交換の効力発生日を基準とした同社株式の「公正な価格」とするのが相当であるとした。	有	

東京高決平成21年7月17日金判1341号31頁	反	「公正な価格」は，価格操作を目的とする不正な手段等通常の形態における取引以外の要因によって影響されたと認められる特別な事由がない限り，市場価格を算定の基礎とすべきであると解されるとして，原審同様，抗告人らが株式買取請求をした日の市場価格の終値である1株293円を公正な価格として，抗告を棄却した。		有	1株293円
大阪地決平成21年9月1日判タ1316号219頁	全	・「公正な価格」とは，基準となる株価を公開買付発表日の1年前の株価の近似値である700円とした上で，それに20%のプレミアムを加算した840円が相当であるとした。 ・「公正な価格」とは，その当時の市場価格を基準に，継続的な一定期間の平均値を算定するなどして評価の精度を高めた上で定めるべきである。 ・MBOの準備開始時期からTOBの公表時点までの期間における株価については，特段の事情のない限り，原則として，企業価値を把握する指標としては排除すべきである。 ・TOBにおける株式の公正な価格を算定するにあたっては，株式の客観的価値に加え，MBOにより支配権を強化することのできる経営者側が支配権を手に入れるため追加的に支払う取得対価（支配プレミアム）や，株主が全部取得条項を付されて株式を強制的に取得されることにより投資機会を失い（スクイーズ・アウト），あるいは，投資の流動性を奪われる対価として支払われる金銭（スクイーズ・アウトプレミアム）を考慮すべきである。		有	840円

第Ⅱ部　第6章　公正な価格

東京地決平成21年9月18日金判1329号45頁	全	・公正な価格を定めるにあたっては，取得日における当該株式の客観的価値に加え，強制的取得により失われる今後の株価の上昇に対する期待を評価した価格をも考慮するのが相当である。 ・全部取得条項付種類株式の取得価格の決定の申立てがされた場合における当該株式の客観的価値を定めるにあたっては，評価基準時点にできる限り近接し，かつ，TOBの公表等による影響のない一定期間の市場株価の平均値をもって当該株式の客観的価値であると判断すべきである。 ・公開買付公表前1カ月間の市場価格の終値による出来高加重平均値をもって算定した価格を，取得日における株式の客観的価値と認めた。 ・公開買付公表前1カ月間の市場価格の終値による出来高加重平均値をもって算定した価格である1株当たり5万1,133円を本件取得日における相手方株式の客観的価値とした上で，公開買付時に示された本件買付価格は，MBO実施後に増大が期待される価値のうち既存株主に対して分配されるべき部分を最大限織り込んだものと認められるなどとして，本件株式の取得価格につき，1株当たり6万円とした事例		1株当たり6万円
東京地決平成21年10月19日金判1329号30頁	反	・「公正な価格」とは，特段の事情がない限り，吸収合併の効力が確定的に生じる吸収合併の効力発生日における清算会社の客観的価値（吸収合併がなければ有すべき清算価値又は吸収合併を前提とした清算価値に基づいて算定された価格）をいう。 ・算定にあたり，清算会社の客観的価値（清算価値）に基づいて算定することが相当でない特段の事情はないとした。	有	1株当たり130円

東京地決平成22年3月5日判時2087号12頁	反	・「公正な価格」は，認定放送持株会社への移行を伴う本件吸収分割により，申立人の企業価値又はその株主価値が毀損されたとも，シナジーが生じたとも認められないことから，裁判所の裁量により本件吸収分割の効力発生日を基準日として，本件吸収分割がなければ本件株式が有していたであろう客観的価値を基礎として算定するのが相当である。 ・上記効力発生日前1カ月間の申立人株式の市場株価の終値による出来高加重平均値（1,255円）を算定した上で，交渉過程において申立人が買取価格（1,294円）を提示してきたという経緯を考慮して，本件株式の買取価格を1,294円とした。 ・吸収分割株式会社の株主による株式買取請求に係る「公正な価格」とは，裁判所の裁量により，株式買取請求が確定的に効力を生ずる吸収分割の効力発生日を基準日として，事案に応じて，吸収分割がなければ同社株式が有していたであろう客観的価値，又は吸収分割によるシナジーを適切に反映した同社株式の客観的価値を基礎として算定するのが相当であり，単に吸収分割株式会社の事業を完全子会社である吸収分割承継会社に承継させ，自らをその持株会社とするような形態の吸収分割が，他の組織再編行為や組織上の行為等と連動して行われ，それによって，当事会社の株式の実質的な価値が変動する可能性がある場合には，それらの連動して行われる行為による影響も考慮に入れて，反対株主による株式買取請求に係る「公正な価格」を算定するのが相当である。		1,294円

東京高決平成22年5月24日金判1345号12頁	反	・営業譲渡や合併，会社分割は，会社財産の処分として捉えることができるから，少数派の反対株主は，会社が清算される場合と同様，会社の全財産に対する残余財産分配請求を有すると観念的には捉えることができる。 ・その価値は，清算に際し事業が一体として譲渡される場合を想定した事業価値，すなわち，その事業から生ずると予想される将来のキャッシュフローの割引現在価格に一致すると考えるのが合理的である。 ・本件では，理論的観点からして，配当還元方式よりDCF方式を採用する方が適切である。	無	1株360円
東京高決平成22年7月7日判時2087号3頁	反	本件吸収分割により吸収分割株式会社の企業価値・株主価値が毀損されたとも，シナジーが生じたとも認めることができないことを前提に，裁判所の裁量により，買取請求期間満了時を基準日として，本件吸収分割決議がなければ本件株式が有していたであろう客観的価値を基礎として算定すると，上場株式である本件株式については，基準日の市場株価終値1,294円を「公正な価格」と認めるのが相当であるとした。	無	1,294円
東京高決平成22年10月19日判タ1341号186頁	反	・本件株式交換自体により抗告人の企業価値ないし株主価値が毀損されたものというべきであるから，本件株式交換がなければ抗告人株式が有していたであろう客観的価値を基礎として「公正な価格」を算定するのが相当である。 ・本件株式交換の計画公表後における市場全体・業界全体の動向その他を踏まえた補正をして本件株式交換の効力発生日を基準時とする株式の客観的価値を算定する方が，同計画公表前の一定期間の市場株式価格の平均値をもって算定するより合理性が高い。	無	1株6万7,791円

			・回帰分析の手法を用いて補正された株式価格による本件株式交換の効力発生の前日からその前1カ月の平均価格が「公正な価格」であるとして，買取価格を1株6万7,791円とした。		
東京地決平成22年11月15日金判1357号32頁	反		・特定の一時点の市場株価を参照して算定するのは相当でなく，吸収合併の効力発生日に近接した一定期間の市場株価の平均値をもって算定するのが相当 ・市場価格について異常な価格形成がされたなどの特段の事情がない限り，当該吸収合併の効力発生日前1カ月の市場株価の終値による出来高加重平均値をもって算定した価格を「公正な価格」とみてよい。	有	1株300円
東京地決平成23年3月30日（2011WLJPCA03306005）	反		・効力発生日前1カ月間の市場株価の終値による出来高加重平均値をもって算定した価格を「公正な価格」とみて差し支えない。 ・相手方自身が協議の段階から買取価格としてこれを上回る金額を提示していたことなどから，本件株式の買取価格をその提示金額と同じく1株につき2万848円とした	有	1株につき2万848円（提示金額）
最決平成23年4月19日民集65巻3号1311頁（金判1375号16頁）			・シナジー（組織再編による相乗効果）その他の企業価値の増加が生じない場合に，同項所定の消滅株式会社等の反対株主がした株式買取請求に係る「公正な価格」は，原則として，当該株式買取請求がされた日における，吸収合併契約等を承認する旨の株主総会の決議がされることがなければその株式が有したであろう価格をいう。 ・企業価値が増加も毀損もしないため，当該吸収合併等が同項所定の消滅株式会社等の株式の価値に変動をもたらすものではなかった場合には，株式買取請求がされた日における吸収合併契約等を承認す	無	

			る旨の株主総会の決議がされることがなければその株式が有したであろう価格を算定するにあたって参照すべき市場株価として，同日における市場株価やこれに近接する一定期間の市場株価の平均値を用いることは，当該事案の事情を踏まえた裁判所の合理的な裁量の範囲内にある。		
	最決平成23年4月26日民集236号519頁（金判1375号28頁）		（組織再編による相乗効果）その他の企業価値の増加が生じない場合に，同項所定の消滅株式会社等の反対株主がした株式買取請求に係る「公正な価格」は，原則として，当該株式買取請求がされた日における，吸収合併契約等を承認する旨の株主総会の決議がされることがなければその株式が有したであろう価格をいう。	無	
	最判平成24年2月29日金判1388号16頁		・原則として，株式移転により組織再編による相乗効果その他の企業価値の増加が生じない場合には，当該株式買取請求がされた日における，株式移転を承認する旨の株主総会決議がされることがなければその株式が有したであろう価格をいうが，それ以外の場合には，株式移転計画において定められていた株式移転設立完全親会社の株式等の割当てに関する比率が公正なものであったならば当該株式買取請求がされた日においてその株式が有していると認められる価格をいう。 ・相互に特別の資本関係がない会社間において，株主の判断の基礎となる情報が適切に開示された上で適法に株主総会で承認されるなど一般に公正と認められる手続により株式移転の効力が発生した場合には，当該株主総会における株主の合理的な判断が妨げられたと認めるに足りる特段の事情がない限り，当該株式移転における株式移転設立完全親会社の株式等の割当てに関する比率は公正なものである。	有	

		・株式移転計画に定められた株式移転設立完全親会社の株式等の割当てに関する比率が公正なものと認められる場合には，株式移転により企業価値の増加が生じないときを除き，株式移転完全子会社の反対株主がした株式買取請求に係る「公正な価格」を算定するにあたって参照すべき市場株価として，株式買取請求がされた日における市場株価やこれに近接する一定期間の市場株価の平均値を用いることは，裁判所の合理的な裁量の範囲内にある。		
大阪地決平成24年4月13日金判1391号52頁	全	・いわゆる「ナカリセバ価格」が1株当たり469円，「増加価値分配価格」が1株当たり180円と認められる判示の事実関係の下においては，TOBで公表された普通株式の買付価格が1株当たり600円であっても，これを超える1株当たり649円と算定することができる。	有	1株当たり649円

※反：反対株主の株式買取請求権
　全：全部取得条項付種類株式の価格決定

3　規範的判断

かかる先例の集積に伴い，「公正な価格」の決定に際して，単なる計算方式に留まらない「規範的判断」というものが新たに生成しつつあることをみてとることができる。詳細は，下記Ⅱ以降で詳述するが，あらかじめごく簡単にまとめておくと，下記【表2】のとおりである。

【表2】

	シナジーが生じる場合	シナジーが生じない場合
株式に市場価格あり	公正な価格＝市場価格（最判平成24年2月29日金判1388号16頁）	公正な価格＝ナカリセバ価格（最決平成23年4月19日民集65巻3号1311頁，最判平成24年2月29日金判1388号16頁）
株式に市場価格なし（又は市場価格によるべきでない特段の事情がある）	「ナカリセバ価格」＋「増加価値分配価格」としてよい？（大阪地決平成24年4月13日金判1391号52頁）	

いくらシナジーを分配させるのが会社法の趣旨とはいえ，シナジーが生じない場合にはそもそも分配のしようがない。この場合には，平成17年改正前商法におけるとおり，「決議ナカリセバ其ノ有スベカリシ公正ナル価格」，すなわち「ナカリセバ価格」を公正な価格とせざるを得ない（最決平成23年4月19日民集65巻3号1311頁，最判平成24年2月29日金判1388号16頁）。他方，シナジーが生じる場合には，それを反対株主等に分配する必要がある。最高裁の立場によれば，基本的にはシナジーは市場価格に反映されており，それを基礎にすべきであるが（最判平成24年2月29日金判1388号16頁），株式に市場価格がなかったり，市場価格によるべきでない特段の事情がある場合には，別異の取扱いが必要となる。特に全部取得条項付種類株式を活用した非公開化スキームでは，公開買付価格は存在するものの，スキーム後に株式の市場価格が存在しないゆえ，その場合の算定方法いかんが問題となる。この点につき，大阪地決平成24年4月13日金判1391号52頁は，次のとおり，公正な価格とはナカリセバ価格と増加価値分配

価格（要はシナジー）の合計であり，それが公開買付価格を上回っても構わないという，「シンプル」な立場を打ち出した。

> 「公正な価格」＝「ナカリセバ価格」＋「増加価値分配価格」
> 　　　　　　　≧「公開買付価格」

シンプルである反面，裁判所に対する申立てを活用した一種の裁定取引を許容する結果ともなっており，組織再編，非公開化等のスキームを手がける当時会社は，かかる株主との間でのいわばチキン・レースに相当な力を割かなければならないこととなる。

Ⅱ　シナジーが生じない場合と「ナカリセバ価格」の算定

1　概　　説

第6章Ⅰで述べられているとおり，反対株主の株式買取請求における「公正な価格」（会社法116，469，785，797，806）については，会社法制定前は「決議ナカリセバ其ノ有スベカリシ公正ナル価格」（平成17年改正前商法355①，408の3①等，以下「ナカリセバ価格」という）とされていたが，会社法制定時に，修飾語が削除され，「公正な価格」と規定された。その趣旨は，買取価格の算定にあたって，「ナカリセバ価格」に加え企業再編などによって生じたシナジー（相乗効果）を反対株主にも分配させ，もって反対株主の保護を厚くすることにある。すなわち，株式買取請求権には，①企業再編がなされなかった場合の経済状態の保証機能のほか，②企業再編によるシナジーの再分配機能が付加されたといわれる[2]。

もっとも，企業再編によるシナジーを反対株主にも分配するのが会社法の趣旨とはいえ，シナジーが生じない場合にはそもそも分配を考慮する余地がな

---

2) 藤田友敬「新会社法における株式買取請求権制度」江頭憲治郎先生還暦記念『企業法の理論（上巻）』282頁（商事法務，2007）。

いから、この場合には、平成17年改正前商法におけるとおり、「ナカリセバ価格」が公正な価格となる（上記①企業再編がなされなかった場合の経済状態の保証機能）。

下記２～４では、吸収合併等によりシナジーその他の企業価値の増加が生じない場合に消滅株式会社等の反対株主がした株式買取請求に係る「公正な価格」の意義につき、「ナカリセバ価格」であることを最高裁として初めて示した最決平成23年４月19日民集65巻３号1311頁を中心に、「公正な価格」に関する最決を紹介し、下記５では、２～４で紹介した最決について解説を加える。

２　最決平成23年４月19日民集65巻３号1311頁[3]
（楽天対ＴＢＳ株式買取価格決定申立事件最高裁決定）

(1)　事件の概要

本件は、Ｙ社（株式会社東京放送ホールディングス）を吸収分割株式会社、Ａ社（株式会社ＴＢＳテレビ）を吸収分割承継株式会社とする吸収分割に反対したＹ社の株主であるX_1社（楽天株式会社）及びX_2（個人）（以下、併せて「Ｘら」という）が、会社法785条１項に基づき、Ｙ社に対し、Ｘらの有する株式を公正な価格で買い取るよう請求したが、その価格の決定につき協議が調わないため、Ｘら及びＹ社双方が、会社法786条２項に基づき、それぞれ裁判所に価格の決定の申立てをした事件である。

裁判所は、本件について、概略、以下の事実を認定した。

Ｙ社は、その株式が東京証券取引所の市場第一部に上場されている株式会社であるところ、平成20年12月16日に開催された株主総会において、吸収分割の方法により、Ｙ社がテレビ放送事業及び映像・文化事業に関して有する権利義務を完全子会社であるＡ社に承継させ、Ａ社からＹ社に対してその対価を何ら交付しないことなどを内容とする吸収分割契約を承認する旨の決議（以下「本件決議」といい、本件決議に係る吸収分割を「本件吸収分割」という）がされた。本

---

[3]　この最決の原審は東京高決平成22年７月７日金判1346号14頁（2010）、原々審は東京地決平成22年３月５日金判1339号44頁（2010）。

件吸収分割は，同年4月1日に施行された認定放送持株会社制度の導入を内容とする放送法等の一部を改正する法律（平成19年法律第136号）に基づき，Y社を認定放送持株会社に移行させるために行われたものであった。

Xらは，合計3,777万700株の株式（以下「本件株式」という）を保有するY社の株主であるが，上記株主総会に先立ち，本件吸収分割に反対する旨をY社に通知し，上記株主総会において本件決議が行われるにあたり，これに反対した上，会社法785条5項所定の期間（株式買取請求期間）の満了日である平成21年3月31日，Y社に対し，本件株式を公正な価格で買い取ることを請求した（以下，この請求を「本件買取請求」という）。

東京証券取引所におけるY社の株式の同日の終値は，1株1,294円であった。

本件吸収分割によりY社の事業がA社に承継されても，シナジー（組織再編による相乗効果）は生じず，また，本件吸収分割は，Y社の企業価値や株主価値を毀損するものではなく，Y社の株式の価値に変動をもたらすものでもなかった。

(2) 当事者の主張

Xらは，本件吸収分割がY社の持株会社化と連動して行われたもので，その企業価値や株主価値を毀損するから，株式買取価格算定の基準日は，本件吸収分割の株主総会決議日（平成20年12月16日）であり，認定放送持分会社化することによる影響は改正放送法の成立までに徐々に織り込まれたものであるから，公正な価格は改正放送法の成立日（平成19年12月21日）の前の6カ月間の市場価格の終値の平均価格を参照すべきである等として，公正な価格を3,940円と主張した。

これに対して，Y社は，基準日は，株式買取請求権行使日（平成21年3月31日）であり，その日の市場価格の終値である1,294円が公正な価格であると主張した。

(3) 争　　点
本件における争点は，以下の4点である。
① 吸収合併等によりシナジーその他の企業価値の増加が生じない場合に消滅株式会社等の反対株主がした株式買取請求に係る「公正な価格」とは何か
② 「公正な価格」の算定基準日はいつか
③ 上場株式の場合の「公正な価格」算定における基礎資料として市場株価を用いることに合理性が認められるか
④ どの時点での市場株価を用いるか

(4) 決 定 要 旨
ア　争点①（吸収合併等により企業価値の増加が生じない場合に消滅株式会社等の反対株主がした株式買取請求に係る「公正な価格」の意義）について

吸収合併等が行われる場合「反対株主に「公正な価格」での株式の買取りを請求する権利が付与された趣旨は，吸収合併等という会社組織の基礎に本質的変更をもたらす行為を株主総会の多数決により可能とする反面，それに反対する株主に会社からの退出の機会を与えるとともに，退出を選択した株主には，吸収合併等がされなかったとした場合と経済的に同等の状況を確保し，さらに，吸収合併等によりシナジーその他の企業価値の増加が生ずる場合には，上記株主に対してもこれを適切に分配し得るものとすることにより，上記株主の利益を一定の範囲で保障することにある。以上のことからすると，裁判所による買取価格の決定は，客観的に定まっている過去のある一定時点の株価を確認するものではなく，裁判所において，上記の趣旨に従い，「公正な価格」を形成するものであり，また，会社法が価格決定の基準について格別の規定を置いていないことからすると，その決定は，裁判所の合理的な裁量に委ねられているものと解される（最高裁昭和47年（ク）第5号同48年3月1日第一小法廷決定・民集27巻2号161頁参照）」。

「上記の趣旨に照らせば，吸収合併等によりシナジーその他の企業価値の増

加が生じない場合には，増加した企業価値の適切な分配を考慮する余地はないから，吸収合併契約等を承認する旨の株主総会の決議がされることがなければその株式が有したであろう価格（以下「ナカリセバ価格」という。）を算定し，これをもって「公正な価格」を定めるべきである。」

イ　争点②（「公正な価格」の算定基準日）について

「消滅株式会社等の反対株主が株式買取請求をすれば，消滅株式会社等の承諾を要することなく，法律上当然に反対株主と消滅株式会社等との間に売買契約が成立したのと同様の法律関係が生じ，消滅株式会社等には，その株式を「公正な価格」で買い取るべき義務が生ずる反面（前掲最高裁昭和48年3月1日第一小法廷決定参照），反対株主は，消滅株式会社等の承諾を得なければ，その株式買取請求を撤回することができないことになる（会社法785⑥）ことからすれば，売買契約が成立したのと同様の法律関係が生ずる時点であり，かつ，株主が会社から退出する意思を明示した時点である株式買取請求がされた日を基準日として，「公正な価格」を定めるのが合理的である。仮に，反対株主が株式買取請求をした日より後の日を基準として「公正な価格」を定めるものとすると，反対株主は，自らの意思で株式買取請求を撤回することができないにもかかわらず，株式買取請求後に生ずる市場の一般的な価格変動要因による市場株価への影響等当該吸収合併等以外の要因による株価の変動によるリスクを負担することになり，相当ではないし，また，上記決議がされた日を基準として「公正な価格」を定めるものとすると，反対株主による株式買取請求は，吸収合併等の効力を生ずる日の20日前の日からその前日までの間にしなければならないこととされているため（会社法785⑤），上記決議の日から株式買取請求がされるまでに相当の期間が生じ得るにもかかわらず，上記決議の日以降に生じた当該吸収合併等以外の要因による株価の変動によるリスクを反対株主は一切負担しないことになり，相当ではない。

そうすると，会社法782条1項所定の吸収合併等によりシナジーその他の企業価値の増加が生じない場合に，同項所定の消滅株式会社等の反対株主がした株式買取請求に係る「公正な価格」は，原則として，当該株式買取請求がされ

た日におけるナカリセバ価格をいうものと解するのが相当である。」。

　ウ　争点③（上場株式の場合の「公正な価格」算定における基礎資料として市場株価を用いることの合理性）について

　「会社法が「公正な価格」の決定を裁判所の合理的な裁量に委ねていることは前記のとおりであるところ，株式が上場されている場合，一般に，市場株価には，当該企業の資産内容，財務状況，収益力，将来の業績見通しなどが考慮された当該企業の客観的価値が，投資家の評価を通して反映されているということができるから，上場されている株式について，反対株主が株式買取請求をした日のナカリセバ価格を算定するに当たっては，それが企業の客観的価値を反映していないことをうかがわせる事情があれば格別，そうでなければ，その算定における基礎資料として市場株価を用いることには，合理性が認められる。」

　エ　争点④（どの時点での市場株価を用いるか）について

　「反対株主が株式買取請求をした日における市場株価は，通常，吸収合併等がされることを織り込んだ上で形成されているとみられることからすれば，同日における市場株価を直ちに同日のナカリセバ価格とみることは相当ではなく，上記ナカリセバ価格を算定するに当たり，吸収合併等による影響を排除するために，吸収合併等を行う旨の公表等がされる前の市場株価（以下「参照株価」という。）を参照してこれを算定することや，その際，上記公表がされた日の前日等の特定の時点の市場株価を参照するのか，それとも一定期間の市場株価の平均値を参照するのか等については，当該事案における消滅株式会社等や株式買取請求をした株主に係る事情を踏まえた裁判所の合理的な裁量に委ねられているものというべきである。また，上記公表等がされた後株式買取請求がされた日までの間に当該吸収合併等以外の市場の一般的な価格変動要因により，当該株式の市場株価が変動している場合に，これを踏まえて参照株価に補正を加えるなどして同日のナカリセバ価格を算定するについても，同様である。

　もっとも，吸収合併等により企業価値が増加も毀損もしないため，当該吸収合併等が消滅株式会社等の株式の価値に変動をもたらすものではなかったとき

は，その市場株価は当該吸収合併等による影響を受けるものではなかったとみることができるから，株式買取請求がされた日のナカリセバ価格を算定するに当たって参照すべき市場株価として，同日における市場株価やこれに近接する一定期間の市場株価の平均値を用いることも，当該事案に係る事情を踏まえた裁判所の合理的な裁量の範囲内にあるものというべきである。」。

3　最決平成23年4月26日民集236号519頁[4]
（インテリジェンス株式買取価格決定申立事件最高裁決定）

(1)　事件の概要

　本件は，Y社（株式会社インテリジェンス）を株式交換完全子会社，A社（株式会社USEN）を株式交換完全親会社とする株式交換に反対したY社の株主であるXらが，会社法785条1項に基づき，Y社に対し，Xらが各保有する株式を公正な価格で買い取るよう請求したが，その価格の決定につき協議が調わないため，Xら及びY社双方が，会社法786条2項に基づき，それぞれ裁判所に価格の決定の申立てをした事件である。

　裁判所は，本件について，概略，以下の事実を認定した。

　Y社は，ジャスダック証券取引所にその株式を上場していた人材紹介事業等を営む株式会社であるところ，平成20年8月28日に開催されたY社の株主総会において，A社を株式交換完全親会社，Y社を株式交換完全子会社とする株式交換を行うことなどを内容とする株式交換契約を承認する旨の決議（以下「本件決議」といい，本件決議に係る株式交換を「本件株式交換」という）がされた。

　Xらは，原々決定別紙「保有株式一覧表」記載のとおり，Y社の普通株式を保有するY社の株主であるが，上記株主総会に先立ち，本件株式交換に反対する旨をY社に通知し，上記株主総会において本件決議が行われるにあたり，これに反対した上，本件株式交換の効力を生ずる日（以下「効力発生日」という）の20日前から効力発生日の前日までの間に，Y社に対し，各保有する株式を公

---

[4]　この最決の原審は東京高決平成22年10月19日金判1354号14頁，原々審は東京地決平成22年3月29日金判1354号28頁。

正な価格で買い取るよう請求した。

　本件株式交換の計画公表直前である平成20年7月1日におけるY社の株式の市場株価（終値）は7万9,500円であったが，その後，下落を続け，上場が廃止される直前の最終取引日である同年9月22日の市場株価（終値）は4万3,250円であった。このように市場株価が下落した主たる原因は，本件株式交換がされたことにあり，本件株式交換は，Y社の企業価値ないし株主価値を毀損するものであった。もっとも，上記の市場株価の下落には，マクロ経済の悪化とこれに伴う人材ビジネス業界の経営環境悪化という市場の一般的な価格変動要因による影響も及んでいた。

(2) 決　定　要　旨
ア　争点①（吸収合併等によりシナジーその他の企業価値の増加が生じない場合に消滅株式会社等の反対株主がした株式買取請求に係る「公正な価格」の意義と算定基準日）について

　「吸収合併，吸収分割又は株式交換（以下「吸収合併等」という。）が行われる場合，会社法785条2項所定の株主（以下「反対株主」という。）は，吸収合併消滅株式会社，吸収分割株式会社又は株式交換完全子会社（以下「消滅株式会社等」という。）に対し，自己の有する株式を「公正な価格」で買い取るよう請求することができる（同条①）。このように反対株主に「公正な価格」での株式の買取りを請求する権利が付与された趣旨は，吸収合併等という会社組織の基礎に本質的変更をもたらす行為を株主総会の多数決により可能とする反面，それに反対する株主に会社からの退出の機会を与えるとともに，退出を選択した株主には，吸収合併等がされなかったとした場合と経済的に同等の状況を確保し，さらに，吸収合併等によりシナジーその他の企業価値の増加が生ずる場合には，上記株主に対してもこれを適切に分配し得るものとすることにより，上記株主の利益を一定の範囲で保障することにある。このような趣旨に照らせば，会社法782条1項所定の吸収合併等によりシナジーその他の企業価値の増加が生じない場合に，同項所定の消滅株式会社等の反対株主がした株式買取請求に係る

「公正な価格」は，原則として，当該株式買取請求がされた日における，同項所定の吸収合併契約等を承認する旨の決議がされることがなければその株式が有したであろう価格（以下「ナカリセバ価格」という。）をいうものと解するのが相当である（最高裁平成22年（許）第30号同23年4月19日第三小法廷決定・裁判所時報1530号登載予定参照）。」

イ　争点②（「公正な価格」の算定方法）について

「上場されている株式について，反対株主が株式買取請求をした日のナカリセバ価格を算定するに当たり，株式交換を行う旨の公表等がされる前の市場株価を参照することや，上記公表等がされた後株式買取請求がされた日までの間に当該吸収合併等以外の市場の一般的な価格変動要因により，当該株式の市場株価が変動している場合に，これを踏まえて参照した株価に補正を加えるなどして同日のナカリセバ価格を算定することは，裁判所の合理的な裁量の範囲内にあるものというべきである（前掲最高裁平成23年4月19日第三小法廷決定参照）。そして，このことは，株式買取請求期間中に当該株式の上場が廃止されたとしても，変わるところはない。」。

4　最決平成24年2月29日民集66巻3号1784頁[5]
（テクモ株式買取価格決定申立事件許可抗告審決定）

(1)　事件の概要

本件は，A社（テクモ株式会社）ほか1社を株式移転完全子会社とする株式移転に反対したA社の株主であるXが，会社法806条1項に基づき，A社に対し，Xの有する株式を公正な価格で買い取るよう請求したが，その価格の決定につき協議が調わないため，Xが，会社法807条2項に基づき，裁判所に価格の決定の申立てをした事件である。なお，原々決定後，Y社がA社を吸収合併してその権利及び義務を承継した。

裁判所は，本件について，概略，以下の事実を認定した。

---

[5]　この裁決の原審は東京高決平成23年3月1日金判1388号24頁，原々審は東京地決平成22年3月31日金判1344号36頁。

A社は，東京証券取引所の市場第一部にその株式を上場していた株式会社であったところ，平成20年9月4日，Y社（当時の商号はB）との間で経営統合に向けた協議を開始することを発表した。なお，当時，A社とY社の間には，相互に特別の資本関係はなかった。

　A社及びY社は，平成20年11月18日，各取締役会の承認を得て，A社及びY社を株式移転完全子会社とし，株式移転設立完全親会社としてC社を設立する株式移転計画を作成し，同日の市場取引終了後，これを公表した（以下，同計画に基づく株式移転を「本件株式移転」という）。

　上記株式移転計画においては，Y社の株主に対し，その普通株式1株につきC社の普通株式1株を，A社の株主に対し，その普通株式1株につきC社の普通株式0.9株をそれぞれ割り当てることとされた（以下，これらの割当てに関する比率を「本件株式移転比率」という）。本件株式移転比率は，A社及びY社が，それぞれ第三者機関に対し株式移転の条件の算定を依頼して得た結果を参考に，協議し，合意されたものである。

　平成21年1月26日に開催されたA社の株主総会（以下「本件総会」という）において本件株式移転を承認する旨の決議（以下「本件総会決議」という）がされた。これを受けて，同年3月26日，A社の株式は上場廃止となり，同年4月1日，本件株式移転の効力が生じた。

　Xは，合計389万700株の株式を保有するA社の株主であるが，本件総会に先立ち，本件株式移転に反対する旨をA社に通知し，本件総会において本件総会決議が行われるにあたり，これに反対した上，会社法806条5項所定の期間（株式買取請求期間）内である平成21年2月12日，A社に対し，Xの保有する上記株式を公正な価格で買い取ることを請求した。

(2) 決定要旨

　ア　争点（株式移転によりシナジー効果その他の企業価値の増加が生じない場合とそれ以外の場合それぞれにつき，株式移転完全子会社の反対株主がした株式買取請求に係る「公正な価格」の意義と算定基準日）について

　「株式移転が行われる場合，会社法806条2項所定の株主（以下「反対株主」という。）は，株式移転完全子会社に対し，自己の有する株式を「公正な価格」で買い取るよう請求することができる（同条1項）。このように，反対株主に「公正な価格」での株式の買取りを請求する権利が付与された趣旨は，反対株主に会社からの退出の機会を与えるとともに，退出を選択した株主には，株式移転がされなかったとした場合と経済的に同等の状態を確保し，さらに，株式移転により，組織再編による相乗効果（以下「シナジー効果」という。）その他の企業価値の増加が生ずる場合には，これを適切に分配し得るものとすることにより，反対株主の利益を一定の範囲で保障することにある（最高裁平成22年（許）第30号同23年4月19日第三小法廷決定・民集65巻3号1311頁参照）。また，上記の「公正な価格」の額の算定に当たっては，反対株主と株式移転完全子会社との間に売買契約が成立したのと同様の法律関係が生ずる時点であり，かつ，株主が会社から退出する意思を明示した時点である株式買取請求がされた日を基準日とするのが合理的である（前記第三小法廷決定参照）。」

　「これらのことに照らすと，株式移転によりシナジー効果その他の企業価値の増加が生じない場合には，株式移転完全子会社の反対株主がした株式買取請求に係る「公正な価格」は，原則として，当該株式買取請求がされた日における，株式移転を承認する旨の株主総会決議がされることがなければその株式が有したであろう価格をいうと解するのが相当であるが（前記第三小法廷決定参照），それ以外の場合には，株式移転後の企業価値は，株式移転計画において定められる株式移転設立完全親会社の株式等の割当てにより株主に分配されるものであること（以下，株式移転設立完全親会社の株式等の割当てに関する比率を『株式移転比率』という。）に照らすと，上記の「公正な価格」は，原則として，株式移転計画において定められていた株式移転比率が公正なものであったならば当該

株式買取請求がされた日においてその株式が有していると認められる価格をいうものと解するのが相当である。」

その他の争点については第6章Ⅲで述べるため，ここでは省略する。

5　上記3つの最決の検討

最決平成23年4月19日（TBS事件）は，会社法782条1項所定の吸収合併等によりシナジー（組織再編による相乗効果）その他の企業価値の増加が生じない場合における同項所定の消滅株式会社等の反対株主がした株式買取請求に係る「公正な価格」の意義につき，当該株式買取請求がされた日における，企業再編を承認する旨の株主総会の決議がされることがなければその株式が有したであろう価格，いわゆる「ナカリセバ価格」であることを最高裁として初めて示した。

その1週間後に出された最決平成23年4月26日（インテリジェンス事件）は，上記3(2)決定要旨に掲げたとおり「公正な価格」の意義，算定基準日及び算定方法について示しており，その内容は既に上記2最決平成23年4月19日（TBS事件）においてほぼ同一文言により示されていたものである。ただし，最決平成23年4月19日（TBS事件）の事案における吸収分割は吸収分割会社（東京放送ホールディングス）の完全子会社（TBSテレビ）を吸収分割承継会社にしたものであり，その吸収分割は吸収分割会社（東京放送ホールディングス）の企業価値や株主価値を増大させるものでも毀損するものでもないと認定されていた。それに対して，最決平成23年4月26日（インテリジェンス事件）の事案の株式交換は，株式交換完全子会社（インテリジェンス）の企業価値ないし株主価値を毀損するものであったと認定されており，最決23年4月26日（インテリジェンス事件）は，組織再編行為により当事会社の企業価値が実際に毀損される事案について最高裁が上記3(2)決定要旨に掲げたとおり，「ナカリセバ価格」が公正な価格となるという判断を示したという点において，最決平成23年4月19日（TBS事件）にはない固有の意義が認められる。

また，上記最決平成23年4月19日（TBS事件）及び最決平成23年4月26日（イ

ンテリジェンス事件）では，いずれも組織再編によりシナジーその他の企業価値の増加が生じない場合について，消滅株式会社等の反対株主がした株式買取請求に係る「公正な価格」は，原則として，当該株式買取請求がされた日における「ナカリセバ価格」をいうことが示されていた。もっとも，企業価値の増加が生じない場合以外の場合にどのような基準となるかについては，上記2つの最決は直接は判示していなかった。そうであるところ，最決平成24年4月29日（テクモ事件）は，株式移転について，「公正な価格」は，企業再編によりシナジー効果その他の企業価値の増加が生じない場合には，いわゆる「ナカリセバ価格」によることを判示するとともに，それ以外の場合には，「公正な価格」とは，株式移転比率が公正なものであったならば当該株式買取請求日においてその株式が有していると認められる価格であると判示した点に意義がある（最決平成24年4月29（テクモ事件）については，第6章Ⅲで詳述する）。

Ⅲ　シナジーが生じる場合における公正な価格①：時価

最決平成24年2月29日テクモ株式買取価格決定申立事件許可抗告審決定（金判1388号16頁）。

1　はじめに

本決定は，組織再編によりシナジー効果が生じる場合の反対株主の株式買取請求における「公正な価格」の決定方法について最高裁が初の判断を示したものである。

「公正な価格」は，シナジー効果が生じない場合には，いわゆるナカリセバ価格によることをいうとともに，それ以外の場合には，再編比率が公正な場合には基本的にはシナジーは市場価格に反映されており，特段の事情がない限りそれを基礎にすべきとした。

また，前提として，株式移転において，反対株主の株式買取請求における「公正な価格」の意義やその基準日，株式移転比率が公正なものとされるのが

どのような場合であるか，「公正な価格」を算定するにあたり株式買取請求がされた日等の株価を参照することが裁量の範囲とされる場合について述べている。

2 事案の概要

本件は，テクモ株式会社（以下「A」という。資本金58億2,315万688円，発行済株式総数2,355万3,173株）及び株式会社コーエー（以下「Y」という）を株式移転完全子会社とする株式移転に反対した，Aの株主である申立人ロイヤル・バンク・オブ・カナダ・トラスト・カンパニー（ケイマン）リミテッド（以下「X」という）が，Aに対し，Xの有するAの株式389万700株（以下「本件株式」という）の買取請求をしたが（会社法806①），本件株式の買取価格についてAとの間で協議が調わなかったことから，会社法807条2項に基づき，本件株式の買取価格の決定を求めた事案である。

本件に関連する事実の経過は，以下のとおりである（太字は株価）。

【平成20年】

8月29日　株式会社スクウェア・エニックス（以下「B」という）が，Aに対し，友好的TOBの条件案（1株920円（前日の終値に30％強のプレミアムを付加），買付予定株式数の上限なし）を提出し，その旨発表。

9月4日　AがBからの提案拒絶。Yとの間で経営統合に向け協議開始し，経営統合委員会の設置を決議した旨発表。

　　　　※Xは，同日以降，本件株式のうち86％を取得。

10月1日　A代表取締役の「Aの株価が920円より下になることはないと思う」との発言報道。

10月29日　Aの株価**1株597円**　日経平均株価8,211.9円

11月18日　Aの株価**1株875円**　日経平均株価8,328.41円

　　　　A及びYが，各取締役会において，平成21年1月26日開催予定の両社の臨時株主総会において，同年4月1日を効力発生日とする株式移転を行って共同持株会社である持株会社コーエーテクモホールディン

グス（以下「C」という）を設立すること（以下「本件株式移転」という）を承認し，同日，両社の経営統合に関する統合契約を締結し，市場取引終了後その旨公表。

　　　　　株式移転比率については，第三者機関から提出された株式移転比率算定書を参考に協議し，Yの普通株式1株に対してCの普通株式1株を，Aの普通株式1株に対してCの普通株式0.9株の割当交付を合意。
　　　　　※Xは，同日以降，本件株式のうち51％を取得。

11月19日　Aの株価**1株775円**（ストップ安）

11月28日　Aの株価**1株889円**

【平成21年】

1月9日　Aの株価**1株761円**（対平成20年11月18日−13.0％）
　　　　　日経平均株価8,836円（対平成20年11月18日＋5.7％）

1月10日　Y，投資有価証券評価損の減損処理及び含み損を公表。

1月22日　X→A　臨時株主総会に先立ち，本件株式移転に反対を通知。

1月26日　A，臨時株主総会において，本件株式移転承認決議。公告（Xは反対）。

2月3日　Y，連結当期純利益を前回発表予想より64億円低い1億円と変更する等の平成21年3月期業績予想の修正を公表。

2月12日　X→A　本件株式の買取請求。

2月13日　A，連結経営成績について，売上高で前年度比−1.1％，営業利益で−28.8％，経常利益で−51.7％，当期純利益は2億3,700万円の赤字となる決算短信を公表。

3月25日　Aの株価**1株660円**（対平成20年11月18日−24.6％）
　　　　　日経平均株価8,479円（対平成20年11月18日＋1.8％）

3月26日　A及びY，東京証券取引所市場第一部上場廃止。

4月1日　A及びYが共同株式移転の方式によりC設立（株式移転の効力発生）。Cが東京証券取引所市場第一部に上場。

5月1日まで　X，A　本件株式の買取価格協議。Xは1株当たり920円，A

は1株当たり620円を主張し，協議不成立。

5月25日　X→A　本件申立て。

※なお，原々決定後，YがAを吸収合併して，その権利義務を承継した。

3　判　　旨

(1)　株式移転完全子会社の反対株主がした株式買取請求に係る「公正な価格」の意義

「反対株主に「公正な価格」での株式の買取りを請求する権利が付与された趣旨は，反対株主に会社からの退出の機会を与えるとともに，退出を選択した株主には，株式移転がされなかったとした場合と経済的に同等の状態を確保し，さらに，株式移転により，組織再編による相乗効果（以下「シナジー効果」という）その他の企業価値の増加が生ずる場合には，これを適切に分配し得るものとすることにより，反対株主の利益を一定の範囲で保障することにある（最決4月19日民集65巻3号1311頁。筆者注）。……「公正な価格」の額の算定に当たっては，反対株主と株式移転完全子会社との間に売買契約が成立したのと同様の法律関係が生ずる時点であり，かつ，株主が会社から退出する意思を明示した時点である株式買取請求がされた日を基準日とするのが合理的である。」

「株式移転によりシナジー効果その他の企業価値の増加が生じない場合には，株式移転完全子会社の反対株主がした株式買取請求に係る「公正な価格」は，原則として，当該株式買取請求がされた日における，株式移転を承認する旨の株主総会決議がされることがなければその株式が有したであろう価格をいうと解するのが相当であるが（前記第三小法廷決定参照），それ以外の場合には，株式移転後の企業価値は，株式移転計画において定められる株式移転設立完全親会社の株式等の割当てにより株主に分配されるものであること……に照らすと，上記の「公正な価格」は，原則として，株式移転計画において定められていた株式移転比率が公正なものであったならば当該株式買取請求がされた日においてその株式が有していると認められる価格をいうものと解するのが相当である。」。

(2) 株式移転における株式移転設立完全親会社の株式等の割当てに関する比率が公正なものとされる場合

「相互に特別の資本関係がない会社間において，株主の判断の基礎となる情報が適切に開示された上で適法に株主総会で承認されるなど一般に公正と認められる手続により株式移転の効力が発生した場合には，当該株主総会における株主の合理的な判断が妨げられたと認めるに足りる特段の事情がない限り，当該株式移転における株式移転比率は公正なものとみるのが相当である。」。

(3) 株式移転完全子会社の反対株主がした株式買取請求に係る「公正な価格」を算定するにあたって参照すべき市場株価として，株式買取請求がされた日における市場株価やこれに近接する一定期間の市場株価の平均値を用いることが，裁判所の裁量の範囲内にあるとされる場合

「株式が上場されている場合，市場株価が企業の客観的価値を反映していないことをうかがわせる事情がない限り，「公正な価格」を算定するに当たって，その基礎資料として市場株価を用いることには合理性があるといえる。そして，株式移転計画に定められた株式移転比率が公正なものと認められる場合には，株式移転比率が公表された後における市場株価は，特段の事情がない限り，公正な株式移転比率により株式移転がされることを織り込んだ上で形成されているとみられるものである。そうすると，上記の場合は，株式移転により企業価値の増加が生じないときを除き，反対株主の株式買取請求に係る「公正な価格」を算定するに当たって参照すべき市場株価として，基準日である株式買取請求がされた日における市場株価や，偶発的要素による株価の変動の影響を排除するためこれに近接する一定期間の市場株価の平均値を用いることは，当該事案に係る事情を踏まえた裁判所の合理的な裁量の範囲内にあるといえる。」。

(4) 本件におけるあてはめ

「AとY（筆者注）は，相互に特別の資本関係がなく，本件株式移転に関し，株主総会決議を経るなどの一般に公正と認められる手続を経て，本件株式移転の効力が発生したというのであり，本件総会に先立つ情報の開示等に問題があったことはうかがわれない。そうであれば，本件総会における株主の合理的な判断が妨げられたと認めるに足りる特段の事情がない限り，本件株式移転比率は公正なものというべきところ，市場株価の変動には様々な要因があるのであって，専らAの市場株価の下落やその推移から，直ちに上記の特段の事情があるということはできず，他に，本件において，上記特段の事情の存在はうかがわれない。したがって，本件株式移転比率は公正なものというべきである。」。

その上で，「原審は，本件株式移転により企業価値が増加することを前提としながら，以上と異なり，本件株式移転比率は企業価値の増加を適切に反映したものではなく，公正なものではないとして，本件株式移転の内容が公表された平成20年11月18日より前の1ヵ月間の市場株価の終値を参照して「公正な価格」を算定した点において，その判断には，裁判に影響を及ぼすことが明らかな法令違反がある。」として，本件を原審に差し戻した。

(5) 須藤正彦裁判官の補足意見

本決定の考え方については，須藤正彦裁判官の補足意見が付されており，参考となる。以下抜粋して紹介する（項目名は筆者）。

ア 「公正な価格」が裁判所の合意的裁量の下に決定されること

「会社法807条の買取価格の決定は，裁判所が合理的な裁量の下に株式の公正な価格を形成するものであって，客観的に定まっている過去のある一定時点の株価を確認するものではない……。……裁判所の合理的な裁量に委ねられるとはいえ，その決定価格は，客観的な企業価値と無関係ではなく，これを基礎に置くものでなければならない……共同株式移転による企業再編で正のシナジー効果が生じた場合，理論的には，例えば，各当事企業の再編前の客観的な企業価値及び再編による客観的な企業価値の増加分の合計を各当事企業の再編前の

企業価値に応じるなどして各当事企業に分配し，その上で，それをそれぞれの発行済み株式総数で除して理論的な株式の価格を算定し，その価格を基礎として裁判所が「公正な価格」を形成するとの方法が考えられてくる。

　だが，……正確な企業価値を直接に測定することは不可能である。……企業価値の増加分を分配した理論的な株式の価格等は，いずれも直ちには算出し得ないことになる。」。

　様々な評価算定方法については，専門的であり，裁判所自らが作業を行うことは不適切かつ非現実的であり，専門家の鑑定によると費用は高額で，時間を要する上に，不確実性を免れない。

イ　市場株価を基礎資料として参照する方法の適切性及び注意点

「上場された株式の市場株価は，企業の客観的価値が投資家の評価を通して反映され得るとされる。……相互に特別の資本関係がない会社間において，一般に公正と認められる手続により株式移転の効力が発生し，株式移転を承認する株主総会における株主の合理的判断が妨げられたと認めるに足りる特段の事情がないときは，株式移転比率は公正である。この場合，当然のことながら，市場株価にはその公正な株式移転比率も織り込まれ得る。そうすると，このような場合の市場株価は，シナジー効果等による企業価値増加分の公正な分配を反映した価格であるといえることになる。したがって，このような場合に，裁判所が株式の「公正な価格」を形成するに当たって，市場株価を基礎資料として参照することは十分に合理的なことといえる。しかも，それはさしたる困難を伴わず，かつ，高額な鑑定費用も要さず迅速な買取価格の決定に資するから，方法において適切であるということになる。

　もっとも，市場株価は，……情報の非対称性……，偶発的要素が生ずることなどの事由により，……変動するとされている。特に，市場株価が企業の客観的価値を反映してないことをうかがわせる事情が認められる場合には，もはや市場株価を「公正な価格」を形成するに当たって基礎資料として用いることはできない。さらに，……特定の時点の市場株価は企業の客観的価値を反映した価格と乖離しているのではないかと疑わしめるような場合もある。したがって，

「公正な価格」の形成に当たって市場株価を基礎資料として用いるとしても，十分に慎重であるべきであり，市場株価はある程度の幅をもって捉えられることが必要である……偶発的要素を排除するために，例えば，買取価格決定の基準日たる買取請求日という偶然の日の市場株価のみを参照するのではなく，それに近接する前後（株式移転が効力を生ずる日も含む）の適宜の期間の終値出来高加重平均値を参照するなどのことが相当とされる場合も少なからずあると思われる。」。

ウ　市場株価が企業の客観的価値を反映していない場合

「市場株価がある場合でもそれが企業の客観的価値を反映していないことをうかがわせる事情が生じているときは，……「公正な価格」を形成するに当たって市場株価を基礎資料として用いることはできない。」「更に，市場に上場されていない会社の株式についてはそもそも用いるべき市場株価が存在しない。……上記のような場合には，裁判所としては，「公正な価格」を形成するためには，企業の客観的価値の算定が前提として必要とされ，結局，一定の評価算定方法によって算出される企業価値により，かつ，これを基にした株式移転比率を新たに設定せざるを得ないと思われてくる。

この点については，今後の議論に委ねられている部分が大きいところではあるが，……できるだけ費用と時間を節約する簡易な方策が採られてしかるべきこと，会社法806条2項所定の反対株主に株式移転完全子会社等に対する「公正な価格」での株式買取請求権を付与した趣旨は，……反対株主……に退出の機会を与えるとともにその利益を一定の範囲で保障することにある……ことから，同条は，それを通じて株式移転等の当事会社を牽制し公正な株式移転比率を実現する（ひいては会社経営を健全化させる）ことを担保しようとするものでもあると解されること，基本的に当事会社が財務資料を有しており，また，株式移転についての交渉の過程で各当事会社が既にそれぞれ第三者算定機関等専門家に評価算定作業を行わしめていて，上記の資料の提出の負担は重くないことが多いであろうことなども考慮しながら，相当な方法が採られるべきであると思われる。」

エ　原審について

「一般に，市場ないしは投資家による株式の評価（市場株価）は，……業績予想修正，決算短信など企業の開示する情報や株式の大量売買などによって変動するとされる。また，わが国では，企業再編に関して経営統合に向けた協議を開始することについて発表がなされ，その後に経営統合に関する条件が公表され，……両者の間に相当な時間的な開きがある……場合，協議開始から経営統合の条件の公表までの段階では市場の期待が高まって株価が高騰したり，その公表がなされた段階では市場が失望してその直後の株価が急落し得る……。

本件において，本件株式移転は，一般に公正と認められる手続を経ていることがうかがわれ，また，株主総会における株主の合理的な判断が妨げられたと認めるに足りる特段の事情があるということはできない。そうすると，Aの株価の下落やその推移は，上記の諸事情やその他の外在的要因が反映した可能性があるとはいえても，本件株式移転比率が公正でないということを示すものということはできない。」。

4　原々決定（第1審）

要旨次のとおり判断して，Xの株式買取請求に係る株式の買取価格を1株につき747円と定めた（Xは1株につき920円（Aが拒絶したBからの友好的買付案における価格），Aは1株につき620円を主張）。

株式移転完全子会社の株主による株式買取請求に係る「公正な価格」とは，株式買取請求が確定的に効力を生ずる株式移転の効力発生日を基準として，事案に応じて，株式移転がなければ同社株式が有していたであろう客観的価値，または，株式移転によるシナジーを適切に反映した同社株式の客観的価値を基礎として算定するのが相当である。

一般に，共同株式移転を行う各当事会社が，相互に特別の資本関係がない独立した会社同士である場合に，各当事会社が第三者機関の株式評価を踏まえるなど合理的な根拠に基づく交渉を経て合意に至ったものと認められ，かつ，適切な情報開示が行われた上で各当事会社の株主総会で承認されるなど，一般に

公正と認められる手続によって株式移転の効力が発生したと認められるときは，他に株式移転自体により企業価値が毀損されたり，株式移転比率等が同社の株主にとって不利であるために，株主価値が毀損されたり，株式移転から生じるシナジーが適正に分配されていないことなどをうかがわせる特段の事情がない限り，「公正な価格」は，株式移転の効力発生日を基準として，株式移転によるシナジーを適切に反映した同社株式の客観的価値を基礎として算定するのが相当である。他方，特段の事情が認められる場合には，「公正な価格」は，株式移転がなかったならば当該株式が有していたであろう客観的価値を基礎として算定するのが相当である。

本件株式移転について，AとYとの間に資本関係はなく，本件株式移転にあたって，両者とも第三者機関の株式評価を踏まえるなど合理的な根拠に基づく交渉を経て合意に至ったものと認められ，適切な情報開示が行われた上で，両者の株主総会で承認されたことから，一般に公正と認められる手続によって本件株式移転の効力が発生したものと認定。本件株式移転によって，Aの企業価値又はその株主としての価値が毀損された否かについて，Aの株式の価値（終値）について，本件株式移転を公表する直前から相手方の株式の上場廃止直前までの期間における推移と，同期間の日経平均株価とを比較し，Aの株価が，本件株式移転の公表翌日に値幅制限の範囲内で最大の下落をし，その後，A株式は市場全体の株価の推移と比較して大きな下落率で推移したこと，特に，本件株式移転についての公表翌日からYが投資有価証券について損失を公表した日までの分をみても，日経平均株価が上昇しているのに対し，A株式が13.0％も値下がりしており，本件株式移転以外にA株価が下落すべき要因は見当たらないことから，本件株式移転によって，Aの企業価値が毀損されたと市場が判断した結果によるものと推認した（上記特段の事情が認められるとした）。

以上を踏まえ，本件における「公正な価格」は，本件株式移転がなかったら有していたであろう客観的価値を基礎として算定し，株式移転の内容が公表された日の1カ月前の期間における出来高加重平均値によって，747円と算定した。

5 原 決 定（原審）

　要旨次のとおり判断して，Xの株式買取請求に係る株式の買取価格を1株につき747円と定めた。

　Xの株式買取請求に係る「公正な価格」は，本件株式移転の効力発生日を基準として，AとYの経営統合による企業価値の増加を適切に反映したAの株式の客観的価値を基礎として算定すべきである。本件株式移転比率が上記経営統合による企業価値の増加を適切に反映しているのであれば，これを前提とすべきであるが，本件株式移転の計画が公表された翌日，Aの市場株価が制限値幅の下限まで下落し，その後も市場全体の株価の推移と比較して大きな下落率で推移したことなどからすると，本件株式移転比率は，経営統合による企業価値の増加を適切に反映したものとはいえない。そこで，本件の「公正な価格」は，本件株式移転の効力発生日を基準として，本件株式移転比率に基づく本件株式移転がなかったら有していたであろうAの株式の客観的価値を基礎として算定すべきことになる。この客観的価値は，経営統合に向けた協議の開始の公表後であって，できる限り本件株式移転の効力発生日に近接し，かつ，本件株式移転の影響を排除できる，本件株式移転の内容が公表された前日までの市場株価を参照して算定するのが相当であり，さらに，一定の投機的思惑などの偶発的要素による株価の変動を排除するために，本件株式移転の内容が公表された平成20年11月18日より前の1カ月間のAの市場株価の終値の出来高加重平均値をもってAの株式の客観的価値とみるのが相当である。そうすると，本件における「公正な価格」は，1株につき747円となる。

6 検　　討

(1) 原審との対比

　上記のとおり，原審が，本件株式移転比率は経営統合による企業価値の増加を適切に反映したものとはいえないとして，本件株式移転の内容が公表された日より前の1カ月間のAの市場株価の終値の出来高加重平均値をもってAの株

式の客観的価値としたのに対し，本決定は，一般に公正と認められる手続を経て本件株式移転の効力が発生したといえるから，特段の事情がない限り，本件株式移転比率は公正なものというべきところ，本件では特段の事情があるということはできず，本件株式移転比率は公正なものであるとして，原審の判断には，裁判に影響を及ぼすことが明らかな法令違反があるとして，本件を原審に差し戻した。

確かに，原審が認定したとおり，A及びYが株式移転の計画を公表した翌日，Aの市場株価が制限値幅の下限まで下落し，その後も市場全体の株価の推移と比較して大きな下落率で推移している。

もっとも，「(2)事案の概要」記載のとおり，本件においては，AがYとの経営統合に向け協議を開始した旨公表した直後から，XがAの株式を大量取得して，Aの株価が高騰していた事情があること，その後の株価の変動をみても，本件株式移転比率が公正なものとはいえないような特段の事情があるとは認められないこと，また，須藤裁判官の補足意見にあるとおり，一般に企業再編に関して経営統合に向けた協議を開始することについて発表がなされ，その後に経営統合に関する協議開始から経営統合の条件の公表までの段階では市場の期待が高まって株価が高騰したり，その公表がなされた段階では市場が失望してその直後の株価が急落し得ることなどから，Aの株価の下落やその推移は，上記の諸事情やその他の外在的要因が反映した可能性があるとはいえても，本件株式移転比率が公正でないということを示すものということはできない。本決定は事案に即して検討しても，ごく妥当な結論を導いたものといえる。

(2) まとめ

組織再編に反対する株主から株式買取請求された場合につき，楽天対TBS事件（最三小決平成23年4月19日民集65巻3号1311頁）において，吸収合併の事案について，企業再編により企業価値の増加が生じない場合には，原則として，当該株式買取請求がされた日における，企業再編を承認する旨の株主総会の決議がされることがなければその株式が有したであろう価格（ナカリセバ価格）をい

うことが示されていた。もっとも、企業価値の増加が生じない場合以外の場合にどのような基準となるかは判示されなかった。

　本決定は、株式移転について、「公正な価格」は、企業再編により企業価値の増加が生じない場合には、いわゆるナカリセバ価格によることをいうとともに、それ以外の場合には、再編比率が公正な場合に株式が有する価格であるとした。もっとも、企業再編にあたっては、企業価値の増加分だけでなく、従前の企業価値も、適切に株主に分配されることが適当であることから、それらの分配について、再編比率の公正という形で問題とし、その比率が公正な場合に有する株式の価格が公正な価格となるとしたものと思われる（以上、「金判1394号36頁」）。

　本件は、企業再編にあたり企業価値の増加が生じない場合でない場合についての事案であったが、企業再編当事者間に特別な資本関係がなく、両当事者が上場企業であり（市場価格があり）、適切な情報開示及び手続がなされて企業再編が行われた事案であった。

　もっとも、企業再編当事者間に特別な資本関係がない場合や、当事者が上場しておらず株式に市場価格がない場合、市場株価がある場合でもそれが企業の客観的価値を反映していないことをうかがわせる事情が生じている場合に、どのように企業の客観的価値が算定され、「公正な価格」を形成するかについては、今後の議論が待たれるところである。

IV　シナジーが生じる場合における公正な価格②

　大阪地決平成24年4月13日カルチュア・コンビニエンス・クラブ株式取得価格申立事件の大阪地裁決定（金判1391号52頁）。

1　はじめに

　本件は、MBOの過程で少数株主締め出しのために行われたY（カルチュア・コンビニエンス・クラブ株式会社）による全部取得条項付種類株式の取得に反対

したXが，会社法172条1項に基づいて，Xが保有していたY株式100株の取得価格の決定を裁判所に求めた事案である。

MBOの一環で全部取得条項付種類株式が用いられた事案には，レックス・ホールディングス事件[6]，サンスター事件[7]，サイバード・ホールディングス事件[8]等があるが，本決定は，レックス・ホールディングス事件の最高裁決定田原補足意見における判断枠組み踏襲し，さらに公開買付価格と取得価格の関係や，利益相反関係の抑制措置と公開買付価格等の形成過程における公正性の担保措置とその取得価格決定手続への影響，DCF法の合理性等を論じていることから，今後の実務上参考になるものと思われる。

2 事案の概要

(1) 当事者

Yは，昭和60年9月に設立されたフランチャイズチェーンシステムによる書籍，雑誌，文房具，映像ソフト，ゲームソフト，その他の販売及び賃貸についてのコンサルタント事業などを目的とする会社である。その発行済株式総数

---

[6] レックス・ホールディングス事件（最決平成21年5月29日金判1326号35頁，東京高決平成20年9月12日金判1301号28頁，東京地決平成19年12月19日判時2001号109頁）。同事件最高裁決定，高裁決定，地裁決定を詳細に比較検討した論文として加藤貴仁准教授の「レックスホールディングス事件最高裁決定の検討（上），（中），（下）」がある（商事法務1875号4頁（2009），1876号4頁（2009），1877号24頁（2009））が，ほかにも多数。

[7] サンスター事件（大阪高決平成21年9月1日金判1326号20頁，大阪地決平成20年9月11日金判1326号27頁）同事件高裁決定の評釈として，十市崇弁護士の「サンスター事件大阪高裁決定の検討（上），（下）」（商事法務1880号4頁（2009），1881号12頁（2009））などがある。

[8] サイバード・ホールディングス事件（東京高決平成22年10月27日商事法務322号174頁，東京地決平成21年9月18日金判1329号45頁）同事件の地裁決定の評釈としては，北川徹准教授の「MBOにおける価格決定申立事件再考（上），（下）－サイバードホールディングス事件 東京地裁決定を手掛かりに－」（商事法務1889号4頁（2010），1890号4頁（2010）），高裁決定の評釈として太田洋弁護士の「サイバードホールディングス事件東京高裁決定の検討」（商事法務1921号27頁（2011））などがある。

は，1億9,424万3,620株，資本金の額は126億450万8,900円（いずれも平成22年9月30日時点）であった。Y株式は東京証券取引市場第一部に上場されていたが，平成23年7月22日をもって上場廃止となった。

　乙は，Yの代表取締役社長兼CEOを務め，本件MBO前の平成22年9月30日当時，Y株式の約41.01％を保有する筆頭株主であった。

　株式会社MMホールディングス（以下「MMH社」という）は，本件MBOのための買収目的会社として，乙によって設立された会社で，乙がその全株式を保有し，かつ代表取締役を務めている。

　Xは，本件MBOのためのTOBが発表された後である平成23年2月16日にY株式を取得し，本件全部取得の効力発生日である同年7月27日までこれを保有していた者である。

(2)　本件MBOの経緯

　乙は，経営環境や上場維持の意義等を勘案し，将来にわたって安定的かつ持続的にYの企業価値を向上させていくためには，MBOが必要であると考え，平成22年12月28日にMMH社を設立した。

　MMH社は，平成23年2月3日，Yを非公開化させ，Yの株主を最終的に乙のみとすることを目的とする本件MBOの一環として，Y株式につきTOB（以下「本件TOB」という）を実施する旨発表した。その内容は，公開買付期間を平成23年2月4日から同年3月22日まで，公開買付価格を普通株式1株につき600円（以下「本件買付価格」という）とし，その成立条件としてマジョリティ・オブ・マイノリティの応募があること，すなわち利害関係を有する乙等の株主を除いた株主の過半数の応募がない場合には本件TOBは成立しないというものであり，さらに本件TOB後，全部取得条項付種類株式を利用した手続により，Y株主をMMH社と乙のみとした上で，MMH社とYを合併する二段階買収を予定していることもあわせて発表した。

　Yの取締役会は同日，本件TOBについて賛同するものの，本件買付価格がY及び本件MBOに参加しない委員によって構成された独立委員会（以下「本件

独立委員会」という）が依頼した第三者算定機関のDCF法に基づく評価レンジの下限価格を上回っていないことから，本件TOBへの応募を積極的に推奨するものではなく，また応募しないことを推奨するものでもないという中立の立場をとるという意見表明をすることを決議し，その旨公表した。

本件TOBは，乙及びYの自己株式を除く株式総数1億224万1,365株（平成22年12月31日時点の利害関係株式を除く発行済株式総数のうち91.95％に相当）の応募により成立した。その結果，MMH社と乙の保有株式をあわせた議決権割合は平成23年3月31日現在94.71％となった。

3 本決定の要旨

(1) 取得価格について

まず本決定は，会社法172条1項の「取得の価格」の決定申立制度について，全部取得条項付種類株式の取得が株主総会の決議により行われる場合，その意思に反して保有株式を強制的に取得されることになる株主に対しその経済的価値を補償することにより株主を保護する趣旨であるから，「取得の価格」はその趣旨に照らし，全部取得の効力発生日である取得日（会社法173①）における当該株式の「公正な価格」を意味すると論じた。続いて一般論として，株主は株式保有を継続するのか又は売却するのか，売却するとしていつどの程度の量売却するのかを自らの意思で決めることができるから，株主の有する経済的価値には，株式の客観的価値だけでなく，これを継続保有することにより把握しうる株価上昇に対する期待が含まれていること，したがって，取得日における「公正な価格」は，「①取得日における当該株式の客観的価値と，②強制的取得により失われる今後の株価の上昇に対する期待を評価した価格とを合算して算定すべき」と述べる。そして，MBOの一環で少数株主の締め出しがなされるような場合には，「公正な価格」とは「①取得日における株式の客観的価値とは，MBOが行われなかったならば反対株主が享受しうる価値を意味し，②強制的取得により失われる今後の株価の上昇に対する期待を評価した価格とは，MBOの実施によって増大が期待される価値のうち，反対株主が享受してしか

るべき部分の価格を意味する」と述べた（以下①を「ナカリセバ価格」，②を「増加価値分配価格」という）。

これらの判断枠組みは，概ねレックス・ホールディングス事件最高裁決定の田原補足意見のそれと同じである。

(2) ナカリセバ価格（客観的価値）の算定

そして，前記①のナカリセバ価格の算定について，本決定は，株式が上場されている場合，一般に市場株価には，当該企業の資産内容，財務状況，収益力，将来の業績見通しなどが考慮された当該企業の客観的価値が投資家の評価を通じて反映されているといえるから，ナカリセバ価格算定にあっては，その市場株価がYの客観的な企業価値を反映していないことを伺わせる事情があれば格別，そうでない限り評価基準時点である本件取得日にできる限り近接したYの株式の市場株価を参照するのが相当として，その算定方法としてDCF等の手法によるのではなく，市場価格をもとに算定する立場を明らかにする。

また，本件TOB公表後においては，本件MBOを織り込んで市場株価が形成されているとみうるので，本件TOB公表後の株価は参照すべきでないとし，さらに偶然的要素を除くために本件TOB公表前1カ月の市場株価の終値の平均値を参照して，本決定はナカリセバ価格を469円と認定した。

前記(1)の判断枠組みを前提として，MBO実施によって増大する価値を別個に算定する手法をとる以上，増加価値分をダブルカウントしてしまうことを避けるために，本件TOB公表による影響を排除することは妥当であると思われる。

(3) 本件買付価格と取得価格との関係

続いて，本決定は本件買付価格と取得価格との関係について論じるにあたり，本件TOBについては，利益相反関係を抑制し，公開買付価格の公正性等を担保するため種々の措置が講じられた上で実施され，利害関係株式を除いた発行済株式総数の91.95％の応募を得て成立したものと認定しながらも，本件買付価格をもって取得価格というためには，なお本件買付価格がナカリセバ価格と

増加価値分配価格とを合算した価格を下回らないことが必要であると論じる。これは，本件MBO条件の形成手続が公正であり，かつ大多数の株主の応募により成立したことが認められたからといって，そのことから直ちに本件買付価格が尊重されるべきという立場ではないことを明らかにしたものと評価することができる。

そして本件買付価格の600円が，第三者算定機関3社のDCF法による価値算定結果のうち，2社の評価レンジの下限を下回っていることや，Y取締役会が本件TOBへの応募を積極的には推奨しない立場をとったこと等を重視して，本件買付価格がナカリセバ価格と増加価値分配価格の合算値を下回らないとはいえないと続けて，増加価値分配価格の検討に移る。

(4) 増加価値分配価格の算定方法

増加価値分配価格は，「MBOの実施によって増大が期待される価値」を買収者と反対株主に分配したうちの反対株主に分配される1株当たりの株式価値であり，「MBOの実施によって増大が期待される価値」は，「MBO実施後の増大が期待される対象会社の企業価値を前提とした株式価値」から，ナカリセバ価格を差し引いたものであるとする。

そして「MBO実施後の増大が期待される対象会社の企業価値を前提とした株式価値」の算定にあたっては，将来の事業計画や収益予測を基礎とするDCF法を1つの合理的な評価手法とし，「MBOの実施によって増大が期待される価値」の分配については，原則として買収者と反対株主に対し，それぞれ1対1の割合により分配するのが相当と述べた。

(5) 本件における増加価値分配価格の算定

そして，本決定は「MBO実施後の増大が期待される対象会社の企業価値を前提とした株式価値」の算定にあたり，第三者算定機関3社（GCA，KPMG，プルータス）によるDCF法による各価値算定結果を重要な参照すべき株価とする。

この点につき各価値算定結果を比較すると，買収者であるMMH社から依頼を受けたGCAが531円〜722円，Yから依頼を受けたKPMGが779円〜1,050円，本件独立委員会から依頼を受けたプルータスが666円〜994円であった。本決定はこれら3社について，いずれも当事者から独立した専門性を有する算定機関であって，ことさらに不適切，不公正な価値算定を行ったとは考え難いとしつつも，MBOにおける利益相反性，情報の偏在という構造的な問題の観点からみて，外形的に本件独立委員会から依頼を受けたプルータスが最も中立的な立場にあるといえると評価し，プルータスの算定結果の中間値830円（[666円＋994円]÷2）を「MBO実施後の増大が期待される対象会社の企業価値を前提とした株式価値」と認定した。その結果，「MBOの実施によって増大が期待される価値」は，830円から前記認定のナカリセバ価格である469円を差し引いた361円となり，これを1対1の割合で分配した180円が増加価値分配価格となると認定した（1円未満の端数切り捨て）。

　その結果，取得価格は，本件公開買付価格600円を上回る649円と算定されたのである。

4　MBOに関する問題状況の整理と本決定

(1)　MBOの目的，利点

　MBOの意義や目的については，経済産業省が平成19年に発表したガイドライン[9]（以下「MBOガイドライン」という）においても明らかにされているとおり，複雑化したインセンティブ構造を単純化して，所有と経営が分離していたことからくるエージェンシー問題（受任者たる経営者が，委任者たる株主の総体としての会社の利益のために必ずしも行動しない可能性があるという問題）を解決し，短期的リターンを指向しがちな投資家からの圧力をなくして，長期的思考に基づく経営を実現したり，従業員等の士気を向上させたりすることが指摘されている。また，株主にとっても，市場株価以上での売却の機会が提供されうる点に

9）「企業価値の向上及び公正な手続確保のための経営者による企業買収（MBO）に関する指針」平成19年9月4日経済産業省発表。

メリットがあるといる。

(2) MBOにおける問題点

このように意義を有するMBOは，一方で，株主の利益を代表すべき対象会社の経営者が，単独であるいは金融投資家と一緒に対象会社の株式の買収者側の性格を有していることから，構造的に利益相反性を有している。加えて，MBOの一環としてなされるTOBという株式売買においては，買主たる対象会社の取締役が対象会社に関する情報を豊富に有しているのに対し，売主たる株主にはほとんどその情報がないことから，価格決定に際しては取締役からの情報提供に頼らざるを得ないという情報の非対称性という問題も一般に指摘されている。

また，上場企業についてTOBがなされる場合に，多数存在する零細株主は，当該TOBの条件が公正なのか否かを互いに連絡をとりあって相談することができず，公正でないと考える場合に集団としてこれに応じないといった措置をとることは実際上極めて困難であって（米国においてCollective Action Problemといわれている問題），買収者側と対等に交渉することができない[10]。さらにMBOにおいては，TOB及びその後の少数株主締め出しという二段階構造をとることが一般的に行われているところ，仮に公開買付価格に不満があったとしても，これに応じなければより不利な条件で強制的に株式を手放さなければならないかもしれないという圧力から，MBOによる企業価値の向上に伴う株価に対する各株主の主観的評価とは無関係に，株主がTOBに応じることを余儀なくされるおそれがある（強圧性の問題）という問題もある[11]。

---

10) 前掲加藤・(中) 9頁，Jeffrey D. Bauman 他著 CORPORATIONS LAW AND POLICY Sixth Edition (American Case Book Series THOMPSON WEST) 515頁〜518頁。
11) 前掲加藤・(中) 8頁。

5　取得価格決定制度

(1)　「公正な価格」の改正趣旨とシナジーなどの分配

　平成17年改正により組織再編の対価柔軟化が認められるようになり，少数株主の締め出しは明示的に許容されることとなったが，同じ改正法で，反対株主が株式買取請求権を行使した場合に裁判所が定める「公正な価格」（会社法785①）について，「承認ノ決議ナカリセバ其ノ有スベカリシ価格」から単に「公正な価格」に改正された。この改正の趣旨は，組織再編によって発生するシナジーなどが組織再編の当事者間で公正に分配されることを保障する点にあった[12]。そして，少数株主の締め出しについて，締め出される株主からすると組織再編の場合であると全部取得条項付種類株式の取得であろうと，強制的に退出を余儀なくされる点で問題状況に変わりはなく，株主保護についてはできる限り統一的な対応がされることが望ましいことから[13]，前記決定例はいずれも会社法172条1項にいう「取得の価格」についても，「公正な価格」と解している点で一致している。

　もっとも，シナジーとは一般に，事業会社同士が企業結合するような場合に，相互の強みを生かし弱みを補完し合って，1＋1が3になるような効果が生じることをいうものと解されるが，親子間でMBOが行われるような場合であれば格別，MBOにおいて一般に利用される買収目的のために設立された会社には対象会社の株式を保有するだけで事業実態がなく，一般的な意味でのシナジーは生じない（なお，MBOガイドラインにおいてもシナジーはないと指摘されている）。そこで，MBOの取得価格決定の諸判例において指摘されている「MBOの実施によって増大が期待される価値」とはなんなのか，そしてそのうち少数株主に分配されるべき価値とはどの部分なのかということが問題となる。この点について，少数株主を排除することに伴う上場維持コストの削減効果のほかに，MBOを実施した経営者等の努力によって創出されうる企業価値の増大が

---

[12]　『論点体系会社法5』（第一法規）455頁ほか。
[13]　前掲加藤・(中)4頁。

あるといわれている[14]。前者の金額的インパクトはあまり大きくないのが通常であろうが，これを少数株主に分配すべきことについてはさしたる異論もないように思われる。後者については，経営者がリスクをおって価値を新規に創出するのであるから，これを少数株主に分配するのはかえって不公平との見解もあるが[15]，本決定においても指摘されているとおり，その価値増大分の土台の相当部分は既存株主の保有株式に由来するものであることや，価値増大部分は少数株主の退出なくしては実現しえないものであることから，その価値増大部分の一部を少数株主に分配することは認められてしかるべきであろう。

そこで，次に価値増大部分の分配割合をどう考えるかが問題となるが，本決定は「衡平の観点から，原則として1対1」とした。学説には，当事者会社の企業価値に応じて分配するという見解もあるが，事業実態のない買収目的会社を利用したMBOの局面においては，かかる見解の射程内といるかどうか疑問もあり[16]，結局ほかに合理的なルールも考えにくいので，デフォルトルールとして1対1とし，これを適用することが衡平に反するような事情がある場合には個別に対応するという本決定の考え方に賛成する。

(2) 裁判所の役割

取得価格決定は，レックス・ホールディングス事件の田原補足意見においても述べられているとおり，取得価格決定の制度の趣旨を踏まえた上での「裁判所の合理的な裁量によってなされるもの」との見解で前記決定例はいずれも一致している。ただ，裁判所がどの程度積極的に後見的な役割を果たすべきかという点については，各決定には温度差があるとの評価も可能と思われる。

学説には，裁判所は組織再編において対価の額その他の条件の形成過程が公正であったか否かを審査し，これが公正と認められる場合には当事者の交渉の結果（公開買付価格）を尊重することとし，公正と認められない場合にのみ，

---

14) 前掲北川・（下）7頁。
15) 前掲北川・（下）8頁。
16) 田中亘准教授「MBOにおける「公正な」価格」金判1282号20頁（2008）。

裁判所が公正な価格を決定すべきであるという考え方をするものが多いと指摘されている[17]。これは，客観的に公正な条件を定めることがそもそも極めて困難であることや，裁判所のリソースの限界なども考えあわせると，実体面に裁判所が介入することに謙抑的であるべきと価値判断があるものと思われる。

　この点に関して，本決定は次のように述べているので該当部分を引用する。「MBOにおける全部取得条項付種類株式の取得価格は，ナカリセバ価格と増加価値分配価格とを合算した価格なのであって，実体的な概念である。公正な手続きによる株式公開買付けにおいて多数の株主の応募を得たとしても，その公開買付価格が実体的にみてナカリセバ価格と増加価値分配価格とを合算した価格か，これを上回る場合でなければ，当該公開買付価格をもって取得価格であるとみることはできないはずである。多数の株主が株式公開買付けに応募したとの事実から，当該公開買付価格をもって取得価格であると容易に推認するのでは株式公開買付けが成立した場合には，これに反対する株主にも同額での買付けに応ずることを強制するのと変わらないこととなってしまう。これでは，公開買付価格に不服があるにもかかわらず，その意思に反して保有株式を強制的に取得されることにもなる反対株主の保護を図ろうとした取得価格の決定申立制度の趣旨が失われることにもなりかねない。」このように，本決定は裁判所の後見的役割に関して，抑制的に行使すべきとの見解に対して疑問を呈しているようである。

　なお，本事案における各当事者はこの点に関し次のように主張していた。まずXは，「会社法172条の取得価格決定の制度は，公開買付け等の手続きの妥当性を審査することを目的とするものではなく，株式を強制取得される反対株主に補償されるべき価格の妥当性を審査することを目的とするものである。したがって，如何に手続きが妥当であったとしても，……不当に低い価格をもって反対株主に補償すべき取得価格とすることは許されない。」と述べた。

　他方Yは，XがTOB公表後に株式を取得した株主であったことから，

---

17)　前掲加藤・(中) 5頁，前掲十市・(上) 10頁。

このような株主にも取得価格決定の制度が利用できるのかという論点と絡んだ反論ではあるが、そのような株主に公開買付価格以上の取得価格を認めることに伴う弊害として、「全部取得条項付種類株式を用いたMBO事案における公開買付公表後の市場株価は、公開買付価格をやや下回る価格で推移するのが通常であるところ、公表後取得株主にも公開買付価格を上回る取得価格の決定がされる可能性があることとなれば、公開買付価格（全部取得条項付種類株式の取得の対価）に満足であるか否かにかかわらず、公表された公開買付価格より低い価格で対象会社の株式を取得して株主となった上、会社法172条1項の取得価格の決定申立制度を利用することにより、公開買付価格を最低限保障されつつ、取得日後年6分の法定利息を得ようとの機会主義的な投機行動が助長されることになる。このような機会主義的な投機行動は、MBO実務の健全な発展を阻害するものであり排除されるべき必要性が大きい」ので、取得価格は本件公開買付価格を超えないと解すべきと主張した。

本決定は、会社法172条1項の文言が公表後取得と公表前取得とを区別していない以上、TOB公表後取得株主に対しても同様の保護が与えられるべきとの立場をとり、Yの弊害の指摘に対しては、「取得価格決定申立制度の趣旨に反する濫用的な機会主義的な投機行動の一環としての申立てについては、例外的な対応をすれば足りる。」と回答している。

6　本事案の具体的事実関係の検討

以上を踏まえ、本決定が認定した具体的事実関係を整理して以下に検討を加える。

(1)　利益相反の程度

まず、本件MBOは、Yの代表取締役社長兼CEOを務める乙、及び乙がその全株式を保有し代表取締役を務める買収目的会社MMH社が、Yの株式全てを保有できるようにするためのスキームであり、乙のほかに大株主はおらず乙らと対等に交渉することができる株主がいなかったことから、利益相反の程度は

高い事案であったといえる。

(2) 本件MBO条件形成過程の公正さを担保する措置

しかしながら，本決定が認定した以下の事実関係からすると，本件TOBの条件及びその後の全部取得条項付種類株式の取得の価格の形成過程は，概ね公正なものであったと評価することができる。

具体的には，まず強圧的な効果が生じないような工夫として，本件TOB公表時に二段階買収に関する事項として本件公開買付価格と同一の価格による取得を予定していることを明示していた。

また，意思決定過程における恣意性を排除し透明性を確保するために，Yは利害関係人以外で構成された本件独立委員会を設置して検討をさせていたこと，本件TOBに関する意見表明についての取締役会決議には乙は参加していないこと，その意見表明は本件独立委員会の答申に基づいてなされたものであることが認められる。同意見表明は，本件TOBについては賛同するものの，本件TOB価格については，第三者算定機関のDCF法に基づく評価レンジの下限価格を上回っていないことから，応募を積極的に推奨できる水準には達していないとして，応募を推奨もしないが応募しないことを推奨するものでもなく中立的立場をとることを明らかにしており，株主に対する判断機会の確保という意味でも，適切な情報開示を行っていたといえる。

さらに，本件公開買付価格の客観的公正さを確保するために，MMH社（乙），Y，及び本件独立委員会がそれぞれ外部の専門家に依頼して買付価格に関して評価を得て検討していること，公開買付期間として約1カ月半とそれなりに期間をおいていること，本件TOBの成立条件として，マジョリティ・オブ・マイノリティという高めの基準を設定していること，そして実際に本件TOBには乙などの利害関係人を除いて91.95％もの多数の株主が応募したことも認められる。

このように本事案においては，MBOガイドラインやレックス・ホールディングス事件の決定例なども踏まえて，手続の公正さについて慎重に検討がなさ

れた上でMBOを実施したのであろうことが推察される。

(3) 本決定の実務への影響と裁判所の役割に関する私見

　本決定は，一般論としては，非公開化目的のMBOの一環として全部取得条項付種類株式を利用した二段階買収が行われた場合において，一段階目の買収手続である株式公開買付が利益相反関係を抑制し，公開買付価格の公正性等を担保するための種々の措置が講じられた上で実施され，かつ多数の株主の応募を得て成立した場合には，公開買付価格がナカリセバ価格と増加価値分配価格を合算した価格を下回らないことが多いと考えることができるとしつつも，前記のとおり本件買付価格の600円が，第三者算定機関3社のDCF法による価値算定結果のうち，2社の評価レンジの下限を下回っていることや，Y取締役会が本件TOBへの応募を積極的には推奨しない立場をとったこと等を重視して，本件公開買付価格を尊重する立場をとらず，取得価格の算定を自ら行った。

　確かに，会社法172条1項の文言は，単に「取得の価格の決定」というのみで，その文言からはこれを実体的な概念と解するのが素直であるし，法はその算定方法についてはなんら定めていない。したがって，取得価格決定申立手続において，手続の公正に関する審査を求めるとか，諸条件の形成過程が公正である限り，裁判所は当事者意思を尊重すべきであるといった考え方を条文解釈から導き出すことは困難かもしれない。しかし，MBOが企業価値の増大や株主に市場価格以上で株式を売却する機会を提供するといった種々の経済的意義を有する取引であるという理解を出発点とすると，本件のように公正で透明性のある価格形成過程がとられたと評価できる事案では，大多数の株主が応募することにより承認した本件公開買付価格を「公正な価格」として評価，尊重すること[18]により，MBO実務に対して公正な手続をとらせるインセンティブ

---

[18]　本決定に関する他の評釈として，十市崇弁護士「カルチュア・コンビニエンス・クラブ株式取得価格申立事件大阪地裁決定の検討」商事法務1975号41頁（2012）があり，同氏の論文中にも本件につき「取引の公正性が確保されていたとして，公開買付価格をもって取得価格と推認すべき事案であったように思われる」（46頁）とある。

を与えたほうが，経済司法の予測可能性を高める意味でもよかったように思う。ただ，日本は判例法の国ではなく，裁判所が立法作用を担っていない以上，個々の事案解決を超えた実務への影響までをも裁判所が配慮して決定をしてくれることを期待するのは残念ながら難しいのかもしれない。

第Ⅱ部

第6章 公正な価格

第Ⅲ部　MBO

　第Ⅲ部は，非公開化がなされるもっとも大きな場面であるMBOについて理論・実務の両面から解説を加えるものである。まずMBOの意義を明らかにし，その具体的スケジュール，法務・税務上の問題点を考察する。そしてMBOに際して不可欠である企業価値算定とドキュメンテーションのそれぞれにつき，実務に則し解説する。その上で，株主保護の問題につき近時の裁判例を元に理論的検討を加える。

第1章

MBOの意義と留意点

I　MBOの意義

1　MBOの増加とタイプ別分類

　近年，わが国におけるM＆A取引が活発化する中で，MBO（マネジメント・バイアウト：Management Buyout）の件数が増加傾向にあり，取引形態は複雑・多様で，専門家・実務家による議論等も複雑・多様である。1996年度から2009年度までに実施されたMBOは612件に上っている[1]。MBO関連の開示制度の観点からは，平成18年12月証券取引法改正，証券取引所による開示充実が行われ，また平成19年5月には会社法施行規則が改正され，MBO関連事項として，共通支配下関係にある会社間の吸収合併等において少数株主の「利益を害さないように留意した事項」が開示事項として追加された。

　MBO増加の背景をみると，1990年代後半から，わが国企業において選択と集中の観点から，非主力部門や不採算部門の切り離しが盛んに行われ，2000年3月期連結決算を嚆矢とするディスクロージャー制度の充実も拍車をかけている。MBOの主旨として分社化，事業売却，さらには撤退まで種々のものが考えられ，切り離される子会社又は事業部門等の事業単位の経営者が買収を行うダイベストメント（Divestment）型MBO（DMBO）も近年注目されている[2]。

　MBOには大別してダイベストメント型，事業承継型，非公開化型，事業再生型の4類型が存在し，最も実施数が多いのがDMBOである。ダイベストメ

---

[1]　（株）レコフ資料。
[2]　川本真哉・河西卓弥・齋藤隆志「MBOによる子会社売却と株式市場の評価」早稲田大学産業経営研究所「産業経営」第49号1〜26頁（2012）参照。

ント型のほか，事業承継型は，家族・創業者企業が事業承継の困難に直面した際，事業継続を希望する内部者の手によって行われるもの，非公開化型は，抜本的な経営戦略の転換や長期視野での経営を実現するため，株式市場からの退出を選択するもの，事業再生型は，当該企業あるいは親会社が経営破綻し法的手続に入った際，雇用の維持等を目的として実施されるもの，と定義される。件数ベースでみる限り，わが国で実施されたMBOのうち8割近くがダイベストメント型に該当し，子会社売却のケースが圧倒的な比重を占めている。

このようにMBOは，事業継続を前提に外部機関投資家が買取資金を提供する仕組みであり，受け皿会社を設立し対価を払って株式を取得する。本稿においては，MBOは，最も簡便な株式の譲渡を意味するものとし，会社のリストラクチャリングのほか，親族外事業承継の方法としても活用される。株式公開の事例もあるが，非公開化（ゴーイング・プライベート：Going Private）を行う手法として用いられる事例もあり，究極の買収防衛策でもある。経営内容，企業価値を把握している経営陣が行うMBOは投資家・株主との情報の非対称性，利益相反等の問題も生じさせる。TOB（公開買付け：Tender Offer Bit）によるMBOを行う場合，当初の公開買付価格に対し敵対的買収者が高額のTOBを仕掛けた場合，当初価格の正当性をいかに経営者は説明するのか，経営者が公開買付価格を引き上げた場合にはさらには説明が困難となろう。敵対的買収者側は，内容調査をしなくとも経営陣の提示する買付価格を基準とすればよく，価格競争では有利に働くことにもなる[3]。

---

3) 第Ⅲ部第1章「MBOの意義と留意点」のうち1.「MBOの意義」，第2章「MBOと企業価値算定」のうちⅠ.「デュー・デリジェンス」，Ⅱ.「企業価値算定」に関して，藤川信夫「株式の評価による企業価値の算定とシナジー」菅原貴与志・松嶋隆弘編著『会社法による中堅企業のリストラクチャリング－株式からみた会社法』37～102頁（三協法規出版，2009）参照。

2 MBOの定義と意義－経済産業省企業価値研究会のMBO指針と実務－

(1) MBOの定義

わが国企業社会におけるMBOの公正・健全な発展の観点から，意義や課題に関する論点を整理するべく，経済産業省企業価値研究会は以下のとおり，2007年8月「企業価値の向上及び公正な手続確保のための経営者による企業買収（MBO）に関する報告書」，さらにはMBOに関する公正なルールのあり方を提示するものとして同年9月「企業価値の向上及び公正な手続確保のための経営者による企業買収（MBO）に関する指針」を公表している[4]。

MBOの定義に関して，MBOとは，現在の経営者が資金を出資し，事業の継続を前提として対象会社の株式を購入することをいうが，実際には，現在の経営者以外の出資者（投資ファンド等）が案件に応じて様々な形で関与する等，形態も一様ではなく内容により利益相反性にも程度の差が生じうる。

基本的には，MBOでは取締役が自ら対象会社の株式を取得することから，企業価値の向上を通じて株主の利益を代表すべき対象会社の取締役が，株式の買付者側の性格も併せ持つこととなる（基礎的取引構造）。

ただし，実際のMBOにおいては，基礎的取引構造に加えて特段の事情が存する場合があり，オーナー経営者等の取締役兼株主が，経営者としては残るものの，保有する株式の多くをMBOを機に手放すような場合等，経営者はむしろ株式の売却者側の性質が強く株主の立場に近い場合も想定しうる。MBOを行う取締役が保有していた株式の処分方法，MBOにおける出資比率により，利益相反性には差異が生じうる。

---

[4] 経済産業省企業価値研究会（神田秀樹座長）「企業価値の向上及び公正な手続確保のための経営者による企業買収（MBO）に関する報告書」（2007年8月2日），同「企業価値の向上及び公正な手続確保のための経営者による企業買収（MBO）に関する指針」（2007年9月4日）参照。

親会社が上場子会社を完全子会社化する場合等，支配会社と従属会社の関係にある会社間で組織再編が行われる場合について，利益相反の観点などMBOと論点が共通する部分もある一方で，相違点も存在し，MBOと同様の議論が可能かも問題となる。その他，企業再生局面におけるMBO，売却者側に大株主，親会社等が存在し，総体として株主と買付者との合理的な交渉が成立する場合等，個別事情に応じ株主保護の必要性の程度が異なる場合もある。

(2) MBOの背景・目的－利益相反・不透明感並びに株主の正当利益－

　MBOにおいては，構造的な利益相反状態に基づく不透明感があり，取締役自らが株式を取得する取引の構造上，必然的に利益相反状態が生じる。株主の有するこうした構造的な利益相反状態に起因する不透明感の具体的要素は，以下の2点に区別される。

① 会社にとってMBOを行う合理性がないにもかかわらず，MBOを行っているのではないか
② MBO価格が不当に低いことにより，株主が受けるべき利益まで，取締役が享受しているのではないか

　①については，MBOの実施自体の是非について，買付者側の性質を併せ持つ取締役が判断するため，何のためにMBOを行うのか，合理性があるのかが不透明感の要素として考えられる。②については，MBOを行う取締役が買付者側の性質を有するため，より安く株式を取得したいとの意向が働き，不当にMBOの価格を低くしているのではないかが要素として考えられる。

　MBOを行う背景・目的として，①のとおり，市場における短期的圧力を回避した長期的思考に基づく経営の実現，株主構成が変更されることによる柔軟な経営戦略の実現，選択と集中の実現，危機意識の共有による従業員等の士気の向上等が挙げられる。企業のライフサイクルのなかで，上場の継続が適さなくなった場合にMBOにより非上場化し，企業に適した資本関係を実現することなどの積極的な経済的意義も存在し，当該企業の企業価値が向上することに繋がろう。このようにMBOが行われる積極的な経済的意義により，企業の企

業価値が向上することは望ましいということができる。他方で，株主利益を代表すべき取締役が責務を果たさないで株価が低迷しているような場合，低迷している株価を奇貨として取締役自らの利益追求を目的として行われるMBOは，望ましいものということはできない。MBOを行うことの合理性については，MBOが企業価値の向上を企図しているものであるかという点がポイントになる。

②については，MBO価格について議論となる。MBOの取引の特質をみると，通常の独立の第三者との間における企業結合等と異なり，企業価値向上を通じて株主利益を代表すべき取締役並びに株主間で行われる取引である点に特徴があり，取締役が自らが享受する利益を不当に多くしているとの不透明感が生じうる。このため，MBOに際して実現される価値，株主が受ける利益について概念整理を行うと以下のとおりとなる。

MBOに際して実現される価値は，①MBOを行わなければ実現できない価値，②MBOを行わなくても実現可能な価値に区別ができる。前者は，企業結合等のような相乗効果（シナジー）は発生せず，一般株主が存在しなくなることによる一般株主との利害調整コスト・開示コスト等のコスト削減効果，インセンティブ構造の変化に伴う，MBOにおいて人的資本を拠出する取締役等の努力により創出される価値等が含まれる。

MBOに際して実現される価値を，取締役あるいは株主のいずれが受け取るべきかについて，株主が正当な利益を享受できるよう配慮する一方，MBO後の経営計画につき，不確実性についてのリスクを負いつつも相当の努力を行う取締役にも配慮が必要と考えられる。取締役のリスクあるいは努力に対する配慮がない場合，経済的意義を有するMBOまで行われなくなってしまう可能性がある。

MBOに際して実現される価値を，取締役あるいは株主のいずれが受け取るべきかについて，MBOを行わなくても実現可能な価値は，基本的には株主が受けるべきと考えられ，他方でMBOを行わなければ実現できない価値については，株主及び取締役が受けるべき部分の双方が含まれているといえる。

例として，多額の含み益を有する遊休資産の売却により得られる利益等は，MBOを行わなくても実現可能な価値であり，取締役が独占すべきものでなく，株式を売却する株主が対価として受けるべきものである。MBO後に他社と事業提携等を行うことにより実現することが想定された価値も，同様にMBOを行うことによって実現する事業提携，MBOを行わなくても可能な事業提携かで区別でき，後者は取締役が独占すべきでなく，株式を売却する株主が対価として受けるべきと考えられる。

もっとも，実際の案件では①又は②の価値の客観的な区別・算定，MBO実施前の市場株価がこうした価値をいかに反映しているかの判別は困難であり，①の価値についても，株主又は取締役が受けるべき部分の客観的な基準の設定は困難といえる。実際の案件における妥当な価格算定方法の導入，市場株価と比較しての妥当なプレミアム（何％以上）に関する客観的な基準を設けることはできない。MBOの価格について最終的判断を行うのは株主であり，価格自体について客観的基準を設けるのでなく，株主にとって公正な手続を通じMBOにより，株主が正当利益を享受できるよう配慮がなされるべきと考えられる。

(3) MBOの意義及び原則

MBOの意義については，市場における短期的圧力を回避した長期的思考に基づく経営の実現，株主構成が変更されることによる柔軟な経営戦略の実現，選択と集中の実現，さらには非上場化し各企業に適した資本関係を実現することの意義も指摘される。他方で，その弊害及び論点について，必然的に取締役についての利益相反的構造を生じさせ，株式の買付者側である取締役と売却者側である株主との間に情報の非対称性の存在も指摘される。MBOに伴う非上場化により市場規律が働かなくなりガバナンスが緩むこと，MBOはLBO（レバレッジド・バイアウト）の形態により実行されることが通常であるため過度なレバレッジが会社に与える影響等も指摘される。

MBOを行う上で尊重されるべき原則について，2つの原則が掲げられる。

即ち，望ましいMBOか否かは企業価値を向上させるか否かを基準に判断されるべきである（第一原則：企業価値の向上）。MBOは取締役と株主との間の取引であるため，株主にとって公正な手続を通じて行われ，株主が受けるべき利益が損なわれることのないように配慮されるべきである（第二原則：公正な手続を通じた株主利益への配慮）。

第一原則については，MBOの場合，構造的な利益相反の問題から，MBOの必要性・合理性等にも不透明感が伴う可能性があるが，MBOに特有の内容でなく，通常の買収，組織再編等一般にも共通する原則と考えられる。第二原則で言及するように，公正な手続を通じた株主利益への配慮が必要となるが，前提として望ましいMBOかどうかは企業価値を向上させるMBOであるか否かを基準に判断されるべきであると考えられる。他方で，株主が納得して判断を行う限り，必ずしも企業価値を向上させることのないMBOであっても否定すべきではないとの指摘もある。上場の意義を失ったと判断した企業の例として，成熟産業や斜陽産業で資金調達の必要もなく，市場の注目度もなく株価が長期間低迷している企業などが，MBOにより非上場化し，企業活動を縮小させることを予定している場合も，株主が納得し賛同している限り否定されるべきではないとの指摘である。

透明性・合理性確保のための枠組みについて，実務上の対応策として，株主の適切な判断機会の確保，意思決定過程における恣意性の排除，価格の適正性を担保する客観的状況の確保の3種類の枠組みによる検討が重要となる。

実務上の具体的対応として，第一に株主の適切な判断機会の確保について，株主に対する説明のあり方としては，下記のものが挙げられる。

① MBOを実施するに至ったプロセス等について充実した開示が求められること
② 業績の下方修正後にMBOを行うような場合等において，MBOが成立しやすくなるように意図的に市場価格を引き下げているとの疑義を招く可能性がある場合には，当該時期にMBOを行うことを選択した背景・目的等につき，より充実した説明が求められること

③　取締役と他の出資者（投資ファンド等）の最終的な出資比率や取締役の役職の継続予定等，取締役が当該MBOに関して有する利害関係の内容について，より充実した説明が求められること

また株主が反対をする場合の取扱いとして，下記のものが挙げられる。

　④　株式併合を利用した手法等，TOB後の完全子会社化（締め出し）に際して，反対する株主に対する株式買取請求権又は価格決定請求権が確保できないスキームは採用しないこと

　⑤　TOBにより大多数の株式を取得した場合には，特段の事情がない限り，完全子会社化を行うこと。TOB後に完全子会社化を行う場合の価格は，特段の事情がない限り，公開買付価格と同一の価格を基準にするとともにその旨を開示資料等において明らかにする。

第二に意思決定過程における恣意性の排除につき，意思決定のプロセスにおける工夫として，下記のものが挙げられる。

　①　社外役員が存在する場合には当該役員又は独立した第三者委員会等に対するMBOの是非及び条件についての諮問，これらの者によるMBOを行う取締役との交渉，及びその結果なされた判断の尊重

　②　取締役及び監査役全員の承認（特別の利害関係を有する取締役を除く）

　③　意思決定方法に関し，弁護士・アドバイザー等による独立したアドバイスを取得すること，及びその名称を明らかにすること

　④　MBOにおいて提示されている価格に関し，対象会社において独立した第三者評価機関からの算定書等を取得する

第三に価格の適正性を担保する客観的状況の確保について，対抗的な買付けの機会の確保として，下記のものが挙げられる。

　①　MBOに際しての公開買付期間を比較的長期間に設定すること

　②　対抗者が実際に出現した場合に，当該対抗者が対象会社との間で接触等を行うことを過度に制限するような内容の合意等を当該MBOの実施に際して行わないことが考えられ，MBOに際してのTOBにおける買付数の下限を高い水準に設定する。

MBOについて判断をするのは株主であり，当該株主に適切な判断の機会を確保する必要があることから，株主の適切な判断機会の確保の各対応は，MBOを行う際に共通して対応すべき事項となる。

指針では，会社法における取締役の善管注意義務ないし忠実義務の議論の枠内にとどまらず，広く公正なM＆Aルールの一環として，企業社会において共有されるべきルールとの側面から具体的な提言を行っている。

3 MBOの手法

MBOの具体的な種類を主体的別にみると，現経営陣による企業買収（MBO）のほか，多くの種類が想定され，MBOの経営陣に加え一部の従業員も出資して行う買収（MEBO：Management Employee Buy-Out），従業員が会社を買収した後の経営を行う手法（EBO：Employee Buy-Out），買収対象会社の外部マネジメントチームが買収対象企業・対象事業を買収する手法（MBI：Management Buy-In），さらには会社の外部から新しい経営陣が加わり新しい経営手法を導入して現状の経営陣と共同で買収・経営を行う手法（BIMBO：Buy-In Management Buy-Out）などもある。

買収の具体的手法は，株式譲渡方式（会社全体）による組織法的移転，営業譲渡方式（特定事業部門を対象）による個別的移転があり，後者では債権移転・譲渡，債務引受，根抵当権移転・譲渡など，通知・承諾，確定日付取得，利害関係人承諾の必要性など，対抗要件具備を含めた手続が煩瑣なことが難点といえるが，偶発債務などの不測のリスクを避ける面からは，特定事業部門のみにデュー・デリジェンスを集中しうるメリットもある。

4 MBOのスキーム

MBOの典型的スキームは，
① 買収側及びベンチャー・キャピタルが出資して持株会社を設立する
② 株式購入資金を金融機関等から調達する
③ 買収会社の株主から株式を購入し，対象となる会社又は事業部門を子会社化する

に大別される。

MBOを有効な手段として利用する事例としては，以下のものが想定される。
① 承継問題に悩む経営者が他の経営陣に売却する事例
② ノン・コア事業を分離する事例
③ 大企業関連会社の経営者で独立志向が強い事例
④ 事業再構築のために経営陣を変えたい事例
⑤ 民営化する事例

さらにはMBOの応用事例として，下記のものが挙げられる。
① 買収過程において出資者・債権者（ベンチャー・キャピタル，金融機関）が経営陣の交替が必要と判断し，新たな経営陣を選任する
② 従業員によるMBO（EBO）では，経営陣に代わって従業員が持株の過半数を所有する

また企業再生型MBOの場合は，過剰債務問題を抱える経営不振企業の事業リストラクチャリング，財務リストラクチャリングの的確な実施に主眼がある。Good事業とBad事業の分離，過剰債務解消の財務リストラクチャリングなどのスキームの最適な選択が重要となる。Good事業とBad事業の分離は，分離対象が子会社の場合は株式譲渡，事業部門の場合は事業譲渡，会社分割，株式譲渡などの組み合わせがある。

債務の再構築として，MBOにより，子会社あるいは事業部門の売却代金が入ることで債権の一部返済が行われ，残債務の返済方法としてMBO実行後の新会社の収益から引き続き返済すること，MBO実行後に特別清算など最終処

理に移行することが考えられる。

　MBO後の新企業から獲得されるキャッシュフローによっては返済不能と見込まれる債務について、債権放棄並びにDES（デット・エクイティ・スワップ：Debt Equity Swap）などが実施される。[5]。

5　MBOとシナジー効果

　MBO全般に関し、株主地位の継続性については、上場会社の非上場化自体は不当でないとし、株主保護は株主の地位保全でなく、金銭を主体に考察することが唱えられる。二段階買収などの局面では、組織再編における買取請求権に関する価格の公正さ等をめぐる議論とも共通する。

　根本問題として、MBOの資金調達は自己調達資金によるべきとの考え方もあり、将来期待権に過ぎない対象会社財産を担保としたLBOのスキームには疑問も出される。忠実義務、善管注意義務違反となり、利益相反ともなりかねない。たとえ取締役会の同意があっても、両義務違反として許されないものとの考え方もあろう。

　MBOに応じない少数株主に全部取得条項付種類株式を発行すること（東京地判平成19年12月19日判時2001号109頁レックス・ホールディングス事件参照）が二段階TOBの潜脱にならないか、合併などであれば買取請求権行使により公正価格として裁判所の判断となることを考えると、立法の不備をついた手法との議論もあろう。

　MBOとシナジーについて検討すると、自分が経営することにより現状ベースの企業価値に付加される価値を買収プレミアムあるいはシナジー効果と呼び、具体的には、買収者が新たに経営者として入ることで実現する事業の改善可能

---

[5]　松嶋隆弘「会社法のもとにおけるデット・エクイティ・スワップ」日本法学75巻3号177～202頁（2010）、同「会社法のもとにおけるデット・エクイティ・スワップ」私法74号274～280頁（和文）、300～299頁（欧文：Debt Equity Swap under Japanese Company Law）（2012）、「デット・エクイティ・スワップ」浜田道代＝岩原伸作編『会社法の争点』92～93頁（有斐閣、2009）。

性,テコ入れの投資による価値創造,事業統合による価値創出などが該当する。一般にシナジー効果は過大評価されやすく,シナジー効果あるいは買収プレミアムをいかに精緻に算定できるかが,デュー・デリジェンス及び企業価値算定におけるポイントの1つともなる。

近年は創業家主導のMBOによる株式非公開化が増加し,少数株主の現金による締め出しに際して少数株主の権利保護が問題となり,前掲の「企業買収(MBO)に関する報告書」,「企業買収(MBO)に関する指針」の公表に繋がっている。

レックス・ホールディングスのMBO事案をみると,MBOによる株式非公開化に際し,対象会社の経営陣と外部投資家が出資した買収ビークル(レバレッジを効かせるためビークルに金融機関が貸付けを行う)が対象会社株式についてTOBを行い,買収ビークルが対象会社の総株主の議決権の概ね90％以上に当たる株式を取得して,対象会社が締め出しを実施する。締め出しの手法として,レックス・ホールディングスの株式非公開化においては,わが国で初めて全部取得条項付種類株式利用スキームが用いられた。普通株式の全部取得条項付種類株式への変換及び全部取得条項の発動による少数株主持分の端数株式化による締め出しであり,少数株主の手続的保障,対象会社の資産含み益に対する課税リスク軽減(現金株式交換の場合,資産含み益に時価評価課税がなされる)の点でメリットがある手法とされる[6]。

具体的には,下記の手続となる。

① 買収ビークルがTOBにより対象会社の総株主の議決権の3分の2以上に相当する株式(普通株式)を取得する
② 対象会社の株主総会特別決議を経て定款変更を行い,対象会社の発行済株式(普通株式)全てを全部取得条項付種類株式に内容変更する(会社法108②)

---

[6] 太田洋「わが国におけるMBOの実務と課題」井口武雄・落合誠一監修,日本取締役協会編著『経営判断ケースブック』73〜121頁(商事法務,2008)。

③ 同一の対象会社の株主総会において全部取得の特別決議を行い（会社法171），対象会社は少数株主に対しては端数株式しか交付されない比率により各株主に取得対価として対象会社の普通株式を交付する
④ 全部取得終了後に会社法234条の手続に従い，端数株式を金銭により処理する

少数株主は金銭のみを受領することになる。対象会社の普通株式に全部取得条項を付与する，即ち当該普通株式を全部取得条項付種類株式に変換する手続に際して，反対株主の買取請求手続が設けられ（会社法116①二），全部取得に関し取得価格決定の申立て（会社法172）も認められるため，価格に不満のある株主はイニシアティヴをとって買取価格の引上げ機会を確保できる。自社株買いの場合と同様の分配可能額を限度とする財源規制がある（会社法461①四）が，取得対価が対象会社株式である場合は，分配可能額を限度とする財源規制が例外的に通用されない（会社法461①柱書）。

さらにはMBOの近時の事例として，出版社である幻冬舎のプロセスをみると，2010年12月社長が全株式を保有するTKホールディングスがMBOに向けたTOBを実施し，58.17％の株主が応募してTOBは成立したが，ケイマン籍ファンドであるイザベル・リミテッドが株式を買い増して保有比率は特別決議の阻止少数を超えた37.4％に達する事態となった。しかしながら，大半の議決権を保有していたのは信用取引を仲介した立花証券であることが判明し，2011年2月臨時株主総会でMBOに必要な種類株式発行などの議案が可決し，定款変更を経て，2011年3月上場廃止に至っている。

6　MBOの問題点と検討

少数株主保護については，反対株主の買取請求権といった金銭面での保証があれば株主たる地位の保全については劣後となっても構わないといったニュアンスがみてとれよう。MBOの問題点として，当該取締役の株主との利益相反関係，強圧性が挙げられる。経産省指針（2007年8月）によれば，MBOに固有の利益（費用節減等）は株主・経営者間で配分すべきであり，非固有利益（有休

不動産売却等）は株主に帰属すべきとしており，硬直的な形式基準設定には懐疑的である。

大杉謙一教授は株主地位の継続性については，上場会社の非上場化自体は不当でないとし，株主保護は株主の地位保全でなく金銭を主体に考察すること，価格面では総会決議などでなくあくまで株主判断であることを述べられる[7]。業績の下方修正を公表後のMBO，公開買付期間の法定下限（20営業日）の設定事例が問題となる。

MBOの種々の問題点については，米国のようなクラス・アクション（集団訴訟）制度を持たないわが国では，法律上の権利は絵に描いた餅に終わる可能性があるが，市場関係者が良いMBOと悪いMBOとを的確に区別することで，訴訟リスク，レピュテーション・リスクを考慮し，ある程度行儀よく振舞うことが見込めるが，海外ヘッジファンドが引き受けるMSCB（転換価格修正条項付転換社債），反社会的勢力の介入など，レピュテーション・リスクを気にしないプレーヤーの存在も考慮される。

今後の対策として，①米国のように投資家の損害賠償に関して集団訴訟制度を認める。②取引の内容に関するディスクロージャーについて，従来よりも厳しく金融庁がその中身をチェックする。③締め出しや支配権移動を伴う取引については証券取引所の自主規制を厳格化する。MBOに当面の間はあまり厳格なルールは課さないという方向性には合理性があるのではないか，とMBOに対し肯定的にも述べられるところである。

他方で中東正文教授は，MBOにつき，利益相反，経営陣と株主の情報格差等から，監査役として警戒すべき取引類型と述べられる[8]。組織再編行為，TOB，MBOに対する開示の重要性が高くなり，証券法制に関する適時開示が求められる。発行者以外の者による株券等の公開買付けの開示に関する内閣府令他社株府令が改正され（平成18年12月13日施行），東京証券取引所においても

---

7) 大杉謙一「日本のMBO」証券経済学会（2007年10月13日関西大学）。
8) 中東正文「M＆Aをめぐる最近の動向－対価柔軟化を前にして－」月刊監査役第524号4～17頁（2007）。

要請文「合併等の組織再編，公開買付け，MBO等の開示の充実に関する要請について」（平成18年12月13日）が発出された。金融審議会公開買付制度等ワーキング・グループ報告では，MBOや親会社による子会社株式の買付けにつき，公開買付価格の妥当性，利益相反を回避するためにとられている方策等について，TOBよりもきめ細やかな開示が必要であると提言された。MBO等による買付けの場合には，

① 「買付け等の価格の算定にあたり参考とした第三者による評価書，意見書その他これらに類するものがある場合には，その写し」の公開買付届出書への添付を求める（他社株府令8①八）。さらには第三者の評価書を得た場合，公開買付者に不利な内容であっても添付させ，利益相反に関する弊害を除去し，オピニオン・ショッピングに対し否定的である

② 買付価格の「算定の経緯」欄には，「算定の際に第三者の意見を聴取した場合に，当該第三者の名称，意見と概要及び当該意見を踏まえて買付価格を決定するに至った経緯を具体的に記載すること。公開買付者が対象者の経営者，経営者の依頼に基づき当該公開買付けを行う者又は対象者を子会社とする会社その他対象者を実質的に支配している法人であって，買付価格の公正性を担保するためのその他の措置を講じているときは，その具体的内容も記載すること」（他社株府令第二号様式記載上の注意(6) f ）

③ 「公開買付者が対象者の経営者，経営者の依頼に基づき当該公開買付けを行う者又は対象者を子会社とする会社その他の法人等である場合には，当該公開買付けの実施を決定するに至った意思決定の経緯を具体的に記載すること。利益相反を回避する措置を講じているときは，その具体的内容を記載すること」（同記載上の注意(25)）

とされる。

　MBO，支配従属会社間のTOBともに利益相反の契機が存在する場面で詳細な開示を求め，公正な形で行われることを期待するものであり，監査役はかかる趣旨を踏まえて監査に臨むことになる。

　さらには利益相反については，対抗TOBにおける善管注意義務，情報の非

対称性，買取請求権に関する議論と同じ観点から，価格面でLBOによるシナジー効果をどこまで織り込めるか，その場合のメルクマール設定等が問題となる。MBOについて，二段階買収として過半数株式取得後に組織再編あるいは全部取得条項付株式を活用する場合には，買取請求権に関する議論が組織再編と共通するものとして出されることになる。善管注意義務については，取締役がTOBに応じない場合が想定され，内部情報を有する取締役につき，プラス情報を有していれば，長期的観点からもより高額のビッドでも出すことが可能となり，逆にマイナス情報を有していれば，その情報をあえて外部に出すタイミングを計ることもでき，低価格のビッドへ誘導できよう。いずれ，組織再編における買取請求権価格の公正さの問題とは共通性がある。シナジー効果の織り込み方が問われることになるが，買取請求権については，株主の射幸的動機に基づく組織再編への反対，投機目的等の防止などの背景から画一的基準設定を見送っている。株式買取請求権の撤回の制度を新設し，射幸的な買取請求の牽制を目的に，買取請求権行使後は会社の承諾を得た場合に限って撤回することができるものとされた。こうした議論は，ブルドックソース事件につき，株主平等原則並びに著しく不公正な方法か否か，が論点となっているが，最高裁決定の立場とは近接性があるといえようか。権限分配論からも一層の考察が進められよう[9]。

MBOについては，特に利益相反取引の回避が問題となる。先行する米国の動向を踏まえて，いくつかの手法が想定されるが，わが国における2006年まで

---

9) ブルドックソース事件につき，田中亘「ブルドックソース事件の法的検討［上］」商事法務1809号4〜9頁（2007）。権限分配論に関する議論につき，藤田友敬発言『株主総会を舞台としたアクティビスト対応』森・濱田松本法律事務所（2007）参照。関連して旧日本コーポレート・ガバナンス・フォーラム（共同代表落合誠一教授）が定める「新コーポレートガバナンス原則」（2006年12月公表）では，買収防衛策の導入については，株主の意思を尊重することが求められるが，そのための方法として全ての場合に株主総会の承認が必要であるという立場はとらないとしており，権限分配論並びに買収防衛策の導入に常に株主総会の承認を必要とすることは却って株主総会の承認を口実としたフリーハンドを業務執行者に与えるおそれがあることをその理由とする。

のMBOによる株式非公開化の事例をみると，レックス・ホールディングス事件を含め，MBO参加取締役（法定の特別利害関係取締役に該当する取締役）の取締役会決議不参加，第三者評価機関からの意見書等の取得，大株主との交渉などが利害相反問題を解消ないし軽減するための措置として用いられているに過ぎない。

また株式買取請求権に関して，会社法では株式買取請求権を行使した場合の買取価格について，「公正な価格」へと文言が変更されている（785①，797①，806①）。企業再編がなされた場合のシナジーの配分という要素も取り込んで買取価格を決定することを可能にするためである[10]。企業再編が行われることを前提に，あるべき企業再編対価を補償することを意味する。裁判所による株式買取価格の算定は，組織再編の当事会社の企業価値を客観的に測定する作業ではなくなり，企業再編条件の審査とあるべき企業再編条件の設定の性格を持つことになる[11]。

問題となる株式買取請求権制度についてみると，元来は株主に投下資本回収を可能とし離脱の自由を保障するための制度とされてきたが，最近は経営者あるいは多数株主の行う決定に対するチェック機能の側面も着目される。組織再編後も公正な条件で投資が継続したならば得られたであろう利益を補償すべきであるとの政策判断の観点から，株式買取請求権制度の役割を勘案するも選択肢となろう。

公正な価格の解釈として，企業再編によって生じるシナジーの分配の仕方について，事後的に裁判所が介入しなくてはならない場合，介入しなくてはならないとすれば基準はどうなるか，公正な価格の算定の基準時などが問題となろう。

全部取得条項付種類株式については，広い意味で企業再編に類するものといってよく，反対株主に買取請求権を与えつつ，株主総会特別決議によって

---

10) 藤田友敬「組織再編」商事法務1775号55〜65頁（2006）。
11) この点で，経営判断原則の適用のある戦略的な側面であるということができようか。したがって，経営判断と内部統制の論点が生じ得よう。

100%減資を可能にすることは，組織再編の対価柔軟化の方向性からは隔たりはないが，会社法の下では，株式買取請求権さえ与えれば，株主の権利内容を特別多数決によって変更することが自由に認められるかとの疑問が生じ，組織再編に関する対価柔軟化の政策判断の一般化，組織法上の行為への応用という問題でもある。

　藤田友敬教授によれば，組織再編対価の柔軟化により，少数株主は，金銭その他の財産の交付，株式買取請求権行使による公正な対価の支払の選択を強いられる。全部取得条項付種類株式制度導入は，しかしながら論理的なギャップがある。組織再編における少数株主の締め出しには経済合理性が認められることが少なくないが，少数株主の議決権を多数決で奪うことについて，経済合理性・蓋然性は自明ではない。目的や場面を限定しないで多数決による権利内容の変更を認める場合，適切な補償が与えられるかどうか疑問がある。全部取得条項付種類株式を利用する場合に，組織再編の場合と同様に，余剰の分配の公平，少数株主から多数株主への利益移転につき，利害調整の仕組みが十分に機能する保証はない。全部取得条項付種類株式の運用においては，一定の制限が必要となり，組織再編前に全部取得条項付種類株式を用いた100%減資を行い，組織再編のシナジーを多数株主が独占するような濫用的な用い方は許されない。全部取得条項付種類株式の利用には，正当な事業目的といった制約をかける必要があろう。同時に，関連する株式買取請求権，価格決定請求権の運用についても，類型に応じた整理が必要となろう。

　MBOのシナジー効果等に関する，松嶋隆弘教授・弁護士による類型化の試みについては後掲する。

7　非公開化目的型MBOの問題点－類型別にみた考察－

　リストラクチャリングの一環として行われる「分割（暖簾分け）型MBO」と近年の「非公開化目的型MBO」は，明確に分けて議論する必要性があることが指摘される。交渉当事者である経営者等が，誰の利害を代表して，独立当事者として交渉する立場にあるかという客観的視点と，経営者等がMBOを実施

する主たる動機・目的が何であるのかという主観的視点に立つ考察が有益である。経営者を中心とした利害関係者のインセンティブに影響を与え，MBO自体の評価を変えてしまう要因でもある。非公開化目的型MBOの抱える問題点について，分割（暖簾分け）型MBOのほか，企業再生型MBO，企業買収防衛策型MBOとも比較しつつ，みていきたい[12]。

非公開化目的型MBOの有する問題点としては，下記の2つが挙げられる。
① 証券市場からの退出を決定する経営者等の経営判断に対して，経営者自身の法的リスクを事前に明確にすることである
② 所有株式をなかば強制的に売却処分することとなる既存の少数株主保護の観点であり，いずれも，経営者等が究極的な利益相反関係を有することを起因とする

①に関しては，自ら上場廃止決議をした取締役の忠実義務違反・損害賠償責任が争われた裁判例（東京高判昭和38年8月31日下級民集14巻8号1701頁）があり，敵対的買収に直面した経営者・取締役が防衛策の一環として，MBOを企図し，上場廃止ないし非公開化をするケースでは，取締役の忠実義務をめぐり，同様の議論があるといえよう。他方，買収防衛目的のないMBOを遂行しようとする経営者等のインセンティブを事前に阻害することは，社会経済上の非効率を招く結果ともなりかねない。

分割（暖簾分け）型MBOは，上場子会社の非公開化として，少数株主の排除という非公開化目的型MBOと同じ問題を含むが，少数株主を排除することを主たる目的とする非公開化目的型MBOとは意味合いが異なる。分離・独立する経営陣における情報優位性については，米国において，division（分割（暖簾分け））型のMBOによって企業価値の向上が見込める要因として，積極的な評価もなされている。

---

[12] 北川徹「マネジメント・バイアウト（MBO）における経営者・取締役の行為規整」RIETI Policy Discussion Paper Series 07-p-001経済産業研究所1～139頁。www.rieti.go.jp/jp/publications/pdp/07p001.pdf

企業再生型MBOは，債務超過ラインをめぐり，株主と債権者間の交渉におけるインセンティブが，正常な財務体質を有する企業におけるMBOとは大きく異なる。債務超過に陥った後の企業の再生にあたり，投資ファンド等の新規の株主と，既存の債権者間に利益相反関係が生じる。「プレパッケージ型」の事業再生計画に類似する問題として，多大なリスクをとって，最初にコミットしたスポンサー企業が提示した買収価格に対して，事後的に上回る価格での買収を申し出た新規のスポンサー企業の処遇をどうするかという問題もある。

　企業買収防衛策型MBOは，実施する経営者等が自己保身目的という，極めて強い利益相反関係を有していることよって，既存株主の利益が損なわれる可能性が高いという点にある。企業買収防衛策型MBOは，自己保身目的による濫用を防ぐため，「価格」という客観的基準によって判断・対処することは可能であるが，非公開化目的型MBOと客観的に区別することが困難であり，既存株主は必ずしも経営者等の企業買収防衛目的を立証することができない。経営者等は，非公開化を目的とした理由について，短期的な株価に左右されることのない長期的な視点からの事業運営が可能である等，MBOがもたらす長所について表明することが予想されるが，当該MBOが利益相反関係を内在し，買収防衛を真の目的としていることを経営者自らはアナウンスすることが想定し得ない。

　MBOが，経営者等による究極的な利益相反取引であり，既存株主を害する可能性が高い反面，将来の事業を成功に導くか否かも経営者の能力に委ねられるため，経営者等の物的・人的な資本の当該企業への拠出，将来的なコミットメントについて，いかに評価するかが問題とされる。利益相反的な立場にある経営者の能力などを認識し，MBOを実行する経営者が効率的な組織改変を行う誘因を阻害しないこと，同時に実効性を有する行為規整を両立させることが望まれる。

Ⅱ　MBOのスキーム－過去のバイアウトの事例を参考に－

1　MBOのスキームの概要

　本章Ⅰ記載のとおり，MBOとは，現在の経営者が資金を出資し，事業の継続を前提として対象会社の株式を購入することをいう（MBO指針4頁）。上場会社の非公開化を行うための典型的なMBOスキームは，経営陣が，対象会社の株式を購入するための新会社としてSPC（特別目的会社：Special Purpose Company）を設立し，当該新会社（SPC）が買付者となってTOBを行い，対象会社の3分の2を超える議決権に係る株式を購入し，少数株主の締め出しを行って，最終的には新会社と対象会社を合併するというものである（図1）。

　なお，純粋なMBOとは，対象会社の経営者イコール買収者であり，また，当該経営者が買収した対象会社の100％株主となることを意味する。このような純粋MBOは，経営陣が創業者であってもともと議決権の多くを保有している場合や，対象会社の事業規模・時価総額が小さい場合など，経営陣が買収に必要となる資金を全て工面できる場合に可能となる。

　これに対し，経営陣がサラリーマン経営者であって議決権をほとんど保有していない場合や，企業の事業規模・時価総額が大きい場合には，買収資金が巨額となるため，経営陣がその全てを工面できないことがある。この場合，当該経営者は，投資ファンド等の協力を得て，買収者となるSPCに対し共同出資を行い，買収後の対象会社株式を経営者と投資ファンド等とで分かち合うという形態をとる。

[図1] 典型的なMBOのスキーム

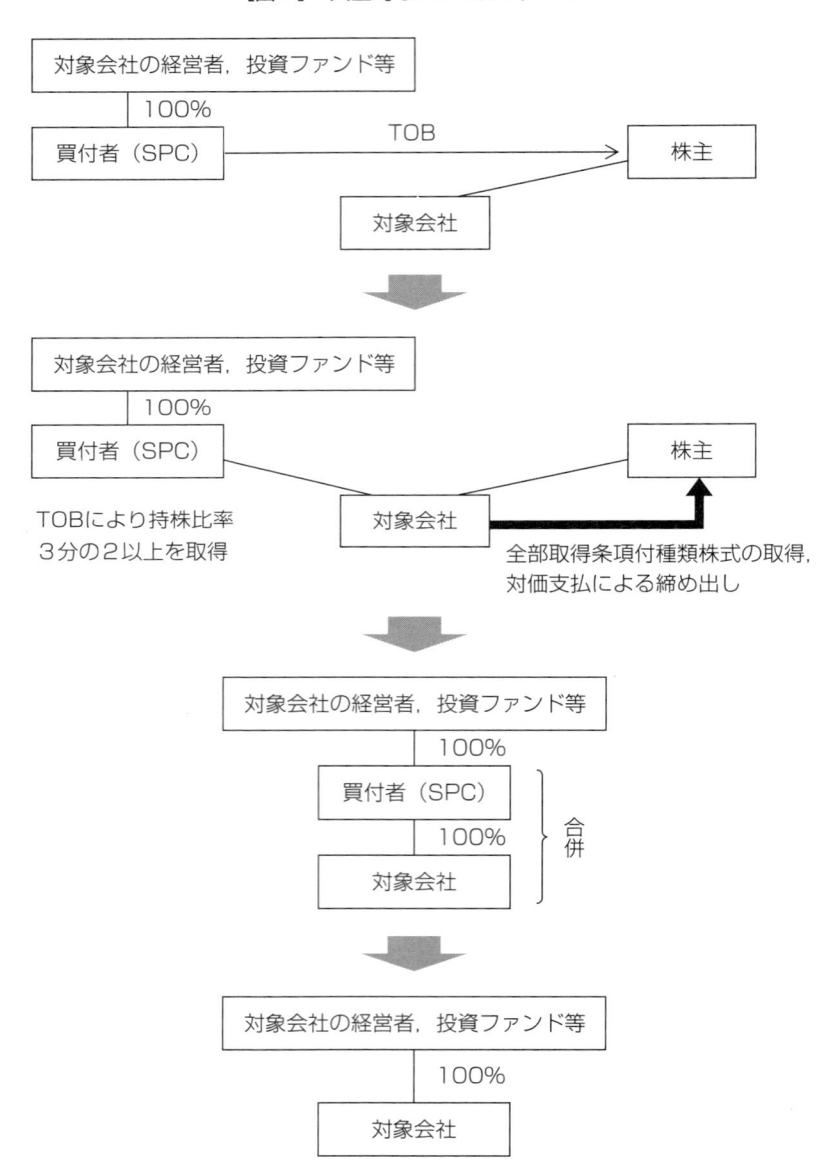

```
対象会社の経営者，投資ファンド等
        │100%
    買付者（SPC) ──── TOB ────→ 株主
                    ↗
              対象会社
```

⬇

```
対象会社の経営者，投資ファンド等
        │100%
    買付者（SPC)        株主
         \\           ↑
          対象会社 ━━━━┛
TOBにより持株比率        全部取得条項付種類株式の取得，
3分の2以上を取得         対価支払による締め出し
```

⬇

```
対象会社の経営者，投資ファンド等
        │100%
    買付者（SPC)  ┐
        │100%    ├ 合併
     対象会社    ┘
```

⬇

```
対象会社の経営者，投資ファンド等
        │100%
     対象会社
```

なお，経営陣が自ら経営する企業を買収するMBOと並んでよくみられる非公開化スキームとして，上場親会社が，上場子会社を100％子会社化することがある（**図2**）。この場合には，通常，買収者となる新会社が設立されることはなく，また，100％子会社となった対象会社との合併も行われない。

[図2] 上場子会社の完全子会社化

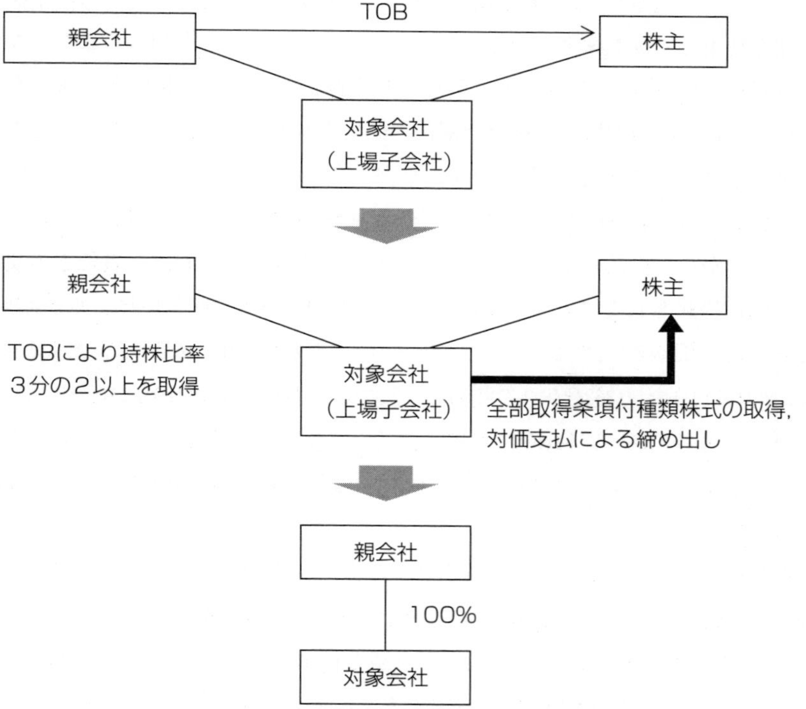

```
親会社 ──── TOB ────→ 株主
   \                  /
    \                /
     → 対象会社 ←
       （上場子会社）
              │
              ▼
親会社              株主
   \              ↗
TOBにより持株比率    │
3分の2以上を取得    │
     → 対象会社 ──→ 全部取得条項付種類株式の取得，
       （上場子会社）  対価支払による締め出し
              │
              ▼
           親会社
              │ 100％
           対象会社
```

2 過去のMBO事例－レックス・ホールディングス事件－

　MBOが行われた有名なものとしては，平成18年11月からTOBが実施された株式会社レックス・ホールディングス（以下「レックス」という）の事例が挙げられる。これは，上述した純粋MBOではなく，投資ファンド（アドバンテッジパートナーズLLP）をパートナーとするMBOである。

　レックスのMBOでは，わが国において，初めて，全部取得条項付種類株式制度を利用して少数株主の締め出しを行うというスキームが用いられた。なお，MBOが公表される約3カ月前に業績の下方修正がなされて株価が急落したにもかかわらず，公開買付価格は急落後の価格を基準として設定されたことや，MBOにあたり，対象会社から独立した委員会（現在ではほとんどの事案において設置され，公開買付価格の決定にあたりその意見が尊重される）が設置されなかったことなどから，少数株主によって株式取得価格や当時の経営陣の責任を追及する裁判が提起されたこと（東京地決平成19年12月19日判時2001号109頁，東京高決平成20年9月12日金判1301号28頁，最高決平成21年5月29日金判1326号35頁，東京地判平成23年2月18日金判1363号48頁，東京高判平成25年4月17日金判1420号20頁[13]））でも，本事例は著名である。MBOにおける法的リスクが顕在化したケースであるといえ，本事例について具体的経過を検討することは，MBOのスキームを理解するのに役立つであろう。

　本事例では，投資ファンドを株主とする株式会社AP8（以下「AP8」という）が公開買付者となって，TOB（以下「本件TOB」という）を実施し，レックス株式75.43％を取得し，さらに，AP8が有限会社エタニティーインターナショナル（レックス代表取締役社長西山知義氏の資産管理会社）の保有するレックス株式を買い取り，計91.78％を保有するに至った。一方，レックス代表取締役社長西山知義氏は，本件TOB成立後，AP8に出資し，最終的にレックスの株主として残る形となった。

13）　これらの裁判において争われた論点は，第Ⅲ部第2章及び第4章を参照。

[図3] レックスのMBO

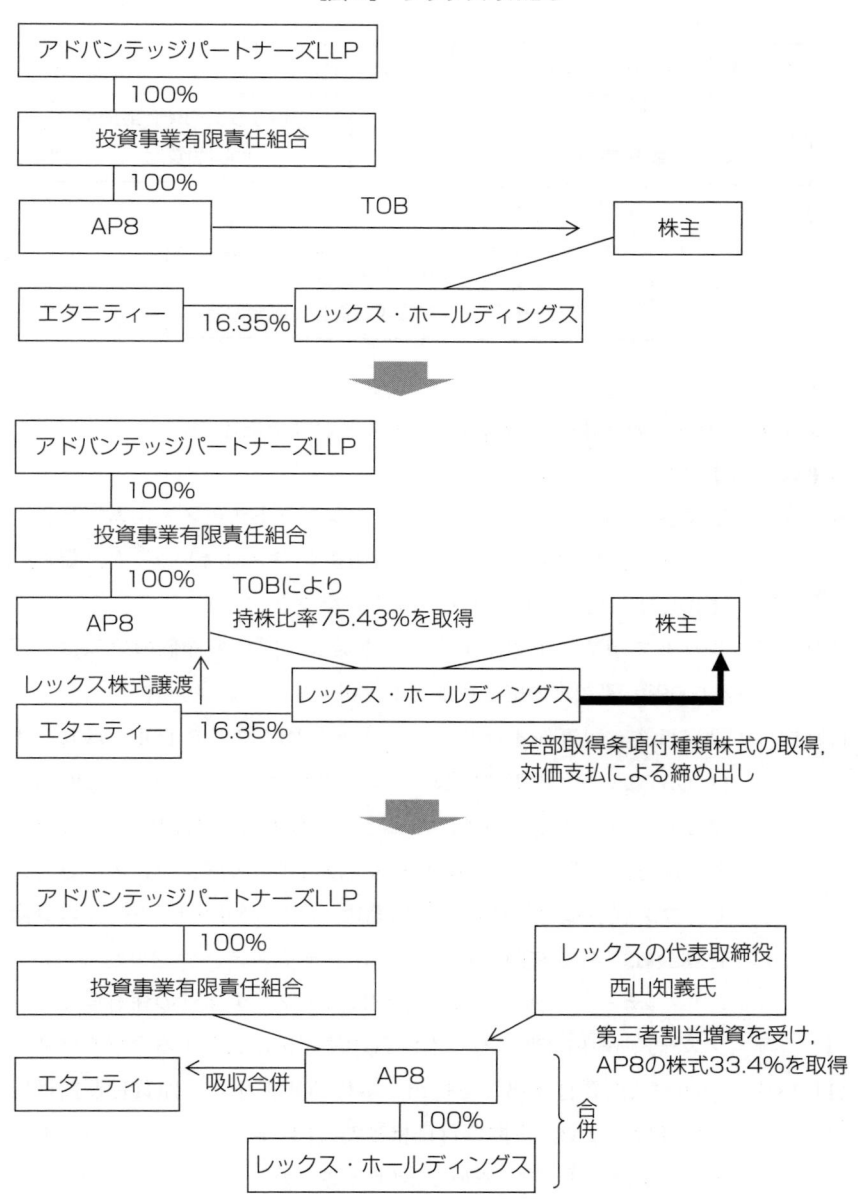

```
アドバンテッジパートナーズLLP
       │ 100%
投資事業有限責任組合
       │ 100%                TOB
      AP8 ──────────────────→ 株主
                              
エタニティー ─16.35%─ レックス・ホールディングス
```

↓

```
アドバンテッジパートナーズLLP
       │ 100%
投資事業有限責任組合
       │ 100%    TOBにより
      AP8        持株比率75.43%を取得        株主
       ↑
レックス株式譲渡
エタニティー ─16.35─ レックス・ホールディングス
                                全部取得条項付種類株式の取得,
                                対価支払による締め出し
```

↓

```
アドバンテッジパートナーズLLP
       │ 100%                    レックスの代表取締役
投資事業有限責任組合                西山知義氏
                                  │
                                  │ 第三者割当増資を受け,
                                  ↓ AP8の株式33.4%を取得
エタニティー ←─吸収合併─ AP8          ┐
                         │ 100%    ├合併
                     レックス・ホールディングス ┘
```

```
┌──────────────────────────┐                    ┌──────────────────┐
│ アドバンテッジパートナーズLLP │                    │ 旧レックスの代表取締役 │
└──────────────────────────┘                    │    西山知義氏      │
           │                                    └──────────────────┘
┌──────────────────────────┐                              │
│    投資事業有限責任組合      │                              │
└──────────────────────────┘                              │
                    │                                     │
                    └──────────────┬──────────────────────┘
                                   ▼
              ┌────────────────────────────────────────┐
              │         レックス・ホールディングス          │
              │ （AP8が旧レックスを吸収合併し，商号変更）   │
              └────────────────────────────────────────┘
```

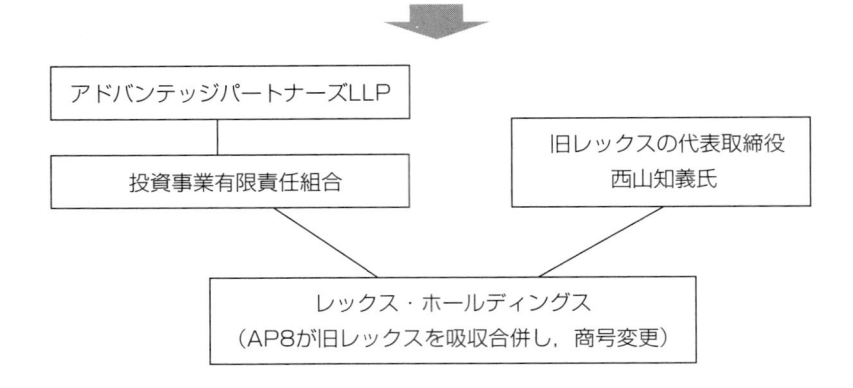

　レックスのMBOの具体的な経過は，以下のとおりである。

【平成18年】

8月9日：投資事業有限責任組合アドバンテッジパートナーズ　エム・ビー・アイファンド三号（以下「投資事業有限責任組合」という）が，新たに株式会社AP8（以下「AP8」という）を設立。

8月21日：レックスが業績予想の下方修正を発表。同日の株価の終値は30万4,000円，翌22日の終値は25万4,000円。

11月10日：投資事業有限責任組合及びAP8が，AP8を通じたTOB（以下，「本件TOB」という）の実施を公表。レックスは，本件TOBがMBOの一環として行われる取引であること，本件TOBに賛同することを表明。同時に，業績予想の修正・株主優待制度の廃止を公表。さらに，レックス代表取締役社長西山知義氏（以下「西山氏」という）の資産管理会社である有限会社エタニティーインターナショナル（以下「エタニティー」という）及びAP8は，エタニティーの保有するレックス株式（約16.35％）を，本件TOB終了後に譲渡する合意を締結。

11月13日：AP8が公開買付届出書を提出，本件TOB開始。公開買付期間は同年12月12日まで，公開買付価格は23万円（過去1ヵ月の株式の終値平均に13.9％のプレミアムを加えた額）とされた。

12月 1 日：公開買付届出書の訂正報告書提出。
12月13日：本件TOBの応募結果発表。約75.43％の株主が応募。
12月14日：西山氏が，AP 8 より第三者割当増資を受け，AP 8 の株式33.4％を取得。
12月19日：AP 8 が，本件TOBに応募された株式を買付け。
12月21日：エタニティーがAP 8 に対し，レックス株式（約16.35％）を譲渡。これにより，AP 8 の保有するレックス株式の割合は約91.78％となる。

【平成19年】
2 月26日：レックスが業績予想の下方修正を発表。
2 月27日：AP 8 がエタニティーを吸収合併。
3 月28日：レックス定時株主総会において，種類株式発行会社化，普通株式への全部取得条項付加及び当該普通株式の全部取得の承認決議。
4 月 5 日：レックスの一部の株主が，東京地裁に対し，会社法172条 1 項に基づく全部取得条項付株式の取得価格決定を申立て。
4 月29日：レックス株式の上場廃止。
5 月 9 日：レックスがその全部取得条項付株式を取得。AP 8 以外の株主が 1 株未満の端数となるように，全部取得条項付株式 1 株に対し，0.00004547株の割合で新たな普通株式を交付。
9 月 1 日：AP 8 が，レックスを吸収合併し，レックスの地位を包括承継した上，「株式会社レックス・ホールディングス」に商号変更。
12月19日：東京地裁が，少数株主の主張を退ける決定。会社法172条 1 項により裁判所が決定すべき取得価格は，当該取得日における当該全部取得条項付種類株式の公正な価格をいい，同価格を定めるにあたっては，取得日における当該株式の時価を考慮することが相当として，当該株式の取得価格を本件公開買付価格と同じ23万円と定めた。

【平成20年】

9月12日：上記株式取得価格決定に対する抗告事件において，東京高裁が，当該株式の取得価格を本件公開買付価格を上回る33万6,966円と定める決定。公正な価格を定めるにあたっては，取得日における当該株式の客観的価値に加えて，強制的取得により失われる今後の株価の上昇に対する期待を評価した価額をも考慮するのが相当とし，株価の上昇に対する期待の評価額については，株式の客観的価値の20％が相当であるとした。

【平成21年】

5月29日：株式取得価格決定に対する抗告審の変更決定に対する特別抗告事件において，最高裁が，レックスによる抗告を棄却し，東京高裁の決定した価格を支持する決定。

【平成23年】

2月18日：レックスの元株主が，本件TOB及びレックスによる全部取得条項付株式の取得によるMBOが実施されたことにより，その所有するレックス株式を1株当たり23万円という低廉な価格で手放すことを余儀なくされ，1株当たり10万6,966円（適正価格33万6,966円との差額）等の損害を被ったと主張して，レックスの元役員らに対し，会社法429条1項等に基づく損害賠償等の支払を求めた訴訟において，東京地裁が，レックスの元役員らの責任を否定し，レックスの元株主らの請求を棄却する判決。株式会社の取締役は，善管注意義務ないし忠実義務の一環として，株主の共同利益に配慮する義務を負うが，レックスの元役員らに当該義務違反はないとされた。

【平成25年】

4月17日：レックスの元役員らの責任を追及する訴訟の控訴審において，東京高裁が，レックスの元株主らの控除を棄却し，元役員らの責任を否定する判決。

Ⅲ　MBOに伴う利益相反とその解消措置

1　MBOにおける利益相反関係

　MBOとは，現在の経営者が資金を出資し，事業の継続を前提として対象会社の株式を購入することをいうが[14]，かかるMBOのスキーム上，構造的・必然的に現在の経営者と，少数株主（MBOにおける買付者以外の株主をいう。以下同じ）との間に，利益相反構造を生じる。

　つまり，MBOを実施する取締役としては，MBOにおける少数株主からの株式買取価格は，できるだけ低いほうが利益である一方，少数株主としては，できるだけ高いほうが利益になるのであり，この点で，取締役が少数株主の利益を犠牲に自己の利益を図る利益相反のおそれが，必然的・構造的に認められるのである。

　そのため，MBOの実施にあたっては，対象会社の行うTOBに対する意見表明（金商法27の10）や，全部取得条項付種類株式導入の定款変更や同株式の取得の株主総会決議等を行うにあたり，少数株主保護の見地から，第三者委員会からの意見取得や，株価算定書の取得など，利益相反の弊害を回避するための措置（利益相反回避措置）を取り，できる限り独立当事者間取引に近づける必要があると解されている。

2　MBO指針

　MBOにおける取締役と少数株主との間の利益相反構造については，平成19年9月4日，経済産業省から出されたMBO指針においても，問題意識と解消策の提示がなされている。

　MBO指針は，企業価値研究会（座長・神田秀樹東京大学教授）が平成19年8月2日にまとめた報告書を踏まえ，「実務上のMBOの公正なあり方を模索するこ

---

14)　経済産業省「企業価値の向上及び公正な手続確保のための経営者による企業買収（MBO）に関する指針」（以下「MBO指針」という）4〜5頁。

とにより，今後我が国企業社会においてベストプラクティスが形成され，今後の我が国におけるMBOが，公正・健全な形で更に発展していくことを目的」として制定されたものである[15]。

このMBO指針では，MBOの買付者及び対象会社が尊重すべき原則として，当該MBOが企業価値を向上させるか否か（第一原則）とともに，公正な手続を通じた株主利益への配慮（第二原則）が挙げられている[16]。そして，MBOの透明性・合理性を確保し，第一原則及び第二原則を実現する観点から，

① 株主の適切な判断機会の確保
② 意思決定過程における恣意性の排除
③ 価格の適正性を担保する客観的状況の確保

が挙げられ，それぞれについて，具体的に講じることが望ましい措置が挙げられている。

このMBO指針の公表後は，実務では，これに沿って利益相反回避措置を講じるのが一般化している。

3　金融商品取引法及び取引所規制による開示規制

また，MBOにおける構造的な利益相反関係に対処するため，金融商品取引法及び取引所規則においても，TOBにあたって，対象会社や買付者に利益相反回避措置の開示が義務付けられている。

(1) 金融商品取引法の公開買付規制における情報開示義務

まず，金融商品取引法においては，TOBが，上場会社を対象とするMBO又は親会社による子会社株券等の買付け等（以下「MBO等」という）に該当する場合には，開示規制が加重されている。立案担当者の解説によれば，かかる開示の加重措置は，MBO等の場面では，対象者の経営陣や経営陣と利益を共通にする者が買付者となるため，株主・投資者との関係において経営陣等の利益相

---

15)　MBO指針2〜3頁。
16)　MBO指針9頁。

反が問題となることがあり得ることから，公開買付制度において，利益相反を防止するための措置等に係る適切な開示を求めた趣旨に基づくものとされている[17]。

このような開示規制が課されるMBO等とは，公開買付者が，①対象会社の役員，②対象者の役員の依頼に基づき，当該TOBを行う者であって対象者の役員と利益を共通にする者，③対象者を子会社とする会社等（他社株買付府令13①八，二号様式記載上の注意(6)ｆ，(25)）であるTOBを指す。上記②の「利益を共通にする」には，少なくとも公開買付者に対して買付け等の資金の一部を対象者の役員が提供している場合や，TOB後に対象者の大株主となるファンド・組合等の役員・業務執行者に対象者の役員が就任する場合などが含まれているとされている[18]。

そして，上記MBO等については，公開買付者は，①買付け等の価格の算定にあたり参考とした第三者による評価書等がある場合にはその写しを公開買付届出書に添付しなければならない（他社株買付府令13①八）。また，②公開買付者が買付け等の価格の公正性を担保するための措置を講じているときは，その具体的内容の開示が求められている（他社株買付府令二号様式記載上の注意(6)ｆ）。さらに，③当該TOBを行うことを意思決定するに至った過程についての開示が求められ，利益相反を回避する措置を講じている場合にはその具体的内容を記載することが求められている（他社株買付府令二号様式記載上の注意(25)）。

また，対象者の意見表明報告書（金商法27の10①）においても，④MBO等において，対象者として利益相反を回避するための措置を講じている場合には，その具体的内容を記載することが求められている（他社株買付府令四号様式記載上の注意(3)ｄ）。

立案担当者によれば，上記「利益相反を回避するための措置」については，特定の具体的な利益相反回避措置をとることを義務付けるものではないとされ

---

17) 池田唯一＝町田行人＝大来志郎『新しい公開買付制度と大量保有報告制度』99～100頁（商事法務，2007）。
18) 前掲注17) 池田ほか99頁。

ているが[19]，MBO指針の公表後は，実務上，同指針に基づく利益相反回避措置の全部又は一部を講じた上で，その具体的内容を公開買付届出書や意見表明報告書において開示するのが通例となっている[20]。

(2) 取引所規則における情報開示義務

また，取引所の規則においても，MBO（公開買付者が対象者の役員であるTOB（公開買付者が対象者の役員の依頼に基づきTOBを行う者であって対象者の役員と利益を共通にする者であるTOBを含む）のこと）や支配株主等が行うTOBに対して，TOBに係る意見表明等を行う場合には，開示を必要かつ十分に行うことが義務付けられ（東証上場規程441，441の2②等），開示義務が加重されている。

具体的には，
① MBO等に関する意見の明瞭性
② 意見の根拠及び理由の十分性
③ 算定機関からの意見取得と提出
④ 二段階買収に関する説明（特段の事情のない限り，締め出しの価格をMBO等の価格と同一にすること）
⑤ 公正性を担保するための措置に関する説明（意思決定方法に関し，弁護士・アドバイザー等による独立したアドバイスを取得し，その名称を明らかにすることや，公開買付期間を比較的長期に設定すること）
⑥ 利益相反を回避するための措置に関する説明（役員がMBOに関して有する利害関係についての説明）
⑦ 社外役員や第三者委員会等に対する諮問状況等に関する説明（利害関係を有しない役員の承認を受けていることの説明）
⑧ 取引保護条項に関する説明（MBO等を行う公開買付者が対象会社との間で，対抗者との接触等を禁止する条項を合意しないこと）

---

19) 前掲注17) 池田ほか100頁。
20) 石井禎ほか編『実践TOBハンドブック（改訂版）』202頁（日経BP，2010）。

について，開示において留意することが求められている（東京証券取引所上場部編『会社情報適時開示ガイドブック2013年7月版』187～188頁，大阪証券取引所『会社情報適時開示等に関する手引き　平成23年4月』116～117頁）。

4　利益相反状況の強弱

　もっとも，MBOとひとくくりに言っても，事案ごと利益相反性の強弱には差異があり，これに対応して，利益相反回避措置の必要性にも強弱が生じ得る[21]。例えば，取締役のみでMBOを実施する場合と，取締役にスポンサーが存在する場合があり，さらにスポンサーが存在する場合でも，スポンサーが主体的な役割を果たすか，取締役が主体的な役割を果たすかによって違いが生じ得る。また，MBOの対象となっている既存株主のなかに，MBOを行う取締役との間で独立当事者として条件交渉を行うことができる大株主がいる場合と，そうでない場合でも違いが生じ得る。

　一般に，取締役の役割が副次的であればあるほど，MBOから得る利益は小さくなり，またMBO実施後の身分保障も弱くなるため，利益相反性は弱くなると解される。また，独立した大株主がいて買付者と独立当事者間での条件交渉がなされれば，原則として利益相反構造は解消されると解される[22]。

　このような，MBO案件における利益相反関係の強弱と，そこで要求されるプロセスの厳格さには相関関係を認めるべきとの見解が有力であるが[23]，実際にMBOの対価の公正性が問題になった取得価格決定事件の裁判例等では，公正な価格の判断において利益相反関係の強弱は，あまり考慮されてはいない。

---

21)　MBO指針5頁，石渡学「MBOに関する指針の意義と実務対応」商事法務1813号4頁（2007），水野信次＝西本強『ゴーイング・プライベート（非公開化）のすべて』11～12頁（商事法務，2010）。
22)　前掲注21)石綿5頁。
23)　宍戸善一「MBOにおける全部取得条項付種類株式の株式取得価格決定」ジュリスト1437号92頁（2012）。

5 利益相反回避措置が不十分だった場合のリスク

では，利益相反回避措置が不十分だった場合，対象会社や取締役は，MBOにおいて，具体的にどのような不利益を受け得るのであろうか。

(1) 株式取得価格決定請求等の裁判における不利益

まず，利益相反回避措置が不十分だった場合，二段階買収の二段階目において，全部取得条項付種類株式の取得や組織再編を利用して少数株主を締め出した後に，反対株主により株式取得価格決定請求権（会社法172）や株式買取請求権（会社法116①二，785，797等）が行使され，裁判になった場合に，裁判所による対象会社株式の「公正な価格」の算定において，対象会社が不利益に扱われる可能性がある。逆にいえば，利益相反回避措置をとったことが，公開買付価格・取得価格等（一般に二段階買収においては，強圧的であるとの評価を避けるため，一段階目の公開買付価格は，二段階目の株式取得価格等と同一価格とされる）が「公正な価格」であると判断される要素となり得る。

例えば，MBOにおける全部取得条項付種類株式の全部取得時の取得価格決定申立事件である東京地決平成21年9月18日金判1329号45頁（サイバード・ホールディングス事件）は，既存株主に対して分配されるべき「MBOの実施後に増大が期待される価値」（いわゆるプレミアム）の算定にあたって，利益相反回避措置が取られていることを，（会社に有利な）考慮要素の1つに挙げている。

すなわち，本裁判例では，プレミアムの算定にあたり，一般に公正と認められる手続によってMBO手続が行われたかが判断事情の1つとされ，この公正な手続の内容の1つとして，利益相反関係に配慮した措置，買付価格についての交渉の有無，経過，旧経営陣の立場等に照らし，MBOがいわゆる独立当事者間（支配従属関係にない当事者間）において，第三者機関の評価を踏まえ合理的な根拠に基づく交渉を経て，合意に至ったなどと評価し得る事情があるかが考慮されている。

そして，

① 公認会計士事務所及び法律顧問を選任し，助言や株価算定を依頼したこと
② 対象会社及び買付者から独立した第三者委員会を設置し，買付者との協議・交渉と意見提出を依頼し，これらに基づきMBOに賛同したこと
③ 対象会社の代表者が厳しい態度で交渉に臨み公開買付価格の引上げに成功したこと

から，一般に公正な手続がとられたものとし，公開買付価格（＝取得価格）をもって「公正な価格」であると認定している。この事例は，MBO指針の公表後，初めてのMBO事例であり，MBO指針を意識した利益相反回避措置がとられ，第三者委員会に買付者との間の交渉権限まで付与された事例であり，この決定後，MBOにおいて第三者委員会を設置する事例が増加した[24]。

もっとも，MBOにおける取得価格決定申立事件の裁判例においては，利益相反回避措置をとったからといって，必ずしも公開買付価格（＝取得価格）がそのまま「公正な価格」であると認められているわけではなく，裁判所が，他のMBO事例のプレミアム率の平均値をベースに，独自に「公正な価格」を決定する傾向にある。

この背景には，独立当事者間取引と構造的な利益相反関係が認められるMBOのような取引とで判断基準を区別する裁判所の傾向がある。すなわち，一般に，相互に特別の資本関係がない独立当事者間における合併や株式交換などの組織再編については，株主の判断の基礎となる情報が適切に開示された上で，適法に株主総会で承認されるなど一般に公正と認められる手続により効力が発生した場合には，組織再編の条件については，原則として裁判所は当事者の判断を尊重すべきであると解されている[25]。つまり，このような独立当事

---

24) 江頭憲治郎ほか「＜座談会＞MBO取引・完全子会社化時の取締役の行動規範を考える（下）」ビジネス法務2011年7号72頁（2011）。
25) 最二小決平成24年2月29日金判1388号16頁（コーエー・テクモ事件），藤田友敬『新会社法における株式買取請求権制度』黒沼悦郎＝藤田友敬編『江頭憲治郎先生還暦記念　企業法の理論（上巻）』290頁（商事法務，2007）。

者間取引では，手続の公正性が担保されていれば，私的自治の観点から原則として当事者の交渉結果が尊重されている。

　他方で，MBOにおける取得価格決定事件等では，取締役に構造的な利益相反関係が認められ，独立当事者間取引のような公正な交渉が期待できないため，上記のような判断枠組みは採用されていない。具体的には，従来の裁判例では，株式の「公正な価格」とは，①MBOが行われなかったならば株主が享受し得る価値（ナカリセバ価格）と，②MBOの実施によって増大が期待される価格のうち株主が享受してしかるべき価値（プレミアム）を合算した価格をいうとされる。そして，①ナカリセバ価格については，MBO公表前の市場株価を基準に算定がされ，②のプレミアムについては，前掲東京地決平成21年9月18日（サイバード・ホールディングス事件）のように，一般に公正と認められる手続（利益相反回避措置もこの一部に含まれる）によってMBOの一連の手続が行われた場合には，公開買付価格をもって公正な価格であると判断する裁判例も存在するが，多くの裁判例は，他の近時のMBO事例のプレミアムの平均値をベースに，裁判所が独自にプレミアムを算定している[26]。例えば，サイバードHD事件の高裁裁判例（東京高決平成22年10月27日資料版商事法務322号174頁）も，第三者委員会の選任したフィナンシャル・アドバイザー及び法務アドバイザーを対象会社の取締役会が選任したことをほぼ唯一の具体的理由として，公開買付価格が「公正な価格」であることを否定した上で，近時のMBOのプレミアム相場から，プレミアムを20％と算定した。また，大阪地決平成24年4月13日金判1391号52頁（カルチュア・コンビニエンス・クラブ事件）も，利益相反関係を抑制し，公開買付価格の公正性等を担保するための種々の措置が講じられた上でMBOが実施され，かつ，多数の株主の応募を得て成立したことが認定されたにもかかわらず，公開買付価格が第三者委員会及び対象会社が依頼した算定機

---

[26]　東京高決平成20年9月12日金判1301号28頁（レックス・ホールディングス事件），大阪高決平成21年9月1日判タ1316号219頁（サンスター事件），東京高決平成22年10月27日資料版商事法務322号174頁（サイバード・ホールディングス事件），大阪地決平成24年4月13日金判1391号52頁（カルチュア・コンビニエンス・クラブ事件）。

関のDCF法による価値算定結果の下限をかなり下回っていたこと，また第三者委員会及び対象会社が公開買付価格を理由にTOBへの応募を積極的に推奨しなかったことなどから，公開買付価格が「公正な価格」であることを否定している。

そのため，MBO事例においては，単に利益相反回避措置を含む一般に公正な手続をとっただけでは，公開買付価格がそのまま「公正な価格」であると認められることが保障されているわけではなく，価格の実体面においても，他の近時のMBO事例のプレミアム率の平均値をベースに公開買付価格を決定したり，算定書から乖離しない価格を設定するなど，合理性を確保する必要があることに留意が必要である。

もっとも，裁判例を俯瞰する限り，利益相反回避措置を含む手続の公正性は，「公正な価格」の市場株価法における算定基礎となる期間や，プレミアムの算定に影響を及ぼす（手続が公正であれば，これらの判断において，MBO実施者に有利な判断がなされる可能性が高くなる）と解され[27]，特に公開買付価格が一般的なMBOのプレミアム率の平均値を下回っているようなケースでは，「公正な価格」の算定において不利益な取扱いを受けないための必要条件になっているといえるだろう。

(2) 取締役の忠実義務違反及び善管注意義務違反の責任追及をされるリスク

次に，利益相反回避措置を取らなかった場合，TOBに応じた株主から，公正な価格より低い価格で株式売却をさせられたなどとして，取締役に対して，取締役の善管注意義務（会社法330，民法644）及び忠実義務（会社法355）違反の任務懈怠責任（会社法429）ないし不法行為責任（民法709）が追及されるリスクがある。また，対象会社に対しても代表者の行為についての損害賠償責任（会社法350）や不法行為責任（民法709）が追及されるリスクがある。

---

[27] 前掲注21) 水野ほか122頁。

この点，取締役は，株式会社に対して善管注意義務及び忠実義務を負うが，株式会社における株主利益最大化原則から，取締役の善管注意義務及び忠実義務には，株主共同の利益に配慮する義務が含まれると考えられている。すなわち，株式会社は，営利を目的とする法人であり，一般債権者に劣後する剰余権者である株主（株主は，会社の利益から債権者に対する弁済をした後の残余部分についてのみ満足を得る地位にある）の利益を最大化することが，原則的に他のステークホルダーの利益を充足することにつながると解されている（株主利益最大化原則）。このことから，取締役の株式会社に対する善管注意義務及び忠実義務も，株主利益の最大化を図ることを意味すると解されている[28]。

　この点，MBOにおける取締役の善管注意義務及び忠実義務違反が問題となった東京地判平成23年2月18日金判1363号48頁（レックス・ホールディングス損害賠償事件）においても，「取締役は，会社に対し，善良な管理者としての注意をもって職務を執行する義務を負うとともに（会社法330，民法644），法令・定款及び株主総会の決議を遵守し，会社のために忠実に職務を行う義務を負っている（会社法355）が，営利企業である株式会社にあっては，企業価値の向上を通じて，株主の共同利益を図ることが一般的な目的となるから，株式会社の取締役は，上記義務の一環として，株主の共同利益に配慮する義務を負っているものというべきである。」とされ，取締役の善管注意義務及び忠実義務の一環として株主の共同利益に配慮する義務があることが認められている。

　そして，一般に取締役の善管注意義務及び忠実義務違反の有無の判断においては，経営判断の原則が適用され広い裁量が認められるが，利益相反取引をはじめ，取締役が自己又は第三者の利益を図った場合には経営判断原則は適用されないところ[29]，MBOも利益相反があるタイプの取引のため，経営判断原則の適用はなく，裁量は限定されると解されている[30]。

28) 株主利益最大化原則については，落合誠一「新会社法講義　第5回　第2章　株式会社法の基本的特色(2)」法教311号28頁以下（2006），江頭憲治郎『株式会社法（第4版）』20頁以下（有斐閣，2011）参照。
29) 近藤光男『経営判断と取締役の責任』124頁（中央経済社，1994）。
30) 前掲注25）江頭憲治郎ほか71頁。

この点，前掲東京地判平成23年2月18日は，MBOにおいて取締役の善管注意義務違反及び忠実義務違反の有無について，「MBOにおいては，本来，企業価値の向上を通じて株主の利益を代表すべき取締役が，自ら株主から対象会社の株式を取得することになり，必然的に取締役についての利益相反的構造が生じる上，取締役は，対象会社に関する正確かつ豊富な情報を有しており，株式の買付者側である取締役と売却者側である株主との間には，大きな情報の非対称性が存在していることから，対象会社の取締役が，このような状況の下で，自己の利益のみを図り，株主の共同利益を損なうようなMBOを実施した場合には，上記の株主の共同利益に配慮する義務に反し，ひいては善管注意義務又は忠実義務に違反することになるものと考えられる。」，「MBOが，取締役の株主の共同利益に配慮する義務に違反するかどうかは，当該MBOが企業価値の向上を目的とするものであったこと及びその当時の法令等に違反するものではないことはもとより，当該MBOの交渉における当該取締役の果たした役割の程度，利益相反関係の有無又はその程度，その利益相反関係を回避あるいは解消するためにどのような措置がとられているかなどを総合して判断するのが相当である。」との規範を定立した上で，

① 第三者機関からの「株主価値評価算定書」及び財務的見地から買付価格が妥当である旨の「意見書」の取得
② 法律事務所の意見の取得
③ 出席した取締役全員が本件TOBに賛成したこと
④ 社外監査役を含む監査役全員が，取締役会が本件TOBに賛同を表明することに賛成の意見を述べたこと
⑤ 買付関係者である取締役は，特別利害関係人として決議には加わらなかったこと
⑥ これらの事実をTOBへの賛同意見表明において公表していたこと

から，利益相反を解消するための措置も一応はとられていたものといい得るとし，取締役として株主の共同利益に配慮する義務の違反はないと認定した（なお，同決定は抗告審である，東京高判平成25年4月17日においても維持されている）。

このようにMBOにおける取締役の善管注意義務違反及び忠実義務違反の有無の判断においては，利益相反回避措置を講じたことが重視されている。なお，上記レックス・ホールディングス事件はMBO指針公表前の事例だったが，同指針公表後は，取締役の善管注意義務及び忠実義務違反の判断において講じるべき利益相反回避措置のレベルも，より高くなることも予想される[31]。

(3) 特別利害関係人の議決権行使により著しく不当な決議がなされたとして，決議が取り消されるリスク

また，MBOにおける取引を承認する株主総会決議は，TOBなどにより大株主となったMBOの実施主体の賛成の議決権行使により承認可決されるものであるところ，当該大株主たるMBOの実施主体は，当該決議との関係では，「特別利害関係人」に該当すると解される[32]。そのため，MBOにおける少数株主への対価が低廉であるなど，決議内容が不公正だった場合には，特別利害関係人の議決権行使により著しく不当な決議（多数決の濫用）がなされたとして，決議取消訴訟が提起される可能性がある（会社法831①三）。実際，東京地判平成22年9月6日金判1352号43頁（インターネットナンバー事件）では，全部取得条項付種類株式の発行等に係る定款変更及び取得を内容とする株主総会決議は，少数株主に交付される予定の金員が対象会社の株式の公正な価格に比して著しく低廉である場合には，著しく不当な決議となり得る旨，判示されている。

(4) その他

その他，MBOにおいては，少数株主により，①TOBや全部取得条項付種類株式の取得が差し止められるリスク（後者について会社法360），②MBOを構成する取引の無効確認訴訟が提起されるリスク，③MBOを実施する買付者に対

---

31) 奈良輝久＝林鉱司「MBOを目的とする全部取得条項付種類株式の取得価格決定に関する近時の裁判例の検討」判タ1371号（2012）50頁。
32) 中村信男「全部取得条項付種類株式を利用した少数株主の締め出しと多数決濫用の成否」商事法研究91号18頁（2011）。

する損害賠償請求がなされるリスク（民法709）などが存在するが[33]，利益相反回避措置を講じておくことは，これらリスクを軽減する見地からも，有効であると解される。

(5) 各責任の相互関係

なお，上記(1)～(4)における株主の対抗手段が認められるレベルは同一ではなく，一般に取得価格決定申立てにおいてより高い価格が認められるレベルより，取締役の善管注意義務違反及び忠実義務違反が認められるレベルは高い（責任が認められづらい）と解されている[34]。例えば，レックス・ホールディングスでのMBO事例では，前述のとおり取得価格決定申立事件においては公開買付価格より高い価格が「公正な価格」であると認定されたが，取締役個人の責任は認められなかった。

6 具体的な利益相反回避措置ごとの検討

それでは，具体的に，MBOにおいて，どのような利益相反回避措置を実施することが考えられるであろうか。この点については，上記2のとおり，MBO指針に沿った利益相反回避措置を取ることが実務の趨勢であるところ，MBO指針に記載された利益相反回避措置ごと，検討する。

(1) 第三者委員会

まず，MBOに係る対象会社の意思決定が不当に恣意的になされないよう，社外役員又は独立した第三者委員会等に対するMBOの是非及び条件などについての諮問や，これらの者にMBOを行う取締役との交渉を委託し，その結果を尊重する措置が考えられる[35]。

---

33) 弥永真生「ゴーイング・プライベート」法学セミナー629号103頁（2007）。
34) 江頭憲治郎ほか「＜座談会＞MBO取引・完全子会社化時の取締役の行動規範を考える（上）」ビジネス法務2011年6号29頁（江頭発言）（2011）。
35) MBO指針14頁以下。

特に第三者委員会の設置は，近年のMBO事例では一般化しており，買付者側との交渉まで委託する交渉型の第三者委員会の数も増加傾向にある[36]。MBOにおいては，そもそも誰が買収者と交渉をするのかという疑義があるため，交渉型の委員会の設置は，利益相反関係を解消し，独立当事者間取引に近づけるため，有効性が高い。

第三者委員会への諮問事項は，
① MBOによる企業価値の向上
② 買付条件の妥当性の検討
③ 手続の公正性・適正性の検討

の3つが多い[37]。

委員の構成は，社外監査役，弁護士，公認会計士の3名のケースが多い[38]。社外監査役は独立性が確保されていると同時に，対象会社に対し善管注意義務及び忠実義務を負い，対象会社の事情にも通じている人材であり，弁護士は法的問題点の指摘を可能にする人材であり，公認会計士は価格算定の合理性を検証することを可能にする人材であるため，上記構成には合理性が認められると解される。大学教授などを構成員とするケースもある。いずれにせよ，第三者委員会の委員はMBOの構造的な利益相反状態に基づく不透明感を払拭するだけの実質的に独立した地位，監督能力・アドバイス能力・交渉能力を備えている必要があり，また，かかる委員独立性や能力については，対象会社から株主に対して十分に説明される必要がある[39]。

委員会の開催回数は3回から5回程度が多く，審議期間については2週間から2カ月程度が多いようである[40]。委員会の検討事項の複雑さに照らせば，

---

36) 前掲注24）江頭ほか（下）73頁，吉村一男「MBO・完全子会社化取引における買主対象会社取締役の義務と第三者委員会設置の意義」経理情報1302号58頁（2012）。
37) 前掲注24）江頭ほか（下）72〜73頁。
38) 前掲注24）江頭ほか（下）73頁，前掲注37）吉村58頁。
39) MBO指針14〜15頁。
40) 前掲注37）吉村62〜63頁。

少なくとも3回以上の開催（審議の場の設定）と1カ月間の検討期間は確保したいところである。

充実した審議のためには，委員会から対象会社への質問権や調査権が付与される必要がある。また，委員会での審議の内容や対象会社との質疑応答などのやり取りについては，後の検証に耐えうるよう，議事録等に残しておくことが必要である。

また，下記(2)の対象会社による第三者評価機関からの算定書の取得についても，委員会に委託し，委員が独自に選定した算定機関から算定書を取得することは，算定書の公正性を高める見地から，有効であると解される。

(2) 第三者評価機関からの算定書の取得

MBO指針では，意思決定過程における恣意性の排除のための実務上の対応として，MBOにおいて提示されている価格に関し，独立した第三者評価機関から算定書等を取得することが挙げられている。そして，算定方法の採用にあたっては，複数の算定方法を利用する等，合理的な算定方法を採用し，恣意的な価格の算定等がなされないように配慮が必要であるとされている[41]。

MBOにあたっては，買付者側が買付価格の提案をするが，かかる提案にあたっては，前提として第三者評価機関からの算定書が取得されていることも多い。これに対し，対象会社は，かかる提案価格について，評価し，意見表明を行うことになるが，かかる意見表明にあたっては，他の第三者評価機関から対象会社の株価の算定書を取得することが必要となる。そのような算定書がない場合，対象会社の経営者としては，意見表明の内容を合理的に根拠付ける材料がなくなってしまうからである。

なお，上場会社においては，取引所規則によって，上場会社の株券等の公開買付けにより，当該株券等が上場廃止となる見込みがある場合又は公開買付者が当該上場会社の役員，当該上場会社の役員の依頼に基づきTOBを行う者で

---

41) MBO指針14, 16頁。

あって当該上場会社の役員と利益を共通にする者若しくは当該上場会社の支配株主である場合は，当事会社以外の者であって，企業価値又は株価の評価に係る専門的知識及び経験を有するものが，買付け等の価格に関する見解を記載した書面（算定書）を提出することが義務付けられている（東証上場規程421①，同施行規則417十四，大証適時開示等規則5①一，同施行規則5，(3)，eの6）。

(3) 特別の利害関係を有する取締役の取締役会の審議及び決議からの排除

取締役会決議について特別の利害関係を有する取締役は，議決に加わることができない（会社法369②）。議決に不当な影響を生じさせないよう，議決のみならず，審議にも加わらないことが望ましい。

MBOにおいては，MBOを行う取締役が特別利害関係人にあたることは当然であるが，さらにMBOにおける意思決定の透明性・合理性を高める観点から，かかる利害関係の範囲は広く解すべきとの指摘もあり[42]，

① MBOの公開買付者に出資していたり，公開買付者の代表者を務める取締役
② MBO実施後に公開買付者に出資する予定の取締役
③ TOBに応募することが予定されている株主たる取締役（TOBに応募することが予定されている大株主から派遣された取締役を含む）
④ MBOの実施後に引き続き対象会社の取締役を務めることが予定されている取締役

などについても，特別利害関係人ないしそれに準じて審議及び決議に加わらないようにすべきである。

なお，特別利害関係のある取締役は，取締役会決議の定足数の分母からも除外されるため（会社法369①），特別利害関係を有しない取締役が1名でもいれば，

---

[42] MBO指針15頁。なお，株式非公開化の場面における取締役会運営と利益相反回避措置の詳細については，清野訟一「株式非公開化における取締役会運営と取締役の利益相反回避措置」ビジネス法務2013年7月号100頁参照。

取締役会決議は可能であるが[43]，かかる取締役が1名もいない場合には，決議は不可能となるので，注意が必要である。

(4) 特別の利害関係を有する取締役を除く，取締役及び監査役全員の承認

特別の利害関係を有する取締役を除く，取締役及び監査役全員の承認があることは，意思決定の透明性・合理性が確保されている事情の1つとなる[44]。逆に，これら取締役及び監査役のうち反対者がいる場合には，誰がどのような理由で反対したのかを株主に明らかにすることが，意思決定の透明性・合理性の確保のため重要である[45]。

(5) 弁護士・アドバイザー等による独立したアドバイス

対象会社の意思決定方法に関し，弁護士やフィナンシャル・アドバイザー（FA）などによる独立したアドバイスを取得することや，株主に対してその名称を明らかにすることは，意思決定過程の恣意性を排除する観点から効果を有する。もっとも，法律事務所が対象会社の顧問事務所でMBOを行う取締役らとも懇意であったり，フィナンシャル・アドバイザーがMBOの資金の出し手の場合などには，弁護士やフィナンシャル・アドバイザーとの間で潜在的な利益相反関係がないか慎重に確認すべき場合もあり得るため，留意が必要である[46]。

---

43) 落合誠一編『会社法コンメンタール8』〔森本滋〕288頁（商事法務，2008）。
44) MBO指針15頁。
45) MBO指針15頁。
46) 前掲注21）水野ほか179頁。

(6) MBOのTOBにおいてマジョリティ・オブ・マイノリティを成立条件とすること

　MBOに際してのTOBにおいて，MBOを行う取締役やその他利害関係を有する者以外の株主が保有する株式の過半数や，3分の2以上が応募しないと，TOBが成立しないというマジョリティ・オブ・マイノリティの制約を課せば，TOBが成立した場合には，MBOに利害関係のない少数株主においても公開買付価格を合理的なものであると評価したと解し得るし，買付者側もそのような少数株主からの多数の支持を取り付けてMBOを成立させるため，公開買付価格の設定において少数株主に十分配慮することが考えられる。そのため，かかる措置を講じることは，独立当事者間取引に近付ける効果を有するといえる[47]。

(7) TOBにおいて，対抗的な買付けの機会を確保すること

　MBOにおいては，他の買付者による買付けの機会を確保することも，MBOの利益相反構造を解消し，独立当事者間取引に近付けるための措置の1つとして挙げられる。MBOを行う取締役等に，対抗的な買付者が出現する可能性を踏まえた公開買付価格等を提示させることになり，価格の適正性担保と取引の透明性・合理性が高まると解されるためである。MBO指針では，具体的には，
　① MBOに際しての公開買付期間を比較的長期に設定すること
　② MBOに際して対抗者が実際に出現した場合に，対抗者が対象会社との間で接触することを制限する合意（取引保護条項）を締結しないこと
が挙げられている[48]。

---

[47] 多数の株主がTOBに応募した事実を公開買付価格の公正性を肯定する要素に挙げる裁判例として，大阪地決平成20年9月11日金判1326号27頁（サンスター事件），東京地決平成21年9月18日金判1329号45頁（サイバード・ホールディングス事件）。他方，マジョリティ・オブ・マイノリティの事実があったが，公開買付価格を公正な価格と判断しなかった裁判例として前掲注26）大阪地決平成24年4月13日（カルチャア・コンビニエンス・クラブ事件）。

[48] MBO指針16～17頁。なお，日本では敵対的企業買収が成功した事例がほとんど皆無といっていいことなどを根拠に，対抗的買収提案がないことは価格の公正性を担保しないとの見解について前掲注21）水野ほか110～112頁。

(8) 具体的にどの措置を取るかについて

　以上のような利益相反回避措置については，必ずしも全てを講じる必要があるわけではなく，上記4記載のとおり，MBOにおける利益相反関係にも強弱があるため，それとの相関関係でも検討が必要であろう。もっとも，近年のMBO事例を見る限り，少なくとも，

　① 　第三者委員会の設置
　② 　第三者評価機関からの算定書の取得
　③ 　特別の利害関係を有する取締役の取締役会の審議及び決議からの排除
　④ 　弁護士・アドバイザー等による独立したアドバイス

の各措置については，講じることが望ましいと解される。

Ⅳ　税務上の留意事項

1　SPCを利用したMBOスキームの税務上の取扱いの概要

　上場会社のMBOスキームでは，買収対象会社の経営陣が投資ファンド等の投資家と買収ビークルとなるSPCを設立し，SPCが買収対象会社の株式を買収し，買収対象会社を非上場化させるケースが比較的多く見られる。そのためMBOスキーム例として，以下のステップで行われるMBOを想定して，各ステップでの留意点を検討する。

　　ステップ1　経営陣とスポンサーによるSPCの設立
　　ステップ2　SPCによる買収対象会社のTOB
　　ステップ3　全部取得条項付種類株式スキーム等による買収対象会社の
　　　　　　　100％子会社化
　　ステップ4　SPCと買収対象会社との合併

　ここでは，上記ステップに基づく税務上の取扱いをまとめる。

(1) ステップ1　SPCの設立

買収対象会社の経営陣が投資ファンド等のスポンサーとSPCを設立し，SPCに出資する。SPCは買収資金の一部について金融機関から借入を行う。SPCは，金融機関に利息を含む資金調達費用を支払う。

設立費用，支払利息，資金調達に要する種々のコストについて，SPCにて損金に算入されるのかについて検討が必要となる。

(2) ステップ2　TOB

SPCが買収対象会社のTOBを行い，株主総会における特別決議が可能な買収対象会社の発行済株式数の3分の2以上の株式を取得する。

TOBに応じる買収対象会社の株主は，買収対象会社の株式の譲渡損益が発生する。個人株主については，証券会社等への売委託による上場株式等の譲渡等に該当する場合には，平成25年12月31日までの譲渡に関しては10％（復興特別所得税を考慮した場合の税率は10.147％），平成26年1月1日以降の譲渡に関しては20％（復興特別所得税を考慮した場合（平成49年まで）の税率は20.315％）の税率で課税される（旧措法37の10①，平成23年税制改正後の平成20年所法等改正法附則43②，平成25年所法等改正法附則42[49)][50)]）。

SPCにおいては，TOBコスト，その他買収対象会社調査のために生じたデュー・デリジェンス業務に係るコスト等について，損金に算入されるのか，株式取得の付随費用として買収対象会社株式の取得価額に加算するのか検討が必要となる。なお，デュー・デリジェンス費用に関しては，株式購入のための付随費用に該当するのかについて，税法上明確な規定はないが，株式買収の意思決定前に生じたデュー・デリジェンス費用は買収の意思決定のための調査費用と考え損金算入，意思決定後に生じた費用は株式の取得に要した費用として取得価額に含める方法が考えられる。

---

49) 平成28年1月1日以後の譲渡については，措法37の11①が適用される。
50) 平成26年1月1日以後は，日本版ISA（少額上場株式等に係る配当所得及び譲渡所得の非課税措置）による非課税措置あり。

(3) ステップ３　全部取得条項付種類株式を利用した締め出し

　買収対象会社の発行済株式の全てに全部取得条項を付す定款変更を行い，買収対象会社が全部取得条項を行使し，全部取得条項付種類株式を取得し，株主に普通株式を交付する（少数株主の持分が１株未満の端数になるように調整しておく）。少数株主に交付された１株未満の端数については，競売による譲渡，買収対象会社又はSPCに対しての譲渡を行い，譲渡対価を現金で少数株主に交付する。

　SPCは，①買収対象会社に譲渡した全部取得条項付種類株式の価額と交付を受けた普通株式の価額が概ね同額であり，かつ，②全部取得条項付種類株式の取得の対価として金銭の交付がない場合（法基通２－３－１に合致する１株未満の端数の買取となることが前提。第Ⅱ部第３章Ⅴ１参照）には，みなし配当及び株式譲渡損益を認識しない（１株未満の端数部分の譲渡は譲渡益を認識する）（法法61の２⑬三，所法57の４③三）。

　少数株主は，１株未満の端数の譲渡であるため，株式譲渡損益が発生する。なお，１株未満の端数を買収対象会社に譲渡した場合であっても，みなし配当の適用事由に該当しないため，株式譲渡損益のみを認識する（法令23③九，所令61①九）。

(4) ステップ４　SPCと買収対象会社との合併

ア　SPCが合併法人となる場合

　SPCが合併法人，買収対象会社が被合併法人となる吸収合併を行う。

　SPCと買収対象会社との合併は100％の親子会社間の合併であり，税制適格要件を満たすため（法法２十二の八），税務上適格合併に該当する。合併がSPCの設立事業年度中に実行される場合には，SPCで発生する支払利子を含む資金調達コスト及びTOBコストのうち損金算入が可能な費用と合併後の買収対象会社の事業利益が相殺される。買収対象会社が繰越欠損金又は含み損失を有する資産を有している場合には（SPCには含み損失を有する資産を有しないものとする），原則として，その繰越欠損金の引継ぎ又は含み損失の利用の制限を受けることになる（下記２を参照）。

ステップ1. SPCの設立

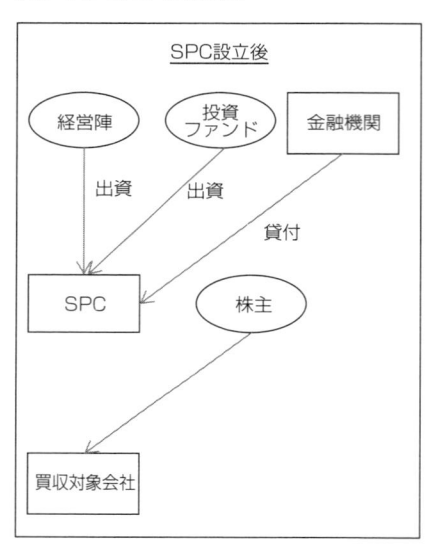

SPC設立後

経営陣 → (出資) → SPC
投資ファンド → (出資) → SPC
金融機関 → (貸付) → SPC
株主
SPC → 買収対象会社
株主 → 買収対象会社

ステップ2. TOBの実施

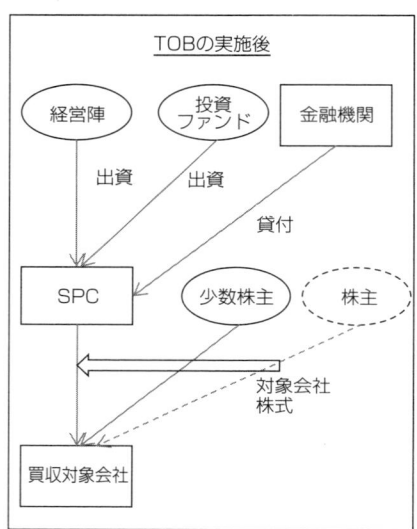

TOBの実施後

経営陣 → (出資) → SPC
投資ファンド → (出資) → SPC
金融機関 → (貸付) → SPC
少数株主
株主（点線）
SPC ← 買収対象会社
株主 --→ 対象会社株式 → SPC
SPC → 買収対象会社

ステップ3. 締め出し（全部取得条項付株式）

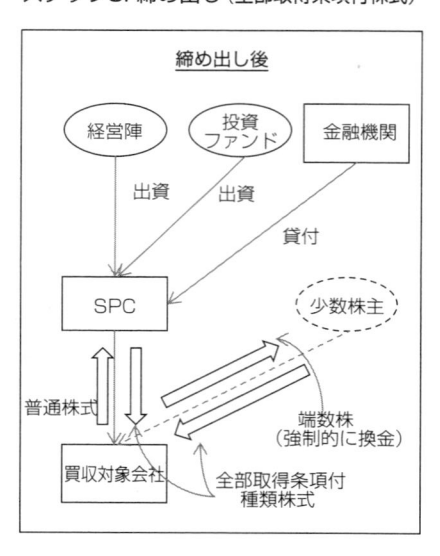

締め出し後

経営陣 → (出資) → SPC
投資ファンド → (出資) → SPC
金融機関 → (貸付) → SPC
少数株主（点線）

SPC ←→ 買収対象会社
　普通株式
　端数株（強制的に換金）
　全部取得条項付種類株式

ステップ4. 合併

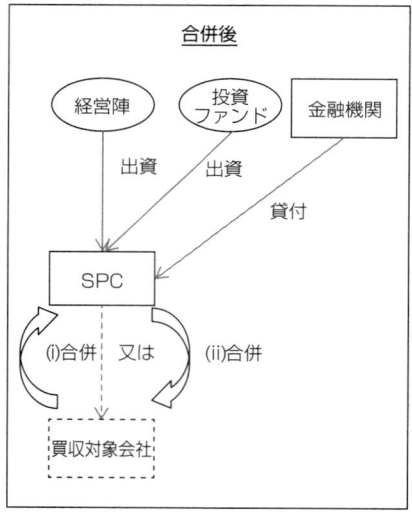

合併後

経営陣 → (出資) → SPC
投資ファンド → (出資) → SPC
金融機関 → (貸付) → SPC

SPC (i)合併 又は (ii)合併
買収対象会社（点線）

イ　買収対象会社が合併法人となる場合

買収対象会社が合併法人，SPCが被合併法人となる吸収合併を行う。

上記**ア**と同様にSPCと買収対象会社との合併は100％の親子会社間の合併であり，税制適格要件を満たすため（法法２十二の八），税務上適格合併に該当する。合併が行われるとSPCの事業年度開始の日から合併の日の前日までの期間（以下「最後事業年度」という）がSPCのみなし事業年度となる。最後事業年度で発生した費用については，税務上の繰越欠損金となるが，繰越欠損金の引継ぎ制限の適用により，損金算入の機会を失うことになる。

買収対象会社が繰越欠損金又は含み損失を有する資産を有している場合には（SPCには含み損失を有する資産を有しないものとする），原則として，その繰越欠損金の引継ぎ又は含み損失の利用の制限を受けることとなる（下記**2**を参照）。

2　適格組織再編が行われた場合の繰越欠損金及び含み損失の利用制限

(1)　留意事項

SPCと買収対象会社との合併は，100％の資本関係のある場合の適格要件を満たす適格合併となるが，SPCが事業を行っていないことから，繰越欠損金の引継ぎ又は利用及び含み損失の利用制限の適用除外要件（以下「みなし共同事業要件」という）を満たすことができないと考えられ，SPCと買収対象会社の繰越欠損金の引継ぎ又は利用及び買収対象会社の含み損失（SPCは含み損失のある資産を有していない前提）の一定期間（最大３年間）の利用制限が課される可能性がある（法法57③・④，法法62の７）。

なお，「みなし共同事業要件」とは，

① 　事業関連性要件

② 　事業規模要件

③ 　事業規模継続要件

④ 　経営参画要件

の4要件をいい，①から③の要件又は①と④の要件を満たす適格合併については，繰越欠損金及び含み損失の利用制限は課されない（法令112③・⑩）。

(2) 特　　例

買収対象会社の時価純資産価額（営業権を考慮することも可能）が，買収対象会社の税務上の簿価純資産価額以上の場合には，特例計算により，買収対象会社においては，含み損失の利用制限は課されない。さらに買収対象会社の時価純資産超過額（時価純資産価額から税務上の簿価純資産価額を引いた金額）が繰越欠損金の金額以上であれば，繰越欠損金の引継ぎ又は利用制限は課されない。それ以外の場合であっても，時価純資産価額，税務上の簿価純資産価額及び繰越欠損金の額に応じて，制限を受ける繰越欠損金及び含み損失が緩和されることとなる（法令113，123の9）。

3　欠損等法人の繰越欠損金及び含み損失の利用制限

(1) 留 意 事 項

上記2において，SPCと買収対象会社が合併（適格合併）する場合に，繰越欠損金及び含み損失の利用制限が課されることを述べたが，SPC又は買収対象会社が欠損等法人に該当し，かつ，一定の事由が生じる場合には，より厳しい繰越欠損金の引継ぎ又は利用及び含み損失の利用制限が課される場合がある。なお，欠損等法人とは，一の株主グループによって50％を超える株式等を直接又は間接に保有される関係（以下「特定支配関係」という）があることとなった内国法人で，特定支配関係が生じた事業年度において繰越欠損金又は一定の含み損のある資産（評価損資産）を有する法人をいう（法法57の2，60の3）。

この「欠損等法人の繰越欠損金及び含み損失の利用制限」規定は，MBOスキームにおいて生じるケースはあまりないものの，適用を受ける場合には，影響が大きい場合があるため，適用を受けるのかについての確認は重要である。

(2) 適 用 例

　MBOを行う場合に欠損等法人の繰越欠損金及び含み損失の利用制限規定の適用を受ける例としては，以下の一連の取引が生じた場合がある。
① 複数の投資家のうちの1社がSPCを設立する
② SPCの設立事業年度に税務上の欠損金が発生する
③ SPCの第2事業年度目に，別の投資家がSPCの50％超株主となる
④ TOB成立，少数株主の締め出し後，SPCが買収対象会社を吸収合併する

　上記の例では，繰越欠損金を有するSPCが新たに新株主（別の投資家）に50％超の株式を保有されることとなるため，SPCが欠損等法人に該当する。また，SPCが買収対象会社を吸収合併することにより，事業を行っていないSPCが合併後に買収対象会社で行っていた事業を行うこととなるため，以下に掲げる繰越欠損金及び含み損失の利用制限規定の適用を受ける（SPCは含み損失のある資産を有していない前提）こととなる（法法57の2，60の3）。
① 欠損等法人であるSPCの繰越欠損金は消滅する
② 買収対象会社の繰越欠損金は，原則として引き継げない
③ 買収対象会社から引き継いだ一定の含み損失のある資産（特定資産）には，含み損失の利用制限が課される

　なお，買収対象会社の繰越欠損金の引継ぎ，買収対象会社の含み損失の利用制限については，上記2(2)の特例計算の適用はなく，買収対象会社の時価純資産価額が税務上の簿価純資産価額以上の場合でも，この規定により制限を受けるため，留意が必要である。

Ⅴ MBOによる非公開化のスケジュール

　MBOによる非公開化のプロセスは，①買収者と対象会社の交渉，②買収者によるTOB，③TOB終了後の締め出し，という3つの段階に分けることができる。全部取得条項付株式を利用する典型的なパターンにおける各段階の留意点を述べると，以下のとおりである。

(1)　第一段階：買収者と対象会社の交渉からTOB開始まで
ア　買収提案～検討の枠組みの決定

　MBOによる非公開化のプロセスは，買収者から対象会社への買収提案がなされることによって始まる。買収者がTOB等を行うことを決定したことは，金融商品取引法が規制するインサイダー情報に該当するため（金商法167①柱書），関係者においては，この段階から情報管理を徹底し，いつ，誰が，どのような情報に接しているかを管理することが求められる。また，買収提案がいつ行われたかを明確化する観点からは，かかる買収提案は，書面によって行われることが望ましい。なお，この段階での買収提案は，買収者が予定する買付価格を明記することは必ずしも必要ではないが，買収の主体及び目的，買収の対象となる有価証券の種類，TOB実施の有無，非公開化の有無，買収のおおよその実施希望時期など，提案の概要は明らかにするのが一般である。

　対象会社は，買収提案を受領した場合，直ちに，これを検討する枠組みを決定する。具体的には，第三者委員会の設置を決定し，その構成員を選定する。MBOの場合，買収者の意思決定をする者が同時に対象会社の取締役でもあるという構造上の利益相反問題が存在することから，意思決定過程において不当に恣意的な判断がなされないよう工夫をすることが求められるところ，実務では，対象会社の取締役会が，買収者及び対象会社の双方から独立した有識者より構成される第三者委員会を設置することにより対応しているからである。

　この時あわせて，法務アドバイザー及び財務アドバイザーをも選任するのが通常である。これらアドバイザーの選任も，意思決定過程の公正性を担保する

ために行われる。

　取締役会は，第三者委員会にMBOの是非及び条件について諮問するだけとするか（諮問型），買収者との交渉をも委任するか（交渉型）を決定する。この時，対象会社の企業価値を算定する財務アドバイザーの選任権限を第三者委員会に付与する場合もある。

　なお，これ以後，対象会社において取締役会で買収提案に関し意思決定をする際には，会社法上の「特別の利害関係を有する取締役」（会社法369②）が決議から除外されるよう留意する必要がある。

　イ　交　　渉

　対象会社において買収者と交渉を行うメンバーが決定されたら，いよいよ，買収者と対象会社の交渉が開始される。買収に際してTOBが行われる場合，通常は，買収資金を融資する金融機関は対象会社からTOBについて賛同意見表明がなされることを融資実行の条件とするため，買収者は，対象会社の取締役会に対し，かかる賛同意見表明を出すよう求める。これに対し，対象会社の取締役会（又は第三者委員会）は，買付けの条件（特に買付価格）が対象会社株主の利益保護の観点から適正な水準となるよう，条件の引上げを求めて交渉を行う。

　交渉期間については，特段の法規制はないが，一般的には1カ月以上の期間をかけて行われることが多い。

　なお，この交渉期間に先だって，又はこの交渉期間中に，買収者による対象会社の法務，会計，税務に関するデュー・デリジェンスも実施される。

　ウ　TOBの準備

　TOBの実施は，ドキュメンテーションを含め，様々な事務を伴う。そのため，交渉と並行して，TOBを実施するための準備を行う必要がある。スケジューリングにおいては，まず，TOBの実施の公表予定日（以下「ローンチ日」という）を決定し，その日を目指して事務作業を進める。

　㋐　買収者の準備

　買収者において最も重要な準備は，公開買付届出書（金商法27の3②）の作成

である。TOBの実施にあたっては，公開買付開始公告や対象会社におけるプレスリリースなど，様々なドキュメンテーションが必要となるが，最も基本となるのは公開買付届出書である。MBOによる非公開化を目指す場合，公開買付届出書において開示すべき事項は多岐にわたるが，買収者は，公開買付届出書のドラフトを完成させた上で，ローンチ日の2週間以上前には関東財務局に事前相談を開始する必要がある。そして，関東財務局からの指摘に対応しながら，公開買付届出書を完成させていくのである。

また，買収者は，TOBを実施するにあたっては，公開買付開始公告を行う必要があるが（金商法27の3①），公告の方法としては，①電子公告を用いる方法と②日刊新聞紙を用いる方法がある（金商令9の3①）。このうち電子公告を用いる場合には，EDINET（金融商品取引法に基づく有価証券報告書等の開示書類に関する電子開示システム）による電子公告を行うとともに（他者株買付府令9①），電子公告をした旨等を全国において時事に関する事項を掲載する日刊新聞紙に遅滞なく掲載しなければならない（金商令9の3③，他者株買付府令9の2）。したがって，①の場合でも②の場合でも，事前に日刊新聞紙の枠取りを行う必要がある。

その他，買付者が買収をSPCによって行う場合には，当該買収ビークルを設立し，当該買収ビークルによるEDINETによる書類提出を可能とするための届出（ユーザーIDやパスワードの取得手続）を行う必要がある。また，公開買付代理人（証券会社が行うのが通常である）やEDINET提出書類をHTML方式によるファイルに変換する専門業者（証券印刷会社等）を選定し，これらの者との間で事務取扱契約を締結する必要がある。さらに，買付者は，TOBを行う場合，応募株主に対して公開買付説明書を交付しなければならないとされており（金商法27の9②，他者株買付府令24④），かかる説明書の準備も公開買付代理人と協議しながら行う。

買収者が買付け資金を金融機関から調達する場合には，これらの準備と並行して金融機関との交渉を行い，コミットメントレターを取得する。

⑷　対象会社の準備

　対象会社の取締役会は，買収者との交渉の結果決定された買付け条件を第三者委員会に提示し，一般的には，
① 　公開買付価格を含むTOBの条件の妥当性
② 　公開買付価格を含むTOBの条件が一般株主に不利益なものでないと判断し，TOBに対する賛同意見を表明することの妥当性
③ 　取引に至る手続の公正性

の三点について諮問を行う。そして，これらの点に関する第三者委員会からの答申を受けて，対象会社の取締役会として，買収者によるTOBに賛同するか否か，また対象会社の株主に対しTOBに応募することを推奨するか否かを決定する。

　検討の過程においては，対象会社の取締役会（又は第三者委員会）は，財務アドバイザーから対象会社自身の企業価値についてバリエーション・レポートを取得する。かかる基礎資料がないと，買付条件（特に買付価格）が妥当なものか否かの判断ができないからである。賛同意見表明を出す場合には，対象会社は，財務アドバイザーからさらにフェアネス・オピニオンを取得する場合もある。

　第三者委員会の答申結果を受けて賛同意見表明を行う場合，対象会社は，ローンチ日に，取締役会を開催してかかる意見表明について決議を行った上で，TOBに賛同する旨のプレスリリースを行う（東証上場規程401－y）。MBOの場合，このプレスリリースでは，意思決定がどのように行われたかを詳細に開示する必要があるため，ローンチ日までの十分な余裕をもって，事前に取引所に相談を行う。

　また，対象会社は，公開買付開始公告が行われた日から10営業日以内に当該TOBに関する意見等を記載した意見表明報告書を関東財務局に提出する必要がある（金商法27の10①，金商令13の2①）。この意見表明報告書もEDINETで提出することが義務付けられているため（金商法27の30の3①，27の30の2），対象会社においてはHTMLファイルの作成等を事前に準備しておく必要がある。

その他，対象会社が規制業種であって事業に関する主務官庁がある場合には，買収提案が行われている状況について事前に報告をしておくことも多い。また，TOB及びその後の非公開化の見込みについてプレスリリースが行われた場合，株主からの問い合わせがあることが想定されるため，事前にQAを作成して準備しておくことが望ましい。

(2) 第二段階：公開買付期間
ア　ローンチ日
　ローンチ日は，非公開化のプロセスにおいて，スケジュール上最も重要な日である。TOBを実施する旨の開示は，実務的には，金融商品取引所の取引が終了した午後3時以降に行われる。そこで，友好的買収の場合には，対象会社はそれまでに，第三者委員会からの答申書，財務アドバイザーからのバリエーション・レポート及びフェアネス・オピニオンの正本を受領し，取締役会を開催して買収者によるTOBに賛同する旨を決議する。

　そして，買収者によるTOBのプレスリリース（非上場会社の場合，記者クラブに対するプレスリリースの投函によって行う）とほぼ同時刻に，対象会社は適時開示システムを通じて，TOBに賛同する旨のプレスリリースを行う。

　また，EDINETにおいて午前零時から開示を行うためには，前営業日の午後5時15分までにEDINETを通じて書類を提出する必要がある。そこで，買収者は，公開買付開始公告について掲載のある日刊新聞紙が配達される前に公開買付開始公告がEDINETで閲覧可能な状態となるよう，公開買付開始日の前営業日の午後5時15分までに，公開買付開始公告をEDINETを通じて提出するのが一般である。

イ　公開買付期間
　TOBの開始にあたり，買収者は，公開買付開始公告（金商法27の3①），公開買付届出書の提出（金商法27の3②，194の7①，金商令40一），及び公開買付説明書の配布を行う（金商法27の9②，他者株買付府令24④）。また，対象会社は，公開買付開始公告が行われた日から10営業日以内に意見表明報告書を提出する

（金商法27の10①，金商令13の2①）。

公開買付期間は，20営業日以上で60営業日以内でなければならない（金商法27の2②，金商令8①）。MBOの場合は，MBO指針において，公開買付期間を比較的長期に設定することが望ましいとされていることも踏まえ，公開買付期間は30営業日とすることが一般である。

ウ　TOB終了時

買収者は，公開買付期間終了日の翌営業日において，TOBの結果について公告又は公表を行わなくてはならない（金商法27の13①）。公告費用節約の観点から，実務上は，記者クラブへの投げ込みによる公表の方法によることが多い。また，買収者は，TOBの結果について公告又は公表を行った日に，公開買付報告書を関東財務局に提出し（金商法27の13②，194の7①・⑥，金商令40①），応募株主等に対しては，買付け等をする株券等の数その他他者株買付府令第5条第1項に定める事項について記載した通知書を送付する（金商法27の2⑤，金商令8⑤一）。

TOBが成立した場合，買収者は，公開買付期間が終了した後遅滞なく代金の支払い，株券の受渡し等の決済を行う（金商法27の2⑤，金商令8⑤二）。当該決済のタイミングは，公開買付代理人により異なるが，公開買付期間終了日から中1営業日～5営業日程度であるのが一般である。

対象会社は，TOBの結果についてプレスリリースを行い，TOBの成立によって親会社／主要株主に異動がある場合には，その旨の開示も行う。親会社／主要株主の異動については，臨時報告書の提出も行う。

(3)　第三段階：TOB終了後の締め出し

ア　スクイーズ・アウト関連議案のための臨時株主総会・種類株主総会の招集

TOBが成立し，買収者が対象会社の議決権の3分の2以上を取得した場合には，対象会社を買収者の完全子会社とするための締め出しのための手続が行われる。

現在，実務的に最も多く使われているのは，定款変更によって対象会社の発行する普通株式の全てに全部取得条項を付して全部取得条項付普通株式とした上で，当該全部取得条項付普通株式を対象会社が取得し，その対価として異なる種類の株式を交付する方法によって，完全子会社化を行うという方法である（かかる手法の詳細については，第3章を参照）。

　この方法による場合は，締め出し関連議案を対象会社の株主総会及び種類株主総会を開催して可決する必要があるため，対象会社においては，これらの総会を開催するための手続を行うこととなる。臨時総会等の開催のための手続は通常と同じであり，対象会社は，会社法に従って，基準日を設定した上で，基準日公告を行う。そして，基準日株主を確定し，株主に対して招集通知を発送する。

　臨時株主総会等の開催のための基準日公告は，TOBの成否を確認してから行うことが多いが，何らかの要請によって臨時株主総会等の開催を早めたい場合には，公開買付期間中に基準日公告を行い，TOBの決済直後の日を基準日とすることも可能である。

　　イ　上場廃止

　対象会社が締め出しに関連する議案を付議する予定である旨のプレスリリースを行い，これにより，対象会社が当該銘柄に係る株式の全部を取得することを公表した場合，当該リリースの日付で，対象会社の株式は監理銘柄（確認中）に指定される（東証上場規程610，東証上場規程施行規則605①二十一）。そして，臨時株主総会等においてスクイーズ・アウト関連議案が承認可決され，対象会社が金融商品取引所に対してその旨の報告を行った日をもって，金融商品取引所は対象会社株式について上場廃止の決定を行い，対象会社株式を整理銘柄に指定する。対象会社株式が最終的に上場廃止となるのは，株式の取得がその効力を生ずる日の3日前（休業日を除外する）の日である（東証上場規程施行規則604六）。

　なお，会社法においては，全部取得条項付種類株式の取得の日を定めるにあたり株主総会決議の日から一定期間を置かなければならないといった特段の規

制は設けられていないが，整理銘柄指定期間が1カ月であることを踏まえ，株主に対する周知の観点から，臨時株主総会等の日から1カ月後を取得の効力発生日とすることが多いようである。

　ウ　端数に相当する株式の任意売却に関する手続

　対象会社は，全部取得条項付普通株式を取得する対価として対象会社の種類株式を交付するが，締め出しが行われる場面においては，その株式の数は，買収者以外の株主に対しては1株未満の端数となるよう定められる。

　このような場合，会社法は，その端数の合計数に相当する数の株式を競売するか，又は裁判所の許可を得て任意売却し，かつ，その端数に応じてその競売等により得られた代金を当該者に交付するよう定めているが（会社法234①・②），非上場化が確定している会社の株式を競売によって処分することは不可能である。そこで，対象会社は，端数相当株式を自ら買い受けるか，又は買収者に買い取らせることを目的として，所轄の裁判所に端数相当株式の任意売却の許可の申立てを行う。

　かかる許可決定の申立てから決定までの期間については一般的な基準はないが，現在の東京地方裁判所商事部の実務的慣行においては1週間程度とされている。

　裁判所の許可が得られたら，対象会社は任意売却を行い，これにより得られた代金を買収者及び元株主に分配する。分配に要する期間は，株主名簿管理人によって異なるが，2カ月から3カ月の期間であるのが一般である。

友好的買収の場合のスケジュール例（暦は2013年）

	買　収　者	対　象　会　社
4／1（月）	✓　買収者から対象会社への買収提案	
4／2（火）		✓　法務及び財務アドバイザーの選任 ✓　第三者委員会の設立
4／3（水）〜 5／31（金）	✓　交渉（公開買付価格の提示及びこれに関する協議）	
	【その他の準備事項】 ✓　買収ビークルの設立 ✓　EDINETによる書類提出のための届出 ✓　公開買付代理人の選任 ✓　証券印刷会社等の手配 ✓　公開買付開始公告のための新聞社への枠取り ✓　公開買付開始公告，公開買付届出書，公開買付説明書の作成準備 ✓　公開買付届出書について関東財務局へ事前相談 ✓　金融機関からのコミットメントレターの取得	【その他の準備事項】 ✓　事業に関する主務官庁があれば必要に応じて事前に報告 ✓　プレスリリースについて取引所への事前相談 ✓　株主からの質問に備えるQAの作成
5／31（金）	✓　プレスリリース（公開買付開始） ✓　公開買付開始公告のEDINETでの提出	✓　第三者委員会からの答申受領 ✓　財務アドバイザーからのフェアネス・オピニオン取得 ✓　TOBに対する賛同意見表明についての取締役会決議 ✓　プレスリリース（公開買付開始，取締役会決議の内容）
6／3（月）	✓　公開買付開始公告 ✓　公開買付届出書の提出 ✓　公開買付説明書の配布	✓　意見表明報告書（賛同意見表明）の提出
7／12（金）	✓　公開買付終了日	

7／16(火)	✓ 公開買付結果の公告又は公表 ✓ 公開買付報告書の提出 ✓ プレスリリース（公開買付結果） ✓ 応募株主への買付等の通知書の送付 ✓ 公開買付応募株券の決済	✓ プレスリリース（TOBの結果，親会社／主要株主の異動等についてのプレスリリース） ✓ 臨時報告書（親会社／主要株主の異動等）の提出
7／17(水)	✓ 大量保有報告書の提出	✓ 臨時株主総会及び種類株主総会の基準日設定のための取締役会決議 ✓ 臨時株主総会及び種類株主総会に関する基準日設定公告
7／31(水)		✓ 臨時株主総会及び種類株主総会のための基準日 ✓ 臨時株主総会及び種類株主総会開催に関する取締役会決議 ✓ 臨時株主総会及び種類株主総会の招集及び付議議案に関するプレスリリース ✓ 監理銘柄（確認中）指定
8／9(金)		✓ 基準日株主の確定 ✓ 招集通知作成 ✓ 招集通知印刷
8／22(木)		✓ 招集通知発送
9／6(金)		✓ 締め出しに関する各種定款変更等につき臨時株主総会及び種類株主総会決議
9／9(月)		✓ 整理銘柄指定
10／9(水)		✓ 上場廃止日
10／15(火)		✓ 全部取得条項付種類株式の取得の効力発生日
10／16(水)		✓ 端数に相当する株式の任意売却に関する手続

第2章
MBOと企業価値算定

I　MBOとデュー・デリジェンス

1　MBO並びにM&Aの分析

　MBOでは自社がターゲット企業となるが，SPCなどを用いてMBOを行うにせよ，MBOにおいては，デュー・デリジェンス（Due Diligence：DD 詳細調査）の分析プロセスが実務の大きな要素を占める[1]。

　MBOの実行のためには，企業価値評価，ファンド・金融機関を利用した資金調達・返済計画の立案，リーガル・会計・税務リスク並びにディスクロージャーの検討などが必要となる。事業内容を正しく理解する必要があり，ビジネスモデル（ビジネス・デュー・デリジェンス），リーガルリスク（法務デュー・デリジェンス），財務リスク（財務デュー・デリジェンス）の検討を行う必要があり，特に財務デュー・デリジェンスは企業価値あるいは株価算定において不可欠となるものである。ファンド・金融機関の借入れを利用する場合，必要資金の返済の観点からキャッシュフロー分析も重要になってくる。

　こうしたMBO自体の特徴もあるが，ここではM&A全般を広く念頭に置き，あるいは銀行の融資・与信局面において共通して用いられるデュー・デリジェンス一般について広くみていきたい。デュー・デリジェンスのプロセス・内容は，概ね以下のとおりである。

---

[1]　日本政策投資銀行設備投資研究所「企業の創出・再生に関する研究会」，同・企業戦略担当審議役室（企業戦略チーム）資料参照。

```
自社の現状分析・把握
        ⇩
   M&A戦略の具体化
        ⇩
 ターゲット企業の選定・絞り込み
        ⇩
 ターゲット企業に関する基本分析
        ⇩
  ターゲット企業へのアプローチ
        ⇩
    秘密保持契約締結
        ⇩
    基本合意書の締結
        ⇩
    デュー・デリジェンス
        ⇩
    企業買収契約の締結
        ⇩
      クロージング
```

　MBOの特殊性として，自発的に経営陣が行う場合は，対象企業や戦略，動機付けなどは自明のものとなるが，外部投資家から誘発的に仕掛けていく場合はM&Aと同様に，外部投資家がデュー・デリジェンスを行うこととなろう。MBOにおいては，主体が自社の経営陣であれば，自社のことは知り尽くしており，M&Aにおけるよりも，こうしたデュー・デリジェンス・分析は容易となる。もっとも，MBO後の経営計画・予想を十分行う必要があることは当然である。非公開化後の経営環境，資金調達環境の変化を織り込んで，収支予想などを行うことになる。また資金調達スキームの形成の問題として，企業評価により，資金提供者との交渉において，自社の買収金額をどの程度に設定させるかなども，MBO後の収支予想にも影響する部分であり，重要となる。

2 デュー・デリジェンス

　こうしたデュー・デリジェンスは，ビジネス・デュー・デリジェンス，財務デュー・デリジェンス，法務デュー・デリジェンス，さらには税務デュー・デリジェンスなどに大別される。

(1) ビジネス・デュー・デリジェンス

　事業活動全般を調査の対象とし，主な分析事項として事業の収益性，市場の将来性，技術・製造ノウハウ，営業力，ブランド，顧客分析，取引先との関係，マネジメントチームの質，データベース，情報システム，マニュアル類の整備などがある。

(2) 財務デュー・デリジェンス

　財務・経営分析であり，分析事項として，売上債権の回収可能性，不良在庫の有無，固定資産台帳と現物突合，引当金水準の合理性など資産・負債内容の精査，簿外債務の有無の確認などがある。

(3) 法務デュー・デリジェンス

　資産状況，取引関係，契約関係，労力関係，負債状況，保険関係，許認可関係，訴訟関係などを確認する。M&A後の法務リスクを回避することが目的である。分析事項として，会社及び子会社の合法的な設立，株式の発行，登記関係，株主総会，取締役会などの議事録，動産・不動産・無形財産権・債権等の資産関係，契約内容の確認，従業員・労働組合，福利厚生・年金・保険契約，許認可，紛争・訴訟，環境問題などが挙げられる。

(4) 税務デュー・デリジェンス

　対象企業の税務リスク，影響額を調べ，買収の意思決定に資することを目的とする[2]。補償条項(Indemnification)，表明保証条項(Representative & Warranty)

により税務リスクを含む偶発債務を担保できるものの，税務調整項目，繰越欠損金，税額控除繰越額など税務上の繰越項目，過去の組織再編の将来に与える影響を詳細分析して，税務の観点から税務コストを削減すべく，買収スキームを組成する点にも大きな意義がある。将来の税金支払は大きな問題であり，税務調査中で追徴課税等を受けるケースも考えられる。またM&Aや組織再編の場合，税務ストラクチャーにおいて，適格税制の要件なども検討される。

3　M&Aによるシナジー効果

　M&Aによるシナジー効果は，買い手・売り手企業間での機能の相互補完やより効率的な事業経営等により，個々の企業が単独で事業を行う場合より大きな成果を導き出す効果である。シナジー効果の種類としては，以下のとおりである。

(1)　製造シナジー

　生産設備，従業員，原材料・部品の調達ルート，生産技術・ノウハウの相互利用によるシナジーである。生産規模拡大による規模の経済の享受，効率的な生産体制の実現，汎用品から高付加価値品など，製品ラインアップの拡充。

(2)　営業シナジー

　相手の営業力の相互利用によるシナジーである。異なる国・地域にある流通チャネルの相互利用，高級品ルートと普及品ルートなど異なる流通チャネルの相互利用，川上・川下産業の企業の垂直統合による効率的・安定的な生産体制実現，技術開発型企業とマーケティング型企業の提携による相互補完。

---

2)　「ストラクチャリングと税務デューデリジェンス」税理士法人プライスウォーターハウスクーパース。http://www.pwc.com/jp/ja/tax-services/due-diligence.jhtml

(3) 財務シナジー

　資金力の乏しい技術開発型企業に対して資金潤沢な大企業が投資を行う相互補完，小規模企業同士のM&Aの場合等資金調達力の向上，赤字企業買収による節税効果。

(4) 研究・開発シナジー

　他社が有する優れた研究・開発力の活用，研究・開発リスクの軽減。

4　M&Aの対象になる企業

　M&Aの対象になる企業としては，以下のとおりであろう。

(1) M&Aの対象として魅力のある会社

　将来性のある分野の会社（バイオ，ハイテク，新素材開発など），高度な技術，独自のノウハウを有する会社，取得しにくい営業免許を有する会社（運輸など），ブランド力のある会社，効率のよい強固な販売網を保有する会社，含み益に比べて株価が低い会社。

(2) M&Aの対象になりにくい企業

　将来性のない業種の会社，下請け比率の高い会社，経理の不明朗な会社，CEO個人の技術開発力や営業力に対する依存度が高い会社，経営陣の売却希望金額が高すぎる会社。

(3) M&Aを仕掛けやすい会社

　不動株比率の高い会社，株主，経営陣，労働者間で対立があるなど経営の安定していない会社，いざという時に頼れる先がない会社，メインバンクや幹事証券会社との間が順調でない会社，大手系列に入っていない会社，業績が芳しくない会社，時価総額の小さい会社，M&Aレシオが低い会社。

$$\text{M\&Aレシオ(年)} = \frac{\text{時価総額} \times 50\% - \text{手元流動性}}{\text{連結キャッシュフロー}}$$

当該企業を50％買収するのにかかる実質投資コストを何年で回収できるかを示す指標であり，株価が安くキャッシュを豊富に有する企業ほど値が低い。

5　財務デュー・デリジェンス

　企業の財務デュー・デリジェンスに関しては，M&Aの当事者企業，金融機関は企業評価にあたって，伝統的には数値的な財務諸表分析，担保力評価等を重視して融資の可否などを決める。近年はキャッシュフロー，企業価値を重視する手法も増えている。

　再生局面の企業評価も併せて述べておきたい。再生企業への与信においては，企業成長，事業拡大の可能性にリスクをとって投資し，公開・上場によってキャピタル・ゲインを得る。投資先企業の過去の財務状態もさることながら，潜在的な企業の強さを示す将来性，成長性について技術的優位性，市場展開，経営者の能力などの定性的要因を高く評価する。

(1)　戦略的評価

　戦略的評価とは，収益性の高い成長企業になるための環境適応行動の評価をいい，

　① 　市場での製品支配力・成長性期待
　② 　製品・技術・研究開発力・人的資源などの優位性
　③ 　社会の変化への適応性

がある。経営者の戦略遂行能力，情報処理能力が重要であり，さらに研究開発力・製品開発力を担う技術者，市場分析・販路開拓力のある社員の評価も大切になる。いずれも計量化が難しいところである。

　以下では，こうした戦略的評価を取り入れつつ，会計評価について解説し，従来の会計指標に新しい会計測度（非財務的指標）を加え，与信などにおいて

投資先企業評価の分析指標となるものを列挙する[3]。

ア　財　　務
財務諸表分析により財務状態の健全性，資金繰り，収益性等の検討を行う一般の金融機関が用いる審査手法である。

収益性：自己資本利益率（ROE），使用総資本事業利益率，売上高経常利益率投融資利回り等。

収益性の中の回転率・回転期間：総資本回転率，有形固定資産回転率等。

安全性：負債比率，固定長期適合率，流動比率，償却前利払能力（インタレスト・カバレッジ・レシオ），キャッシュ・フローマージン等。

成長性：増収率，経常増益率，総資本増加率等。

付加価値生産性：1人当たり売上高，売上高付加価値率，付加価値労働生産性等。

損益分岐点：損益分岐点売上，限界利益率等。

利益処分：社内留保率，配当性向等。

イ　資本関係
資本金推移，株主状況等。

ウ　業績関連
過去の実績・要因の分析等。セグメント別，連結ベースの会計情報も必要となる。

エ　将来計画
短期・長期の計画を出させ，審査によりシュミレーション・モデルを作成し，売上・利益予測を立てる。

オ　投資状況
投資の成否について分析する。設備投資，投資効率等。

---

[3] 藤川信夫『事業創出・再生とファイナンスの実務−M&A，MBO，会社法制の抜本的改正−』81−208頁（ビジネス教育出版社，2005）参照。

カ　市場関連

市場規模，将来予測等について分析する。市場占有率，業界における競争優位性，需要・供給動向，売上高予測，新規事業における収益性，製品品質価格政策等。

キ　研究開発の状況

研究開発動向，商品性分析。新規性・市場性，業績貢献度，工業所有権取得状況，基礎研究・応用研究・開発研究別内訳，研究開発投資収益率・売上高比率等。

ク　生産状況

生産体制，製造工程，計画達成状況，生産高，在庫回転率，原価要素別生産性（インプット対アウトプット比率），工場規模・立地条件等。

ケ　技術状況

技術ノウハウ水準，工業所有権登録件数，技術提携内容，生産技術状況（OEM，合弁等），技術開発動向等。

コ　人的資源

経営者の人的能力，研究技術者，販売面，財務管理面等。その他従業員全般。

(2)　損益・財政状態の分析の概要

損益・財政状態の分析は，一般に財務分析といわれる。企業の過去の実績である財務諸表の分析に基づいて当該企業の収益の先行きを予想し，その正常（経常的）収益力により，債務を返済することが可能か否かを検討する。資本市場における企業評価手法等で採用される手法とは異なる面があるため，留意が必要である。企業の先行きの予想は不確定要素が多く，困難であることも多い。企業の債務償還能力の分析をする以上，評価にはある程度の客観的妥当性を具備させなければならない。企業の過去の歴史，経営の仕振り，さらに現状を適切に把握するためには企業の実態分析である定性的要素の分析と定量分析である財務分析が相互補完し合うものでなければならない。

損益・財政状態を分析するにあたり，主に以下のようなことが掲げられる。

① 財務分析とは「実査」と「ヒアリング」である
② 常に懐疑心を持って分析にあたること
③ 企業の会計方針には要注意（特に非公開の同族企業）
④ 必要に応じて資産を時価評価する必要もある
⑤ 債務償還能力の分析も必要である
⑥ 将来の収支予想をすること
⑦ 公表財務数値以外にも月次決算や試算表を入手，検討する
⑧ 部門別や製品別・地域別等のセグメント情報を分析する
⑨ 時系列分析及び他社比較を行う
⑩ 全業種・業種別平均の財務比率を把握する
⑪ 株価や債券の格付け情報に常に注意する
⑫ 納得がいくまで検証すること

(3) 損益・利益金の処分状況

ア 概　要

損益計算書と利益金処分計算書を分析吟味し，収益性，成長性，生産性さらに利益処分の妥当性等を検討する。

イ 留意事項

(ｱ) 損益状況の検討

財政状態の正確な把握と相まって，経営方針，事業の素質等を判断し，損益予想を算出するためにも重要であり，生産，販売状況等の定性的情報に基づく分析結果や全体的な企業活動面とも有機的な関連性を持たせ，十分検討を加えなければならない。分析上事業所別，部門別ないし製品別損益状況も検討する必要がある。

(ｲ) 利益処分の検討

利益金処分の検討は，当期利益の社外分配と社内留保の分析であり，経営者の経営態度の一端が窺われる。配当金については，資本利益率との関連をみると同時に，配当性向を吟味し，妥当性を検討する。中間配当実施会社について

は，配当限度額と実施額の関係にも留意する。時価会計の導入や商法改正に伴い配当可能利益の計算は複雑化しており，今後の動向に留意を要する。特に今後は，国際会計基準，包括利益の導入などの変革にも留意が求められる

(ｳ) 税務申告との比較検討

損益状況の検討に際しては，税務申告所得や更正決定額等が公表決算数値の粉飾等解明の有力な手掛かりとなる。申告書や更正決定通知書を検証し，公表損益との差異を比較検討する。公表決算において，税効果会計を適用している企業については，繰延税金資産の妥当性を分析し，税務上と企業会計上の差異が発生した要因を検証する。

(4) 財 政 状 態

ア 概　　要

財政状態の検討目的は，貸借対照表の分析吟味により財政面から体質ないし体力を判断することである。財務諸比率を算出し，各勘定科目相互の関係，売上高等の損益科目との関連を分析して適格な判断の基礎とする。資産内容の健全性，資本構成の安定性，資金面の流動性等を静態的ないし動態的に分析するが，貸借対照表の吟味ではなく，生産，販売，損益・利益処分等との相互関連性の把握あるいは同業他社との比較を実施し，多面的な検討を行う。時価会計の適用により，損益計算書を分析するだけでは当期利益の変動や自己資本の増減等十分に検証することが困難になりつつあり，貸借対照表の分析は従来以上に重要性を帯びる。

イ　留 意 事 項

(ｱ) 貸借対照表の勘定科目

損益計算書の分析は，比率等の計算による構造解析が中心である。貸借対照表の場合には，勘定科目ベースでの内容精査が重要となる。金額的重要性のある科目，異常な変動がある科目，特殊な科目，長期的な滞留が認められる科目，不健全性の疑いがある科目，粉飾の可能性がある科目等に着目する。特に，現預金，棚卸資産，その他流動資産，建設仮勘定，投資その他の資産，繰延資産，

その他流動負債，各種引当金には注意が必要である。オフバランス項目も増加しており，配慮が必要である。連結貸借対照表を検討する場合には，連結特有の科目を中心に検討を加え，連個比較分析で補充する。

(イ) 財務比率及び回転期間（回転率）

財務比率は，業種ないし経営形態により相違がある。同一の基準に照らし合わせて財政状態を判断することは危険である。個別企業の分析では，同業他社との比較検討が有益である。不健全資産，簿外負債，償却過不足等が存在するため，勘定科目の検討を通じて申込企業の財政状態の実態に迫り，真の企業体力を解明する。回転期間等の検討は，売上高利益率と相まって資本利益率の構成要素であるため，各回転期間（回転率）について分析する。

(ウ) 仮決算書等の徴求

財政状態の検討に際して，決算期から相当時日を経過してしまった財務諸表では情報としての鮮度が落ち，仮決算書や中間決算書（連結も含む）を徴求することが望ましい。最近月の試算表や月次決算書を合わせて徴求する。期末決算とは異なるため，決算整理事項（減価償却，引当金，棚卸資産等の期末整理仕訳）が未処理であり，注意が必要である。

ウ　一般的分析手順

企業分析の一般的な手順は主に以下のとおりである。

企業内容では，経営，経営者，株式，事業概要，生産，販売，損益，財政。投資分析では，投資内容，資金計画，投資採算。

エ　財務分析手順

概ね一般的に以下の手順が考えられる。

① 損益・利益処分状況の概観
② 個別損益計算書と利益金処分計算書の構造解析
③ 連結損益並びに剰余金計算書の構造解析
④ 部門別損益状況の分析
⑤ 同業他社比較
⑥ 特記事項の検討

⑦ 税務分析

(ア) 財政状態の概観

　財務比率(負債比率,自己資本比率,流動比率等)や財政的特色を示す比率に加え,貸借対照表を構成する主要科目,総資産等の金額について時系列的な観察を実施する。対象企業の財政面における傾向,変動の有無等を明らかにする。キャッシュフロー項目の重要性にかんがみ,キャッシュフローに関連する分析指標を追加する。個別と共に連結ベースの財政状態の概観も検討する。連結特有の項目に焦点を当て,連結上の問題点を浮き彫りにし,連個比較の分析の時系列的な概観を実施する。

(イ) 財務比率及び回転期間(回転率)の分析

　分析は,個別と連結共に行う。短期流動性,長期安定性(健全性),資産効率,キャッシュフロー創出力に焦点を当て,同業他社や業界平均との比較,問題点の有無,変動要因等を検討する。

(ウ) 貸借対照表の解析

　資産,負債及び資本を構成する各勘定科目の内容検討により実施する。資産では,金額的重要性や異常な変動が認められる科目に着目する。不良資産の有無や評価の妥当性(評価減の要否等)にも注意する。含み資産の検討も行う。時価評価対象の資産の有無,金額,全体における重要性,時価変動による影響度等の検討も必要となる。負債では,資産同様に金額的重要性や異常な変動が認められる科目に着目する。オフバランス項目,引当金(準備金),偶発債務は特に注意する。資本勘定については内容の検討を中心に行う。時価評価に関連する資本変動要因(その他有価証券時価評価差額等)にも注意する。

　さらに貸借対照表全体に関して,税効果会計の影響に注意する。繰延税金資産の回収可能性や計上金額の妥当性を検討する。繰越欠損に基づき繰延税金資産を計上している場合や業況に照らして回収可能性に疑義がある場合等,架空資産を計上していることになるため,修正貸借対照表を作成し検討する。

　MBOに関連して,非公開企業の場合,時価評価を実施していないことが想定されるため,含み損益や退職給付債務のオンバランス化等による修正も行う。

(エ) 同業他社との比較

　財務比率，資産構成，資産内容，負債内容，資本内容・構成等につき，同業他社と比較して，特色や問題点を明らかにする。

(オ) 資金状況の分析

　資金分析は，支払能力がどの程度あるのかを評価する。動態的な支払能力は，フロー概念であり，将来におけるキャッシュフロー創出力，負債支払能力，配当余力の有無や程度さらに資金調達の必要性等を評価する。具体的分析は，損益計算書や貸借対照表により，資金運用表・資金移動表・資金収支表の資金3表を作成して分析するほか，連結ベースで作成されたキャッシュフロー計算書自体を分析する。資金繰り表（実績・計画）の提出を受け，企業の直接的な資金情報自体を分析する。

(カ) 銀行取引状況の分析

　主力銀行はどこか，取引状況（短・長期借入，金利，T－Lスプレッド，担保，保証，条件等），支援姿勢，取引の親密度，対象企業に対する評価，金融取引以外における関係等について検証し，銀行へのヒアリングも行う。

6　社会的責任投資 (SRI)，包括利益などの新たな会計評価基準

　近年，社会的に望ましい活動をする企業を選んで投資する社会的責任投資（Socially Responsible Investment：SRI）の考えも高まりつつある。コーポレート・ガバナンスや監査体制整備において，内部統制システム・内部監査体制の構築が重要となる。コンプライアンス体制と企業価値向上に関して，コンプライアンス（compliance法令等遵守）においては，法律・政令等以外の社内手続・規則・倫理規程を含み，さらに株主・預金者・融資先・従業員・社会等からの対象企業へ期待が原点にあり，企業の社会的責任・社会的責任投資との関係を検討しておく必要がある。

7　事業再生における企業評価とデュー・デリジェンス

事業再生MBOを念頭に，企業評価とデュー・デリジェンスをみてみたい。

(1) 事業再生における企業評価のポイント

（参考）「企業の創出・再生に関する研究会」日本政策投資銀行事業再生部資料

ア　アーリーステージの場合

(ア)　継続を図る事業の経済社会的有用性及び今後の存続・発展可能性の確認

事業キャッシュフローがプラスとなる見込みが相当程度あること，資金繰り確保の見込み，業界環境。

(イ)　事業再生（計画認可）が見込まれることの確認

事業価値が清算価値を十分に上回る見通しであること。

事業継続価値の算出方法：DCF法，マルチプル法，ハイブリッド法。清算価値の確定：財産評定，管財人又は再生債務者の主張する資産価値。

(ウ)　十分な債権保全による償還確実性の確認

債権が共益債権となること（私的整理の場合には債権者間契約の締結等により優先弁済性が確保されていること），かつ共益債権の割合が事業価値の一定割合内であること，担保取得が可能なこと（手形，売掛金，棚卸資産等が中心）。私的整理の場合には，法的整理に移行しないこと，万一法的整理に移行しても債権回収が可能なスキームであること。

(エ)　経営及び株主責任の明確化

代表権者は原則として退任する。

(オ)　適切なデュー・デリジェンス

詳細かつ多角的な調査及び利害関係者への配慮がなされていることの確認。

(カ)　融資・与信契約におけるコベナンツ（特約条項）

各種報告義務，担保の維持義務，経営責任等の明確化義務，既存債権者等の利害関係人に対する適切な情報開示義務。

イ　レイターステージの場合

　要件は基本的には同じ。ただし，事業性そのものの評価がより重要（事業性そのものに着目したキャッシュフロー・レンディング）となることから，相応のデュー・デリジェンス期間が必要。

　アーリーステージでは，事業価値の劣化防止が非常に重要である。事業キャッシュフローを生み出す見通しがあり，担保取得が可能であれば，実質的にアセットファイナンスと考え，すばやく対応。契約では，アーリーステージでは規定しない財務コベナンツを追加。シンジケートローンが原則となる。

ウ　融資条件等

　コミットメントライン方式も可能（特にアーリーステージの場合）。金利，手数料についてはマーケットベース。

(2) 事業再生ファンドにおける評価のポイント

ア　個別企業型ファンド（1企業1ファンド型）の場合

(ｱ)　当該企業の再建計画の審査

　業界環境，当社の強み弱み，再建計画の合理性・妥当性・実現可能性。投資としてのアップサイドの可能性。経営者の評価。法務，会計，ビジネス・デュー・デリジェンス。EXITシナリオ。

(ｲ)　共同投資家の経営支援能力，支援態勢

(ｳ)　ファンド契約，株主間契約等の内容

イ　ファンド型の場合

　ファンドの投資方針，ファンドマネージャーのスキル等について，個別インタビュー，レファレンスチェック，資料請求，ドキュメンテーション等を通じて確認する。

(3) 事業再生におけるデュー・デリジェンス

　次に，事業再生におけるデュー・デリジェンスの概要について，デュー・デリジェンス（資産等の適正評価作業）の全体像は，概ね以下のとおりである。

以下の中から必要と判断されるものを選択し，実施する。

① 事業デュー・デリジェンス：事業の収益性・将来性の分析を通じ，事業プラン策定に必要な情報を収集する。基本分析，再生戦略の立案，個別戦略課題，実行計画策定に分けて検討する。

② 財務・税務デュー・デリジェンス：事業再生計画のスタートラインを明確化するとともに，計画策定の基礎情報を収集する。不動産評価：不動産の現時点での時価評価により，実態BSの評価，キャッシュフロー予測の精度を高める。

③ 法務デュー・デリジェンス：事業・企業が抱える法的問題点（法的瑕疵）の有無をチェックする。このほか，土壌汚染調査：工場の土壌汚染リスクを調べ，浄化コストの大きさの判断要素を収集する。

II 株式の評価による企業価値の算定とシナジー

1 MBOと株式の評価方法－公開会社の場合－

(1) 株式評価方法

　M&A，MBOなどを実行するにあたり，対象企業の企業価値ないしは事業価値について，評価手法が課題となる。対象企業の買収価額ともなろうが，金融機関などが融資などの与信局面において，企業ないしプロジェクト審査を行う場合の評価手法とは，重なることもあろうが，完全に一致するものではない。

　金融機関融資などの場合は，貸付機関，金利，担保設定条件などに応じて，償還年数や投資回収年数のシミュレーションを行い，貸出債権の回収可能性・安全性を第一義として与信判断の決定を行う。特に投資期間あるいは収益を生じるまでの懐胎期間の長い都市開発プロジェクト，あるいは鉄道などの業種においては，より長期的な観点からのプロジェクト審査を行うことになり，プログラムを組んで長期収益モデルを作成するなど，M&Aなどにおける企業価値算定手法の一部とは近似することもあろう。

格付機関の審査の場合は，上場企業が対象であり，審査手法的には金融機関の大企業への与信手法と相似するが，一般投資家の立場に立って当該社債の償還可能性・確実性を本旨とする格付決定を行うことになる。

　金融機関の場合，中小企業などについては，判別関数(Discriminant Function)など簡易な審査手法を用いて，日々の資金繰りないしは担保に重点を置いて，与信判断を行うことも多い。大企業に対しては，有価証券報告書など公表資料が整備されており，毎年融資を継続する案件の場合には，銀行内格付の整備を進めて，簡易に決定を進めることもある。

　さらに事業再生局面では，再生前のつなぎ融資の局面では，主として担保に重点を置いた融資が実行され，他方で再生後においては，DES（債務の株式化）などでは，事業そのものの収益性・継続性などに重点を置いて与信が行われる。

　こうした各種の審査手法については，いずれもデュー・デリジェンスの手続として大きく括ることは可能であり，また対象企業からの徴求資料，損益・財務面の問題とする数値などについては共通しようが，根本的にはコンセプトが異なるものであることは留意されたい。

　以下においては，まず公開会社の場合を念頭に，企業価値の算定について述べていきたい[4]。公開会社では，有価証券報告書など公表資料が揃っており，また株式の市場価額に織り込まれており，その点では企業評価を行いやすい。

　企業価値評価の手法には唯一といったものはなく，純資産価額方式，収益還元方式，配当還元方式，類似業種比準方式，各種の併用方式などのいくつかの方法がある。具体的な案件に適した評価方式を選択し，企業ないし事業評価を行うことになる。企業価値評価の重要性について，対象企業の価値の大きさが問題となり，買収側は安く，売却側は高く売ることを考えるため，価値評価が折り合わないこともある。

　対象資産については，M&Aにおいては，個別財産，営業権，株式などの資産となるが，個別財産（機械，土地，建物）を単体として評価し合計額として評

---

4)　日本政策投資銀行設備投資研究所「企業の創出・再生に関する研究会」，同・企業戦略担当審議役室（企業戦略チーム）資料参照。

価して譲渡する方法がある。ノウハウ，取引先などの無形資産は含まれず，含めて評価する場合は営業権を評価した営業譲渡となる。事業譲渡などでは，営業権の評価となり，事業の超過収益力による評価，キャッシュフローの現在割引価値による評価（DCF方式）などがある。

　株式については，企業全体をM&Aの対象とする場合，株式譲渡の形式で行われるが，企業の経営権譲渡と同様の効果を有する。金銭購入のほか，株主総会特別決議により，自社株式を相手会社の株主に交付し完全（100％）子会社化することもできる（株式交換・移転）。吸収合併，会社分割制度を利用しても，実質的に株式を100％購入したのと同様の効果を有する。持株比率を過半数以上になるよう第三者割当増資を受ける方法もある。

　適正な価値評価方式をみると，営業権や株式の評価の場合，絶対的な評価基準がなく，公開会社において取引所などの市場価値（マーケット・バリュー）も一定時点の価値にすぎない。非公開会社の相続，贈与時における評価方式として，相続税法（財産評価基本通達）上の「取引相場のない株式の評価方法」が存在するが，M&Aなどを行う場合の価値評価としては，必ずしも符合しない。非公開会社株式の評価と同様である。

　留意点として，不当な価額でのM&Aが行われると，資金面において企業ないし事業等の買収価額が実際の価値より高い場合，将来的な資金不足が懸念される。特に将来のキャッシュ・インを当て込んでの買収の場合，予定どおりの資金が入らないと買収側の本体企業の資金繰りが変調を来すことになる。MBOにおいては，SPCなどVihicleを用い，そのキャッシュフローを当て込んでの外部借入れを起こすことも多いが，企業価値を見誤ると投下資本の回収のみならず，借入金の返済原資も回収不可能となりかねないリスクがある。会社法上の問題点として，第三者割当増資の発行価額，合併・株式交換比率などについては，公正時価をもとに計算される必要がある。新しい株主にとり有利な場合，既存株主から無効の訴えが出される可能性も生じる。税法上の問題として，株式譲渡において時価と異なる金額で譲渡した場合は，時価による譲渡とみなされ税金が発生し，時価と譲渡金額の差額が人件費や寄付金として扱われ

る可能性がある。同族間，100％親子会社間での取引など利害関係者同士の取引の場合，課税される可能性がある。

(2) 企業価値評価手法

　企業の買収価格の算出方法は多様であり，標準的なものがどれであるかは一概にいうことができない。M&Aの対象企業の属する業界の特質，経済環境，財務内容及び収益性，売り手側の性格，株主構成，買い手側の買収目的及び資金力など，様々な環境に応じ，事案ごとに算出価格が決められる[5]。

　企業価格の算出方法のうち，代表的なものについて，以下に述べたい。主要な企業評価手法は，概ね3つに大別される。

① 企業の純資産価値を基準とする方法
　　a 簿価純資産価額方式
　　b 時価純資産価額方式
② 企業の収益価値を基準とする方法
　　a DCF方式
　　b 収益還元方式
　　c 配当還元方式
③ 比準方式
　　a P/E比率方式
　　b EV-EBITDA比率方式

特に上場企業に関しては，株式の市場価値（株価時価総額）を買収価格の基準する市場価格方式が適用されるケースが多いことになろう。各評価手法には特徴があるため，時価純資産価額方式，DCF方式，類似業種比準方式等によりいく通りか価格を算出し，評価対象企業の特性に合致する評価方法による評価額を中心として，一定の幅を持たせた上で価額を提示し，この価額を基礎として買い手企業・売り手企業の当事者間で交渉を図ることが通常となろう。各

---

5) （資料）日本政策投資銀行企業戦略担当審議役室（企業戦略チーム）

評価手法による算定あるいは組み合わせの実際の問題となる。

　企業価値という用語が，株主資本価値と混同して使用される傾向がある。企業価値評価において，いずれを算出しているかを念頭に置くことが重要となろう。即ち，バランスシートのうち，有利子負債と株主資本価値の合計額が総資産の価額と一致するが，有利子負債と株主資本価値の合計額から現預金を控除したものが企業価値であり，DCF方式などにより算定する。他方，株主資本価値の部分は，純資産価額方式，P／E比率方式などにより算定することになる。

(3) 合併比率の算定

　M&Aを前提として企業評価方式をみてきたが，合併，株式交換・移転，会社分割などの場合には相手企業の評価のみでは作業は終わらない。A社が吸収合併を利用してB社を吸収した場合，旧B社株主はB社株1株に対し，合併後のA社株式をいくら受け取ることができるかについて算定を行うことになる。合併比率は企業の評価額のみでなく発行済み株式総数によっても影響を受ける。したがって，合併比率が1：1であれば対等であり，そうでなければ対等でないと考えることは適切といえない。

(4) 各算定方法の長所，短所

　各算定方法の長所，短所についてまとめておきたい。各方式を，加重平均を行う等一定のルールで組み合わせて株価を算定する併用方式もある。

ア　純資産価額方式

　純資産に着目して株式の価値を評価する方式である。簿価純資産法と各資産の含み損益を考慮した時価純資産法とがある。時価純資産法には含み益に対応した法人税等相当額を控除しない方法もある。長所として，客観性が高い。清算を前提としている場合，換価可能な資産が大部分を占めている場合等に有効。短所として，企業の収益力，技術力等への配慮がなく，事業の継続を前提とする企業の場合は企業の妥当な価値算定方法とはいえない。利用は，利益が少な

いか又は赤字体質であるとか，資産の大部分が不動産等売却が容易であるものの場合等に限るべきであろう。

イ　収益方式

企業の将来の収益やキャッシュフローに着目した評価方法。継続企業を評価する場合，理論的には，もっとも優れている。将来の収益，キャッシュフロー，資本還元率等は前提の置き方により大きく異なり，実務的にみると，これらを客観的に算定することは困難である。

ウ　配当方式

将来や過去の配当金額を一定の割引率によって割引くことにより株式を評価する方法。

通常の配当還元法のほか，内部留保額が将来の収益・配当を生み出すことも加味したゴードンモデル法がある。明確で，簡単に計算できる。配当金は悪意的にコントロールできることから，客観性に欠くおそれがある。

エ　比準方式

業種，規模が類似する公開会社や，同じ業界に属する公開会社の配当金，利益，純資産等とを比較して，株式の価値を算定する方式。明確で，簡単に計算できる。株式公開企業に準ずるようなある程度以上規模の大きい企業にしか適用できない。

2　非上場会社の場合

非上場会社の場合は，客観的な株式の市場価額が存在しないため，企業価値を形成する要因を限定し，要因に合致した方法により企業価値，株式評価を行うことになる。このため，株式発行会社（評価会社）において，いかなる視点から分析・評価を行うかにより，計算手法が異なる。概ね以下のとおりとなる[6]。

---

[6]　山崎信義「非上場会社の企業価値評価とは」税理士法人タクトコンサルティング「TACTニュース」No.346（2006年11月13日）参照。

① 過去からの積上げの時価を用いるコストアプローチ
② 同業他社等を鏡として見積もるマーケットアプローチ
③ 将来どれくらいキャッシュが入ってくるかを見積もるインカムアプローチ

(1) コストアプローチ

コストアプローチは，評価会社のストックとしての純資産に着目する方法であり，純資産価額方式に代表される。

純資産価額方式については，評価会社の資産から借入金等の負債を控除した残額としての正味純資産価額を求め，発行済総株式数で割り1株当たりの株式価額を算出する。資産を時価評価して算定したものが時価純資産価額，帳簿価額のまま算定したものが簿価純資産価額である。この純資産価額方式は貸借対照表を基礎として評価を行い，比較的容易に計算でき，実務上も利用されることが多い。

(2) マーケットアプローチ

マーケットアプローチは，評価会社と業種・規模・収益等が類似する企業や類似業種の資産，利益等の複数の比準要素を比較して比準割合を計算し，基準となる株価を乗じて評価する方式である。比較対象を公開会社として，評価会社のストックとしての資産及びフローとしての利益等から市場価値を導き出すものである。代表的な方法として，税務上規定されている類似業種比準価額方式，さらに類似会社比準方式がある。

(3) インカムアプローチ

インカムアプローチは，評価会社の収益に着目し株式評価を行うものである。評価会社から株主が獲得する配当を基に評価する配当還元方式，評価会社が獲得する税引前当期利益を基に株式を評価する収益還元方式，評価会社のフリー・キャッシュフローを基に評価するDCF方式がある。

(4) 各評価方法のメリットとデメリット

　非上場株式の評価方法について，メリットとデメリットを考慮すると，客観性（客観的な数値に基づいた株式評価），市場性（業界の景況等を織り込んだ株式評価），将来収益性（将来収益を織り込んだ株式評価），個別性（会社の特徴を織り込んだ株式評価）などの事項を株式評価に織り込めるかがポイントとなる。

　純資産価額方式は，評価会社の財務データに基づき株式評価を行うため，客観性は高いが，会社の清算価値として算出するものであり，市場連動性，将来収益性は盛り込まれない。DCF方式は，評価会社の経営計画に従い，予想されるフリー・キャッシュフローの獲得をベースに株価を計算するため，将来収益性を織り込んだ評価となる。評価者の用いる指標の選定などにより大きく影響され，客観性に劣る面が否めない。公開会社の企業評価において述べたとおり，各評価の中で絶対的な方法といったものはなく，実務上は目的に応じ最適な方法を選択することになる。客観性を重視する税務上の株式評価では採用されないDCF方式が将来収益性を重視するM&Aの株式評価において採用され得ることにもなる。

3　MBOの企業評価の特殊性－資金調達による資本構成の変化と調整現在価値方式－

　LBOでは，買収者である経営者は，被買収企業が将来的に生みだすキャッシュフローにより調達資金の返済に充当する。調達資金の必要額，即ち買収総額として市場株価にどの程度プレミアムを乗せた買付価格とするか，調達資金の返済として，被買収企業の事業キャッシュフローにより，いかなる期間で返済が可能かが重要な制約条件となる[7]。

　SPCと合併後の被買収企業について，買収資金見合いの比較的多額の借入金を有しており，金融機関等と契約等に基づく期間内において，事業キャッシュフローにより返済していくことになる。企業価値評価の観点からは，資本構成

---

[7]　笠原真人「MBOにおける企業価値評価」アミダスパートナーズ（2011年3月15日）参照。http://www.amidaspartners.com/column/ 31.html

上，当初は有利子負債が多く，負債比率が高いが，被買収企業の事業キャッシュフローを原資として返済を行い，負債比率は相対的に低下する。MBOにおいて，経営者である買収者の立場から，企業価値評価を行う場合，資本構成の変化が企業価値に与える影響についても分析がされることになる。買収企業にもたらされる財務的な効果を，TOBに際してのプレミアムに考慮するかは議論があろう。

　資本構成の変化は，加重平均資本コスト（WACC）に影響を与える。毎期の資本構成の変化を踏まえたWACCを計画期間の各年度にわたり算出する必要があるが煩雑になる。

　LBOにより企業買収を行う場合，対象会社の資本構成が大きく変化することが予定され，資本構成の変化による影響を企業価値に適切に考慮するため，調整現在価値方式（Adjusted Present Value方式：APV方式）という評価アプローチが用いられる。

　調整現在価値方式においては，事業価値を以下のようにとらえる。

　調整現在価値方式は，評価対象企業の資本構成について，有利子負債が全くないと仮定し，事業キャッシュフローを，負債がない場合の資本コスト（アンレバード株主資本コスト）により割引くことで，100％自己資本で資金調達した場合の事業価値を算出する。資金調達に関係のない純粋な事業価値を示している。次に有利子負債による資金調達を行うことで，支払利息の節税効果額である支払利息が税務上損金算入される効果の額の割引現在価値を算出し，100％自己資本で資金調達した場合の事業価値とを合計したものが事業価値であると把握する。

　LBOを活用する企業買収のように，対象会社の資本構成が変化することが想定される場合，資本構成の変化が企業価値に与える影響を把握して分析を行う必要がある。

4　MBOの公正価格の特殊性－各アプローチと一般株主からみた公正価格－

　MBOが発表されると，一般株主は，TOBに応じるか，TOBに応じず締め出されるのかの選択を迫られ，事実上，経営者等が定めた時期に，経営者等の言い値での売却を強制されて，不満を抱くことになりかねない。株式の買取価格に関する判例を概観し，一般株主からみた「公正な価格」を考察したい[8]。

(1)　公正価格と株式の現在価値並びにプレミアム

　レックス・ホールディングス事件（東京地決平成23年2月18日，東京高決平成20年9月12日），サンスター事件（大阪地決平成20年9月11日，大阪高決平成21年9月1日），サイバード・ホールディングス事件（東京地決平成21年9月18日，東京高決平成22年10月27日）の各裁判例において，株式取得価格決定の申立て（会社法172）がなされ，裁判所が決定すべき「取得の価格」（同条①）として，当該取得日における全部取得条項付株式の「公正な価格」が問題となる。公正価格は，MBOを行わなくても実現可能な価値としての株式の現在価値，MBOの実施によって増大が期待される価値のうち既存株主が享受して当然の部分であるプレミアムに分かれ，合計を公正価格とする。経済産業省MBO指針に依拠した考え方である。

ア　株式の現在価値－市場株価法－

　株式の現在価値については，裁判例は市場株価法によって評価している。市場株価法では，①市場株価が対象会社の客観的価値を反映していること，②どの程度の期間の株価の平均をとるか，について慎重な判断が求められる。

　①の市場株価が対象会社の客観的価値を反映していることに関しては，TOB公表日以降の株価は，通常，公開買付価格での買取りが見えており，

---

[8]　前川拓郎「一般株主から見たMBOの「公正な価格」」Asahi Judiciary（2010年11月30日）参照。http://astand.asahi.com/magazine/judiciary/fukabori/ 2010112900017.html

TOBの買取価格付近に張り付くため、対象会社の客観的価値を反映していないことについては争いがなく、裁判例はTOB公表後の株価を評価の対象から除外している。

TOB発表前の市場株価に関して、業績下方修正発表後TOB発表前の市場株価を評価対象に含めるかについて、レックス・ホールディングス事件、サンスター事件で問題となっている。

レックス・ホールディングス事件において、東京地裁決定は、会社側の主張を認め、業績の下方修正発表前の株価は対象会社の客観的価値を反映していないことを理由に、業績の下方修正発表前の株価を評価対象から除外したため、下方修正発表後TOB発表までの市場株価が評価の対象となっている。

他方、東京高裁決定は、業績の下方修正は企業会計上の裁量の範囲内にある適法な会計処理に基づくものであるが、決算内容を下方に誘導することを意図した会計処理がなされたことは否定できないとし、業績の下方修正発表前の市場株価も業績の下方修正発表後の市場株価も共に評価の対象としている。

サンスター事件において、大阪地裁決定は、業績の下方修正について適時開示としての正当性を認め、業績の下方修正後の株価も評価対象とした。

これに対し、大阪高裁決定は、業績の下方修正後の株価を排除し、さらにMBOの利益相反性を理由にMBOの準備を開始したと考えられる時期以降の株価を評価対象から除外している。

②のどのくらいの期間の株価の平均をとるか、に関しては、裁判例は市場における偶然的要素を排除し、会社の客観的な現在価値を正確に反映するため、一定期間の市場株価をもって基準とすべきとする点について概ね争いがないが、一定期間については1カ月から6カ月幅がある。

イ プレミアム

レックス・ホールディングス事件、サンスター事件、サイバード・ホールディングス事件で、地方裁判所決定と高等裁判所決定で異なる判断手法が採用されている。

㋐ TOBで付されたプレミアムの合理性を判断する

　レックス・ホールディングス事件，サンスター事件，サイバード・ホールディングス事件の各地裁決定が採用した判断手法であり，判断対象は，TOBで付されたプレミアムの合理性である。プレミアムの客観的かつ一義的な算出が不可能ないし著しく困難であることを前提にした見解であり，地裁決定は，多くの株主のTOBへの応募，賛同意見を表明する過程における利益相反性に対する配慮，厳しい態度での交渉などを理由に，TOBで付されたプレミアムの合理性を認め，株主の主張を排斥している。

㋑ 裁判所が独自にプレミアムを判断する

　レックス・ホールディングス事件，サンスター事件，サイバード・ホールディングス事件の各高裁決定が採用しており，他のMBO・TOB事件との比較から，裁判所がプレミアムを決定する手法である。どの裁判例もプレミアムを20％としているが，会社法172条が「取得の価格」の決定を裁判所に委ねたことと整合的である。もっとも，判断こそ委ねているが，実際の価格算定については裁判所は踏み込んでいない。

(2) 一般株主からみた公正価格－3つのアプローチ－

　株式評価手法として，マーケットアプローチ，インカムアプローチ，ネットアセットアプローチが存在するが，各アプローチは排他的ではなく併存可能であり，買取価格が各アプローチにおいて算出されたいずれの価格をも超えるのであれば，買取価格に対し一般株主が不満を持つことは少ないと考えられる。

　MBOに特有の利益相反性に対する配慮について，サイバード・ホールディングス事件の地裁決定を受けて，独立の第三者委員会設置など，利益相反性の回避ないし軽減措置を講じる取組みがなされたが，一般株主からみた場合，MBOの利益相反性は大きな問題であり，MBOを行う経営陣は，利益相反性に対する配慮，さらに直截に公正な買取価格を算出することで一般株主の理解を得るように努力することが求められる。

ア　マーケットアプローチ―市場株価法―

　一般株主の立場からみても，「公正な価格」を現在価値とプレミアムの和とすることについて異存はない。現在価値について，企業価値を反映した市場株価とは何かが問題となる。マーケットアプローチによる場合，市場株価法が採用されるが，「公正な価格」というためにはMBOと無関係に形成された市場価格である必要があるところ，MBOは究極のインサイダーである経営者等が買主となる株式取引である。

　サンスター事件高裁決定の述べるとおり，取締役等は「自己の利益を最大化するため，対抗的公開買付を仕掛けられない範囲で，自社の株価をできる限り安値に誘導するよう作為を行うことは見やすい道理である」ことになり，一般株主は疑念を払拭できない。

　また，MBOにおいてはファンドが役割を果たすことが多いが，ファンドは利回り，エグジットを考慮して投資額を決定するため，調達資金の量に限りがある。取締役等は調達可能な資金量の枠内でMBOを実現せんとするため，対象会社の株価を安値に誘導する作為を行わざるをえなくなりがちで，安値誘導の危険性は高まることになる。

　下方修正後のMBOにおいては，下方修正発表後の市場株価を評価対象から除外して株式の現在価値を算定すること，業績の上方修正発表直前のMBO公表は慎むことなど，配慮が必要となり，市場株価がMBOと無関係に形成されたものであるとの説明・疎明責任は会社側が負っていると考えるべきである。その説明責任が果たされた状況にもよるが，意に反して株式を奪われる一般株主からいえば，事案に応じて，長期間の市場株価の平均のうち，最も株価が高くなる期間の平均株価を採用すべきであろう。

　どのくらいの期間の株価平均をとるか，に関しては，裁判例が示すように，市場株価は短期的には少数の市場参加者の自己都合による行動を市場が消化しきれないことで変動する可能性があるため，ある程度の長期間の市場株価をもって基準とすべきである。

　プレミアムについては，高裁決定のように裁判所がプレミアムを決定すべき

であろうし，会社法172条では，意に反して会社から締め出される反対株主に対して取得価格決定の申し立ての権利を付与した趣旨を踏まえるべきであろう。

　各地裁決定のように，プレミアムを客観的かつ一義的に算出することが不可能ないし著しく困難なことを前提にTOBで付されたプレミアムの合理性を判断する見解を採ると，結果的にプレミアムの合理性を追認することになる。レックス・ホールディングス事件，サンスター事件の各地裁決定は，多くの株主がTOBに参加したという根拠をもって，TOBに付されたプレミアムの合理性を認めている。

　TOBに付されたプレミアムに合理性がないと判断した場合，裁判所は自ら算出が不可能ないし著しく困難としたプレミアムを算出せざるをえないというパラドックスに陥るためである。

　イ　インカムアプローチ－DCF法－

　インカムアプローチによる場合，DCF法が採用されるが，将来性を加味した企業価値を算定できる点で優れた面を有するものの，前提となる事業計画の見積もりの仕方により，恣意性が入り，算定結果を操作することも可能である。前提となる事業計画が，作成時期，経緯に照らしてMBOと無関係であることの説明・疎明責任を会社側に負わせることが望まれる。中間機関を媒介することにより，第三者性を確保することが望まれよう。

　ウ　ネットアセットアプローチ－時価純資産法－

　ネットアセットアプローチでは，時価純資産法を採用することになる。継続（ゴーイング・コンサーン）が前提の企業に関して，時価純資産法を用いることには疑問もあろうが，評価者による差が生じにくい面があり，MBOの利益相反性をかんがみれば，一般株主においては有意な手法といえる。

　株式を意に反して奪われる株主の立場からは，株式評価の下限としての意味を有する。買取価格が時価純資産法による算定結果を超える場合，不当・違法な価格でのMBOに対する安全弁としての役割を果たすといえる。時価純資産法による株式の算定結果を下回る価格での賛同意見表明は，特段の事情のない限り，賛同した取締役の善管注意義務違反を構成すると解すべきであろう。

Ⅲ　MBOにおける裁判例で示された「プレミアム」の考え方

　TOBの実施及び全部取得条項付種類株主の利用による締め出しを前提とするMBOで株式の取得価格決定の申立てが行われた事件（レックス・ホールディングス事件，サンスター事件，サイバード・ホールディングス事件，オープンループ事件，カルチュア・コンビニエンス・クラブ（「CCC」）事件において，裁判所は「プレミアム」の意義及びその算定基準及び具体的判断について概ね以下のように判示している。

1　レックス・ホールディングス事件地裁決定（2007／12／19）

(1)　プレミアムの意義
　強制的取得により失われる今後の株価の上昇に対する期待を評価した価額（株価上昇期待価値）。

(2)　算定基準及び具体的判断
　「強制的取得により失われる期待権を評価するための評価方法について，現段階において確立された評価方法が存在しないことが認められる。また，本件においては何らの鑑定も実施されていないため，当裁判所が強制的取得により失われる期待権の具体的な評価額を算定するにつき，専門的知見を反映した具体的な金額を算出することはできないといわざるを得ない」とした上で，公開買付価格が過去1カ月間の市場株価終値の単純平均値に対して13.9％のプレミアムを加えた価格であること，また，対抗TOBが実施されなかったことなどから，TOBにおける買付価格は市場において一定の合理性を有するものと評価を受けたと推認することができ，プレミアムは上記割合（13.9％）を超えるものではないとした。

2 レックス・ホールディングス事件高裁決定（2008/9/12）[9]

(1) プレミアムの意義
強制的取得により失われる今後の株価の上昇に対する期待。

(2) 算定基準及び具体的判断
「強制的取得により失われる今後の株価の上昇に対する期待を評価するにあたっては，当該企業の事業計画に照らし，その収益力や業績についての見通しについて検討し，かかる検討の下に，MBOに際して実現される『MBOを行わなければ実現できない価値』と『MBOを行わなくても実現可能な価値』とその分配について考察し，かかる考察に基づき，裁判所が，その合理的な裁量によって，上記の期待についての評価額を決することが，取得価格の決定申立制度の趣旨に照らし，望ましい」としつつ，本件については，公開買付価格の形成過程に公正さを疑わせる事情があったとして，近接した時期に行われたMBOにおけるプレミアムの平均値を参考にプレミアムをTOB公表前の6カ月前からの市場株価平均値に対して20％が相当であるとした。

3 レックス・ホールディングス事件最高裁決定（田原睦夫裁判官補足意見）（2009/5/29）

(1) プレミアムの意義
MBOの実施によって増大が期待される価値のうち株主が享受してしかるべき部分。

(2) 算定基準及び具体的判断
MBOにおいては，取引の構造上，利益相反状態になりうること，及び，手続上，株主に対する強圧的効果が生じかねないことから，全株主に対して透明

---

[9] 2009年5月29日　最高裁第三小法廷決定により抗告棄却，確定。

性の確保された手続を採ることが要請されるが，上記東京高裁の決定における認定判断は，TOBに係る第三者評価書等が自主的に提出されなかったこと，TOBのプレスリリースにおいて「強圧的な効果」に該当しかねない表現が用いられていること，特損計上のプレスリリースが決算内容を下方に誘導することを意図した会計処理がなされたことは否定できないなどから，裁量権を逸脱するものではないとした。

4 サンスター事件地裁決定 (2008/9/11)

(1) プレミアムの意義

MBOにより企業価値が高まる可能性の増大という利益を，株式を取得される株主に分配される部分。

(2) 算定基準及び具体的判断

「対象会社の企業価値が高まる可能性の増大という利益は，あくまで可能性にすぎず，実際に利益が得られるかどうかは，対象会社において採られる具体的な施策とその成否によるものであって，これを全部取得条項付株式取得の時点で計算する確立された評価方法があるものとは認めがたい」とし，①公開買付価格がTOBに係るリリースがなされた日までの過去3カ月の取引所における終値の単純平均値に対して約23％のプレミアムを加えた価額であること，②公開買付者及びその特別関係者を除く株主のうち約87％がTOBに応募しており，TOBは相当広範な株主の賛同を得たと認められることから，プレミアムを含めた公正な価格は公開買付価格と同額となるとした。

5 サンスター事件高裁決定 (2009/9/1)[10]

(1) プレミアムの意義

MBOを目的とするTOBにおける株価のプレミアムとして，①MBOにより支

---

10) 特別抗告後，取下げ・許可抗告不許可，確定。

配権を強化することができる経営者側が支配権を手に入れるため追加的に支払う取得対価（支配プレミアム）と，②株主が全部取得条項を付されて株式を強制的に取得されることにより投資機会を失い，あるいは投資の流動性を奪われる対価として支払われる金銭（スクイーズ・アウト・プレミアム）が考えられる。

「プレミアム」は，MBOを行わなければ実現されない価値をMBOが実施された後の事業計画の実現の不確実性を考慮して，当該事業計画を遂行する取締役と株主とに分配するべきものであるという視点からも説明される。

(2) 算定基準及び具体的判断

「プレミアムは，MBOを実施するについて作成されることとなる株価算定についての評価書を基礎として計算されるべきところ，MBOを実施するについて被買収者である対象会社の依頼により作成されたKPMGの評価書は，「監査分析に使用した情報の正確性及び完全性に関する検証，一般に公正妥当と認められる監査基準に準拠した監査手続きを含む一切の監査，検証手続きを実施していない」，「将来情報（財務予測）は相手方の経営陣の責任の下に作成されたものであり，KPMGは財務予測の実現可能性に関しては責任を負わない」というものであり，また，同評価書は相手方により非公開とされており，相手方は抗告人に対し裁判所のほかに公表をしない約束の下にその写しを提供したという経緯もあって，その基礎となるべき資料については必ずしも信用を措くことはできず，同評価書を分析して相手方の株式について上記プレミアムを計算することはできないから，上記プレミアムは合理的な資料により裁判所の裁量によって決せられるべきものとなる」とした上で，近接した時期に行われたMBOにおけるプレミアムの平均値を参考にプレミアムを公正な価格を算定する基準となる客観的価格に対して20％が相当であるとした。

6 サイバード・ホールディングス事件地裁決定 (2009／9／18)

(1) プレミアムの意義

強制的取得により失われる今後の株価の上昇に対する期待，即ち，MBOの実施後に増大が期待される価値のうち既存株主が享受してしかるべき部分。

(2) 算定基準及び具体的判断

強制的取得により失われる今後の株価の上昇に対する期待は，「MBOの実施に当たって構造的な利益相反関係が抑制され，適正かつ公正な買付け価格が提示されているかという観点から，各種措置，交渉経過と交渉当事者の立場，MBO手続きの公正さ等を吟味する必要があり，(a)MBOの目的や実施後の事業計画から予想される収益力や業績についての見通し，(b)MBOが，いわゆる独立当事者間（支配従属関係のない当事者間）において，第三者機関の評価を踏まえ合理的な根拠に基づく交渉を経て，合意に至ったか，(c)適切な情報開示が行われた上で，対象会社に対する公開買付けが成立するなど，一般に公正と認められる手続きによってMBOの一連の手続きが行われたと認められるかなど，諸事情を考慮して算定すべき」としつつ，本件においては，対象会社の取締役は，本件MBOに賛同するにあたっては，公認会計士事務所及び法律顧問をそれぞれ選任し，助言や株式価値の算定を依頼した上，相手方及び公開買付者から独立した第三者委員会を設置し，同委員会にロングリーチグループとの協議・交渉と本件MBOについての意見の提出を依頼し，これらに基づき，本件TOBに賛同したものであり，これは，第三者機関の株式評価を踏まえた交渉が存在し，利益相反関係についても一定の配慮がなされていたものと評価することができるとして，「本件MBOは，いわゆる独立当事者間（支配従属関係にない当事者間）において，第三者機関の株式評価を踏まえるなど合理的な根拠に基づく交渉を経て，合意に至ったものと認めることができ，利益相反関係の問題についてもこれを抑制する措置が講じられていた」こと，また，対象会社の大株主の中に，本件MBOに反対し，株式買取請求権を行使し，取得価格決

定の申立てを行った株主はいない点を考慮して，情報開示の内容がかなり周到なものであり，強圧性も乏しいことを考えると，一般に公正と認められる手続によってMBOの一連の手続が行われ，公開買付価格は，「MBOの実施後に増大が期待される価値のうち既存株主に分配されるべき部分を最大限織り込んだものであることを示すものと認める」と判示した（17.34％のプレミアム）。

7　サイバード・ホールディングス事件高裁決定 (2010／10／27)[11]

(1)　プレミアムの意義

強制的取得により失われる今後の株価の上昇に対する期待を評価した価格，即ち，MBOの実施後に増大が期待される価値のうち既存株主が享受してしかるべき部分。

(2)　算定基準及び具体的判断

本件においては，一般に公正と認められる手続によってMBOが成立したと評価できるものの，

　① 　利益相反関係が全くないとはいえないこと
　② 　第三者委員会の選任したフィナンシャル・アドバイザー及び法務アドバイザーがいずれも対象会社取締役の選任したアドバイザーであること
　③ 　対象会社の情報開示が周到なものであり，株主の会社法上の救済手段等を注意的に記載したに過ぎないものであっても，その構造上，「強圧性」が全くないと評価できないこと

などとして，公正な価額がTOBの買付価格と同額であると直ちに認めることはできないとした。その上で，本件TOBが実施された2007年におけるTOB一般のプレミアムの平均値は20％代の半ばであること，2008年にはこれが大幅に拡大しており，中でもMBOのプレミアムが高くなっていることが認められ，対象会社もTOBにおけるプレミアムを約22.38％から約31.68％と主張してい

---

11)　特別抗告棄却，確定。

ることを考慮すると、プレミアムは少なくとも20％を下回ることはないと認められると判示した。

8 オープンループ事件地裁決定（2010／4／28）[12]

(1) プレミアムの意義

強制的取得により失われる今後の株価の上昇に対する期待を評価した価額。

(2) 算定基準及び具体的判断

株式の評価にあたっては、異常な価格が形成された場合など、市場株価がその企業の客観的価値を反映していないと認められる特別の事情のない限り、上場廃止日に近接した適当な一定期間の市場株価を基本として、その平均値をもって株式の客観的価値とみるのが相当である。

公開買付価格でもある4,000円をもって本件株式の取得の価格とすると、近時のM&A等の取引の際に付される一般的なプレミアムよりも高率のプレミアムを付すことになり、また、DCF法により算出される本件株式の価格に近似することになるから、取得価格を4,000円とすることは、取得日における本件株式の客観的価値である2,409円に66％のプレミアムを付した価格として合理的である。

9 カルチュア・コンビニエンス・クラブ事件地裁決定（2012／4／13）[13]

(1) プレミアムの意義

強制取得により失われる今後の株価の上昇に対する期待を評価した価格（増加価値分配価格）。

---

12) 抗告棄却により確定。
13) 確定。

(2) 算定基準及び具体的判断

「本件公開買付けが，利益相反関係を抑制し，公開買付価格の公正性等を担保するための種々の措置が講じられた上で実施され，かつ，多数の株主の応募を得て成立したとの認定を前提としても，買付価格が，ナカリセバ価格と増加価値分配価格とを合算した価格を下回らないと即断することはできない」

「MBOの実施によって増大が期待される価値は，買収者によるリスク負担なくしては実現しえないものであるということができる。もっとも，この増大期待される価値も，反対株主のスクイーズ・アウトを含む既存株主の退出無くしては実現し得ないものであるということができる」とし，MBOの実施によって増大が期待される価値の分配については，衡平の観点から，原則として，1対1の割合で買収者と反対株主とに分配するのが相当であるとした。

Ⅳ 裁判例にあらわれた規範の検討

TOBを前提とし，少数株主の締め出しを実施するMBOの事例の2013年5月までの主な裁判例は上記のとおりであり，各裁判例において，会社法172条1項所定の取得価格の決定の申立てがされた場合には，裁判所は「取得日における公正な価格」を決定するにあたって，当該株式の客観的価値に加えて，何らかのプレミアム（レックス・ホールディングス事件高裁決定及びサイバード・ホールディングス事件高裁決定では，「強制的取得により失われる今後の株価の上昇に対する期待を評価した価格」と表現され，サンスター事件高裁決定では「支配プレミアム及びスクイーズ・アウト・プレミアム」と表現されている）をも考慮するという点においては，概ね共通している。

もっとも，どのような基準をもってプレミアムを算出するか，また，当事者が交渉の上決定した価格について裁判所がどの程度積極的に裁量権に基づき価格を決定するか（裁判所の役割）についての考え方は，各裁判例により異なる。このうち，2009年5月29日のレックス・ホールディングス事件最高裁決定の後，サンスター高裁決定（Ⅲ5）並びにサイバード・ホールディングス事件地裁決

定（Ⅲ6）及び高裁決定（Ⅲ7）における判断が示されており，これらの裁判例で示されたプレミアムに関する考え方を以下検討する。

1 レックス・ホールディングス事件最高裁決定

上記最高裁決定は，特別抗告について，「本件抗告理由は違憲をいうが，その実質は原決定の単なる法令違反を主張するもの」に過ぎないので，特別抗告が許される場合について民訴法336条1項「に規定する事由に該当しない」とし，許可抗告についても，「原審の判断は，その裁量の範囲内にあるものとして是認することができる」し，「判例違反はない」とする。このように上記最高裁決定は，MBOにおける少数株主締め出しの対価そのものについての判断を示していない。そのため上記最高裁決定は，原審である高裁決定，原々審である地裁決定及び田原裁判官補足意見との関係を考慮して検討されなければならない（なお，最高裁が，東京高裁決定に対し，「原審の判断は，その裁量の範囲内」であると判断したことは，その分，東京高裁決定の先例価値を高めたと評価できる[14]）。

この点，上記地裁決定では，株価上昇期待価値の算定を通じて，裁判所が当事者間の交渉の結果に介入することに対して抑制的な立場が採られ，TOBの買付価格を尊重する立場が採られたのに対し，上記高裁決定では，本件TOBにおいて，株価算定評価書の不提出や他の企業へデュー・デリジェンスの機会が付与されなかった点などをあげ，本件TOBの買付価格を尊重しないこととし，裁判所が取得価格を決定することについて，より積極的な姿勢を見せている。そして，最高裁決定における田原裁判官補足意見では，本件MBOについて必ずしも透明性が確保された手続が行われたとはいえないとして，高裁決定には「裁量権の逸脱は認められない」としている。

上記高裁決定については，MBO後の事業活動について経営者はリスクを負担するが株主は負担しないことに対しての配慮がない，個性の非常に強い

---

[14] 大塚和成「レックスHD事件平21.5.29最高裁決定の意義と実務に与える影響」ビジネス法務2009年11月号40頁。

M&A案件ごとの特殊性を無視しているといった批判がなされた[15]。

　他方，経営者がMBOを行うのは，MBOによって買収対象会社の企業価値が向上すると考えているからにほかならず，企業価値の向上に買収対象会社の事業資産など株主がその収益に対して権利を持つ資産などが寄与していることから，MBOによって増大が期待される価値のうち，シナジーとシナジー以外の価値を別異に解する理由はなく，ともに株主に公平に分配されるべきとの指摘がある[16]。MBOによる企業価値の上昇に対する期待をどのように呼ぶかはともかく，上記裁判例において，「公正な価格」の決定にあたっては，MBOによる企業価値の期待権又は何らかのプレミアムを考慮すべきという裁判例の立場からは，かかる指摘は適切であると考えられる。

　そして，レックス・ホールディングス事件のようにMBOの公表と同時にTOBの実施が公表された場合には，MBOによる企業価値増加分を反映した市場価格は存在しないから，それを算定するには適切な情報提供を前提として鑑定を実施するほかない。

　では，MBOによる企業価値増加分を反映した市場価格は存在せず，かつ，必要な情報提供が行われなかった場合に，裁判所は企業価値増加分のプレミアムをどのように決定すべきか。上記最高裁決定は，東京高裁の決定を「裁量の範囲内」と認めたわけであるが，レックス・ホールディングスのケースでは，買収対象会社から本件MBOによる企業価値増加分を算定するために必要な情報が提供されなかったため，裁判所がMBOによる企業価値増加分を，企業価値に応じて又は1対1で配分することはできなかった。このような当該事件の事案を前提として，最高裁は，近接した時期に行われたMBOにおけるプレミアムの平均値を参考にプレミアムの価格を決定した高裁の決定を，裁判所の合理的な裁量の範囲内にあると評価した。

---

15) 太田洋「レックス・ホールディングス事件東京高裁決定の検討」商事法務1848号4頁以下（2008）。
16) 加藤貴仁「レックス・ホールディングス時間最高裁決定の検討〔下〕－「公正な価格」の算定における裁判所の役割－」商事法務1877号26頁（2009）。

2 サンスター事件高裁決定

サンスター事件において、大阪高等裁判は、「プレミアムは、MBOを実施するについて作成されることとなる株価算定についての評価書を基礎として計算されるべきであるが、被買収者である対象者の依頼により作成された評価書は、必ずしも信用を措くことはできず、そのため、プレミアムは合理的な資料により裁判所の裁量によって決せられるべきものとなる」とした上で、近接した時期に行われたMBOにおけるプレミアムの平均値を参考にプレミアムを公正な価格を算定する基準となる客観的価格に対して20％が相当であるとした。

サンスター事件の高裁決定は、プレミアムを支配プレミアムとスクイーズ・アウト・プレミアムという概念で整理しているが、「プレミアムは、MBOを行わなければ実現されない価値をMBOが実施された後の事業計画の実現の不確実性を考慮して、当該事業計画を遂行する取締役と株主とに分配するべきものであるという視点からも説明される」とも説明をしている。このように、MBOを通じて実現される企業価値の上昇分は経営陣と株主との公平に分配されるべきであり、その分配の方法については、裁判所に裁量権が認められるとする立場は、レックス・ホールディングス事件高裁決定の考え方と同様である。

ただ、上記事件の高裁決定は、評価書のディスクレーマーの存在、及び、当該評価書はサンスターに公開されておらず、非訟手続内においても、裁判所のほかには公表しないという約束の下にその写しを提供したという経緯を問題視し、「その基礎となるべき資料については必ずしも信用を措くことはできず、同評価書を分析して相手方の株式について上記プレミアムを計算することはできないから、上記プレミアムは合理的な資料により裁判所の裁量によって決せられるべきものとなる」とした上で、近接した時期に行われたMBOにおけるプレミアムの平均値を参考にプレミアムを公正な価格を算定する基準となる客観的価格に対して20％が相当であるとしている。評価書の信用性に関するかかる判断については、一般的なディスクレーマーの存在をもって評価書の信用性を否定した点などから、「いささか価値算定の実務の常識に反する[17]」といっ

た批判もなされている。また，サンスター事件の高裁決定については，対象会社側に反論を行うための十分な手続保障がなされていなかったのではないかという疑問の呈されている[18]。

3 サイバード・ホールディングス事件高裁決定

　レックス・ホールディングス事件及びサンスター事件と異なり，サイバード・ホールディングス事件はMBO指針公表後に行われたこともあり，MBOの実施に際して，第三者委員会が設置され，公開買付者との交渉が行われる等，当該指針に沿った多数の措置が講じられていた。そして，上記高裁決定は，主として，そのような措置等が講じられた上でMBOが実施された過程（取引条件の形成過程）に着目して，取得価格を決定している。具体的には，

① 取引の構造
② 強圧性の有無
③ 利益相反回避又は軽減措置の内容

について検討し，MBOの手続の透明性を検討している。①については，投資ファンドが買収主体であり，MBOに参加する対象会社兼CEOが売主的な立場であると認定している。②については，「対象会社の情報開示が周到なものであり，株主の会社法上の救済手段等を注意的に記載したに過ぎないものであっても，その構造上，「強圧性」が全くないと評価できない」と判示し，限定的ではあるが，強圧性を認定している。③については，主として意思決定の恣意性が排除されたか否かの観点から，第三者委員会の設置，アドバイザーからの意見の取得及び算定機関からの価格算定書の取得等を認定したが，第三者委員会の選任したフィナンシャル・アドバイザー及び法務アドバイザーがいずれも対象会社取締役の選任したアドバイザーであるとした。また，サンスター事件

---

17)　水野信次＝西本強「ゴーイング・プライベート（非公開化）のすべて」115頁（商事法務，2010）。
18)　中東正文「非訟事件手続における手続保障－サンスター事件高裁決定への疑問－」金融商事判例1326号1頁（2009）。

高裁決定が，価格算定書の一般的なディスクレーマーを理由にその信用性を否定したのと異なり，そのような文言があっても，評価書の信頼性を失わせるものではない旨を明確にしている。

　地裁決定においては，「第三者機関の株式評価を踏まえた交渉が存在し，利益相反関係についても一定の配慮がなされていたものと評価することができる」，「本件MBOは，いわゆる独立当事者間（支配従属関係にない当事者間）において，第三者機関の株式評価を踏まえるなど合理的な根拠に基づく交渉を経て，合意に至ったものと認めることができ，利益相反関係の問題についてもこれを抑制する措置が講じられていた」，「情報開示の内容がかなり周到なものであり，強圧性も乏しいことを考えると，一般に公正と認められる手続きによってMBOの一連の手続きが行われ」たなどと判断された。このこととの対比で考えると，上記高裁決定は，MBOの手続に透明性及び合理性を認定した上で，買付価格を尊重することについて厳格に考えているといえそうである。なお，当該高裁決定については，MBO指針に沿った利益相反回避又は軽減措置が採られていることから，MBOの透明性・否定性を否定する必要はなかったとして批判も存在する[19]。

　レックス・ホールディングス事件及びサンスター事件では，MBO指針に従った措置及び手続が十分に採られておらず，強圧性が認定されるなどの事情もあったため，サイバード・ホールディングス事件におけるように利益相反又は軽減措置等が講じられた上でMBOが実施された過程に着目して，取得価格が決定されたかという手続に重きを置いた決定方法は採られていない。学説では，少数株主の締め出しが目的とされている場合の「公正な価格」に関し，第一に，価格が独立当事者間で行われる場合には，原則として，当事者間の交渉の結果を尊重し，第二に，組織再編等が親子会社間など支配・従属関係にある会社間で行われた場合には，組織再編の対価の内容・額など組織再編条件の形成過程の公正さを審査し，第三に，組織再編条件の形成過程が不公正であると評価さ

---

[19]　十市崇「サイバード事件東京高裁決定にみる今後のMBO実務への影響」ビジネス法務2011年3月号50頁。

れる場合には，裁判所が自ら買取価格を決定するが，形成過程が公正である場合には，第一の場合に準じて当事者の交渉の結果を尊重するという考えが多数であるとされている[20]。サイバード・ホールディングス事件地裁決定及び高裁決定で示された考え方は，かかる学説と整合的であると思われる。

　しかし，このようなプロセスが，プレミアムの算出方法として確立したものということはできない。

　上記裁判例において，プレミアムの決定において幾つかの考慮要素が示されている。上記のようにプレミアムについて確立した算出方法は存在しないと思われるため，プレミアムの水準については上記のとおり個別の事情を前提として，裁判所の裁量で決定がなされることになる。そこで，個々の考慮要素について以下検討する。

(1) プレミアムの下限は20％なのか

　実務上，レックス・ホールディングス事件，サンスター事件及びサイバード・ホールディングス事件において，20％をプレミアムの下限とする考え方が示されたとして，最低限その程度のプレミアムは付けるべきという取扱いがなされている。しかし，裁判例では，あくまで，近接した時期に行われたMBOにおけるプレミアムの平均値を参考にしてプレミアムの割合を決定するという手法が採られただけであり，20％という数字が確定した基準とされたものではない（ただし，かかる基準が実務上定着するならば，そのこと自体がプレミアムの水準の正当性の根拠となり得る）。なお，このように他の事例におけるプレミアムを参照することについては，上記のように批判もあるが，かかる手法は，当事者が鑑定を実施するに足りるだけの資料を提出していない等の理由により採用されたと考えられる[21]。

---

20) 加藤貴仁「レックス・ホールディングス時間最高裁決定の検討〔中〕－「公正な価格」の算定における裁判所の役割－」商事法務1876号5頁（2009）。
21) 上記注16) 加藤26頁。

(2) 強圧性はどのような場合に認められるか

レックス・ホールディングス事件の田原裁判官補足意見及びサンスター事件高裁決定では，公開買付通知書ないしTOBの公表時のプレスリリースの文言をもって，「『強圧的な効果』に該当しかねない表現」が用いられたと判断された。具体的な表現としては，種類株式の割当てを受けた株主が「株式買取請求権を行使し価格決定申立を行っても裁判所がこれを認めるか否かは必ずしも明らかでない旨や，公開買付けに応じない株主は，その後の必要手続等に関しては自らの責任にて確認し，判断されたい旨」等の記載が問題とされた（サンスター事件高裁決定）。

上記の表現が本当に強圧的な効果を有するか否かは疑問もあるところであるが，実務上は，強圧性を持つと推測される記載をしないよう，配慮が必要である。

(3) 対象会社が取得した株価算定書又は事業計画を開示すべきか

レックス・ホールディングス事件における田原裁判官補足意見及び高裁決定は，事件当時は対象会社が評価書等の開示義務を法令上負っていないことを認めつつも，買付け等の価格の算定にあたり参考とした第三者による評価書，意見書等が開示されなかったことを問題視している。

レックス・ホールディングス事件のように，法令上の開示義務が課せられていない時点で，その不開示をどのように評価するのは難しい問題でもある。しかし，少なくとも価値算定書については，現時点では，対象会社が第三者評価機関から取得した株価算定書のサマリー及び第三者評価機関の名称を開示することが一般的であるため[22]，手続の透明性及び合理性を確保するためには，その程度の情報開示は必要と考えられる。

---

22) 上記注17) 水野・西本104頁。

(4) 多数株主によるTOBの応募

　レックス・ホールディングス事件では91.78％の株主が，サンスター事件では約87％の株主が，サイバード・ホールディングス事件では89.77％の株主がTOBに応募し，それぞれ地裁決定において，公開買付価格が「公正な価格」であることの１つの根拠とされている。これに対し，レックス・ホールディングス事件高裁決定では，「買付価格の合理性について，株価算定書やその事業計画を開示してこれを説明しない状況の下で，多数の株主が公開買付けに応じたとの事実から，その買付価格や買付価格の決定に当たって考慮されたプレミアムの額が合理的であり，正当であったと推認することはできない」とし，サンスター高裁決定は，対象会社が取得した株価算定書が開示されていなかったこと等により，「多数の株主が本件公開買付けに応じたとはいえ，その価格が公正価格であることを承認した上のことであるということにはならない」としている。これらからすれば，多数株主によるTOBの応募は，適切な情報開示がされたことを前提に，公開買付価格と同額が「公正な価格」であること根拠となると考えられる。

(5) 対抗TOBの不存在

　レックス・ホールディングス事件，サンスター事件及びサイバード・ホールディングス事件の地裁決定は，いずれも対抗TOBや対抗的買収提案がなされなかったことを公開買付価格と同額が公正価格となり得ることの根拠として挙げている。他方，レックス・ホールディングス事件高裁決定は，対抗的TOBの不存在により，公開買付価格を公正価格の根拠とすることを否定している。

　実務上，対抗TOB等が実施される可能性が小さいとも考えられる現状に鑑みれば，対抗TOBが提案されなかったからといって，その事実が，公開買付価格が公正な価格であると推認する根拠とまでいるか否かは疑問があるところである。

第3章

MBOで必要とされるドキュメンテーション

I　基本合意書

1　基本合意書を締結する必要性

　敵対的でない企業買収が行われる場合，買収者は，買収価格を決定するにあたり，対象会社のデュー・デリジェンスを行うのが通常である。MBOによる非公開化のプロセスにおいても，同様である。MBOの場合，対象会社の取締役が買収者に資本参加しており，買収者は対象会社について既に十分な情報を有しているとしてデュー・デリジェンスは不要であるとも思われるが，買収者が買収資金を金融機関から調達する場合には，金融機関の意思決定のために，法務・会計・税務に関するデュー・デリジェンスが必要とされる場合が多い。そして，かかるデュー・デリジェンスが行われる場合は，その前提として，買収者と対象会社の間で基本合意書（Letter of Intent, Memorandum of Understandingなどと呼ばれることもある）が締結されることがある。

2　基本合意書の内容

(1)　秘密保持条項

　基本合意書の主たる目的は，買収者が対象会社のデュー・デリジェンスを行う前提として，秘密保持を約束することである。秘密保持条項としては，例えば以下のような案文が考えられる。

> 1．当事者は，本合意書締結の事実及び内容，並びに本件取引検討の過程で知り得た当事者に関する一切の秘密情報について秘密を保持するものとし，相手方の事前の承諾なくしてそれらの秘密情報を本件取引実行のために知る必要のある取締役，監査役及び従業員並びに弁護士及び会計士等の専門家を除く第三者へ開示しない。
> 2．前項の秘密保持義務は，当該秘密情報が (1)その受領前に既に公知であった場合，(2)その受領後，受領者の責めに帰すべき事由によらず公知となった場合，(3)開示を受ける前に既に自ら保有していた場合，及び(4)法令・規則等によりその開示について法的な義務を負っている場合には適用されないものとする。
> 3．本条第1項に従い同項に定める秘密情報を開示する場合，開示者は，開示する相手方に対し，当該情報の秘密性を十分に説明の上，開示する相手方が法律上の守秘義務を負う者でない場合には，本条に基づく秘密保持義務と同様の義務を課すものとする。前記に関わらず，開示者は，開示する相手方による本条に定める秘密保持義務の違反につき，一切の責任を負う。
> 4．前各項にかかわらず，当事者は，本件取引に関して対外発表を行う場合には，事前に当事者間において協議し，その時期，内容等を決定する。

(2) デュー・デリジェンスに対する協力義務

　基本合意書では，さらに，買収者が行うデュー・デリジェンスへの対象会社の協力義務を定める場合がある。デュー・デリジェンスの実施が，買収者が企業買収を行うにあたり必須の前提であり，他方対象会社としても，買収者が提案する買収案が企業価値の向上に資するものである可能性がある場合には，これに協力することは対象会社においても合理的な経営判断であると考えられる。
　協力義務条項としては，例えば以下のような案文が考えられる。

> 1．買収者は，本合意書締結後速やかに，買収者が合理的に満足する範囲及び方法で，対象会社について，法務，会計，税務等に関する調査（買収者が指定し，対象会社が合意した対象会社の役職員その他の者との面談を含む。以下「デュー・デリジェンス」という）を実施するものとする。買収者は，必要に応じ，かかるデュー・デリジェンスの全部又は一部を弁護士，公認会計士等の専門家に行わせることができる。
> 2．デュー・デリジェンスの実施に際し，対象会社は，その通常業務に支障を来さない範囲でこれに協力するものとする。

(3) 基本合意書の内容とされない事項

　通常のM＆Aにおいて締結される基本合意書では，買収者による株式等の売買価格の考え方（例えば，一定の金額のレンジ）が示されることがある。しかし，MBOによる非公開化案件においては，買収者による買付価格はそのまま少数株主を締め出す価格にもなることから，慎重な検討を経ることが要請されるため，交渉に先立って締結される基本合意書に買付価格のアウトラインが示されることはない。

　また，通常のM＆Aでは，企業の売主が，買主に対し，一定期間は買主とのみ独占的に交渉することを約する場合がある。しかし，MBOによる非公開化案件においては，構造的な利益相反問題の回避の観点から，対象会社は株主の権利保護を目的として買収者と慎重な交渉を行うことが要請され，他の第三者から株主にとってより有利な提案がなされる場合には，当該第三者とも並行して交渉することが望ましい。したがって，かかる独占交渉権の付与は定めないのが通常である。

3　基本合意書の法的拘束力

　基本合意書には，秘密保持条項やデュー・デリジェンスに対する協力義務条項のほか，当事者間における認識の共有化を図ることを目的として，その時点

における一定の事実関係や今後検討される取引の概要などが記載されることがある。しかし，今後の交渉の余地を狭めないよう，秘密保持条項以外の条項については，法的拘束力を持たせないことが一般である。そのための条項としては，例えば以下のような案文が考えられる。

> 本合意書に定められた事項は，第〇条（秘密保持義務）に関する合意を除き，当事者のいずれに対しても法的拘束力を有するものではなく，当事者のいずれも本件取引の実行やその条件について何ら法的な義務を負うものではない。

4 買収者と大株主の間の基本合意書

対象会社に大株主が存在する場合，買収者は，当該大株主との間で応募契約（買収者が行うTOBに株主が応募することを約する契約）を締結することを目指して交渉を行うが，かかる交渉に先だって，基本合意書を締結することがある。その場合には，通常のM&Aの場合と同様に，基本合意書には，秘密保持条項のほか，独占交渉権に関する合意が定められることがある。独占交渉権について定めを置く場合には，当該条項にも法的拘束力を持たせるのが通常である。

Ⅱ ファイナンス関連

MBOにおける資金調達に関し，経営陣が自己資金又は第三者からのエクイティ出資を受けて調達を行う場合と，借入により資金調達を行う場合の，実務上及び法的な検討事項は以下のとおりである。

1 自己資金による調達

経営陣が自己資金で買収資金を用意する場合の返済方法には，キャピタル・ゲインによる返済，役員報酬による返済，配当による返済などが考えられる。ただし，MBO全体のスキームにおいては，役員個人への資金還流（株式の売

却・役員報酬・配当など）について，借入金を提供する金融機関から制限されることがあるため，そのような場合には，経営陣の回収までの期間が長期となる。

2　第三者と共同で資金を提供する場合

　経営陣が第三者（他の経営陣，従業員，ファンド等）と共同で資金を提供する場合，MBO後の脱退（当然退社及び任意退社を含む）の際の株式の買取り等について合意しておくため，株主間契約を締結することが通常である。株主間契約のその他の規定については，役員間の関係によるため，個別事案により異なることになろう。

　経営陣がファンドの支援を受けて資金の拠出を受ける場合（経営陣とファンドがエクイティホルダーとなる場合）には，ファンドの出資金額が経営陣の出資金額を大きく上回る場合も多く存在するが，そのような場合には，経営陣とファンドとの間で，経営に関する基本的なルールや議決権行使の方法，ファンドの監視権や役員選任権等について，事前に合意をしておくことが通常である。

　なお，MBOの実施により，上場コストの削減やいわゆるエージェンシー問題が解消され，経営を効率化することが期待されるが，ファンドに対して不利な約束をしてしまったような場合には，MBO実施後の経営の自由度が制限され，かえって非効率な経営を強いられることになりかねない。MBOの検討を行う際には，資金の提供先であるファンド等のほうが強い発言権をもっていることも十分に考えられるが，MBO後の経営を不合理に縛るような規定は，ファンドにとっても不利益となるはずである。MBOを実施する経営陣にとっては，問題が顕在化してからではなく，MBO実施前に，MBO後に合理的な経営ができるよう，粘り強く交渉を行うことが重要である。

　また，ファンドはエグジット（投資の回収）のため株式を売却することになるため，ファンドが保有する株式の売却先について，経営陣としては，売却先の承認権や優先買取交渉権（経営陣が当該株式を買い取ることについて，他の者に優先して交渉することができる権利）などを持つよう，株主間契約に規定することも考えられる。

議決権を拘束する当事者間の合意の法的有効性について，このような議決権拘束契約は，契約当事者間の債権契約としては有効だが，契約に違反して議決権が行使されても，当該株主の意思による行使である以上その効力には影響がないという見解が有力である[1]。ただし，株主全員が契約当事者である場合の契約違反の効果は，必ずしも明らかでない[2]。

また，株主間契約においては，株主のコールオプション（他の株主から株式を買い取ることができる権利），プットオプション（他の株主に株式の買取りを請求することができる権利），Co-Saleに関する権利（ある株主が第三者に株式を売却する際に，自分が保有する株式も同時に同条件で売却することを要求することができる権利），ドラッグ・アロングに関する権利（一定期間経過後にIPOが実施されなかった場合などに備え，大株主等が第三者に保有株式を売却するにあたり，他の株主にも同一の相手に対して同一の条件で株式の売却を強制する権利）などが規定されることがある。

3　借入により買収資金を調達する場合

(1)　MBOにおけるローンの概要

買収主体となる経営陣が自己資金で対象企業の買収資金全額を用意できない場合又は自己資金よりも多額の資金を必要とする場合は，ファイナンスにより資金を調達することになる。ファイナンスを利用することによりレバレッジを利かせ，経営陣が保有する資金にかかわらず，対象企業の全株式を買収することが可能となる。

具体的スキームとしては，買収主体である経営陣がSPCを設立し，当該SPCが直接の借入主体となることが通常である（経営陣はSPCの資本（エクイティ）を拠出する）。最終的に，SPCは被買収会社と合併し，SPCの債務が被買収会社の

---

1)　江頭憲治郎「株式会社法（第4版）」318頁（有斐閣，2011）。
2)　上記注1)江頭318頁には，「議決権拘束契約の効力は当事者間の債権的なものにとどまり，対会社関係では効力を主張できないとの主張は，契約外の株主がいる場合には妥当しよう。しかし，株主全員が契約当事者である場合には，その論理を形式的にあてはめる必要はない。」と記載される。

債務となるため，金融機関は被買収会社の資産に担保権を設定することを前提に与信を行う。

なお，金融機関は被買収会社の将来のキャッシュフローからローンを回収することになるため，被買収会社のDCF法に基づく分析結果が重要となる。また，エクイティの調達額が小さければ，その分貸付額も少額にならざるを得ない。

被対象会社が保有する資産のうち担保価値を有するものの価値が買収資金を下回る場合などには，借入（デット）部分を，優先的権利を有するシニア部分とシニア部分よりも回収の優先順位が劣るメザニン部分に分けることにより，リスクに応じた資金調達が行われる。

シニアローンの貸付人（シニアレンダー）は，対象会社が生み出すキャッシュフローから優先的に返済を受けることができ，また，被買収会社の資産に設定した担保権を行使した場合にも，メザニンローンの貸付人（メザニンレンダー）に先立って，回収を行うことを可能とする。

また，メザニン部分とは，具体的には，シニアローンよりも返済順位や会社清算時の配当順位が劣る代わりに，金利が高めに設定される劣後ローン／社債や，普通株式よりも配当順位や清算時の残余財産分配権が優先する優先株式などであり，金融機関等が，より高いリスクを負う代わりに，より高いリターンを求める金融機関等がこのようなファイナンスを選択する。

これらの貸付人間の優先順位に関する取扱いは，シニアレンダー，メザニンレンダー及び借入人（SPC）を当事者とした契約（債権者間協定書等）にて規定されることになる。

なお，MBO後の会社経営に関して，シニアレンダーが役員を派遣することを求めるとは限らないが，ローン契約には一定の制約条件（コベナンツ）が規定されていることが通常であり，また，一定の場合には禁止事由（ネガティブ・コベナンツ）が規定されることもある。特に，いわゆる財務制限条項（財務上の数値が一定以下となった場合に，借主を拘束する効果を生じさせる規定）は，経営陣に対して一定の事業上の成果を求めるものであり，重要である。また，合併等の重要な経営判断については，貸主の事前の同意が必要とされることも多

い。これらの規定は，MBO後の会社経営の自由度を制限するものでもあるため，内容の合理性について十分な検討が必要である。

(2) 貸付人が複数の場合の留意点

ローンを実行する金融機関が複数となる場合などには，貸付けられた資金や被買収会社の返済資金及び担保対象の資産を適切に管理する必要がある。そのため，責任をもってその管理を行うものとして，貸付人のなかから，アドミニストレーション・エージェントが選任されることがある。アドミニストレーション・エージェントの責務は，被買収会社とSPCの合併前はSPCの銀行口座の管理や買収資金の返済，その他レンダー全体の利益のために必要な行為を行うことである。また，複数の金融機関を代理して担保権実行等の意思表示を行う，セキュリティ・エージェントが指定されることもある。

貸付人が複数となる場合，借入人としては，債権者間協定書等における貸付人間の意思決定の条件を確認しておく必要がある。例えば，貸付金合計の3分の2以上の貸付債権残高を保有する債権者（このような債権者を多数貸付人などと呼ぶ）の同意により意思決定がなされるという場合，事実上は，貸付けにおける主要行が同契約に規定される事項についての意思決定権を有することになる。債権者間協定書には，担保権実行や請求による期限の利益の喪失の決定など，重要事項について多数貸付人の意思決定に係らしめていることが多い。どのような事項が多数貸付人の権限なのか，また，誰が多数貸付人なのかという点は，借主だけでなく，シニアローンに劣後するメザニンレンダーやエクイティホルダーにとっても重要な確認事項である。

(3) 担保設定行為

被買収会社の資産に買収者のために担保権を設定する行為は，経営陣にとっては利益相反行為となるため，当該利益相反が解消されるまでは，被買収会社の資産に担保権を設定することはできない。そこで，ブリッジローンが実施されたような場合には，SPC又は経営陣が保有する資産に担保権を設定すること

になる。具体的には、①SPCが保有する銀行預金及び②経営陣が保有するSPCの株式に対して質権等を設定することが考えられる。

なお、SPCの資産に担保設定が可能となる時期は、上記のように、MBOを実施する経営陣と被買収会社の間で利益相反関係が存在しないこととなる時期である（法律上は利益相反取引を承認する決議を行うことにより、それより前の時期に被買収会社の資産に担保権を設定することも不可能ではないが、取締役の善管注意義務及び忠実義務の観点から、通常そのような取引は困難であると考えられる）。どのようなタイミングで、利益相反関係が解消されたといえるかは、個別具体的な事案に応じて決定されるものであるが、例えば、全部取得条項付種類株式を用いた締め出しが行われる場合には、TOBの完了後に、被買収会社の普通株式を取得対価として、当該全部取得条項付種類株式の全部を取得できるよう、種類株式発行会社への移行及び普通株式について全部取得条項を付する旨の定款変更並びに全部取得条項付種類株式を会社が普通株式を対価として取得する旨の株主総会決議等が成立し、かつ、当該全部取得条項付種類株式の取得の効力が発生した時点とすることが考えられる。

ア　預金口座に対する質権設定についての日本法上の問題点

日本の金融実務上、定期預金に関する預金返還請求権に対する担保権設定は有効と考えられているが、普通預金、当座預金、決済用預金等、その他の種目の預金については、担保権の対象物の特定性が十分と言えるか明確ではない。集合債権譲渡に関して、「その発生原因や譲渡に係る額等をもって特定される必要がある」[3]とされていることから、普通預金等についても口座を特定することにより、将来の預入分については担保権が有効に成立するという考えもあるが、かかる結論は必ずしも明確なものではない。したがって、例えば、SPCが資金を使用する必要が生じるまでの間は、定期預金とした上で質権を設定し、SPCが当該資金を使用するタイミングで定期預金を解約し、普通預金に切り替え、その上で再度質権を設定するという方法も考えられる。ただ、定期預金を

---

3) 最三小判平成11年1月29日、金融法務事情1541号6頁。

設定することができない事情がある場合には，普通預金であっても質権を設定しておくほうがレンダーにとっては有利であるから，普通預金に関する預金返還請求権に対して質権を設定することになろう。

イ 株式に対する担保権の設定

SPCの株券に対して譲渡担保権又は質権を設定することが考えられる。なお，会社法上，SPCを株券発行会社又は株券不発行会社のいずれとすることも可能であるが，株券発行会社については，株券を紛失した場合，株券の善意取得（会社法131②）により株主である経営陣の株券に対する所有権が失われるリスクがあるため，株券の保管に慎重を期す必要がある。

4 MBOファイナンスにおける留意点

MBOファイナンスを検討するにあたっては，MBO後の返済の確実性を確保することが第一の検討事項となる。また，返済自体は可能と見込まれる場合であっても，MBOの実施自体が目的化してしまい，その後の経営戦略等が十分に検討されないまま，利害が必ずしも一致しない経営陣により会社経営が行われたり，ファンドの権限が不合理に強く，経営の自主性が十分確保されないような事態とならないよう，関連契約の内容を十分に検討することが必要である。

Ⅲ TOBが行われる場合のドキュメンテーション

1 TOBの実施に際して必要とされる開示書類

TOBの実施に際しては，金融商品取引法や，対象者の株式が公開されている金融商品取引所の適時開示に関する規程等により，買付者や対象者に対して各種開示書類の作成・開示が義務付けられている。そのうち，主なものは以下のとおりである。

(1) 公開買付者による作成が必要とされる書類
　ア　公開買付開始公告

　TOBによって株券等の買付け等を行わなければならない者は，当該TOBについて，その目的，買付け等の価格，買付予定の株式等の数，買付け等の期間その他の内閣府令で定める事項を公告しなければならないものとされている（金商法27の3①）。そして，当該買付け等の期間が政令で定める期間である30営業日（金商令9の3⑥）より短いときは，対象者による意見表明報告書にて買付け等の期間の延長の請求がなされることにより当該買付け等の期間が延長されることがある旨を，公開買付開始公告に明示しなければならないものとされている。

　具体的には，公開買付開始公告には，以下の事項を記載する必要があるものとされている（他社株買付府令10）。

① 公開買付者の氏名又は名称及び住所又は所在地
② TOBにより株券等の買付け等を行う旨
③ TOBの目的
④ TOBの内容に関する事項のうち次に掲げるもの
　a　対象者の名称
　b　買付け等を行う株券等の種類
　c　買付け等の期間，買付け等の価格及び買付予定の株券等の数
　d　買付予定の株券等に係る議決権の数が当該発行者の総株主等の議決権の数に占める割合
　e　法第27条の3第1項に規定する公告を行う日における公開買付者の所有に係る株券等の株券等所有割合（法第27条の2第8項に規定する株券等所有割合をいう。以下この号において同じ）及び当該公告を行う日における特別関係者の株券等所有割合並びにこれらの合計
　f　買付け等の後における公開買付者の所有に係る株券等の株券等所有割合並びに当該株券等所有割合及び当該公告を行う日における特別関係者の株券等所有割合の合計

g　買付け等の申込みに対する承諾又は売付け等の申込みの方法及び場所
　　h　買付け等の決済をする金融商品取引業者又は銀行等の名称，決済の開始日，方法及び場所並びに株券等の返還方法
　　i　その他買付け等の条件及び方法
⑤　対象者又はその役員との当該TOBに関する合意の有無
⑥　公開買付届出書の写しを縦覧に供する場所
⑦　次に掲げる場合の区分に従い当該各号に定める事項
　　a　公開買付者が会社である場合　当該会社の目的，事業の内容及び資本金の額
　　b　公開買付者が会社以外の法人等である場合　当該法人等の目的，事業の内容及び出資若しくは寄付又はこれらに類するものの額
　　c　公開買付者が個人である場合　職業

　公開買付開始公告は，時事に関する事項を掲載する日刊新聞紙に掲載する方法か，電子公告による方法の，いずれかの方法によらなければならないとされているが（金商令9の3①），実務上は，公開買付開始公告を電子公告の方法によることが一般的である。ただし，電子公告の方法により公開買付開始公告をした場合であっても，当該公告をした後遅滞なく，電子公告をした旨を，時事に関する事項を掲載する日刊新聞紙に掲載しなければならないものとされている（金商令9の3①二）。

　なお，MBOの場合における公開買付開始公告の内容に関する留意事項は，以下のイ公開買付届出書の場合と基本的に同様である。

イ　公開買付届出書

　公開買付開始公告を行った公開買付者は，当該公開買付開始公告を行った日[4]に，以下の事項を記載した公開買付届出書を内閣総理大臣に提出をしなければならないものとされている（金商法27の3②）。

4）　当該提出をしなければならない日が日曜日その他内閣府令で定める日に該当するときは，これらの日の翌日に提出するものとされている（金商法27の3②但書）。

① 買付け等の価格，買付予定の株券等の数，買付け等の期間（対象者による買付期間延長請求がなされた場合における期間の延長に関する事項を含む），買付け等に係る受渡しその他の決済及び公開買付者が買付け等に付した条件
② 当該公開買付開始公告をした日以後において当該TOBに係る株券等の買付け等をTOBによらないで行う契約がある場合には，当該契約の内容
③ TOBの目的，公開買付者に関する事項その他の内閣府令で定める事項

具体的には，公開買付者は，他社株買付府令第二号様式に従い，公開買付要項，公開買付者の状況，公開買付者及びその特別関係者による株券等の所有状況及び取引状況，公開買付者と対象者との取引等及び対象者の状況に関する事項を記載した公開買付届出書を3通作成し，関東財務局長に提出することとされている（他社株買付府令12）。

このうち，「公開買付要項」については，以下の事項を記載することとされている。

① 対象者名
② 買付け等をする株券等の種類
③ 買付け等の目的
④ 買付け等の期間，買付け等の価格及び買付予定の株券等の数
⑤ 買付け等を行った後における株券等所有割合
⑥ 株券等の取得に関する許可等
⑦ 応募及び契約の解除の方法
⑧ 買付け等に要する資金
⑨ 買付け等の対価とする有価証券の発行者の状況
⑩ 決済の方法
⑪ その他買付け等の条件及び方法

公開買付届出書記載事項のうち，「公開買付者の状況」については，公開買付者が会社の場合は，会社の概要，経理の状況，及び継続開示会社たる公開買付者に関する事項を記載する。公開買付者が会社以外の団体の場合は，団体の沿革，団体の目的及び事業の内容，団体の出資若しくは寄付又はこれらに類す

るものの額，役員の役名・職名・氏名（生年月日）及び職歴を記載し，公開買付者が個人の場合には，当該個人の生年月日，本籍地，職歴，及び破産手続開始の決定の有無を記載する。

「公開買付者及びその特別関係者による株券等の所有状況及び取引状況」については，株券等の所有状況，株券等の取引状況，当該株券等に関して締結されている重要な契約，及び届出書の提出日以後に株券等の買付け等を行う旨の契約を記載する。

「公開買付者と対象者との取引等」については，公開買付者と対象者又はその役員との間の取引の有無及び内容，及び公開買付者と対象者又はその役員との間の合意の有無及び内容を記載する。

「対象者の状況」については，最近3年間の損益状況等，株価の状況，株主の状況，継続開示会社たる対象者に関する事項，その他投資者が応募の是非を判断するために必要と判断される情報等につき記載する。

その他の具体的な記載内容の詳細については，他社株買付府令第二号様式の末尾に記載の「記載上の注意」に従うこととなる。

MBOのために行われるTOBにおいては，一般的に，公開買付者による支配権の取得や経営参加，役員の変更や対象者の組織再編その他対象者の経営方針に重大な変更を加えたり重要な影響を及ぼすことが予定されていることと思われるが，これらの事項については，公開買付届出書の買付等の目的の項目において，その内容及び必要性を記載する必要がある（他社株買付府令第二号様式記載上の注意(5)a）。また，公開買付者と対象者の大株主がTOBへの応募について何らかの合意をしている場合には，大株主の応募の有無がTOBの結果に与える影響の大きさにかんがみ，その内容を公開買付開始公告及び公開買付届出書に具体的に記載する必要があると考えられており[5]，当該事項についても一般的に買付け等の目的の項目に記載されることとなる。

また，公開買付届出書には，当該TOBの実施を決定するに至った意思決定

---

5) 金融庁総務企画局「株券等の公開買付けに関するQ＆A」平成24年8月3日版25～26頁（問37）参照。

の過程を具体的に記載することを要するほか、買付価格の公正性を担保するための措置や利益相反を回避する措置を講じているときは、その具体的内容を公開買付届出書に記載することが要請されている（他社株買付府令第二号様式記載上の注意(6) f 及び(27)）。この点については、買付価格の公正性に影響を及ぼし得る事情や利益相反を生じさせ得る事情がある場合には、買付価格の公正性を担保するための措置や利益相反を回避する措置のみの記載では足りず、当該事情についても記載をする必要があるとされていることにつき留意が必要である[6]。

ウ　公開買付説明書

公開買付者は、公開買付届出書に記載すべき事項のうち、内閣府令で定めるもの及び公益又は投資者保護のため必要かつ適当なものとして内閣府令で定める事項を記載した公開買付説明書を作成しなければならない。そして、公開買付者は、当該株券等の売付け等を行おうとする者に対し、内閣府令で定めるところにより、公開買付説明書を交付しなければならないものとされている（金商法27の9）。

公開買付説明書の記載内容は、ほぼ公開買付届出書と同様であるが、公衆の縦覧に供しないこととされた事項（買付け等の資金が銀行等からの借入れによる場合における当該銀行等の名称等）は除外される（他社株買付府令24①一）。

公開買付説明書の形式については、当該TOBが金融商品取引法2章の2第1節の規定の適用を受けるTOBである旨及び当該公開買付説明書が金融商品取引法27条の9の規定による公開買付説明書である旨を、公開買付説明書の表紙又はその他の見やすい箇所に記載しなければならないものとされている。

そして、公開買付説明書を交付する公開買付者は、株券等の売付け等を行おうとする者に対し、あらかじめ又は同時に公開買付説明書を交付しなければならないものとされている。TOBの実務においては、公開買付説明書の交付は、公開買付代理人から株主に対してなされることが一般的である。

---

[6]　金融庁総務企画局「株券等の公開買付けに関するQ&A」平成24年8月3日版23〜24頁（問34）参照。

エ　TOBの結果の公告又は公表

　公開買付者は，公開買付期間の末日の翌日に，当該TOBに係る応募株券等の数その他の内閣府令で定める事項を公告し，又は公表しなければならないものとされている（金商法27の13①）。その具体的な内容は，以下のとおりである（他社株買付府令30）。

①　公開買付者の氏名又は名称及び住所又は所在地
②　TOBの内容に関する事項のうち次に掲げるもの
　　a　対象者の名称
　　b　買付け等に係る株券等の種類
　　c　公開買付期間
③　公開買付届出書において法27条の13第4項1号に掲げる条件を付した場合における当該条件の成否
④　応募株券等の数及び買付け等を行う株券等の数
⑤　決済の方法及び開始日
⑥　公開買付報告書の写しを縦覧に供する場所

　公告の方法については，公開買付開始公告の場合と同様に，時事に関する事項を掲載する日刊新聞紙に掲載する方法か，電子公告による方法の，いずれかの方法によらなければならないとされており（金商令9の3①），電子公告とした場合であっても，当該公告をした後遅滞なく，電子公告をした旨を，時事に関する事項を掲載する日刊新聞紙に掲載しなければならないものとされている（同条②）。

　なお，公表の方法については，次に掲げる報道機関に対して公開する方法によりしなければならないものとされている（金商令9の4）。

①　時事に関する事項を掲載する日刊新聞紙の販売を業とする新聞社
②　①に掲げる新聞社に時事に関する事項を総合して伝達することを業とする通信社
③　日本放送協会及び基幹放送事業者

実務上は，記者クラブへの投げ込みによる公表の方法によることが一般的である。

オ 公開買付報告書

TOBの結果の公告又は公表を行った公開買付者は，当該公告又は公表を行った日に，当該公告又は公表の内容その他の内閣府令で定める事項を記載した公開買付報告書を内閣総理大臣に提出しなければならないものとされている（金商法27の13②）。

具体的には，公開買付者は，他社株買付府令第六号様式に従い，公開買付報告書を3通作成し，関東財務局長に提出することとされている（他社株買付府令31）。第六号様式に定める記載事項は以下のとおりである。

① TOBの内容
 a 対象者名
 b 買付け等に係る株券等の種類
 c 公開買付期間
② 買付け等の結果
 a TOBの成否
 b TOBの結果の公告日及び公告掲載新聞名
 c 買付け等を行った株券等の数
 d 買付け等を行った後における株券等所有割合
 e あん分比例方式により買付け等を行う場合の計算

カ TOBによる買付等の通知書

公開買付者は，公開買付期間が終了したときは，遅滞なく，買付け等に関する通知書を応募株主等に送付することとされている（金商法27条の2⑤，金商令8⑤一）。

具体的には，公開買付者は，他社株買付府令第一号様式に従い，以下の事項を記載したTOBによる買付等の通知書を，応募株主等に送付する（他社株買付府令5①）。

① 公開買付者の氏名又は名称及び住所又は所在地

② TOBに係る株券等の種類，応募株券等の数の合計，買付け等をする株券等の数の合計及び返還する株券等の数の合計
③ 応募株券等の全部又は一部の買付け等を行わない場合にはその理由
④ 当該通知書に係る応募株主等に関する事項のうち次に掲げるもの
　a　応募株券等の種類，応募株券等の数，買付け等をする株券等の数，買付け等の価格及び買付け等の代金（有価証券その他の金銭以外のもの（以下「有価証券等」という）をもって買付け等の対価とする場合には，当該有価証券等の種類及び数）
　b　あん分比例方式により買付け等をする場合における買付け等をする株券等の数の計算方法
　c　返還する株券等の種類及び数並びに返還の方法
⑤ 買付け等の決済をする金融商品取引業者又は銀行等の名称及び所在地並びに決済の開始日，方法及び場所

なお，公開買付者が，あらかじめ応募株主等から，当該通知書に記載すべき事項を電磁的方法により提供することの承諾を得ている場合には，当該提供をすることにより，通知書を送付したものとみなされる。しかし，応募株主等が電磁的方法による提供を受けない旨の申し出があった場合は，当該株主等に対しては，電磁的方法による提供は認められないものとされている（金商令8⑥，他社株買付府令5⑥～⑪）。

　キ　その他

MBOの場合は，TOBにおける公開買付者は上場会社ではないことが通常であるが，このような公開買付者には東証の有価証券上場規程のような適時開示ルールの適用はないことから，TOBの前後において適時開示が強制されることはない。しかし，MBOの株式市場に与える影響の大きさからすれば，買付者から対外的にタイムリーなメッセージを発する意義は大きい。そのため，実務上は，公開買付者から記者クラブへの投げ込み等の方法によるプレスリリースがなされることが多い。

(2) 対象者による作成が必要とされる書類
ア　意見表明報告書

対象者は，公開買付開始公告が行われた日から10営業日以内に，当該TOBに関する意見等を記載した意見表明報告書を内閣総理大臣に提出しなければならないものとされている（金商法27の10①，金商令13の2①）。

具体的には，意見表明報告書は他社株買付府令第四号様式に従い，以下の事項を記載することとされている（他社株買付府令25①）。

① 公開買付者の氏名又は名称及び住所又は所在地
② 公開買付者が買付け等を行う株券等の種類
③ 当該TOBに関する意見の内容，根拠及び理由
④ 役員が所有するTOBに係る株券等の数及び当該株券等に係る議決権の数
⑤ 公開買付者又はその特別関係者による利益供与の内容
⑥ 会社の支配に関する基本方針に係る対応方針
⑦ 公開買付者への質問
⑧ 公開買付期間の延長請求

なお，意見表明報告書は3通作成し，関東財務局長に提出することとされている（他社株買付府令25②）。

MBOのために行われるTOBにおいては，公開買付者が作成する公開買付届出書の場合と同様に，対象者が作成する意見表明報告書においても，利益相反を回避する措置を講じている場合におけるその具体的内容や，公開買付者等から対象者の役員に対する利益の供与が約されている場合におけるその内容につき，記載することが要請されている（他社株買付府令第四号様式記載上の注意(3)d及び(5)）。

イ　意見表明に関する適時開示

上場会社が，公開買付者が公開買付対象者の役員であるTOB（公開買付者が公開買付対象者の役員の依頼に基づきTOBを行う者であって公開買付対象者の役員と利益を共通にする者であるTOBを含む）に関して，東証の有価証券上場規程402条1

号yに定める意見の公表又は株主に対する表示を行う場合の適時開示は、必要かつ十分に行うものとされている（東証の有価証券上場規程441）。

具体的には、特に留意すべき事項として、意見表明の明瞭性、意見の根拠及び理由の十分性、算定期間からの意見、いわゆる二段階買収に関する説明、公正性を担保するための措置に関する説明、利益相反を回避するための措置に関する説明及び取引保護条項に関する説明に関する事項が東証より示されている[7]。

なお、MBOに関して意見表明を行う場合や、上場廃止となることが見込まれる公開買付けに関して応募することを勧める旨の意見表明をする場合は、当該公表予定日の「遅くとも10日前までに」東証への事前相談をすることが求められている[8]。

2　TOBに付随する各種契約

(1)　公開買付応募契約

MBOを実施するに際し、公開買付者と特定の大株主との間で、当該大株主がTOBに応募すること等を約した契約（以下「応募契約」という）を締結することがある。応募契約においては、TOBを確実に成功させることを目的としていることから、主要な条項としては、一般的に以下のようなものが定められることとなる。

① 　TOBの概要
② 　大株主による当該TOBに対する応募の約束
③ 　大株主の誓約事項
④ 　応募及び買付けの前提条件
⑤ 　公開買付者と大株主による表明保証
⑥ 　補償

---

[7] 　東京証券取引所上場部編「2013年7月版　東京証券取引所　会社情報適時開示ガイドブック」187～188頁。
[8] 　前掲7）186頁。

⑦　秘密保持

　このうち，応募の約束に関する事項については，具体的には応募の時期（TOBの開始日からいつまでの間に応募するか），何株につき応募するかといった事項を記載することとなる。株主の誓約事項としては，TOBの終了時までに，大株主の立場において，又は対象者の役員等の立場において，対象者の株主としての権利行使や対象者における組織や経営方針等に影響を与える行為その他当該応募契約の目的を阻害する行為をしないことなどが定められる。

　なお，TOBにおいては，買付け等の価格は均一の条件によらなければならないものとされているため（金商法27の2③），応募契約では特定の株主に対して実質的に有利な条件を与えるものとみなされる内容とならないよう留意が必要である。

　例えば，対象者の取締役との間で応募契約を締結する際に，当該取締役に対して従前の報酬よりも相当高額な報酬の支払を約する場合や，TOBの成立を条件として一時金として報酬が支払われるような場合など，個人的な利益に基づくインセンティブを持ちうる場合には，当該報酬がTOBにおける株券等の対価としての性質を有することがあると考えられよう[9]。

(2) 公開買付代理・事務取扱契約

　TOBによる株券等の買付け等を行う場合には，株券等の管理，買付け等の代金の支払等に関する以下の事務については，第1種金融商品取引業者又は銀行等に行わせなければならないものとされている（金商法27の2④，金商令8④）。

①　応募株券等の保管及び返還
②　買付け等の代金の支払（有価証券その他金銭以外のものをもって買付け等の対価とする場合における当該有価証券その他金銭以外のものの引渡しを含む）
③　あん分比例方式により買付け等を行う株券等の数を確定させる事務

---

[9] この点につき，金融庁総務企画局「株券等の公開買付けに関するQ&A」平成24年8月3日版15〜16頁（問24）参照。

また，公開買付者を代理してTOBによる株券等の買付け等を行う者（金商令10二）がいる場合には，代理につき締結した契約の契約書の写しを公開買付届出書の添付書類として開示することが求められている（他社株買付府令13①六）。

　実務上は，株券等の管理，買付け等の事務を行う者が，公開買付者を代理して株券等の買付け等を行う者を兼ねており，通常この者を指して公開買付代理人という[10]。そして，公開買付者と公開買付代理人となる証券会社等との間で，公開買付代理人としての業務と上記の事務の取扱いに関する業務の委託に関し，「公開買付代理並びに事務取扱契約」といった名称の契約を締結することとなる。この契約の主な条項としては，一般的に以下のものがある。

① TOBの内容
② TOBの代理及び公開買付事務の委託
③ 委託業務の内容
④ 公開買付者の表明保証及び約束
⑤ 公開買代理人の約束
⑥ 公開買付代理人による報告
⑦ 公開買付者による通知
⑧ 買付資金の送金
⑨ 公開買付代理人の手数料
⑩ 費用の払戻し
⑪ 補償
⑫ 秘密保持

　なお，公開買付代理人の手数料の具体的な内容については，開示対象となる当該契約書の本体には記載せず，別途定める旨を記載した上で，覚書等の書類を取り交わすことで，開示をしないことが通常である。

10）　石井禎ほか編『実践TOBハンドブック（改訂版）』167頁（日経BP社，2010）。

Ⅳ 事業の移転に関する契約

1 合併契約

　MBOの手法として，TOB等により対象者の株式を取得したSPCと対象者との間で，SPCを存続会社とする吸収合併が行われることがある。合併を行う場合には，当該SPCと対象者の間で，合併契約書を締結しなければならないものとされており（会社法748），合併契約書の内容については，会社法上，存続会社と消滅会社の商号及び住所，合併の対価に関する事項及び合併の効力発生日等が法定記載事項とされている（会社法749①）。

　MBOの場合は，合併の手続において，消滅会社の既存の少数株主に対して合併の対価として金銭のみを交付するものとして，当該株主の締め出しを実現する必要がある。その場合の合併契約における法定記載事項は，以下のとおりとなる。

　① 存続会社及び消滅会社の商号及び住所
　② 存続会社が吸収合併に際して消滅会社の株主に対してその株式に代わる金銭等の財産を交付する場合の，当該財産の内容，金額又はその算定方法
　③ 消滅会社の株主に対する金銭等の割当てに関する事項
　④ 合併の効力発生日

　このように，合併契約においては，合併の対価として金銭を誰にどのように割り当てるかといった割当てに関する事項を具体的に記載するとともに，支払われる額又は算定方法を記載することとなる（会社法749①二ホ・三）。この場合は，消滅会社の株主の有する株式の数に応じて金銭を交付することを内容とするものでなければならないこととされている（会社法749③）。

　MBOにおいて消滅会社の株主に対して支払われる金銭（1株当たりの合併の対価）については，TOBによる株式取得に近接して行われる合併の場合，直前の公開買付価格と同額にすることが多い。直近のTOBにおいて買付価格の妥当性につき検討を行っている以上，直後の合併における1株当たりの合併の対価

については，これと大きく乖離させることは，実務上想定しにくいと思われる。

なお，TOB後の合併の場合には，実質的に買収者による形式的な手続としての要素が大きく，存続会社と消滅会社の間での利害対立が生じにくいことから，比較的簡易な内容の合併契約とされる場合も多い。

2　会社分割契約

会社が有する事業の全部又は一部を他の会社に承継させる方法として，会社分割の手続がある（会社法第3章）。会社分割の場合は，合併や株式譲渡の場合と異なり，対象会社が有している特定の事業のみを承継会社に移転させることが可能となる。そのため，MBOにおいて，対象者の事業の一部を承継する場合には特に有効な手続となる。

旧商法下においては，会社分割の対価として分割会社は承継会社の株式を受け取ることが原則とされていたが，会社法では，承継会社が吸収分割に際して分割会社に対してその事業に関する権利義務の全部又は一部に代わる金銭等の交付をすることができることとされている（会社法758四）。そのため，MBOを実施する際には，承継会社の株主が分散してしまうことを回避することが求められるため，分割会社に対して金銭のみを交付する方法が採られることがある。

会社が吸収分割をする場合には，承継会社との間で，吸収分割契約を締結しなければならないものとされている（会社法757）。そして，金銭を対価とする会社分割における分割契約書では，以下の事項が法定記載事項とされている。

①　分割会社と承継会社の商号及び住所
②　承継する資産，債務，雇用契約その他の権利義務に関する事項
③　会社分割に際して交付する財産の内容及び金額又はこれらの算定方法
④　効力発生日
⑤　分割会社の誓約事項
⑥　会社分割の前提条件
⑦　分割会社と承継会社による表明保証
⑧　補償

⑨　秘密保持

　このうち，承継する資産，債務，雇用契約その他の権利義務に関する事項については，分割契約書に記載しなければ承継の対象とならないことから，実務上は，事前のデュー・デリジェンス等により承継対象とすべきものを精査した上で，漏れのないよう正確に記載することが必要となる。

　なお，会社分割における事業の承継は包括承継となるため，承継される事業に関する各種取引等の相手方の個別の承諾は原則として不要となる。

3　事業譲渡契約

　事業譲渡は，事業の全部又は一部を他の会社に承継させる点では事業譲渡に類似するが，譲受会社が譲渡会社から承継する権利義務は個別承継となる点（即ち，承継される事業に関する各種取引等の相手方の個別の承諾が必要となる点），会社分割に伴う労働契約の承継等に関する法律の適用がない点，債権者保護手続（最低1カ月の期間が必要）が不要である点などが異なる。

　事業譲渡契約については，法定記載事項は特にないが，一般的には，主要な条項として以下のような事項を定めることとなろう。

①　譲渡会社と譲受会社の商号及び住所
②　承継する資産，債務，雇用契約その他の権利義務に関する事項
③　事業譲渡代金の額又はその算定方法
④　事業譲渡実行日
⑤　譲渡会社の誓約事項
⑥　事業譲渡の前提条件
⑦　譲渡会社と譲受会社による表明保証
⑧　補償
⑨　秘密保持

　事業譲渡契約においても，吸収分割契約書と同様に，承継する資産，債務，雇用契約その他の権利義務に関する事項については，事業譲渡契約書に記載しなければ承継の対象とならないことから，実務上は，事前のデュー・デリジェ

ンス等により承継対象とすべきものを精査した上で，漏れのないよう正確に記載することが必要となる。

4　株式譲渡契約

株式譲渡契約については，公開買付規制（金商法27の2①）の及ばない場面において，相対の取引として行われることがある。株式譲渡契約については，法定記載事項は特にないが，一般的には，主要な条項として以下のような事項を定めることとなろう。

① 譲渡者と譲受会社の商号及び住所
② 譲渡対象となる株式の種類及び数
③ 株式譲渡代金又はその算定方法
④ 株式譲渡実行日
⑤ 譲渡者の誓約事項
⑥ 株式譲渡の前提条件
⑦ 譲渡者と譲受会社による表明保証
⑧ 補償
⑨ 秘密保持

なお，株式譲渡契約の相手方は，創業家その他の大株主やファンドの場合など，株式の発行会社と密接な関係を有している者の場合も多いため，株式譲渡の前後における特殊な合意の必要が生じることがある。例えば，株式の譲渡人が当該会社の役員である場合においては，退任の合意や一定期間退任をせずに業務に専念することの合意，株式譲渡実行日までの業務執行に関する合意などがなされることがある。また，株式が上場されていない場合には，市場価格による株価の算定が容易ではないことから，一定時期における当該会社の財務諸表に従った算定をすることを合意することがある[11]。

---

11) なお，株式譲渡実行日に財務諸表の内容が確定しない場合には，暫定的な金額にて株式譲渡実行日に決済を行った上で，財務諸表の内容の確定後に，差額の調整をする場合もある。

第4章

MBOと株主保護

I　TOBの条件設定にあたっての留意点

　TOBを実施するにあたっては，買付け等の価格，買付予定の株券等の数，買付け等の期間，買付け等に係る受渡しその他の決済，及びそれ以外の公開買付者が買付け等に付した条件（金商法ではこれらをあわせて「買付条件等」と定義されている）を定め，公開買付開始公告及び公開買付届出書において開示することが求められている（金商法27の3②一参照）。

1　買付条件等について

(1)　買付け等の価格

　公開買付価格は，対象会社の株価や業績等を考慮して決定するもので，その定め方や水準に法令上の規制はない。もっとも，対象会社の株主にとって，公開買付価格はTOBに応募するか否かの重要な判断要素となることから，多くの株主から賛同を得てTOBを成功させるために，公開買付価格は最も配慮すべき買付け条件ともいえる。実務では，TOB後の締め出し手続の際，TOBに応募しなかった少数株主への支払対価を，公開買付価格と同額とする場合が多いため（公開買付価格より低い価格を設定することは，強圧的なTOBと認定されるおそれがあるため[1]），公開買付届出書等において，締め出しの対価は公開買付価格と同一となるよう算定される予定であると記載されることが多い[2]），反対株主により裁判

---

[1]　東京地決平成21年3月31日判タ1296号118頁（日興コーディアルグループ株式買取価格決定申立事件）。
[2]　水野信次＝西本強『ゴーイング・プライベート（非公開化）のすべて』192頁（商事法務，2010）。

所に価格決定の申立てがなされた場合，裁判所は価格決定にあたり，公開買付価格が定められた経緯（公開買付者と対象会社がそれぞれ独立した第三者算定機関に株価算定を依頼し，真摯な交渉がなされた結果，合意に至ったものであるか否か，TOBの応募状況がどのくらいかなど）を考慮する[3]。

公開買付価格は，対象会社の株主及び投資家の投資判断にとって非常に重要な要素となるため，公開買付価格の根拠等については金融商品取引法上，詳細な開示が求められている。公開買付価格を定める際は，開示書類や後の裁判で説明し得るよう，合理的根拠に基づく価格を設定する必要がある。公開買付価格を定めるに至った経緯（第三者委員会からの指摘や交渉の経緯など）については，適宜第三者委員会の議事録や交渉経緯など書面で残しておくことが望ましい。

買付け等の対価に関しては，金商法で以下のとおり定められている。まず，買付け等の対価には，現金のほか有価証券を対価とすることも認められている（金商法27の2③，金商令8②）。複数の対価を設定して株主に選択させることもできるが（金商令8③但書），公開買付者側で，現金を対価とする株主，有価証券を対価とする株主など，株主ごとに対価を指定することはできない。対価は，全ての株主について均一にしなければならず，株主ごとに異なる価格を設定することはできない（金商令8③）。また，株主に複数の対価を選択させる場合には，全ての株主について同一の選択肢を用意し，かつ各種類の対価については均一にしなければならない（金商令8③）。

(2) 買付予定の株券等の数

公開買付者は，原則として，TOBに応募された株券等の全部を買い付けなければならないが（金商法27の13④），応募株券数について上限・下限の条件を設けることが許容される。すなわち，公開買付者は，TOBの条件として，下限を設けて，応募株券等の合計が買付予定の株券等の数の全部又は一部に満たないときは応募株券等の全部の買付けをしないことができ（金商法27の13④一），

---

[3] 東京地決平成21年9月18日金判1329号45頁（サイバード・ホールディングス事件）。

上限を設けて，応募株券等の数の合計が買付予定の株券等の数を超えるときは，その超える部分の全部又は一部の買付け等をしないことができる（同項二）。

　下限のラインについて法令上の定めはないが，例えば上場株券について90％等の相当高い下限を設けるなど，TOBの撤回制限の潜脱にあたり得るような下限設定は許されないとの指摘もある[4]。下限の数は増加することができないが（金商令13②一），当該TOB後に，第三者が対象会社の発行する株券等に対してTOBを開始した場合にはこの限りではない（同号ただし書き）。他方，下限を減少させることは，応募株主にとって必ずしも不利にならないことから原則として許容される[5]。

　上限については，応募株券等が買付け予定数を超えた場合には，あん分比例方式により，上限に相当する株券等の数だけ買付け等を行うとの取扱いがなされている。もっとも，上限を付した場合であっても，TOB後における株券等所有割合が特別関係者と合算して3分の2以上となる場合には，強制的に応募株券等の全てについて決済しなければならないという全部買付義務（Ⅰ2参照）が適用されることから（金商法27の13④，金商令14の2の2），上限のラインを3分の2以上に設定することはできない。

　なお，公開買付者は，公開買付開始公告及び公開買付届出書において，買付予定の株券数を記載する必要があるが（金商法27の3①・②一），これはあくまでも「予定」の数で拘束力はない。買付予定数は，これを超える場合には応募株券等の全部又は一部についてはあん分比例方式に従い，買付け等をしないとの条件を付した場合（金商法27の13④二・⑤），買付け等を行う最低限度を画する機能を有する[6]。

4）　長嶋・大野・常松法律事務所編『公開買付けの理論と実務』157頁（商事法務，2010）。
5）　池田唯一＝大村志郎＝町田行人『新しい公開買付制度と大量保有報告制度』92頁（商事法務，2007）。
6）　池田ほか・新しい公開買付制度　91頁

(3) 買付け等の期間

TOBの期間は、公開買付開始公告を行った日から起算して20から60営業日以内の範囲で公開買付者が定めることができる（金商法27の2②、金商令8①）。

公開買付者は、公開買付期間中に期間を延長することはできるが、短縮することはできない。延長する場合、1営業日ごとの延長も可能である（金商法27の6①三・②）。延長の上限は、当初の公開買付期間と合算して60営業日であるが、期間中に第三者がTOBを開始した場合には、当該第三者の公開買付期間の末日までこれを延長することができる（金商令13②二ロ）。また、公開買付期間が残り10営業日を切ってから、公開買付届出書の訂正届出書が提出された場合には、形式上の不備や期間延長のみの場合を除き、訂正届出書の提出日より10営業日を経過した日まで（すなわち11営業日目が末日となる）延長しなければならない（金商法27の8⑧、他社株買付府令22①・②）。

対象会社は、公開買付者が設定した公開買付期間が30営業日未満の場合には延長請求を行うことにより30営業日の期間に延長させることができるため（金商法27の10②二、金商令9の3⑥）、対象会社の賛同が得られないことが予測される場合には、あらかじめ30営業日以上の期間を設定しておくことが望ましい。

2 全部買付義務・全部勧誘義務

TOB後における株券等所有割合の合計が3分の2以上となる場合には、全部買付義務が適用され、応募株券等の全てを買付けなければならない（金商法27の13④、金商令14の2の2）。買付け後の株券等所有割合が3分の2を超えると流動性が低下し、TOBに応募しなかった株主が不安定な立場に置かれること、3分の2以上を取得することにより、公開買付者以外の株主による拒否権発動の可能性がなくなるためである。

また、対象者が2以上の内容の異なる株券等を発行している場合、原則として、TOBの対象を特定の種類の株券等に限定することが認められる。しかしながら、TOB後における株券等所有割合の合計が3分の2以上となる場合には、全部勧誘義務が適用され、買付け等の対象となる株券等の種類を限定すること

は原則として認められず，対象会社が発行する全ての株券等について買付け等の申込み又は売付け等の申込みの勧誘を行わなければならない（金商法27の2⑤，金商令8⑤三）。

したがって，対象会社が複数の種類の株式を発行している場合や，新株予約権や新株予約権付社債を発行している場合で，買付け等の後の株券等所有割合が3分の2以上となる場合には，全ての種類の株券等をTOBの対象としなければならない。

ただし，この全部勧誘義務には適用除外規定が定められており，①当該株券等をTOBの対象としないことにつき，当該株券等に係る種類株主総会の決議が行われている場合，②当該株券等の所有者が25名未満であって当該株券等をTOBの対象としないことにつき，当該株券等の全ての所有者が同意する書面を提出している場合のいずれかに該当すれば，当該株券等をTOBの対象としないことができる[7]。

これら全部買付義務又は全部勧誘義務を避ける必要がある場合，公開買付者は，買付予定の株券等の数を，株券等所有割合が特別関係者と合計して3分の2未満になるよう設定する必要がある。しかしながら，3分の2の算定基準時は「TOBの後」であることから，公開買付期間中に対象会社が自己株式を取得したりすれば，「TOBの後」の所有割合が3分の2を超えることもあり得る。

このような場合，買付け予定数を超える応募株券等をどこまで買い付けるかは公開買付者の任意の裁量に委ねられるとの解釈を前提として，買付け予定数

---

[7] 実務では，上記②の方法により公開買付届出書の「買付け等をする株券等の種類」の欄に注書きで，「上記普通株式以外に，本書提出日現在，平成○年○月○日開催の株主総会決議に基づく新株予約権○個を発行していますが，当該新株予約権については，本公開買付けにおいて，当該株券等の買付け等の申込み又は売付け等の申込みの勧誘が行われないことに同意する旨の書面を新株予約権者から受領しておりますので，法第27条の2第5項及び令第8条第5項第3号に定める全部勧誘義務の対象外とすることのできる株券等を規定した府令第5条第3項第2号に該当することにより，本公開買付けにおいて買付け等の申込み又は売付け等の申込みの勧誘はいたしません。」と記載する例が見られる。

を特別関係者の所有割合と合計して50〜60％になるように設定し，応募株券等の合計数がこれを超えるときは，超える部分の全部又は一部の買付け等をしないことをTOBの条件とすることにより，決済時点の株券等所有割合が3分の2以上となった場合には，任意の裁量により3分の2以上の部分の株券等の買付け等を行わないという方法も採り得る[8]。

3 別途買付けの禁止

　公開買付者，特別関係者及び公開買付代理人は，公開買付期間中においてはTOBによらないで当該TOBに係る株券等の発行者の株券等の買付け等を行うことが禁止されている（金商法27の5本文）。TOB以外での取得を認めると，特定の株主から高い価格で買い取る等により，あん分比例の潜脱等株主が平等に取り扱われず公開買付制度の趣旨に反するからである。

　なお，別途買付けの禁止は，TOBの対象となっている株券等に限らず，対象会社が発行する全ての株券等が対象となるため，例えば普通株式を対象としてTOBを行っている最中に，公開買付者等が対象会社の新株予約権を買い付けることも禁止される。

　ただし，以下に定める一定の場合には，公開買付期間中であっても，例外的に買付け等を行うことが認められる。

① 公開買付開始公告を行う以前に，既にTOBによらないで対象会社の株券等の買付け等を行う旨の契約を締結している場合で，公開買付届出書に当該契約があることとその内容を明らかにしている場合（金商法27の5一）

② 特別関係者のうち，形式的特別関係者が実質的特別関係者に該当しない旨の申出書を内閣総理大臣（関東財務局への権限委任）に提出した場合（金商法27の5二）。

---

[8] 岸田雅雄監修『注釈金融商品取引法〔第1巻〕定義・情報開示』888頁（きんざい，2011）。

③　その他政令（金商法27の5三，金商令12）で定める場合として，
　a　公開買付代理人が，公開買付者及びその特別関係者以外の者の委託を受けて買付け等をする場合
　b　公開買付代理人が，金融商品取引所又は認可金融商品取引業協会の定める規則において有価証券の流通の円滑化を図るために求められている買付け等をする場合
　c　新株予約権を有する者が当該新株予約権を行使することにより買付け等をする場合
　d　株式の割当てを受ける権利を有する者が当該権利を行使することにより行う株券等の買付け等や，取得請求権付株式，取得条項付株式又は取得条項付新株予約権の取得と引換えに交付される株券等の買付け等など，施行令6条の2第1項1号〜3号，11号及び12号に掲げる買付け等をする場合
　e　公開買付代理人が，その有する株券等の売買に係るオプションを行使し，又はその付与していたオプションが行使されることにより買付け等をする場合
　f　その他株券等が上場されている外国の金融商品取引所が所在する外国において当該外国の法令の規定に基づき海外TOBによる買付け等をする場合
　g　会社法の規定による株式の買取請求に基づき，株券等に係るTOB等をする場合
が規定されている。

Ⅱ 株主に対する説明責任

　MBOを行うに際しては，対象会社の経営陣と少数株主との間に情報の非対称性があることから，株主に適切な判断機会を提供するため，充実した情報開示が求められている。MBO指針では，株主に対する説明として，下記の点について特に充実した開示をすべき旨が指摘されている（MBO指針5⑴⒤〔12頁〕）。
　① 法令，取引所の規制により開示が要求されている趣旨にかんがみて，MBOを実施するに至ったプロセス等
　② 業績の下方修正後にMBOを行う場合には，MBOの成立を容易にするために意図的に市場株価を引き下げているとの疑義を生ずる可能性があるため，当該時期にMBOを行うこととした背景，目的等
　③ 取締役とファンド等の他の出資者の最終的な出資比率や取締役の役職の継続予定等，取締役が当該MBOに関して有する利害関係の内容

　以下，MBOにおける開示に関連して留意すべき点について詳述する。

1　公開買付届出書における開示

　公開買付届出書においては，「買付け等の目的」を記載することが求められる（他社株買付府令第二号様式記載上の注意⑸a）。「目的」は具体的に記載することを要し，MBOの場合は，「支配権取得又は経営参加の方法及び支配権取得後の経営方針又は経営参加後の計画について具体的に記載する」必要がある。さらに，組織再編，代表取締役等の選定又は解職，役員の構成の変更など対象会社の「経営方針に対して重大な変更を加え，又は重大な影響を及ぼす行為を予定している場合」には，その「内容」及び「必要性」も記載する。MBOでTOB後に締め出し手続を予定している場合には，そのスケジュールや締め出し手続の具体的内容を開示する。また，投資ファンドと組んでMBOを行う場合には，その出資比率や投資ファンドからの役員派遣予定の有無，取締役の有する利害関係の内容などについても開示が求められている。

次に、「買付け等の価格」に関しては、「算定の基礎」及び「算定の経緯」を具体的に記載する必要がある（他社株買付府令第二号様式記載上の注意(6)ef）。「算定の基礎」には、買付価格の算定根拠を具体的に記載し、買付価格が時価と異なる場合や当該買付者が最近行った取引の価格と異なる場合には、その差額の内容も記載する。「算定の経緯」には、算定の際に第三者の意見を聴取した場合に、当該第三者の名称、意見の概要及び当該意見を踏まえて買付価格を決定するに至った経緯を具体的に記載する。加えて、MBOの場合は、買付価格の公正性を担保するためのその他の措置を講じているときは、その具体的な内容（例えば第三者による独立評価機関を設けて、公開買付価格をはじめとする買付条件の客観性、公正性を担保している場合など[9]）も記載することを要する。なお、MBOの場合には、公開買付者が買付価格を算定する過程で、第三者から算定評価書等を取得し、実際の価格算定の参考とした場合には、かかる算定評価書等は、公開買付届出書の添付書類として開示することが義務付けられている（他社株買付府令13①八）。他方、対象会社側に第三者評価機関による算定書の取得を義務付ける規定はないものの、多くの事例で対象会社側も第三者評価機関による算定書が取得されている（ただし算定書を開示する例は多くない）。

2　業績予想の下方修正の公表とMBOのスケジュール

業績予想の下方修正がなされると多くの場合、市場株価は下落する。そこで、業績の下方修正を開示した後にTOBを行う場合には、市場株価を下落させた上で、下落した価格を基礎として公開買付価格を算定するなどして、不当に安い価格で少数株主を締め出そうとしているという疑義が生じやすい。裁判例においても、TOBに先立つ業績予想の下方修正が公表されていることを重視するものがある[10]。

---

9) 池田唯一＝大村志郎＝町田行人『新しい公開買付制度と大量保有報告制度』100,109頁（商事法務、2007）。
10) 東京高決平成20年9月12日金判1301号28頁（レックス・ホールディングス事件）、東京高決平成22年10月27日資料版商事法務322号175頁（サイバード・ホールディングス事件）。

もっとも，業績予想の下方修正は，有価証券上場規程などの取引所のルールや会計監査人からの指摘によって対象会社の取締役のコントロールし得ないタイミングで開示義務を負う場合もある。そのため，業績予想の下方修正がなされたからといって直ちにMBOを実施できないというわけではない。

　そこで，業績予想の下方修正を行う場合には，なぜそのタイミングで下方修正を行うのかという理由及び根拠について詳細な説明を行うべきであり，業績予想の下方修正後にMBOを実施する場合には，上記の疑義を生じないよう一定の期間を置くことが望ましい（株価算定期間となる基準日から5〜6カ月の期間をおくべきであるとの見解がある[11]）。なお，業績予想の下方修正を実施した直後にMBOを実施する場合には，公開買付者ないし対象会社が第三者評価機関から株価算定書を取得する際に，下方修正後の期間を考慮せずに下方修正の公表前の一定期間の平均株価のみを考慮して算定する手法も採られている。

　このように業績予想の下方修正後にMBOを実施する場合には，株価への影響にかんがみて一定の配慮をすべきであるが，この点については後に訴訟になった際には必ずといっていいほど指摘されるべき部分である。そこで，業績予想の下方修正が公開買付価格の設定に影響を与えるものではない点について，第三者委員会への諮問やフェアネス・オピニオンなどの意見書を取得するなど留意することが望ましい。

3　株価の上昇をもたらす事実とMBOのスケジュール

　対象会社の株価の上昇をもたらす可能性がある事実（新製品の開発，業績予想の情報修正など）については，かかる事実が開示された後でTOBが行われることが望ましい。公開買付者にとっては，これらの情報は事前のデュー・デリジェンスなどによって知っていることが通常であり，インサイダー取引の問題にもつながるおそれがあるからである。

---

[11]　水野信次＝西本強『ゴーイング・プライベート（非公開化）のすべて』186頁（商事法務，2010）。

4 わかりやすい開示の実現

また，MBOの手続については法定開示書類や対象会社のリリース等において説明がなされるが，一般株主にとってはわかりにくい部分も多々あるため，「よくあるQ＆A」などと問答形式にしてTOBの手続をわかりやすく伝える運用もなされている[12]。

III MBOの場面における取締役の義務に関する裁判例

1 MBOの場面における取締役の善管注意義務の内容－取締役は「レブロン義務」を負うか－

取締役は，会社に対し善管注意義務・忠実義務を負い（会社法330，民法644，会社法355），その内容として株主の利益最大化を図る義務があると解されている[13]。株主の利益最大化を図る義務とは，取締役は，株主の利益を最大化するような経営を行う義務があるというものであり，取締役の善管注意義務違反・忠実義務違反もかかる観点から判断される。会社は，対外的経済活動を経て，得た利益を構成員に分配する営利目的を有する法人であり，その利潤（すなわち株主の剰余金ないし残余財産）の最大化を目指すべきことから，かかる義務が導かれる[14]。

MBOの場面においても，取締役は，株主の利益最大化を図る義務を負うが，他方で，デラウェア州会社法では，取締役は，会社法の支配権の異動を伴う取引の際は，それまでの会社の企業価値を維持向上する義務ではなく，競売人として，株主に対し合理的に入手し得る最高価格を提供する義務（レブロン義務）

---

12) 水野信次＝西本強『ゴーイング・プライベート（非公開化）のすべて』189頁（商事法務，2010）。
13) 江頭憲治郎『株式会社法（第4版）』20頁（有斐閣，2010）。
14) 前掲注13）江頭20頁。

が課せられている。

　そこで、わが国でもMBOの場面において、取締役がレブロン義務を負うか否か問題となる。結論としては、わが国において取締役にレブロン義務まで負わせるのは難しいと解されている。というのも、取締役は、会社に対し、善管注意義務ないし忠実義務を負っていることから、会社の利益はさておき株主にとっての最高価格のみを追求すればよいとは考えにくいからである。また、買収者の提案が、もし中長期的な観点からすれば会社の企業価値を増加させないものであれば、現在の株主にとってどんなに魅力的な提案であったとしても、これを受け入れる義務はなく、また受け入れるべきではないからである[15]。対象会社の取締役としては、買収提案の内容を検討し、当該提案が対象会社の企業価値向上にどのように資するかの観点からこれを受け入れるか否かを判断すべきであり、取締役が、不合理な買収価格を提案したり、不合理な価格でのMBOに賛同した場合には、善管注意義務違反の問題を生じ得る。この判断に際しては、いわゆる「経営判断の原則」が適用され、取締役は、対象会社の企業価値を最大化するものであると判断したことについて、その前提となった事実の認識において重要かつ不注意な誤りがなく、意思決定の過程・内容が一般の企業人として著しく不合理ではない場合には、株主利益を最大化する義務の違反とはならないと解すべきである[16]。

　この点につき、MBOの場面において、取締役に善管注意義務ないし忠実義務の一環として、株主の利益最大化を図る義務を認めた裁判例（東京地判平成23年2月18日金判1363号48頁〔レックス・ホールディングス損害賠償事件〕）を以下で紹介する。

---

15) 太田洋＝矢野正紘「対抗的買収提案を受けた対象会社取締役はいかに行動すべきか」38頁以下、岩倉正和＝太田洋編著『M＆A法務の最先端』（商事法務、2010）。
16) 岩倉正和＝太田洋「補論　取締役の責任・行動準則－我が国においてレブロン義務は認められるか－」『M＆A法務の最先端』32頁（商事法務、2010）。

2 取締役は，善管注意義務ないし忠実義務の一環として，株主の共同利益に配慮する義務を負うとされた事例[17]

(1) 事案の概要

　本件は，旧レックス・ホールディングス（以下「旧レックス」という）のMBOに際し，旧レックスの株主であった原告らが，SPCであるAP8（以下「Y_1」という）による1株23万円で行われたTOB及び旧レックスによる締め出し手続（全部取得条項付種類株式の取得）の過程で，低廉な価格でTOBに応募させられたことにより損害を被ったとして，旧レックスを承継したY_1に対し会社法350条又は民法709条に基づき，旧レックスの代表取締役であったY_2に対し会社法429条1項又は民法709条に基づき，旧レックスの取締役又は監査役であった者に対し会社法429条1項に基づき，損害賠償を求めた事案である。旧レックスのMBOでは，別途裁判所がTOBに応じず，価格決定を申し立てた株主に対して，旧レックスの1株当たりの「公正な価格」を33万円6,966円と認定し，TOBに応じた株主とTOBに応募せずに価格決定を申し立てた株主とに差が生じたことから，TOBに応募した原告らが，裁判所が認定した「公正な価格」と公開買付価格の差額である1株当たり10万6,966円（＝33万6,966円－23万円）に，TOBに応募した株式数を乗じた額を損害として請求した。

(2) 本判決の要旨

　「取締役は，会社に対し，善良な管理者としての注意をもって職務を執行する義務を負うとともに（会社法330，民法644），法令・定款及び株主総会の決議を遵守し，会社のために忠実に職務を行う義務を負っている（会社法355）が，営利企業である株式会社にあっては，企業価値の向上を通じて，株主の共同利益を図ることが一般的な目的となるから，株式会社の取締役は，上記義務の一環として，株主の共同利益に配慮する義務を負っているものというべきであ

---

17) 東京地判平成23年2月18日金判1363号48頁。

る。」さらに,「MBOにおいては,本来,企業価値の向上を通じて株主の利益を代表すべき取締役が,自ら株主から対象会社の株式を取得することになり,必然的に取締役についての利益相反的構造が生じる上,取締役は,対象会社に関する正確かつ豊富な情報を有しており,株式の買付者側である取締役と売却者側である株主との間には,大きな情報の非対称性が存在していることから,対象会社の取締役が,このような状況の下で,自己の利益のみを図り,株主の共同利益を損なうようなMBOを実施した場合には,上記の株主の共同利益に配慮する義務に反し,ひいては善管注意義務又は忠実義務に違反することになるものと考えられる。」と判示した。

その上で,義務違反の具体的な判断基準については「MBOが,取締役の株主の共同利益に配慮する義務に違反するかどうかは,当該MBOが企業価値の向上を目的とするものであったこと及びその当時の法令等に違反するものではないことはもとより,当該MBOの交渉における当該取締役の果たした役割の程度,利益相反関係の有無又はその程度,その利益相反関係を回避あるいは解消するためにどのような措置がとられているかなどを総合して判断するのが相当である。」と判示した。

本件では,旧レックスのMBOは企業価値の向上を目的としたもので,当時の関係法令に違反するものではなかったこと,Y_2の利益相反の程度は相当強いものであったこと,他方,旧レックスでは第三者機関による株主価値評価算定所,意見書を取得していたこと,出席取締役全員がTOBに賛同したこと,Y_2は特別利害関係人として決議に参加せず,かつこれらの事実を賛同意見表明で公表していたことを考慮して,Y_2が株主の共同利益に配慮する義務に違反して,MBOを強行したものとまではいえない,として,原告の請求を棄却した。

なお,本判決では,原告らが,取締役が信義則上株主の利益最大化を図る義務の一環として,MBOにおいては,合理的に得られる最高の価格になるように公開買付者と交渉する義務があると主張したことに対し,「公開買付けにおける買付価格は,対象会社の企業価値の評価はもとより,買付側の資金調達の

方法等の諸事情を踏まえて決定されるものであるから、対象会社の取締役に原告が主張するような価格交渉義務があるといえるかどうかは疑問がある」として、取締役が最高価格を提供する義務については明言を避けた。

(3) 本判決の意義[18]

本判決は、傍論において取締役は価格交渉義務について「あるといえるのかどうかは疑問」と遠回しな表現により、価格交渉義務への明言を避けたが、裁判所が取締役の価格交渉義務について言及した初めての裁判例といえる。本判決は、対象会社の企業価値、買付者の資金調達の方法等の諸事情を踏まえて買付価格が決定されることに言及していることからすれば、これらを理由として価格交渉義務について否定することを示唆しているようにも思われるが、かかる理由のみでは十分に説得的ではないという見解[19]、他方、取引保護条項が締結されていたとの事情を積極的に認定していれば価格交渉義務を認める要素となった可能性もあるとする指摘もなされている[20]。

また、本判決は、MBOの場面における取締役の善管注意義務ないし忠実義務違反の判断基準を示した初めての裁判例でもある。まず、本判決は、MBOの場面において、取締役が株主の共同利益に配慮する義務を負うことを認めた。判旨では、取締役の「会社に対」する善管注意義務ないし忠実義務の「一環として、株主の共同利益に配慮する義務を負っている」として、取締役が会社に対する善管注意義務ないし忠実義務を介して、「株主の共同利益に配慮する義務」を負っているとした。この点については、会社法330条及び355条の「株式

---

18) 本判決の評釈として、弥永真生「取締役の価格交渉義務」ジュリスト1422号102頁（2011）、十市崇「レックス損害賠償請求事件 東京地裁判決の検討」商事法務1937号4頁（2011）、飯田秀総「MBOを行う取締役の義務と第三者に対する責任」ジュリスト1437号96頁（2012）、川島いづみ「MBOの実施に関する対象会社取締役の義務」税経システム研究所Monthly Report 33号1（2011）、武田典浩「MBOにおける取締役の善管注意義務」法学新法118巻11・12号167頁（2012）。
19) 前掲注18) 十市 商事法務10頁。
20) 前掲注18) 武田 法学新法 185頁。

会社」とはグループとしての「株主」を指すものであるから，上記判旨は，取締役は株主に対して「株主の共同利益に配慮する義務」を負っていると解する立場と同じ趣旨を意味するとの指摘もある[21]。

次に，本判決は，取締役の善管注意義務ないし忠実義務違反の具体的な判断基準として，

① 企業価値の向上を目的とするものであったか
② その当時の法令等に違反するものではないか
③ 当該MBOの交渉における当該取締役の果たした役割の程度，利益相反関係の有無又はその程度，その利益相反関係を回避あるいは解消するためにどのような措置がとられているか

を総合的に判断するのが相当であると判示した。実務上，①②にあたらないMBOは稀であることから，事実上は③の点が判断に影響を与える[22]。なお，利益相反回避措置については，実務上MBO指針の内容に依拠することが多いと思われるが，この点MBO指針はこれによって新たな法規制を課すものではなく，取締役の善管注意義務を構成する法令に含まれるものではないとされる。そのため，取締役に対し，MBO指針に従った措置を講ずることを強制するものではない[23]。この点で，個々のMBOの事例においては，その利益相反の程度や内容もそれぞれであるから，対象会社の取締役としては，善管注意義務違反とされないためには，MBO指針を参考にした上で個別事案に応じた利益相反回避措置を講じることが求められているといえよう。具体的な判断事例については，今後の裁判例の集積が注目されるところである。なお，取締役の善管注意義務ないし忠実義務の判断にあたっては，株主にとって合理的に入手可能な最善の取引を実現するために，十分に情報を得て合理的に行動したことの立証を要求することが適切であるとの指摘もある（本件については，レックス・ホールディングスの取締役が，業績予想の下方修正を公表したすぐ後に開始されたTOBに賛

---

21) 弥永真生「判批」ジュリスト1422号102頁（2011）。
22) 前掲注18) 十市　商事法務8頁。
23) 前掲注18) 十市　商事法務8頁。

同している点など取締役の子行為の合理性の観点から詳細な検討が必要であると指摘する)[24]。

3 MBOの実施に際して，MBOの公表時に株主でなかった者に対する取締役の義務を示した事例[25]

(1) 事案の概要

本件は，Y社の株主又は株主であった原告らが，Y社のMBOに際し，Y社の旧経営陣及びファンドによる公開買付けが，Y社の旧経営陣の不正行為が原因となって失敗し，Y社の株価が下落したところ，不正行為が適切に開示されていれば，Y社の株式を取得することもなかった等と主張して，当時の代表執行役等の役員であるY$_1$ら及びY$_3$並びにY社に対し，会社法429条1項又は共同不法行為に基づき，損害賠償等の支払を求めた事案である。

(2) 本判決の要旨

本判決は，「MBOは，取締役による自社の株式の取得という取引の構造上，既存株主と買収側取締役の間で利益相反状態を生じ得るものの，MBO公表時に株主でない者（投資者）との関係では，上記利益相反状態にあること自体が問題となることはない。したがって，MBOの買収側取締役に利益相反行為が存したとしても，このことから直ちに，投資者がMBOの実施を踏まえた投資によって被った損失に関して，買収側取締役の義務違反を認めるのは相当でない。当該利益相反行為につき，買収側取締役が，投資者の株式評価を含む投資判断のために重要な事項について虚偽の事実を公表したといえる場合，又は公表すべき重要な事項若しくは誤解を生じさせないために必要な重要な事実の公表をしなかったといえる場合に，上記損失に関して買収側取締役の義務違反を

---

24) 白井正和著『友好的買収の場面における取締役に対する規律』504頁（商事法務，2013）。
25) 東京高判平成23年12月21日金法1946号129頁（2012），東京地判平成23年7月7日金判1373号56頁（2011）。

認め得るというべきである（金商法24の4参照）。」と判示した地裁判決を引用した上で，利益相反行為があったとしても最終的に決定された公開買付価格は，利益相反行為を原因として不公正な価格となったとは認められないとして，原告らの請求を棄却した。

(3) 本判決の意義
上記(2)のとおり，対象会社の取締役が株主の共同利益を損なうようなMBOを実施した場合には，取締役の善管注意義務ないし忠実義務違反となる場合がある。

本判決は，MBOの公表時に株主でなかった投資家に対しては，対象会社の取締役に利益相反行為があったとしても，直ちに当該取締役の善管注意義務違反を認めるのは相当ではないとした点，MBOにおける利益相反行為がどのような場合に，投資者に対する損害賠償義務を構成するのかを示した点に意義がある。

本判決は，MBOの公表時に株主でなかった投資家に対する事例判断であり，上記(2)の判決との関係では，２の判決が，取締役が自己の利益のみを図り，株主の共同利益を損なうようなMBOを実施した場合には，取締役の株主の利益に配慮する義務に違反し，善管注意義務・忠実義務違反になると判示しているのに対し，本判決は，MBOの公表時に株主でなかった者に対しては，利益相反行為があったとしても，開示義務違反などがない限り，責任を負うものではないとした点が異なる。取締役の株主の利益に配慮する義務は，会社ひいては株主に対するものであるから，MBOの公表当時に株主でなかった者に対しては，そもそもこのような義務を観念することができないから，上記２の判決と本判決は矛盾するものではないといえよう。

索 引

〔英数〕

100％減資 …… 10, 17, 22, 46, 151, 152, 274
Adjusted Present Value方式
　（APV方式）……………………… 344
BIMBO（Buy-In Management Buy-Out）
　……………………………………… 265
Collective Action Problem ………… 246
Co-Sale ……………………………… 372
DCF ……… 210, 242, 252, 334, 343, 349, 356
DES（Debt Equity Swap）…… 21, 25, 267
DIP型 ………………………………… 10, 22
EBO（Employee Buy-Out）…… 265, 266
IPO …………………………………… 372
LBO（Leveraged Buyout）
　………………………… 15, 262, 267, 272, 343
M&A ………………………………… 321, 336
MBI（Management Buy-In）………… 265
MBO …… 3, 5, 21, 105, 151, 207, 241, 280,
　　　　　289, 294, 299, 357, 389
MBO指針 …………………………… 107
MEBO（Management Employee
　Buy-Out）………………………… 265
Proxy Rule …………………………… 85
SPC ‥ 15, 18, 37, 277, 304, 307, 343, 373, 389
TOB … 4, 66, 78, 85, 151, 185, 198, 241, 250,
　　　258, 264, 296, 365, 376, 386
TOBの前置 ………………… 89, 92, 121
Williams Act ………………………… 85

〔あ行〕

アーリーステージ ………………… 334
意見表明報告書 …………………… 385
委任状勧誘ルール ………………… 85
インカムアプローチ ……… 342, 347, 349
インターネットナンバー事件 …… 171, 179
受取配当の益金不算入 …………… 149
売上高 ……………………………… 74
エージェンシー …………… 12, 245, 371
黄金株 ……………………………… 122
オピニオン・ショッピング ……… 271

〔か行〕

買取価格決定の申立て …………… 197
加重平均資本コスト（WACC）……… 344
合併比率 …………………………… 340
株式売渡請求 ……………………… 37
株式買取請求 ……………………… 169, 192
株式買取請求権 …… 128, 130, 132, 162, 183,
　　　　　184, 185, 187, 205, 206
株式交換 …………………………… 112
株式譲渡損益
　……… 98, 99, 100, 148, 149, 199, 201, 202
株式等売渡請求
　……………… 34, 56, 58, 118, 120, 123, 124
株式併合 ………… 51, 52, 116, 117, 125, 137
株主間契約 ………………………… 372
株主管理コスト …………………… 106
株主平等原則 ……………………… 175, 179
株主利益最大化原則 ……………… 294
株主利益の最大化 ………………… 404

411

仮払い制度 …………………………… 50
監理銘柄 ……………………………… 76
擬似DES ……………………………… 24
基礎的取引構造 …………………… 259
基本合意書 …………………… 367, 369
キャッシュ・アウト
　…………… 33, 35, 40, 43, 52, 56, 119, 123
キャッシュフロー ………… 210, 321, 332
強圧性 …………………………… 246, 364
協力義務 …………………………… 368
極端な比率 …………………… 170, 171
クラス・アクション ……………… 270
現金交付型 …………… 114, 125, 136, 203
公開買付け ……………… 208, 241, 271
公開買付応募契約 ………………… 386
公開買付開始公告 ………………… 377
公開買付価格 ………………… 249, 250
公開買付説明書 …………………… 381
公開買付代理・事務取扱契約 …… 387
公開買付届出書 ……………… 378, 400
公正な価格
　…… 71, 127, 183, 185, 205, 207, 214, 215,
　226, 227, 230, 242, 247, 273, 290, 345
公正な発行価格 …………………… 30
公正な発行価額 ……………… 26, 27, 29
交付金合併 …………………………… 4
ゴーイング・コンサーン ……… 66, 349
ゴーイング・プライベート ……… 65
コールオプション ………………… 372
コストアプローチ ………………… 342
個別株主通知 ………………… 192, 195, 196
コミットメントライン …………… 335
コンプライアンス ………………… 333

〔さ行〕

裁定取引 …………………………… 215
詐害的新設分割 …………………… 10
三角組織再編 ……………………… 19
時価総額 …………………………… 74
時価評価資産 ……………………… 144
事業再生 ……… 10, 21, 22, 32, 257, 334, 335
事業承継 …………………………… 257
シナジー … 31, 205, 206, 214, 215, 222, 225,
　　　　　　230, 247, 261, 267, 324
シニアレンダー …………………… 373
支配プレミアム …………………… 207
支払留保 …………………………… 49
締め出し … 3, 14, 17, 19, 22, 70, 89, 95, 113,
　　　　　　115, 179, 242, 277, 315, 393
社会的責任投資（SRI） ………… 333
社振法 ………………………… 192, 193
囚人のジレンマ …………………… 4
取得価格決定の申立て
　…………… 192, 196, 201, 208, 242, 249
取得価格決定申立権 ……………… 194
種類株式発行会社 …………… 155, 157
上場廃止 …………………… 65, 71, 164
上場廃止基準 ……………………… 76
少数株主権等 ………………… 193, 194, 195
譲渡損益課税 ……………………… 141
申告分離課税 ………………… 100, 101
真正DES …………………………… 24
スクイーズ・アウト ‥ 56, 89, 108, 207, 357
ステークホルダー ………………… 294
正当な事業目的 ……………… 179, 180
正当な目的 ………………………… 174

説明義務 …………………… 163, 174, 181
全部買付義務 ………………… 396, 397
全部勧誘義務 ………………… 396, 397
全部取得条項付種類株式
　　… 52, 56, 69, 109, 117, 125, 185, 199, 205,
　　　214, 239, 250, 268, 285, 296, 305, 315
増加価値分配価格
　　…………… 178, 213, 214, 215, 244, 249
総合課税 ………………………………… 100

〔た行〕

第三者委員会 ……………… 297, 311, 313
第三者評価機関 ………………………… 299
ダイベストメント型 ……………… 257, 257
調整現在価値方式 ……………………… 344
つなぎ融資 ……………………………… 337
ディスクロージャー …………………… 257
適格組織再編 …………………………… 307
適時開示 ………………………………… 385
敵対的企業買収 ………………………… 65
テクモ株式買取価格決定申立事件 …… 223
デュー・デリジェンス
　　………… 97, 265, 268, 304, 311, 321, 335,
　　　337, 367, 391, 402
特殊決議 ………………………………… 66
特定支配関係 …………………………… 308
特別関係者 …………………………… 67, 69
特別支配会社 …………………………… 37
特別支配株主 ……………… 34, 36, 40, 121
特別の利害関係 …………………… 300, 301
特別利害関係人 ………………………… 296
トップ・アップ・オプション ……… 60, 61
ドラッグ・アロング …………………… 372

〔な行〕

内部統制システム ……………………… 333
ナカリセバ価格
　　…………… 178, 205, 213, 219, 220, 223,
　　　226, 238, 239, 243, 249, 292
二段階TOB ……………………………… 39
二段階買収 ………………………… 4, 60, 288
ネガティブ・コベナンツ ……………… 373
ネットアセットアプローチ ……… 347, 349

〔は行〕

端数株式 ………………………………… 166
端数代金 ………………………………… 168
発行可能株式総数 ……………………… 155
バリュエーション・レポート …… 313, 314
ビークル ………………………………… 10
非公開化目的型MBO ……………… 274, 275
非適格合併 ………………………… 147, 148
非適格株式交換 …………………… 144, 145
秘密保持 ………………………………… 370
フェアネス・オピニオン ……………… 314
プットオプション ……………………… 372
フリー・キャッシュフロー …………… 343,
ブリッジローン ………………………… 374
プレスリリース …………………… 313, 315
プレパッケージ型 ……………………… 276
分割（暖簾分け）型MBO ……………… 274
ベスト・プライス・ルール …………… 93
ベスト・プラクティス ………………… 57
別途買付けの禁止 ……………………… 398
ベンチャー・キャピタル ……………… 266

〔ま行〕

マーケットアプローチ ………… 342, 348
マジョリティ・オブ・マイノリティ
　……………… 56, 57, 241, 251, 302
みなし共同事業要件 …………… 307
みなし配当 ……… 98, 141, 147, 167, 199
メザニン ……………………… 15
メザニンレンダー ……………… 373
メザニンローン ……………… 15
メディアエクスチェンジ
　株主価格決定申立事件 ……… 193, 196
モラル・ハザード論 …………… 24, 32

〔や行・ら行〕

有価証券報告書提出義務 ……………… 164
利益相反 ……… 5, 9, 94, 107, 258, 271, 285,
　　　　　　289, 295, 303, 362, 375
利益の額 ……………………… 74
略式組織再編 ………………… 36
流通株式 ……………………… 74
流通株式時価総額 ……………… 74
流通株式比率 ………………… 74
レイターステージ ……………… 335
レピュテーション・リスク ……… 270
レブロン義務 ……………… 118, 403, 404
ローンチ日 ………………… 311, 314

編著者紹介（50音順）

明石　一秀（あかし　かずひで）

　弁護士，税理士（隼あすか法律事務所），日本電産コパル電子株式会社社外監査役，共同ピーアール株式会社社外取締役。

　企業法務，事業再編などを幅広く手がけるとともに，東邦生命，長期信用銀行，そごう等，企業再生，不良債権処理に関連する実務に関与し，券面額説によるスカイエンターテイメント（現ジェイ・スカイ・スポーツ）のDESを手がけ，東京地裁民事8部の運用変更の先鞭をつけた。以来，DES，DDS等の活用による再生案件を多数手がけている。

【主要著書】

『債務超過会社の債務の株式化』弥永真生筑波大学助教授との共同論文，企業法学第8・（商事法務研究会，2001），『金融商品と不法行為』共編著（三協法規出版，2012），『ブランド管理の法実務』共編著（三協法規出版，2013），『DDSの活用と金融取引』（会社法務Ａ２Ｚ）第一法規出版，2012）。

〔第Ⅰ部第1章Ⅰ・Ⅱ〕

大塚　和成（おおつか　かずまさ）

　二重橋法律事務所代表パートナー。1993年早稲田大学法学部卒業。1999年弁護士登録（第二東京弁護士会）。2005年（公社）能楽協会監事。

　会社訴訟・非訟や経営支配権争いを専門とし，著名事件を数多く担当した実績を有する。2011年7月，企業法務の分野において，常に依頼者の最善の利益を実現する「Client First」を基本理念に，真に「強い」と言われる弁護士集団を目指して二重橋法律事務所を開設。同事務所は，企業法務の分野において，数多くの経営支配権争い，会社法・金商法分野における最先端の裁判等の紛争案件を成功に導いてきた豊富な経験に裏付けられた強みを生かし，また，ガバナンスを専門とする弁護士とファイナンスを専門とする弁護士が連携して案件に取り組むことにより，平時においても，戦略法務・予防法務の面において最高のリーガル・サービスを提供するブティック型法律事務所として定評を有する。本書のテーマである非公開化案件も，既に多く手がけている。東京都千代田区丸の内二丁目1番2号新国際ビル9階，電話：03-5218-2084，URL：http://www.nijubashilaw.com/

〔第Ⅰ部第1章Ⅲ〕

松嶋　隆弘（まつしま　たかひろ）

　日本大学法学部教授、弁護士（みなと協和法律事務所）。
　日本大学法学部卒業（1991年），同大学大学院法学研究科博士前期課程修了（1993年），司法修習（48期）を経て，日本大学法学部に着任（1996年）。助教授を経て，2006年より現職。日本私法学会理事及び日本空法学会理事，株式会社トランザクション監査役（社外）。「日税研究賞」選考委員，港区情報公開・個人情報保護審査会委員等を歴任。元公認会計士試験委員（企業法）。

【主要著書】
植草宏一＝松嶋隆弘編『契約書作成の基礎と実践〜紛争予防のために』（青林書院，2012），杉浦保友＝菅原貴与志＝松嶋隆弘編著『英文契約書の法実務－ドラフティング技法と解説－』（三協法規出版，2012），「会社法のもとにおけるデット・エクイティ・スワップ」私法74号（2012），「新しい企業形態における法人格の意義と会社債権者保護」判例タイムズ1206号（2006）。
〔第Ⅰ部第1章Ⅰ・Ⅱ，第2章Ⅰ・Ⅱ，第Ⅱ部6章Ⅰ〕

吉見　聡（よしみ　さとし）

　ＫＰＭＧ税理士法人，M&A／グローバル・ソリューションズ　パートナー。税理士。
　1988年KPMGピートマーウィック（現KPMG税理士法人）に入所。1993年から1995年までKPMGバンクーバー事務所にて勤務。
　M&Aの分野に精通した税務のプロフェッショナルチームであるM&A／グローバル・ソリューションズのパートナーとして，企業のM&A戦略を総合的にサポートしている。
　国内企業に係る買収税務デュー・デリジェンス，海外での税務デュー・デリジェンスの支援，日本及び海外を含んだ買収スキームの策定，国内及びグローバルベースでの組織再編，海外持株会社・統括会社の効果的活用，タックスヘイブン税制対策，税務コストのグローバルベースでの節減，国内企業の再生等に関するストラクチャリングアドバイス等の幅広いサービスを多数手掛けている。
　2010年より日本租税研究会主催「国際的組織再編等の課税問題検討会」検討委員，2011年10月より日本会計士協会租税調査会における法人課税専門部会のオブザーバーを務める。
〔第Ⅱ部第2章Ⅲ，第3章Ⅴ，第5章Ⅳ，第Ⅲ部第1章Ⅳ〕

著者紹介（50音順）

伊藤　菜々子（いとう　ななこ）

　2003年慶應義塾大学法学部法律学科卒業，2006年東京大学法科大学院卒業，2008年弁護士登録。2011年二重橋法律事務所の設立に参加。2013年9月より証券取引等監視委員会証券検査課に出向（任期付公務員）。

　敵対的・友好的M&A，MBO・非公開化，グループ内組織再編，会社関係訴訟，REIT，株主と会社との紛争など企業法務全般。

〔第Ⅲ部第4章Ⅰ～Ⅲ〕

金澤　大祐（かなざわ　だいすけ）

　日本大学大学院法務研究科助教・弁護士（堀口均法律事務所）。

　2007年日本大学法学部法律学科卒業，2009年日本大学大学院法務研究科既修コース修了，2010年弁護士登録。2011年より現職。専門は商法。

〔第Ⅱ部第4章Ⅱ〕

川村　一博（かわむら　かずひろ）

　二重橋法律事務所パートナー弁護士。1998年早稲田大学法学部卒，2000年弁護士登録。

　2005年カリフォルニア大学ロサンゼルス校ロー・スクール法学修士，その後Haynes and Boone, LLP（米国，ダラス市）勤務。2006年ニューヨーク州弁護士登録。その後，2007年4月までHogan Lovells（英国，ロンドン市）勤務。国内外のファイナンスに係る法務を専門とする。

〔第Ⅲ部第2章Ⅲ・Ⅳ，第3章Ⅱ〕

木田　飛鳥（きだ　あすか）

　2004年同志社大学法学部卒，2008年京都大学法科大学院修了，2009年弁護士登録，2012年より二重橋法律事務所に参画。

　会社関係訴訟・非訟，危機管理・不祥事対応，M&A，労働問題対応・労働訴訟，その他訴訟・一般企業法務に携わっている。

〔第Ⅲ部第1章Ⅱ〕

鬼頭　俊泰（きとう　としやす）

　日本大学商学部助教。

　2003年日本大学法学部卒業，2005年日本大学大学院法学研究科私法学専攻博士前期課程修了，2008年日本大学大学院法学研究科私法学専攻博士後期課程満期退学，同年八戸大学（現・八戸学院大学）ビジネス学部専任講師。2011年より現職。

〔第Ⅱ部第1章Ⅰ・Ⅱ〕

熊谷　真喜（くまがい　まき）

　二重橋法律事務所パートナー弁護士。1997年東京大学法学部卒業，2000年弁護士登録。

　J-REITを含む様々なM&A，MBO，非公開化，金融商品取引法に関するコンプライアンス，株主と企業間の紛争案件を中心に，企業法務全般を手掛ける。複数の上場企業の社外取締役も務める。

〔第Ⅲ部第1章Ⅴ，第3章Ⅰ〕

清野　訟一（せいの　しょういち）

　2005年京都大学法学部卒業，2007年京都大学法科大学院修了，2008年弁護士登録，2011年二重橋法律事務所に参画。

　MBO・親会社による上場子会社の完全子会社化などのM&A，会社法・金商法に関連する訴訟・非訟を中心に幅広い分野の企業法務に携わっている。

〔第Ⅱ部第2章Ⅱ〕

高岸　直樹（たかぎし　なおき）

　税理士，日本大学・高崎経済大学講師。

　1992年日本大学大学院法学研究科博士前期課程私法学専攻修了，1998年税理士登録。

【主要著書】

『事業承継特例法と事業承継の法務・税務』執筆担当（三協法規出版，2009），「財務リストラの実行と新たな資金調達戦略」月刊税理55巻15号（2012），「いわゆる「第二会社方式」に関する一考察－事業再生，アセット・ベースト・ファイナンスの視点から－」法政論叢49巻2号（2013）。

〔第Ⅱ部第4章Ⅰ〕

髙谷　裕介（たかや　ゆうすけ）

　二重橋法律事務所弁護士。名古屋大学法学部卒，2007年弁護士登録。
　会社法・金融商品取引法関連の多数の訴訟や経営支配権争いなどの紛争案件，Ｍ＆Ａ，資本政策，不祥事対応などを中心に，上場企業から中小企業まで幅広い顧客の企業法務に携わっている。
〔第Ⅲ部第１章Ⅲ〕

鳥山　亜弓（とりやま　あゆみ）

　弁護士・公認会計士。1996年より朝日監査法人（現有限責任あずさ監査法人），2010年より隼あすか法律事務所を経て，2013年に千代田国際法律会計事務所を設立。
【主要著書】
『同族会社・中小企業のための会社経営をめぐる実務一切』共著（自由国民社，2012），『ブランド管理の法実務』共著（三協法規出版，2013）。
〔第Ⅱ部第６章Ⅱ〕

内藤　丈嗣（ないとう　たけし）

　明治大学法科大学院特任教授・弁護士（かなまち法律事務所）。
　平成５年３月慶應義塾大学大学院修士課程修了，平成７年４月弁護士登録。
　東邦生命，そごう等の企業再生に関与し，Ｍ＆Ａやコンプライアンス・ＣＳＲ等の企業法務が専門。
【主要著書】
「法律が規制する有害物質の原因物質（前駆物質）を排出した企業の責任－ホルムアルデヒドの事例を題材に」環境管理2013年２月号（産業環境管理協会）。
〔第Ⅱ部第３章Ⅳ〕

西岡　祐介（にしおか　ゆうすけ）

　2000年東京大学法学部卒業，2004年弁護士登録。2011年二重橋法律事務所に設立メンバーとして参画，2012年パートナー就任。
　敵対的企業買収（買収防衛），プロキシー・ファイト，役員責任追及訴訟，新株・新株予約権発行差止裁判，株式買取請求などＭ＆Ａまわりの紛争・裁判などを多く手掛ける。
〔第Ⅰ部第３章Ⅰ・Ⅱ，第Ⅱ部第３章Ⅲ〕

西田　弥代（にしだ　みよ）

　弁護士（東京弁護士会）。隼あすか法律事務所所属。

　慶應義塾大学法学部法律学科卒業，明治大学法科大学院修了（法務博士）。日本弁護士連合会代議員（2011年3月まで）。主に企業法務，労働案件，倒産案件を扱う。

〔第Ⅱ部第6章Ⅲ〕

根井　真（ねい　まこと）

　1993年東京学芸大学卒業，同年より住宅メーカー勤務。2001年弁護士登録。2011年二重橋法律事務所に設立パートナーとして参画。

　複数の敵対的TOBを含む各種M＆A案件を多く手掛ける。その他，J-REITや私募ファンドの組成・増資・リファイナンス・出口業務にも数多く関わる。

〔第Ⅲ部第3章Ⅲ・Ⅳ〕

藤川　信夫（ふじかわ　のぶお）

　日本大学法学部・法学研究科教授。

　1976年京都大学法学部卒業，1976～2004年日本開発銀行（現在，日本政策投資銀行），2004年日本大学法学部教授，現在に至る。

　2007年博士（法学・早稲田大学），2011年ジョージ・ワシントン大学ロースクール客員研究員。

【主要著書】

『コーポレート・ガバナンスの理論と実務－商法改正とその対応－』（信山社，2004），『事業創出・再生とファイナンスの実務－M＆A，MBO，会社法制の抜本的改正－』（ビジネス教育出版社，2005），「国際取引における域外適用ルール統一化ならびに秩序形成に向けて」日本法学第79巻第1号（2013.6）ほか著書・論文多数。

〔第Ⅲ部第1章Ⅰ，第2章Ⅰ・Ⅱ〕

藤野　高弘（ふじの　たかひろ）

　弁護士・税理士。

【主要著書】

『詳説新会社法の実務』共著（財経詳報社，2005），『会社法・関係規則完全実務解説』共著（財経詳報社，2006），『問答式宅地建物取引業の実務』共著（新日本法規），『金融商品と不法行為（有価証券報告書虚偽記載と損害賠償）』共著（三協法規出版，2012）。

〔第Ⅱ部第3章Ⅰ・Ⅱ〕

松川　広乗（まつかわ　ひろのり）

KPMG税理士法人，M&A／グローバル・ソリューションズ　マネージャー。税理士。

1997年成蹊大学法学部卒業。1999年KPMGピートマーウィック（現KPMG税理士法人）に入所。2009年よりM&A／グローバル・ソリューションズに所属し，M&A，組織再編等に関する税務アドバイザリー業務に従事している。

〔第Ⅱ部第2章Ⅲ，第3章Ⅴ，第5章Ⅵ，第Ⅲ部第1章Ⅳ〕

萬澤　陽子（まんざわ　ようこ）

東京大学大学院法学政治学研究科博士課程修了。2012年4月より財団法人日本証券経済研究所主任研究員。明治大学専門職大学院，日本大学，成城大学での非常勤講師を兼務。

【主要著書】

『アメリカのインサイダー取引と法』（弘文堂，2011）。

〔第Ⅱ部第2章Ⅰ，第5章Ⅰ～Ⅲ〕

宮久保　正樹（みやくぼ　まさき）

KPMG税理士法人，M&A／グローバル・ソリューションズ　シニアマネージャー。税理士。

1995年明治大学政治経済学部卒業，1995年アーサーアンダーセン税務事務所（現KPMG税理士法人）に入所。2002年よりM&Aグローバル・ソリューションズに所属し，税務デューディリジェンス，M&A，組織再編に関する税務アドバイザリー業務に従事。

〔第Ⅱ部第2章Ⅲ，第3章Ⅴ，第5章Ⅵ，第Ⅲ部第1章Ⅳ〕

吉田　美菜子（よしだ　みなこ）

弁護士（日本・カリフォルニア州）。隼あすか法律事務所所属。

自動車メーカー勤務後弁護士に転向。ジョージタウン大学ロー・スクールLL.M.

【主要著著】

『金融商品と不法行為』共著（三協法規出版，2012），『ハンド・ブック　アメリカビジネス法』共著（レクシスネクシスジャパン，2013）。

〔第Ⅱ部第6章Ⅳ〕

編著者との契約により検印省略

平成25年11月20日　初　版　発　行　　　　非公開化の法務・税務

編　著　者	明　石　一　秀
	大　塚　和　成
	松　嶋　隆　弘
	吉　見　　　聡
発　行　者	大　坪　嘉　春
印　刷　所	税経印刷株式会社
製　本　所	牧製本印刷株式会社

発　行　所　〒161-0033　東京都新宿区　　　株式会社　税務経理協会
　　　　　　下落合2丁目5番13号
　　　　振　替　00190-2-187408　　　　電話　(03)3953-3301（編集部）
　　　　ＦＡＸ　(03)3565-3391　　　　　　　　(03)3953-3325（営業部）
　　　　　URL　http://www.zeikei.co.jp/
　　　　　　乱丁・落丁の場合は，お取替えいたします。

　Ⓒ　明石一秀・大塚和成・松嶋隆弘・吉見　聡　2013　　Printed in Japan
　本書を無断で複写複製（コピー）することは，著作権法上の例外を除き，禁じられています。
　本書をコピーされる場合は，事前に日本複製権センター（ＪＲＲＣ）の許諾を受けてください。
　　　JRRC〈http://www.jrrc.or.jp　ｅメール：info@jrrc.or.jp　電話：03-3401-2382〉

ＩＳＢＮ978-4-419-05989-7　C3032